第十七卷 · 第一辑
CUFE Law Review
Vol.17 No.1

中财法律评论

中央财经大学法学院 / 主办
王海容 / 主编

当代中国出版社
Contemporary China Publishing House

图书在版编目(CIP)数据

中财法律评论. 第十七卷. 第一辑 / 王海容主编.
北京 : 当代中国出版社, 2024. 12. -- ISBN 978-7
-5154-1511-6

Ⅰ. D9-53

中国国家版本馆 CIP 数据核字第 2024L90K25 号

出 版 人 蔡继辉
责任编辑 邓颖君 彭世帆
责任校对 贾云华 康 莹
印刷监制 刘艳平
封面设计 鲁 娟
出版发行 当代中国出版社
地 址 北京市地安门西大街旌勇里 8 号
网 址 http://www.ddzg.net
邮政编码 100009
编 辑 部 (010)66572156
市 场 部 (010)66572281 66572157
印 刷 中国电影出版社印刷厂
开 本 710 毫米×1000 毫米 1/16
印 张 28 印张 1 插页 454 千字
版 次 2024 年 12 月第 1 版
印 次 2024 年 12 月第 1 次印刷
定 价 128.00 元

目　　录

contents

主题研讨：
程序法治研究

刑事在线庭审的程序正当性证成与规则完善

卫跃宁　耿宇轩*

摘　要：刑事在线庭审是指诉讼主体借助技术手段在线上进行法庭审理的新型审判形式，体现了新技术在刑事庭审程序中的嵌入。刑事在线庭审能够缓解司法内部需求与社会外部需求，具有实现司法资源合理配置的价值。相对于传统的庭审方式，刑事在线庭审亟待程序正当性之证成。由于诉讼场景、参与主体、庭审规则以及裁判结果评价等方面的改变，传统的对抗性程序正义以及协商性程序正义理论无法为刑事在线庭审提供完整的解释力。在实质理性层面，刑事在线庭审的正当性评价标准需要在最低限度程序正义的基础上结合“技术正当程序理论”加以重塑，据此明确刑事在线庭审适用的合理限度，保障被告人的主体性，实现技术与司法的有效协作。在形式理性层面，需要完善刑事在线庭审的准入规则、运行规则、救济规则，并通过在线诉讼法律援助制度促进对前述规则的有效落实。

关键词：在线庭审；程序正义；审判原理；数字司法

一、引　言

2021年6月，最高人民法院发布《人民法院在线诉讼规则》（以下简称《规则》）作为法院在线审理刑事案件的审理规则，在线庭审正式应用于刑事司法领域。这意味着刑事在线庭审不再是技术应用于司法的未来图景，而是实

* 卫跃宁，中国政法大学刑事司法学院、诉讼法学研究院教授，人民法院司法改革研究基地、检察基础理论研究基地高级研究员。

耿宇轩，中国政法大学刑事司法学院2023级诉讼法学专业硕士研究生。

践中规范化、可选择的程序种类。而与之相对应，即使刑事在线庭审应用于实践已久，但在技术介入审判的场景下如何保证审判程序自身的正当性仍是悬而未决的议题。刑事在线庭审既有研究中的反对意见依然掷地有声：例如有反对者认为，从程序正义的要求来看，刑事在线庭审不可能达到“最低限度程序公正标准”，因此只能作为例外情形适用于疫情等异常因素介入的紧急情况，即使速裁案件中也没有适用的余地；从程序经济性的角度来看，我国刑事审判的司法资源配置已经达到“帕累托最优”，刑事在线庭审由于投入和产出不成正比而不具有程序经济性，推广和建设在线庭审系统属于画蛇添足。① 这一反对观点是对刑事在线庭审正当性的解构，但采用支持态度的研究并未对此作出建构性的回应，理论障碍尚未解决，实践应用也就并非顺理成章。②

评估刑事审判程序有三项价值标准，分别为“程序具备满足某种需求、目的和产生公正结果能力”的外在价值，“程序符合经济效益要求”的次级价值，以及“程序自身符合正义要求”的内在价值。③ 庭审程序的内在价值是一项评价和构建庭审程序的独立标准，类似概念还包括“正当程序”“程序正义”“程序公正”，本文在同一意义上使用这三个概念。④ 刑事在线庭审的外在价值似乎

---

① 参见崔鲲鹏：《刑事在线审判的正当性反思》，载《中国法律评论》2023 年第 6 期，第 208—209 页。

② 参见吴思远：《论数字技术与诉讼规则的互动关系——以我国刑事在线诉讼为视角》，载《政治与法律》2023 年第 5 期，第 35 页；段厚省：《远程审判的双重张力》，载《东方法学》2019 年第 4 期，第 101 页；王福华：《电子诉讼制度构建的法律基础》，载《法学研究》2016 年第 6 期，第 88 页；陈卫东、崔永存：《刑事远程审判的实践样态与理论补给》，载《中外法学》2021 年第 6 期，第 1484 页；肖晗：《在线质证的现实困境与优化路径》，载《湖湘法学评论》2022 年第 4 期，第 5 页；余剑、潘自强：《刑事在线庭审的实践观察、法理检视和规则修缮》，载《人民司法》2021 年第 25 期，第 8 页；张鸿绪：《论我国远程作证中情态证据的程序保障——兼评〈人民法院在线诉讼规则〉》，载《政法论丛》2021 年第 4 期，第 151 页；崔永存：《论刑事远程审判的制度规制》，载《法学研究》2023 年第 2 期，第 118 页；庄绪龙、吴志新：《刑事案件远程视频办案模式的理论与实践》，载《人民司法》2021 年第 4 期，第 67 页。

③ 参见陈瑞华：《刑事审判原理论》（第 2 版），北京大学出版社 2003 年版，第 22 页。

④ 参见魏晓娜：《刑事正当程序原理》，中国人民公安大学出版社 2006 年版，第 4—5 页。

毋庸置疑,[①] 前述反对观点主要针对后两种价值进行评价。在此，先就刑事在线庭审的经济价值予以论证，本文后续将着重讨论程序正当性问题。程序的经济性是从法经济学维度对程序是否正当进行的考量，需要比较“投入”和“产出”。[②] 从投入的人力、物力、财力来看，刑事在线庭审需要前期的设备购买、技术开发、对司法工作人员的培训以及后期的系统维护，相对于传统的线下庭审来说，需要花费大量的额外财政支出。但上述经济分析的起点是基于“理性人的利己主义假设”，适用于经济活动中以利己为行为动因，以最小成本换取自身利益的最大化，并以此为导向选择实现目标过程中的“最优行为”的组织和个体。而本文讨论的对象——刑事审判程序的设计和运行，因其具有社会属性而并不符合这一逻辑前提。刑事在线庭审还承担着建构智慧司法，推动数字时代司法范式转型这一国家治理、社会治理层面的“长周期性产出”。

比起因当下的“入不敷出”而放弃对在线庭审的继续建设和使用，实现线上线下、有线无线、内网外网协同一致、方便实用、互联互通的“平台+智能”的未来法治愿景更符合数字时代对司法发展的期待。[③] 由此观之，刑事在线庭审符合审判程序次级价值的要求。此外必须回应的质疑是，越来越多的实务人员反映在线庭审需要花费更多的庭外时间。[④] 但在线庭审效率的优化不仅依赖资源投入，还需要成本结构的科学配置。[⑤] 目前，刑事在线庭审理论薄弱，制

---

① 在线庭审具有线下庭审在短时间内难以实现的提高审理速度和保证押解安全的优势，在实践中被偏向作为办案的提速工具来使用。早在2019年，互联网法院的统计数据显示，在线庭审平均用时45分钟，案件平均审理周期约38天，比传统审理模式分别节约时间约3/5和1/2。随后2021年的《最高人民法院工作报告》表明，在线庭审平均每场用时30分钟左右，比线下节约2/3的时间；案件平均审理周期60天，比线下缩短1/4。尤其在上海等看守所较为偏远的地区，在线庭审一方面能够节约法警提押被告人的在途时间，另一方面也能够防范被告人脱逃的风险。最近的一项调研发现，接近半数案件的开庭时间少于30分钟，多数开庭时间时长不超过60分钟，仅有极少数案件开庭时间多于60分钟。

② 参见［美］阿瑟·奥肯：《平等与效率——重大的抉择》，王奔洲译，华夏出版社1987年版，第2页。

③ 参见朱新力：《法治中国的新维度》，载澎湃新闻网。

④ 参见杨继文：《在线诉讼场景理论的建构》，载《法制与社会发展》2023年第3期，第173页。

⑤ 参见汪海燕：《我国刑事诉讼模式的选择》，北京大学出版社2008年版，第190—193页。

度规定不健全，导致投入的资源无法得到有效指引而被高效利用，这一问题会随着在线庭审规则体系的建立而解决。

综上所述，可以承认刑事在线庭审具有经济价值和工具价值，但这一切的前提是在线庭审能够被运用得当，符合“程序公正”的内在要求。因此，本文将尝试建构刑事在线庭审的程序正当性，并在此基础上细化刑事在线庭审的相应程序规则，以理论反哺实践。首先需要明确的是，相较于线下庭审，信息技术对传统庭审原则会造成怎样的冲击，这进而导致线上庭审面临哪些程序正当性质疑？应如何对这些质疑作出回应，从而实现刑事线上庭审的程序正当化？以上问题需要进行实质理性层面的深入分析和反思，并在形式理性层面进行落实。

二、制度反思：数字时代传统程序正义理论适用的局限性

程序正义的理论意涵并非固定的，而是随着社会发展和实践需求的改变而产生新的变化。① 传统的程序正义理论主要适用于控辩双方诉讼对抗的程序模式之中，庭审对事实真相的查明和对公正结果的追求功能依赖于诉讼对抗，此种理论又被称为“对抗性程序正义”。随着“非对抗性”司法的出现，塑造和控制结果的方式不再是控辩对抗，而是侧重于对话和协商，传统的程序正义理论逐渐无法为此种程序模式提供理论基础，而后诞生了“协商性程序正义”。② 但是无论何种程序正义理论，均需满足“最低限度程序公正标准”这一衡量程序正义的国际准则。③ 即使是结果相对确定的协商性司法程序，也要保证最低限度的参与性。技术因素融入庭审程序后，现有刑事在线庭审依然在“对抗性程序正义”与“协商性程序正义”的理论框架下运行。为充分调研实践现状，本文以“在线庭审”“远程庭审”“视频庭审”“在线诉讼”为关键词在裁判文书网、北大法宝、庭审公开网检索刑事案件，同时在多地基层法院进行线下考

① See J. R. Lucas, *On Justice*, 1980 by Oxford Univ. Press, pp. 1-19.

② 参见陈瑞华：《论协商性的程序正义》，载《比较法研究》2021年第1期，第3页。

③ See Paul M. Taylor, *A Commentary on the International Covenant on Civil and Political Rights*, New York: Cambridge University Press, 2020, p. 399.

察，致力穷尽刑事在线庭审的实践问题。在实践调研的基础上，本文通过韦伯“理想模型”（ideal-types）分析方法对所得问题进行归类和反思，发现“对抗性程序正义”和“协商性程序正义”理论在以下四个层面无法为刑事在线庭审程序的正当性提供完整解释力。

（一）诉讼场景：传统刑事庭审“物理性”内核之消除

信息化背景下，现代司法范式面临诸多挑战，首当其冲的是双重空间对司法场景形成的冲击。无论是传统的对抗性程序正义还是协商性程序正义，都是基于在物理空间进行司法活动总结出的抽象理念，一方面，物理空间中更有利于通过面对面地辩论、质疑、反驳观察对方反应，参与感与现场感更加强烈，违反法庭秩序的行为也更容易得到及时的纠正；另一方面，法台、国徽、法槌、法袍、审判席等要素结合，共同塑造出庭审的庄严性和仪式感，参与者身临其境，能够直观感受到司法权威。

然而，信息时代物理空间与电子空间并存交融的双重空间格局，在一定意义上颠覆了物理空间的构造要素和运行节奏。[①] 质言之，信息技术介入对传统司法场景两个方面的功能均造成了不同程度的冲击：一是“面对面”的单一司法剧场被分隔在不同的区域，转变为“面—屏—面”的复合场景，交流环境从实体物理空间变为网络虚拟空间；二是维系庭审运行的基础由物理空间转为信息技术和服务。在线庭审诉讼场景改变所导致的直接后果就是影响庭审的生动性、连续性和流畅性，削弱司法权威，影响公平审判。笔者对在线诉讼亲历者进行了调研，部分受访者认为，由于法官能够当庭听取当事人陈述与辩驳的传统线下交流情境因诉讼线上化而不复存在，尤其在争议较大的案件中，当事人无法有效传达自身法律与事实上的主张。此外，在信息化程度高的发达地区，计算机技术正在深度应用于法院业务。以上海的智能办案系统为例，证据录入系统中，由系统进行自动校验，进一步与传统的诉讼场景相剥离。[②] 诉讼场景

---

① 参见成小爱：《远程刑事审判的基本定位与理论重塑》，载《北方法学》2023 年第 6 期，第 127 页。

② 上海“206 系统”已开发出单一证据校验、证据链和全案证据审查判断、类案推送、文书生成等 21 项功能模块。参见严剑漪：《揭秘“206”：法院未来的人工智能图景——上海刑事案件智能辅助办案系统 154 天研发实录》，载中国法院网。

的改变在很大程度上弱化了“充分且富有意义地参与”，基于传统场景所能够实现的言语对话效果无法完全实现。

（二）参与主体：实质参与人员“在场性”减弱

传统的程序正义理论均强调诉讼主体的在场性，控辩双方需亲自到场出席庭审，法官必须亲身经历案件的审理过程、直接接触和审查判断证据，在充分听取双方主张与理据的基础上作出裁决。①《公民权利和政治权利国际公约》第14条第3款指出，“被告人出席法庭接受审判”是刑事被告人应当享有的最低限度的权利，到场权是被告人充分行使其他权利的基础。② 从理论上看，当事人作为程序的主体，其主体性也应包括主体间性。③ 当事人的主体地位和人格尊严也是通过与法官的有效沟通，从而促进主体间及时形成共识来实现。然而，即使在线庭审中被告人仍然可以在同一时空内与其他诉讼主体开展对话，也难以弥补客观距离造成的隔阂。

由于诉讼参与人员“在场性”的减弱，在线庭审会冲击传统观念之下的直接言词原则已经是学界的共识。直接原则要求程序参与者在裁判制作过程中始终在场，而在线庭审中当事人面对电脑屏幕完成法庭陈述、举证与辩驳，削弱刑事法庭原有的仪式感和庄严性，传统司法依托法庭布置和构造而形成的“剧场效应”也进一步弱化。④ 从言词原则来看，数字技术作为程序参与者交往行为的唯一媒介，导致在线庭审的口头交流的效果高度依赖网络质量、硬件设备等外部环境，随时可能由于技术障碍使庭审质量大打折扣，难以保证每一方有充分的机会质疑和反驳对方的主张和证据。这同时导致被告人权利在法官心证形成过程中受到心理因素的影响，根据“心理—生理学”领域的实证分析，认知加工流畅度会影响对事物正向或负向的价值判断，类似效应在司法裁判中同

---

① 参见朱孝清：《司法的亲历性》，载《中外法学》2015年第4期，第919页。

② See Aul M. Taylor, *A Commentary on the International Covenant on Civil and Political Rights*, New York : Cambridge University Press, 2020, p. 405.

③ 参见陈文曲：《民事诉讼当事人陈述理论的重构——以哈贝马斯的交往理性为视角》，法律出版社2010年版，第78页。

④ 参见胡昌明：《“司法的剧场化”到“司法的网络化”：电子诉讼的冲击与反思》，载《法律适用》2021年第5期，第75页。

样存在，即高流畅度带来较轻的判决，低流畅度带来较重的判决。①

这些缺陷使在线庭审明显违背庭审实质化的要求，具体而言，由于在线庭审中裁判者接受信息程度低，无法充分听取每一方的观点和依据，事实认定者就更倾向于书面审查，从而更加依赖卷宗。② 这使在线庭审成为介于书面审理与口头审理之间的审理方式，③ 甚至会强化卷宗中心主义，使得庭审发展为纯粹的书面审理。④ 在极端情形下，在线诉讼中法官对部分证据或事实直接印象的缺失，会使在线刑事审判沦为一种确认式的审判方式。⑤

（三）庭审规则：数字空间中存在传统庭审规则的盲区

刑事审判程序对裁判结果合理性的保障主要通过三个机制来进行：一是审判程序的多方参与机制。二是刑事证明机制。三是刑事救济机制。⑥ 无论是对抗性程序正义还是协商性程序正义，都是基于物理空间的诉讼经验提炼出的抽象理念，这些理念对于数字空间的公权力运作和私权利保障都难以发挥应有的作用。⑦

第一，现有规则无法完全保证被告人参与在线庭审的自愿性。《规则》将"合法自愿"确立为在线诉讼的基本原则，在第 4 条中又明确规定应在"当事人同意"的前提下开展在线诉讼。如果当事人主动选择在线诉讼，则可以直接适用。有学者对在线诉讼程序选择权的特征进行概括，从行权主体来看，《规则》将在线诉讼中的程序选择权规定为各方当事人均享有而不是专属于某一方

---

① 参见李学尧、葛岩、何俊涛、秦裕林：《认知流畅度对司法裁判的影响》，载《中国社会科学》2014 年第 5 期，第 148 页。

② 参见韩旭：《后疫情时代法院在线审理刑事案件之隐忧及纾解》，载《浙江工商大学学报》2022 年第 1 期，第 48 页。

③ 参见熊秋红：《远程庭审有哪些优势与不足》，载《人民论坛》2016 年第 27 期，第 100 页。

④ 参见陈锦波：《在线庭审的实践检视与规则重塑》，载《安徽大学学报（哲学社会科学版）》2021 年第 1 期，第 94 页。

⑤ 参见李奋飞：《论"确认式庭审"——以认罪认罚从宽制度的入法为契机》，载《国家检察官学院学报》2020 年第 3 期，第 39 页。

⑥ 参见陈瑞华：《刑事审判原理论》（第 2 版），北京大学出版社 2003 年版，第 77 页。

⑦ 参见刘金松：《数字时代刑事正当程序的重构：一种技术性程序正义理论》，载《华中科技大学学报（社会科学版）》2023 年第 2 期，第 19 页。

的诉讼权利，但又未规定三方选择权的优先顺序和权重，难以在程序选择权发生冲突时进行合理平衡。① 虽然目前《规则》对程序选择的规定较为完善，但实践运行情况与法律规定有明显背离。实践中的很多情况下，法院往往通过“告知”的形式征求被告人同意，等待被告人消极的确认，并没有体现《规则》所强调的“合法自愿”。

第二，刑事在线庭审中证据审查规则不完善。就言词证据而言，其本身具有稳定性差、极易发生改变的缺陷，在质证中主要对证人的感知、记忆、叙事能力与观察视角进行质疑。而在线庭审中，一方面，在线证据调查弱化了诉讼主体的庭审交锋和法庭的仪式感，证人更易于说谎，作出虚假陈述的可能性也会更大；另一方面，证人本身的“感知”能力在远程审判中有所降低，由此降低了证言的真实可靠性。对实物证据的审查判断主要依靠前端的辨认、鉴真以及后端的鉴定等，而在线庭审中只能观察电子化处理之后的原件，真实性只有推定效力。② 但目前也有很多法院会提前审阅证据原件，控辩双方可以向法官申请调取，从而避免这种非直接接触性。

第三，刑事在线庭审中缺乏完备的救济机制。刑事在线庭审模式下，被告人可能遭遇三种类型的程序不公：一是法院越权适用刑事在线庭审程序，包括超范围的适用和违反同意权规则的适用；二是技术纰漏导致的程序瑕疵或者程序违法；三是审理过程中发现不适宜继续适用在线庭审。为解决不可避免地技术障碍，《规则》确定了免责规则和在线庭审无效规则，两者均强调禁止让当事人承受技术障碍导致的不利后果。但实践中各法院对上述类型程序违法的救济持保守态度，这些规则的空白无法通过正常的司法程序予以纠正，被告人无法根据现有条款实现有效救济。根据刑事远程庭审案件当事人上诉和申诉的情况调查（见表1），审理法院有时会技术性地利用其他说理方式，如“认定犯罪事实的证人证言存在严重瑕疵”，以规避对刑事程序违法的直接回应。而由于办案法官策略性地解释法律概念，选择性地适用法律条文，受不当影响的判决往

① 参见谢登科：《论在线诉讼中的当事人程序选择权》，载《南开学报（哲学社会科学版）》2022年第1期，第19页。

② 参见张兴美：《电子诉讼制度建设的观念基础与适用路径》，载《政法论坛》2019年第5期，第122页。

往又难以被识别和纠正。① 二审法院难以在远程庭审案件中发挥法律监督作用。当然，二审法官在这一方面的小心谨慎有综合因素的考量，例如远程庭审相较于线下诉讼数量较少，审判经验相对欠缺，因此还是采取相对保守的方式作为最终裁判理由。

表 1　刑事远程案件当事人上诉的情况调查

案号	上诉理由	二审对应裁判理由
（2020）闽 07 刑终 208 号	原审庭审使用远程视频开庭，使得上诉人对法庭询问产生了误解，实质上周某是自愿认罪的，原审法院因上诉人在庭审时因误解作出的回答即认定上诉人否认大部分犯罪事实，不予认定其自首有误	经本院审查，本案原庭审使用的远程视频庭审设备运行正常，声音传输流畅、清晰，法庭询问并不存在影响上诉人理解的情况
（2023）甘 09 刑终 5 号	原审法院审理案件期间未讯问被告人及辩护人关于本案的诉讼方式而是直接确定以在线诉讼方式审理本案，导致一审程序违法	审判程序合法
（2020）吉 03 刑终 188 号	一审视频开庭，当事人不同意案件在线办理，对证据没有充分质证，且没有辩护人参与，对相关事实认定不清	本案审理阶段发生在疫情防控期间，利用视频开庭符合我国当前的国情。原审法院在审理过程中亦未剥夺被告人的诉讼权利
（2020）苏 04 刑终 311 号	原审未让其参与共同庭审	上诉人史某通过视频庭审方式进行分庭审理，上述审理方式并不影响诉讼参与人正常行使诉讼权利
（2020）豫 16 刑终 314 号	一审采取视频庭审，未给被告人指派辩护人，程序违法	本法院不属于刑事案件辩护律师全覆盖试点县法院，一审未给被告人何某指定辩护人不属于程序违法

（四）裁判结果：裁判结果可接受度略有下降

传统理论认为，裁判结果的可接受度取决于裁判结果是否具有合法性、权

① 参见李学尧、刘庄：《矫饰的技术：司法说理与判决中的偏见》，载《中国法律评论》2022 年第 2 期，第 91 页。

威性，以及审判程序的正当性。也有研究发现，当事人对审判的态度由判决结果主导，获得不利判决结果的当事人较易滋生不满。因为当事人对司法的运作方式感到陌生，这使得他们常常感知不到程序正义，因而通过实体正义评价司法。① 当事人对判决结果的不满通常以上诉方式呈现。因此，本文以“上诉率”作为判断当事人对刑事在线庭审裁判结果可接受程度的依据，以北大法宝为数据来源进行实证分析。在既有关键词的基础上，又设置检索数据裁判日期的起始日为2020年1月1日，即在线庭审适用率爆发式增长，进而逐渐形成庭审规则的时期，检索的截止日为2023年12月31日，共有1327份裁判文书，剔除不符合条件的裁判文书后，② 得到有效检索结果1303份。审判程序选择“刑事二审”后，得到有效检索结果48份，经计算后可知刑事在线庭审的上诉率约为3.6%（见表2）。需要说明的是，由于裁判文书并未全部上网公开，因此数据统计难以做到完全精确，但总体而言，通过对全国刑事在线庭审上诉率的数据分析能够提供具有一定参考性的结论。作为类比，同时期认罪认罚案件上诉率保持在3%左右，整体刑事案件上诉率在10%—11.3%浮动，可见刑事在线庭审的上诉率介于认罪认罚案件上诉率和所有刑事案件上诉率之间。具体而言，以B市认罪认罚案件上诉情况为例，在508件上诉案件中，将“程序违法”作为主要上诉理由的仅有8件。③ 然而，刑事在线庭审上诉案件中该上诉理由占比却超过10%。④ 由此可知，刑事在线庭审案件上诉率略高，被告人对其裁判结果接受度略低。

---

① 参见贺欣、冯晶、黄磊：《陌生感与程序正义：当事人对法院民事审判的态度》，载《中国政法大学学报》2023年第1期，第103页。

② 包括一审未适用在线庭审审理的24件案件。

③ 参见汪海燕：《认罪认罚案件上诉问题实证研究——基于B市508件案例的分析》，载《中国应用法学》2023年第3期，第91页。

④ 参见周某杰走私、贩卖、运输、制造毒品案，广东省佛山市中级人民法院（2017）粤06刑终643号刑事裁定书；周某杰走私、贩卖、运输、制造毒品案，福建省南平市中级人民法院（2020）闽07刑终208号刑事裁定书；郭某寻衅滋事案，吉林省四平市中级人民法院（2020）吉03刑终188号刑事裁定书；普某、黄某等掩饰、隐瞒犯罪所得、犯罪所得收益案，甘肃省酒泉市中级人民法院（2023）甘09刑终5号刑事裁定书等。

表 2　刑事在线庭审裁判结果情况调查

关键词	上诉案件数量（件）	一审案件数量（件）	上诉率（%）
远程庭审	8	429	1.9
视频庭审	31	570	5.4
在线庭审	7	166	4.2
在线诉讼	2	36	5.6
案件总数	48	1303	3.6

三、理论重塑：刑事在线庭审程序正当性标准的提出

由于传统的程序正义理论已经无法为刑事在线庭审提供完整的解释力，一种观点据此认为在线庭审不具有程序正当性。另一种观点认为应当结合信息时代背景对传统诉讼理论进行扩容，并基于新的解释标准评价制度内容。对于既无法更新解释路径，也不能与传统理论对接的，则创造新的概念和理论，最终构成新的互联网审判体系规范。① 这一争论早在 2021 年起草《刑事诉讼法》的司法解释的过程中便有所体现，② 关键在于是否有必要根据诉讼形式的改变而提出新的正当性标准。本文认同第二种观点，认为应当采取发展的眼光看待刑事在线庭审的构建，提出新的正当性评价标准，理由如下。

首先，在线庭审是独立于传统庭审的审判方式。无论是启动方式还是所适用的案件范围、诉讼环节，在线诉讼破除了传统诉讼物理意义上“亲历性”，这种情况下，传统路径已经很难成为在线庭审是否正当的判断依据。③ 参考“协商性程序正义”曾经受到的理论质疑，对于这种变化，假如不能实现理论上的更新，就无法作出适当的价值评判，也无法对这种特殊诉讼程序的未来走

① 参见景汉朝：《互联网法院的时代创新与中国贡献》，载《中国法学》2022 年第 4 期，第 63 页。

② 参见《刑事诉讼法解释》起草小组等：《〈关于适用刑事诉讼法的解释〉的理解与适用》，载《人民司法》2021 年第 7 期，第 51 页。

③ 参见左卫民：《后疫情时代的在线诉讼：路向何方》，载《现代法学》2021 年第 6 期，第 40 页。

向形成清晰的认识。[①] 如今，在线诉讼因信息技术的嵌入与传统诉讼理论产生一定程度的“背离”，有必要认真对待已经或可能变化的因素，反思、调整甚至重新定义诉讼原则，对数字技术影响刑事司法程序的过程和结果进行独立评价，[②] 以理论更新推动制度发展以为现代科技的适用提供空间。

其次，法学理论研究应当与司法实践发展相适应，而非以理论束缚司法实践的进步。[③] 为因应信息技术时代的变化和审理能力现代化改进的需要，法院系统应进行数字化的转型与结构性的变革，在线庭审与数字时代背景下的社会发展需求相契合。[④] 在线诉讼通过“技术赋权”发挥独立的形塑力量。实现线上线下有序融合衔接，是信息技术发展后诉讼方式的主流和常态。[⑤]

最后，在线诉讼程序的发展不代表脱离传统刑事诉讼正当程序规则。在线诉讼仍需和传统诉讼程序评价原则相结合，并符合最低限度程序正义，且不能背离以审判为中心诉讼制度改革的初衷。刑事在线庭审只是通过数字技术与现实世界进行信息和行为的交互来实现法庭审理，最终依然以实体的判决作为处理结果，并不会颠覆审判理论建构的基础。

（一）理论选择：技术正当程序理论与刑事审判原理的结合

正义是一种开放性、容纳性很强的价值，它的含义会随着时代的发展而发生变化。[⑥] 但正当程序的价值理念如维护程序公平、保障人性尊严等，具有跨越时空的特性，在新的技术条件下也不会过时，应以此为基础构建技术性正当

---

① 参见陈瑞华：《论协商性的程序正义》，载《比较法研究》2021 年第 1 期，第 7 页。

② 参见刘金松：《数字时代刑事正当程序的重构：一种技术性程序正义理论》，载《华中科技大学学报（社会科学版）》2023 年第 2 期，第 19 页。

③ 参见刘艳红：《人工智能技术在智慧法院建设中实践运用与前景展望》，载《比较法研究》2022 年第 1 期，第 6 页。

④ 参见成小爱：《远程刑事审判的基本定位与理论重塑》，载《北方法学》2023 年第 6 期，第 129 页；《最高法：中国互联网司法发展已从“跟跑”走向“领跑”》，载新华网。

⑤ 参见刘峥、何帆、李承运：《〈人民法院在线诉讼规则〉的理解与适用》，载《人民司法》2021 年第 19 期，第 35 页。

⑥ 参见陈瑞华：《刑事审判原理论》（第 2 版），北京大学出版社 2003 年版，第 52 页。

程序理论。[①] 美国行政法学者 Danielle 针对人工智能自动化决策在行政执法中侵害公民权利问题，首次更新正当性评价标准，提出技术正当程序原则（Technological Due Process），[②] 包含排除偏见、充分参与、程序对等、程序合理、问责有效五项基本要素，以消除公权力运行过程中信息技术因素的影响。

此后诸多刑事法学者将技术性正当程序理论与刑事司法程序结合，在满足最低限度程序正义的前提下，考虑程序自身的实质特点和要求，并回避技术融入可能导致的风险，发挥在线庭审“技术赋能”的优势，以破除传统程序正义理论的桎梏。[③] 在刑事审判领域，一方面，刑事审判有区别于非审判程序，不会被技术介入影响。简言之，从刑事在线庭审中的技术介入方式来看，技术仍属于诉讼参与人员参加庭审的工具，是提供远程对话的媒介，其并未实质改变法庭审理程序；从技术的介入程度来看，技术不能直接作出不利于对方的决定或决策，法官仍是作出司法运作中决策和参与的主体。

另一方面，必须为庭审形式改变对最低限度程序正义要求造成的冲击作出有力回应。据第二部分所述，在线庭审运行与审判阶段最低限度程序正义所欲达到效果的背离可被概括为三个方面：其一，庭审难以通过“理性商谈”形成裁判，程序参与者无法进行有效协商和对话；其二，法官的庭审主导性更强，被告人权利保障被忽略，主体性减弱，处于被动承受处置和对待的地位，“权力—权利”的力量对比失衡，现有被告人在线庭审权利保障规则沦为“空白条款”；其三，技术融入司法导致裁判者与当事人产生“隔膜”，当事人对在线庭审缺乏认同感，裁判者也对裁决过程和书面论证缺乏审慎态度，程序运作难以合乎理性。

由此，本文提出的刑事在线庭审程序正当性标准如下：首先，规定合理的适用限度，在程序参与者能够有效商谈的基础上确定在线庭审的适用范围；其

---

① 参见刘东亮：《技术性正当程序：人工智能时代程序法和算法的双重变奏》，载《比较法研究》2020 年第 5 期，第 64—79 页。

② See Danielle K. Citron, “Technological Due Process”, 85 *Washington University Law Review* 12249, 2007, p. 1303.

③ 参见田力男：《远程侦查讯问程序问题研究》，载《中国刑事法杂志》2021 年第 5 期，第 149—150 页；陈卫东、崔永存：《刑事远程审判的实践样态与理论补给》，载《中外法学》2021 年第 6 期，第 1499 页；李训虎：《刑事司法人工智能的包容性规制》，载《中国社会科学》2021 年第 2 期，第 56—57 页。

次，在庭审规则的制定上坚持“权利本位”，扩大被告人在技术面前能够有效自主行使权利的范围；最后，划分司法与技术的界限，使技术成为协助司法运行的工具而非阻碍。

（二）合理限度：明确在线庭审适用范围的“比例性”正当

在线庭审的合理限度判断，实际上是在探究在线庭审在何种范围内能够实现“最低限度程序正义”所要求的程序各方进行理性交涉、对话与说服，具体体现为是否满足直接言词原则的要求。但以传统直接言词原则的标准进行衡量，在线庭审一概不符合“在场原则”所要求的“亲自到场”。但如果对“在场性”作实质性解释，其本质上也是为了使法庭中的辩论与交锋更加彻底，通过有效商谈形成裁判结论。不可否认的是，“在线”形式对庭审商谈的实现提出了更高的要求。换言之，如果不对在线庭审课以严格的限定范围，其对司法公正带来的冲击将覆盖其带来的优势，盲目扩容直接言词原则只会反噬在线庭审的程序正当性。由此需要讨论的是：一是何为庭审程序中的有效商谈；二是在线庭审在何种范围内符合直接言词原则的实质内涵，使之实现庭审的有效商谈；三是在线下庭审和在线庭审均符合直接言词原则的情况下何者优先的问题。

首先，哈贝马斯的“交往行为理论”将表达的可领会性、陈述的真实性、表达的真诚性和言语行为的合法性作为组成理性言谈情境的四个构成要件。其中，表达的真诚性取决于程序参与人本身的表达能力和内心意志，并非技术因素的影响；言语行为的合法性取决于现行立法如何规定，属于形式理性而非实质理性的范畴。在线庭审中视频链接是程序参与者表达观点的唯一媒介，表达的可领会性必然会因为技术障碍而受到影响，作为庭审表达基础材料的电子化物证和言词证据也会因为具象至虚拟的转换而过滤掉部分有效信息，阻滞证据真实性的查明。综上，技术因素对商谈有效性的影响主要集中在陈述的真实性与表达的可领会性。

其次，案件事实认定难度低的案件适用在线庭审易实现有效商谈。由上文可知，如果在线庭审基本满足陈述的真实性与表达的可领会性两项要件，则可以认为庭审能够承载有效商谈的本质要求，但这必然只能在一定范围内满足。在判断能否在合理限度内运用一项程序时，需要进行比例原则的考量。刑事诉讼程序需要平衡“案件情形”“诉讼措施的轻缓与严厉”“程序控制的宽松与严格”三要素的关系以保证程序的合比例性。① 具言之，案件情形简单意味着可以采取轻缓的诉讼措施和宽松的程序控制，这也是司法亲历性边界、限度和适用范围的判断标准。事实认定的简单也对应着审判程序的简化。② 例如，同时满足“案件事实清楚、证据确实充分”和“被告承认自己所犯罪行、对指控的犯罪事实没有异议”的案件因并非侧重于事实认定而不属于司法亲历性严格适用的范围，适用简易程序。③ 陈述真实性与表达可领会性的满足依赖于庭审事实查明功能的发挥程度，在事实清楚、证据简单的案件中，庭审事实查明功能的实现难度较低，若能够平衡案件事实查明难度与刑事在线庭审的关系，合理商谈情境在刑事在线庭审中并非不可能实现。

必须回应的是“非言语语言”作用发挥的问题。有观点认为在线庭审中没有“情态证据”发挥的空间而对商谈有效性提出疑问。④ 但不同话语体系的作用方式不同，现代诉讼虽然能够被实质化为一种言语行为过程，但不同的言语行为需要通过不同的价值标准进行评价，不能把诉讼行为与日常言语交往混为一谈。质言之，诉讼中的言语交往是事实与规范的言语整合，其交涉内容往往被固定地限制为“法规与经验法则的存在与否”“当事人的行为是否符合特定法规构成要件的说明”“特定法规的法效果存在与否”的陈述。在以规范为主导的交流情境下，当事人的言语陈述发挥作用的方式并不依赖于“非言语语言”因素的影响，因而不影响表达的可领会性。

为最大化的保障人权，可以辩证地承认“非言语语言”在复杂、疑难案件中确实能够影响到裁判者心证的形成。但在事实清楚、证据充分的案件中，一方面，先不论“情态证据”对法官心证能够产生的影响本身就难以量化，多数言词证据已经能够与先前制作的书面证词和笔录进行印证，对法庭交锋的依赖程度极低，更谈不上施展特殊的质证技巧以保证陈述的真实性；另一方面，即使机器的阻隔取代面对面的言语交往会对人的理解能力产生消极影响，但对于

---

① 参见秦策：《刑事程序比例构造方法论探析》，载《法学研究》2016年第5期，第157页。

② 参见朱孝清：《司法的亲历性》，载《中外法学》2015年第4期，第928页。

③ 参见朱孝清：《司法的亲历性》，载《中外法学》2015年第4期，第929页。

④ 参见成小爱：《远程刑事审判的基本定位与理论重塑》，载《北方法学》2023年第6期，第126页。

此类案件而言，这种影响不会必然导致司法裁判所需要的信息无法达到充分状态。因此，陈述的真实性和表达的可领会性在事实认定简单的案件中易于实现，故这种情形下能够将“线上出庭”解释为符合“在场原则”。

需要面对的质疑是，在线庭审是否应不再以追求实质真实作为庭审的理念，而转向合意型司法。本文认为，协商性司法与程序简化并无直接关联，例如在认罪认罚案件中，如果涉及复杂、疑难的情形，那么就有必要通过法庭调查、法庭辩论查清事实，① 因此也无须建立在线庭审与合意型司法的联系。此外，先后颁布的关于在线庭审案件范围的规范虽然几经变化，但主要针对的还是轻罪案件。再加上轻罪案件具有危害性小、常见多发、数量较大以及被告人罪责较轻、配合意愿较强等特征，这容易误导学界认为在线庭审与轻罪案件的性质较为契合，从而将在线庭审与轻罪治理形成制度上的联系。但需要区分的是，轻罪案件仅能确定的是量刑的轻缓，决不表明事实和证据的查明也同样简单。相反，轻罪案件中不乏复杂情形，以及自诉案件中追诉意愿强烈的被害人也不会轻易容忍程序的简化。

再次，在线庭审是传统庭审的辅助庭审形式，不可优先于传统庭审适用，两者并不是能够被平等选择的关系。即使在线庭审在特定情况下符合直接言词原则的实质要求，但由于技术对司法的冲击目前还难以控制，当事人对传统庭审的接受度更强，一般情况下在线庭审不可被优先考虑。但这一“优先性”必然有例外。国际刑事法庭对诉讼参与人远程出席庭审条件的论述为刑事在线庭审的适用范围的控制为此提供了思路。卢旺达刑庭在 Zigiranyirazo 案中指出，被告人远程出庭使被告人无法“物理出庭（physical presence）”，除非在“必要”的情况下，否则不被允许。② 在 Krajišnik 案中，前南刑庭进一步解释了远程出庭的“必要性”，认为当被告人的行为阻碍法庭“适当迅速审判”时，即使远程出庭会限制被告人的辩护权，采取这种手段也是合理的。③ 国际刑事法

① 参见汪海燕：《认罪认罚从宽制度视野下的“以审判为中心”》，载《中国法学》2023 年第 6 期，第 72 页。

② See Zigiranyirazo v. Prosecutor, ICTR-2001-73-AR73 (2006), 30 October 2006, paras. 17-21.

③ See Prosecutor v. Momćilo Krajišnik, IT-00-39-A (2007), 11 May 2007, paras. 56-62.

院在 Ruto and Sang 案中认为，如果穷尽其他合理措施，例如延期审理等，进行线下庭审仍然会侵犯被告人的基本权利和重要诉讼权利，被告人远程出庭则具有必要性。①

进言之，即使适用在线诉讼不利于充分保障被告人的诉讼权利，但是如果适用线下庭审会导致更重要的基本权利或更大的诉讼利益受损，这时适用在线庭审因具有必要性而符合正当程序的要求，这也是人权克减需要符合比例原则“最小侵害性”的应有之义。② 这也反向印证了根据贝勒斯的程序正义理论，当有可替代的保护措施更能保护当事人利益时，强行适用程序正义的要求反而会违背程序正义原则本身的宗旨。③ 简言之，在特定情况下被告人的“公平审判权”需要进行利益衡量之后让位于基本人权保护、其他诉讼利益、公共利益等更重要的利益，这是本文对《规则》第 3 条规定“因其他特殊原因不宜线下审理的刑事案件”作出的解释，也是“线下庭审优先于在线庭审”的例外。需要注意的是，这种“例外”也有其限度，当案件涉及国家安全、可能产生重大社会影响时，不适用在线庭审形式。

最后，必须承认构建智慧法院的政策要求加剧了各地区法院建设的不平衡，除各地区技术发展的不平衡以外，也包括诉讼参与人业务水平存在差异、配套设施是否完善、法院对在线诉讼的理解存在认知偏差等，在线诉讼显然不能无条件适用，否则会造成司法资源的消耗。应将“技术条件是否足以支撑在线庭审”纳入限定因素，以正当的“合比例”配置追求效率的最优化。

（三）权利本位：保障被告人在技术面前的“主体性”地位

需要认清的现状是，数字技术融入庭审规则是对现有审判理论与实践的开创式革新，而由于技术的局限性，关于数字技术改变司法困境的期冀在短期内还无法有效落实。因此，目前较为可行的做法是关注在线庭审对被告人权利减

---

① See Prosecutor v. Ruto and Sang, ICC－01/09－01/11－694 (2013), 22 April 2013, para. 6.

② 参见张翔：《公共利益限制基本权利的逻辑》，载《法学论坛》2005 年第 1 期，第 27 页。

③ See Bayles, M. D., *Procedural Justice: Allocating to Indi－viduals*, Kluwer Academic Publishers, 1990, p. 246.

损的一面，而不是仅停留在对技术改变司法的未来幻想中，只看到数字技术所带来的潜在便利，而忽略这对当事人的真切影响，毕竟“新技术的危害往往被社会中处于弱势地位的人群承受”①。由于庭审形式变化所导致的规则空白，被告人在审判活动自主意志被减损的情况没有适配的救济机制。甚至可以说，数字技术带来的优势几乎都被司法机关所吸收，被告人要面对由于操作不熟悉、语言沟通不便、权利保障空白、救济机制失灵所带来的多重困境，这加深了控辩审三方地位的失衡。司法必须发挥自身的能动性，在解决纠纷、救济权利和推动法律发展的过程中逐渐填补法律规则空隙，消解“权力—权利”的不平等。当前刑事在线庭审所暴露的一些深层次问题需要回归刑事诉讼的理论层面，追求对被告人的“前瞻性保护”，以“人权保障”作为目的性思考。

“最低限度程序正义”对保障被告人主体性亦作出要求，被告人应当拥有通过自己的努力而自由决定、选择、支配其各项基本权利和利益，自主和自愿地进行各种活动、实施各种行为，使每项活动和行为体现自己自主的意志，②而不是被动地承受他人安排。防范刑事案件在线诉讼中被告人权利本位的克减，有必要以保障被告人的主体性为价值目标构建在线诉讼独立规则体系。段厚省教授从微观的被告人权利保障角度提出“增量等值原则”，即在线诉讼程序由于技术障碍、法庭仪式感与威严性减弱等原因，在客观层面上相较于传统诉讼程序更加难以实现公平审判，与此相对应，在线诉讼就应比传统诉讼程序规则为当事人提供更为全面和充分的诉权保障措施。③ 具言之，刑事在线庭审制度在被告人权利保障方面“增量等值”构建思路是，在保障被告人享有与线下庭审同等诉讼权利的基础上，填补由于庭审形式变化所导致的规则空白。例如，传统庭审中不涉及被告人对庭审形式的选择权，而在线庭审的发展就需要增加被告人在实质意义上的程序选择权。

但是新型权利与既有庭审规则的融入并不是简单的相加关系，而是需要扩充刑事在线庭审在既有理论与在新的理论和规则框架内形成逻辑自洽，否则就无法改善被告人的处境和地位。以程序选择权为例，既有研究大多认为被告人

---

① 参见《机器算法让我们决策更方便但也会加深社会不平等》，载网易科技。

② 参见陈瑞华：《刑事审判原理论》（第2版），北京大学出版社2003年版，第195页。

③ 参见段厚省：《远程审判的双重张力》，载《东方法学》2019年第4期，第111页。

表示自愿承担远程出庭带来权利减损的“自我答责”能够使在线庭审程序正当化，但这是对在线庭审程序选择权适用的常见误读。建立程序选择权需要厘清的前置问题是为什么要赋予被告人程序选择权，以及在何种情形下程序是“可选择”的，从而最大程度地尊重被告人的意愿。如前所述，在疫情防控期间虽然某些特定案件适用在线庭审虽然会导致诉讼利益的克减，但是与更重要的生命权、健康权相比，适用在线庭审不仅是公共政策的要求，也是权利保障的必要措施，这种情况是线下诉讼优先于在线庭审的例外，被告人没有自由选择的空间。但符合“因其他特殊原因不宜线下审理”条件的案件事由不会都具备公共政策背书，还有其余诸多情形需要司法机关自由裁量。即使是疫情防控期间，也不是所有案件都理所当然地一概适用在线庭审。如果不通过“被告人同意”这一条件进行约束，在线庭审必然会因追求办案速度而被滥用。

（四）技术边界：在正当程序基础上实现技术与司法的协作

技术与司法的关系存在两个思考角度：一方面是从数字技术的角度考虑智慧司法的发展空间；另一方面是从司法的角度考虑其在何等程度上能够被信息化。① 从根本上讲，前者不属于法学研究的任务，而是属于信息技术领域的专业问题，要解决的问题终将归于信息技术如何发展。技术本应服务于司法，而如今却逐渐侵蚀司法公正的空间，司法对数字技术的适应能力落后于数字技术的发展，也源于这种常见的学理误读。技术的发展与司法运作似乎相互矛盾又相互促进，妥善处理技术与司法的关系才能让两者相辅相成、协调发展。从法学的角度，应当研究的是司法自身与信息技术相结合的能力与需求，形成切实可行的智慧司法进路。

从技术应用与在线庭审的现状来看，高速发展的互联网技术对促进司法公正、延伸司法能力、优化司法资源、推动司法互动等方向上起到了必要的辅助支撑作用，但它无法代替法庭审理和判决工作。② 国内的司法信息化技术研发

---

① 参见范明志：《智慧司法的基本逻辑——数字技术与司法如何对应》，载《法学论坛》2023 年第 3 期，第 37 页。

② 参见［美］卢克·多梅尔：《算法时代——新经济的新引擎》，胡小锐、钟毅译，中信出版社 2016 年版，第 145 页。

还处于探索时期，“强人工智能”的投入与实质产出并非短期内的课题。① 尽管在司法智慧化的进程中已经出现了司法裁判与人工智能的深度融合，但是这只是有限的功能耦合，并不意味着决策主体的转变，法院在价值的认识、评价、判断活动中依然处于相对领先的地位，法官仍然在裁判活动和裁判结果中起着主导的作用。②

从司法范式的演变逻辑来看，司法范式的演变离不开外部的社会条件变化的影响。根据“法律结构的自我指涉”原理，只有外在变化被过滤并形塑为“社会实在的法律结构”时，社会变迁才会影响法律变迁。③ 当社会变迁超越法律系统的规制能力时，司法范式的转型体现为司法系统内部对社会外在变化的内部反思，从关注形式正义转向关注实质正义，在纠纷解决的过程中不断探索规则、制度的设计，最终形成新的规则体系并作用于外部环境。④ 由此可见，司法对社会外在变化有体系化的控制能力，应在传统司法公正的基础上，考量司法对数字技术的容纳范围，时刻掌握司法在技术面前的主动权。

综上所述，刑事在线庭审这一智慧司法建设领域内，司法主体对技术有极大的掌控力。技术是程序进行的辅助工具，在处理技术与司法的关系时需要结合“技术安全、技术中立、技术公平和技术友好”的伦理标准，避免技术支持滑向技术依赖的外部制度构建。还需要注意的是，要防止司法活动的“去责任化”趋势，技术融入司法不仅引发司法人员因为亲历性减少而导致责任感缺失的问题，还会使司法主体有更多理由将责任推卸至技术人员或开发企业。⑤

---

① 参见宋维志：《数字法学真的来了吗?》，载《现代法学》2024 年第 1 期，第 85 页。

② 参见季金华：《智慧时代司法发展的技术动力、价值基础和价值机理》，载《中国海商法研究》2022 年第 3 期，第 68 页。

③ 参见［德］图依布纳：《现代法中的实质要素和反思要素》，矫波译，载《北大法律评论》1999 年第 2 卷，第 590 页。

④ 参见［德］尤尔根·哈贝马斯：《合法化危机》，刘北成、曹卫东译，上海人民出版社 2009 年版，第 20—27 页。

⑤ 参见高童非：《数字时代司法责任伦理之守正》，载《法制与社会发展》2022 年第 1 期，第 151—172 页。

四、制度因应：刑事在线庭审程序的完善路径

需要承认的是，刑事在线庭审的适用目前仍有极大可能性造成基本权利的减损。依据基本权利限制的基本原则，刑事在线庭审属于“法律保留”事项。[①]必须由立法机关制定法律对准入规则、运行规则、救济规则作出确定性的指引，并加强被告人权利保障，避免模糊的法律条款造成对基本权利的过度限制。

（一）准入规则：细化刑事在线庭审的启动条件

1. 在规范中明确在线庭审的辅助地位

《规则》第3条对我国刑事在线庭审作出正面规定，主要适用于速裁案件、减刑假释案件，以及“因其他特殊原因不宜线下审理的刑事案件”。这一规定虽然语言表述粗疏，语意模糊，缺乏对司法实践的指引作用，但能够反映出限缩在线庭审适用的规范意涵。然而，第3条中“其他适宜在线审理的案件”这一兜底条款为在线庭审的任意扩大适用留下弹性空间，[②]没有达到线下庭审被优先考虑的效果，这可能导致司法机关并非基于保障人权而是出于追求自身利益而适用在线庭审。

对此，应在规范中明确在线庭审的辅助地位。相对于线下庭审而言，在线庭审起到例外条件下的支撑作用，其他情况下仍然应优先适用线下庭审。换言之，为了保障线下庭审的优先性，法律规范中应体现采取在线庭审是司法机关穷尽其他合理措施之后的“最后手段”，司法机关不能在两种庭审形式中自由选择。对此，法律规范需要对“其他合理措施”作出列举性表述。例如，若采取延期审理、中止审理的手段后仍无法适用线下庭审，或者由于案件特殊性无法延期审理、中止审理的，方可适用刑事在线庭审。除了前述国际刑事法庭的实践以外，黄某等故意伤害案刑事裁定书中记载，上诉人黄某等拒绝使用视频方式开庭审理此案，法院作出中止审理的裁定，也佐证此种手段是保障在线庭

---

① 参见张翔：《公共利益限制基本权利的逻辑》，载《法学论坛》2005年第1期，第27页。

② 参见左卫民：《后疫情时代的在线诉讼：路向何方》，载《现代法学》2021年第6期，第41页。

审不被滥用的合理措施。① 穷尽合理措施后，如果最终采取在线庭审开庭审理，需要法官在裁判文书中更充分的释法说理，阐明如果进行在线庭审，将会造成更大的利益损害。

2. 按照“定性规定+禁止清单”限定案件范围

在明确适用在线庭审前置条件的基础上，应对案件范围以“正面定性规定”和“禁止清单的形式作出规定”，两种方式并行使用能够起到最好的制度改进效果。正面规定适宜作出定性规定，强调证据查明难度低，即案件事实清楚、证据确实充分，庭审活动相对简单，省略或简化举证、质证、辩论环节或者控辩双方没有争议的案件可以适用在线庭审。一方面，此规定能够清晰呈现限定在线庭审适用范围的规范意旨；另一方面，这一适用范围限制思路能够避免框定具体的案件类型和程序类型，与我国刑事案件在线庭审的实践发展相适应。从实践经验来看，在线庭审与刑事诉讼程序类型并不具有直接相关性，以往司法实践中在一审速裁程序、简易程序、普通程序及二审程序均有在线审理的成功经验。②

《规则》还在第 21 条中作出负面规定，列举了不宜适用在线庭审的 7 类情形，充分考虑到案件性质、当事人对在线庭审的接受能力、各地法院现实条件、案件证据审查要求、案件复杂程度以及社会影响等。但《规则》没有阐明第 3 条与第 21 条的关联性，造成各司法机关的理解偏差，进而导致《规则》关于在实践中沦为空白条款。故此建议《规则》在相邻条文中规定在线庭审适用前置条件、正面定性规定与禁止清单，并阐明三者之间的适用顺序。首先，判断案件是否涉及禁止清单描述的情形，一旦触及禁止清单，那么案件不应适用在线庭审；其次，适用在线庭审之前是否采取其他合理措施；最后，检验案件是否属于符合正面定性规定的情形。

3. 以“被告人同意”为最低标准构建程序选择机制

《规则》第 4 条规定，采用远程庭审必须同时经过公诉人、当事人、辩护人同意，表明我国在线诉讼选择模式为“各方合意型”。需要强调的是，在我国

---

① 参见黄某等骗取贷款、票据承兑、金融票证、高利转贷、寻衅滋事、故意伤害、盗窃、窝藏、包庇案，江西省赣州市中级人民法院（2019）赣 07 刑终 1083 号刑事裁定书。

② 参见左卫民：《中国在线诉讼：实证研究与发展展望》，载《比较法研究》2020 年第 4 期，第 167 页。

控辩双方参诉能力差别较大的司法背景下，此种多方合意机制仍然需要以突出保障被告人的自主意愿为前提。在具体的制度建构方面，法院可以在开庭前10日左右向各方送达程序选择征求意见书，列明实质有效的知情同意条款，以书面形式征求各方对审理方式的意见，并由法院审查。在此期间，法院对当事人的程序选择权具有释明义务。如果各诉讼参与方对庭审方式有较大争议，法院可以组织召开征询意见会议，各诉讼参与人在会议中各自就选择理由发表意见。审理法官综合考量各方意见和主张，在充分尊重被告人意愿的前提下，最终决定选取何种审理方式进行庭审，在裁判文书中论述程序选择理由。同时，应当建立辩护人、当事人能够对法院作出的审理方式决定及时提出异议的程序，各方提出异议后，应当明确规定相应的法律文书，并规范法院应当如何处置。为保障在线诉讼选择程序的合理性和正当性，应当明确规定异议程序的时限，防止当事人滥用异议权。法院需要在规定的时限内对异议作出回应，异议被驳回后当事人可提起相应的救济程序。

（二）运行规则：完善刑事在线庭审的运作模式

实现被告人权利保障的“等量增值”，既要通过限定线上庭审的适用范围，保障被告人的在场权、自我辩护权等基本权利，也要结合在线庭审的“技术性”特征，充分保障被告人的新型权利，如程序选择权、个人信息权等，并尽可能消除由于“线下—线上”的转变对权利行使所带来的不利影响。《规则》涉及的技术障碍包括三类：第一类是诉讼主体因年龄、心智、教育等原因缺乏运用在线诉讼设备的基本能力；第二类是客观上缺少相应的技术设备，以及技术设备不达标造成网络卡顿等问题；第三类包括对审判的公正性、严肃性产生不良影响的其他问题，例如在线证据审查标准的缺失、信息泄密风险增加等。

第二类技术障碍的解决虽然仍需要法学理论作为指引，但最终依赖人工智能技术的升级。而例如第一类、第三类的技术障碍，涉及技术适用主体、环境和条件等实际状况，并不是单纯的技术问题，公正审判技术能力障碍会引发法官的偏见，甚至有罪推定，却无法仅通过提高技术水平，或者限制在线庭审适用范围的方式予以解决。针对第一类技术障碍，各地方法院应结合当地经济发展情况和技术保障的投入水平，制定在线法院技术平台的运作模式；不熟悉互联网的人，或者残障人士选择适用在线庭审，应保证他们能够获得有效的技术帮助，避免因为技术水平问题而陷入不公平的待遇。

针对第三类技术障碍，以防止信息泄密为例，《规则》已经明确了各方主体对在线诉讼数据信息的保护义务和责任追究的法律依据。但是在线诉讼中，应对身份信息采集、核验与认证提出更高的标准。对此，可以建立统一的电子数据分级分类保护机制，以防司法审判数据分散在各级人民法院建立的诉讼系统中，导致信息保护力度的差异。此外，对于外部人员，需要严肃追究法院之外的数据开发平台、信息网络公司泄露或垄断司法数据的责任；对于司法内部人员，有学者建议引入《个人信息保护法》中的合法、正当、必要原则，司法人员在行使职权干预公民个人信息的过程中应当在法律明确授权下采取合比例的干预措施。①

（三）救济规则：构建线上与线下庭审的转换与衔接机制

刑事在线庭审正式开始之前、庭审过程中以及终结之后，均应赋予被追诉人因适用在线诉讼而导致程序违法的程序救济权，从而实现在线庭审至线下庭审的及时转换与衔接。

第一，建立正式开庭前被告人程序选择权的救济机制。公诉人、被告人以及辩护人有权对开庭通知和相关的规范法律文件提出异议，明确反对在线庭审，以确保当事人能够在充分知情的情况下先行自愿选择适用何种程序。法院对异议进行审查后，如果发现程序选择缺乏自愿性和真实性，或者案件类型超出可以在线庭审的案件范围，应及时转为线下庭审。如果被告人在线诉讼程序选择权被剥夺，例如被告人明确表示反对在线庭审，但法院仍然决定在线庭审，被告人可以提出上诉。

第二，构建在线庭审进行过程中的救济机制。在线庭审进行过程中可能出现两种能够致使程序违法的事由：一是由于出现技术障碍导致庭审中断；二是法官审理过程中发现案件事实、证据有较大争议等原因，不适宜继续在线审理。对此，法官可以发挥裁量权进行主动救济，在不侵犯被告人程序选择权的前提下审慎判断采用何种处理方式。公诉人、被告人也有权当庭提出申请。若因技

① 参见卞建林、钱程：《刑事诉讼法与个人信息保护法的衔接》，载《国家检察官学院学报》2023年第6期，第148页。

术故障等客观原因导致庭审中止中断，能够及时恢复的可继续进行远程审理，未能及时恢复的，遵循集中审理原则转为传统庭审方式继续进行。

第三，如果被告人以运用在线庭审导致程序违法提出上诉，法院应对一审的程序事实进行审查，如果情况属实，可裁定撤销原判，发回原审人民法院按照简易程序或普通程序重新审理。同时应强调法官在裁判文书中对是否程序违法进行详细论证的义务，以防法官有更多理由将责任推卸至技术人员或开发企业。

（四）律师参与：完善在线诉讼法律援助值班律师制度

为当事人提供适当的法律援助能够有效解决因当事人不熟悉在线操作系统、互联网技术障碍造成庭审无法顺利进行，以及在线庭审规则落实不到位的问题。现有的法律援助制度为值班律师有效参与刑事在线诉讼预留了空间。一方面，法律援助制度的核心规范意旨在于实现被告人辩护权的保障，被告人可以通过申请法律援助的方式应对委托辩护由于特殊原因缺位而造成的控辩失衡。[①] 从在线庭审司法实践的发展趋势来看，适用刑事在线庭审的案件主要为通过速裁程序审理的轻罪案件，这类案件中被告人委托辩护律师的意愿较低，但被告人由于适用在线诉讼而遭遇不公正审判的可能性较高。另一方面，从法律援助值班律师的职权范围来看，从审查起诉阶段至审判阶段，值班律师能够依法提供法律咨询、程序选择建议、申请变更强制措施等法律帮助，这在法律层面明确值班律师可以为对在线诉讼程序有疑虑的被告人提供相关的法律帮助，包括在线庭审适用范围、在线诉讼程序选择权等相关事项的说明，以及适用在线庭审程序后技术操作的帮助，打消当事人对在线诉讼烦琐程度的担忧。从程序经济的角度考量，加强值班律师对在线诉讼的参与也能够有效利用现有的法律援助制度，在不增加成本的情况下合理配置司法资源。

值班律师为刑事在线庭审中被告人提供法律帮助的具体措施应当结合已经积累的实践经验，并区分提供帮助的诉讼阶段分别加以完善。第一，在审查起诉阶段，值班律师可以向被告人了解案件情况，并结合案件性质、案件事实的

---

① 参见张可：《〈刑事诉讼法〉第三十五条评注》，载《求是学刊》2023年第5期，第100页。

查明难度向被告人提出是否适用刑事在线庭审的建议，并阐释程序选择权的行使方式，以及提前告知刑事在线庭审中可能出现的问题，以保障被告人的知情权。第二，在线庭审开始之前，值班律师需要向被告人说明“移动微法院”的身份认证规则、电子化证据材料的提交与出示流程，必要时可以协助被告人进行技术操作。第三，在线庭审进行过程中，值班律师可以参与庭审，观察庭审进行过程中是否出现技术障碍、参诉主体是否遵守庭审纪律，如果出现信号不佳、网络卡顿，从而影响诉讼顺利进行的情况，需要及时向法官提出。第四，在线庭审结束后，如果被告人认为庭审中出现程序违法的情形，值班律师应向被告人提供关于救济措施的法律咨询。

五、结　语

数字时代的到来意味着互联网成为新的基础设施，数据成为新的生产资料。刑事在线庭审的建设并非只是满足疫情防控期间急迫社会需求的权宜之计，而是智慧法院建设背景下新技术与司法深度融合探索性尝试，能够充分回应司法内部需求和人们对技术融入司法的期待。刑事在线庭审是在未来有广阔前景、具有独立价值的审判方式。面对被科技介入所产生的规则空白，本文以科技与司法的互动为视角，将技术性正当程序理论结合刑事审判的特点，重塑刑事在线庭审的正当性评价标准，丰富了在线诉讼理论的研究成果。新的评价标准仍然需要满足最低限度程序正义。在适用范围上，刑事在线庭审是处于辅助地位的审判方式，应确立传统线下庭审在适用上的优先地位，结合案件性质、事实查明难度以及司法资源配置的合理性严格控制刑事在线庭审适用的案件范围。在权利保障上，应实现被告人权利的“等量增值”。数字时代需要准确把握技术与司法的边界，实现技术与司法的有效协作。未来应在刑事在线庭审的准入规则、运行规则、救济规则方面加以完善，并通过配置在线诉讼法律援助制度以促进规则的实现。需要注意的是，技术性程序正义亦是“经验理性”的产物，随着司法实践对数字技术运用广度和深度的逐渐拓展，技术性程序正义的要素还可以发展并被注入新的内涵。刑事在线庭审的正当性标准建构以及完善路径还有进一步探讨的空间。司法理论界与实务界应在司法信息化道路上形成合力，在科技面前充分发挥主观能动性，以开放审慎的态度面对刑事在线庭审的到来，协调在线庭审与传统程序正义理论的冲突，并积极与计算机科学界、认知科学界等形成有效对话，共同促进刑事在线庭审的理论延展。

（初审：王海容；校对：罗文江麒）

控辩协商中被追诉人预期利益保障的程序应对
——基于法文化视角的中美比较[*]

严嘉琪[**]

摘　要：在认罪认罚从宽的制度背景下，司法实践中存在着因法院“不利变更”量刑建议造成被追诉人对量刑的预期利益受到减损的情形。现有的制度安排中存在着审前预防制度缺失、值班律师没有发挥实质帮助作用、谈判筹码不公开造成信息偏差以及检法两家在量刑允诺时权责主体错位的缺憾之处。美国联邦和部分州在辩诉交易中则设置了预期利益保障的救济机制，甚至部分州允许司法参与协商过程。从法文化的视角分析，美国辩诉交易中检法“心照不宣”的缘由在于，对辩诉交易中被追诉人预期利益的合理保障契合于实用主义的刑法哲学和纠纷解决的话语逻辑。在我国的制度建构中，控辩协商机制应发挥其对职权主义目标的辅助作用，为司法介入协商过程提供机制依靠，并利用认罪认罚前的证据开示作为保障被追诉人阅卷权的设计以及完善预期利益落空前的风险提示、排除预期利益受损后救济程序的潜在风险等方式加以调适。

关键词：控辩协商；预期利益；法文化视角；证据开示；纠纷解决

一、问题的提出

现代司法制度在某个特定国家的出现往往不是偶然的，而是为迎合社会需

* 本文系教育部哲学社会科学研究重大专项“社会主义法治建设实践与中国自主法学知识体系建构研究”（2023JZDZ012）的阶段性成果。

** 严嘉琪，浙江大学光华法学院博士研究生。

求所作出的必然选择。无论这种制度的实践效果如何，其存在本身就是该国各方利益博弈和妥协后呈现出的样态。虽然任何国家的法律制度都是该国以国情和文化背景为依托作出的自主选择，但在司法制度的酝酿和形成过程中，决策者总是不可避免地参照域外类似的制度安排，在比较中总结经验、开阔思路。因而，通过比较研究，挖掘出制度背后的形成运作逻辑和深层理念，对于重新审视实践问题中的内在因由显得尤为重要。我国的认罪认罚从宽制度即是这种兼具域外印记与中国特色的基本制度，自 2018 年正式被纳入《刑事诉讼法》后，就一直成为学界和实务部门关注的焦点。① 值得讨论的是，与中国刑事诉讼固有的国家追诉主义理念相比，认罪认罚从宽制度以提高诉讼效率为最高目标，嵌入了合作式司法的元素，似乎与美国辩诉交易制度有异曲同工之妙。但需要澄清的是，我国的认罪认罚从宽制度并非外来制度的重新包装，也绝非美国辩诉交易的简单移植。有学者指出，美国的辩诉交易是美国司法不良运作之下的产物，蕴含着一系列系统性风险，类似于“西装上的补丁”。不过，这项制度也并非完全土生土长，不可理解为自首、坦白等情节的延伸。质言之，认罪认罚从宽制度既承继了中国传统法治文化中的慎刑慎罚、情罪允协、调纷息讼的印迹，又借鉴了英美对抗制司法中的协商允诺、快速审判的合理因素。尽管中国的刑事立法中并没有只言片语承认控辩双方的“协商”，而是在法条文本的用词中以“具结书”代替“协议书”，以“量刑建议”取代“量刑协议”，力求与辩诉交易划清界限，但在司法实践中却处处体现着“控辩协商”的痕迹。

在认罪认罚从宽制度持续发展适用的当下，量刑建议俨然成为这一制度运转的核心机制。回顾量刑建议的发展脉络可以发现，21 世纪初期，随着司法体制改革的发展以及“相对独立的量刑程序”的提出，检察机关的量刑建议在量刑体制改革中受到了部分地方法院的青睐，② 此时的量刑建议与检察机关的求刑权相伴而生，对法院仅起到参考作用。然而，由于有审判监督功能的加持，

---

① 所谓认罪认罚从宽制度，意指犯罪嫌疑人、被告人自愿如实地供述自己的罪行、承认指控的犯罪事实，愿意接受处罚的，可以依法从宽处理。自这一制度入法以来，对其概念、特征及效果的研究较多，本文对其基本内涵不再赘述。具有代表性的研究有：参见陈卫东：《认罪认罚从宽制度研究》，载《中国法学》2016 年第 2 期；陈瑞华：《认罪认罚从宽制度的若干争议问题》，载《中国法学》2017 年第 1 期。

② 参见陈瑞华：《论量刑建议》，载《政法论坛》2011 年第 2 期，第 14 页。

部分检察机关要求法院在判决书中载明公诉方的求刑意见，并对是否采纳予以阐述说明。直到认罪认罚从宽制度的试点和正式入法，检察机关量刑建议权的性质功能发生了嬗变，从控方的单方意志性过渡到了控辩合意的体现，获取了对法院量刑裁判实质上的制约作用。这一重大的性质转变，从本质上来说，是公诉制约审判的观念向激励控辩协商、尽快推进审判效率提高的理念靠拢之表现。现行的《刑事诉讼法》明确规定，除特殊情况外，在认罪认罚案件中，审判方对检方提出的量刑建议“一般应当采纳”①。这即是在规范设定上以宣示性的态度为控方的量刑建议权保驾护航，为检察机关在双方对量刑主导权的夺取之争上提供了正当性依据。立法上一边有意无意地暗示审判方尊重控辩合意后形成的量刑建议，一边又以“一般应当”这种暧昧不明的词汇来彰显法院依然具有最终决定权。法条文本中模棱两可的态度最终导致了实践中控审冲突的扩大化，而这种冲突的状态便从以往的暗自角力到当下地走上银屏，引发学界热议的“余某交通肇事案”② 则是冲突白热化的最好体现。其实，这种冲突的出现侧面反映了量刑请求权拘束裁判权的背反逻辑，使得量刑裁量的权力实质上由检察机关行使，而案件的处理结果由法庭审理后呈现改为量刑具结时便有定论。这不仅僭越了法院专属定罪量刑权的固有原则，而且背离了当下司法责任制的大环境下对法官错案终身追责的既定规范。以此为线索，可进一步考虑的是，这种由检察机关主导的认罪激励机制，是适用于英美法中对抗制的诉讼模式。在对抗制的辐射之下，控辩双方平等武装，均拥有着议价的资本与能力。但从历史渊源观之，我国缺乏控辩平等对抗的诉讼传统，而以国家追诉、职权主义为基本立场，认罪认罚案件的辩护作用微弱更加加剧了这种固有的协商性缺陷。

---

① 《刑事诉讼法》第 201 条规定：“对于认罪认罚案件，人民法院依法作出判决时，一般应当采纳人民检察院指控的罪名和量刑建议，但有下列情形的除外：（一）被告人的行为不构成犯罪或者不应当追究其刑事责任的；（二）被告人违背意愿认罪认罚的；（三）被告人否认指控的犯罪事实的；（四）起诉指控的罪名与审理认定的罪名不一致的；（五）其他可能影响公正审判的情形。人民法院经审理认为量刑建议明显不当，或者被告人、辩护人对量刑建议提出异议的，人民检察院可以调整量刑建议。人民检察院不调整量刑建议或者调整量刑建议后仍然明显不当的，人民法院应当依法作出判决。”

② 余某在交通肇事致被害人死亡后逃逸，后投案自首、认罪认罚，并取得被害人家属谅解。检察机关提出“判三缓四”的量刑建议，法院审理后未予以采纳并改判有期徒刑两年。后检辩双方均上诉，二审法院再次加重刑罚为有期徒刑三年六个月。参见余某交通肇事罪，北京市第一中级人民法院（2019）京 01 刑终 628 号刑事判决书。

根据已有的资料和研究统计，从整个国家的大数据来看，自2020年以来，认罪认罚从宽制度的适用率高达85%，检察机关提出的量刑建议采纳率约为95%①。由此观之，大多数法院在司法裁判之中还是对检辩双方合意形成的结果表示尊重。然而，法院基于各种理由拒绝接受量刑建议，甚至有意无意地忽略量刑建议并径行裁判的例子也时有发生。有学者借助小包公法律实证分析平台并结合人工统计，筛选出517个一审判决书样本，对2019—2021年认罪认罚从宽案件量刑建议的变更情况做了基于判决书的实证考察。结果显示，法院对量刑建议从轻变更占47%，从重变更占46%，未在判决书中体现变更方向的占7%②。那么，既然量刑建议中承载了控辩双方协商后的合意，这种合意是否能够被变更？被追诉人通过放弃对公权力的抵抗这一筹码来换取从宽处理的契机，先前检察机关代表公权力作出的量刑建议则带有司法允诺的意味。若是得不到法院的最终承认与采纳，并被不利变更，会让被告人感觉议价协商时的期待落空，后悔自己当初认罪认罚的行为。久而久之，被追诉人对公权力的不信任感就会产生，潜在的被追诉人在后续的协商过程中就会瞻前顾后，对认罪认罚后预期利益受损的风险表示担忧，进而妨碍实践中认罪认罚的工作进展。检法之间对于量刑决定权的激烈争夺殃及了被追诉人对于协商允诺的信赖和期待，这种现象是不是控辩协商后产生的常态？是中国一家独有还是普遍存在于一切在刑事程序中适用协商合意制度的国家？美国作为刑事协商制度的发源地，在制度运作的过程中是否也存在着控辩双方的协议被审判者否决或不利变更的局面，进而让被追诉人产生了对司法系统诚实守信的怀疑？这种现象出现的内在机理为何，是否在不同文化背景之下都有生长的空间？怀着这些疑问，笔者希望探究域外的刑事协商合意过程中对被追诉人预期利益③的保障问题，并与中国本

① 参见《最高检印发指导意见全面规范认罪认罚案件量刑建议工作》，载中华人民共和国最高人民检察院官网。

② 参见周长军：《认罪认罚案件中法院变更量刑建议的法理分析》，载《云南社会科学》2022年第2期，第136页。

③ 指缔约时可以预见到的履行利益，也即是在正常情形下可以合理预见的利益，但并不必须是必定发生的利益。这一名词在民事法律行为（大多数为合同履约情形）中运用得较为频繁。且在民事立法中，违约责任中补偿性法定赔偿金由实际损失和预期利益损失构成。本文所提到的预期利益指代被追诉人在量刑协商时所期待得到、并已达成控辩合意的刑罚减让。

土的既有制度进行比较，力求发现内在的规律并探究背后的原理，以期为制度的进一步运行提出思考。

二、我国控辩协商中被追诉人预期利益保障机制之隐忧

为保障认罪认罚案件中被追诉人的正当权益免受侵害，我国现行法律规范中也以规范体系的形式为其设立了相应的救济途径。具体来说，根据《刑事诉讼法》第201条规定，法院审查量刑建议后发觉明显不当的，检察院可以调整量刑建议。这一规定实际上赋予了检察机关再次与被追诉人协商、再次提出量刑建议的资格，但前提是法院并未径行作出判决且主动通知检察机关。倘若控方认为法院的认定不准确，不愿意对先前提出的量刑建议中的刑罚作出改变，实践中大部分法院会按照自己的主张进行裁夺，而裁判结果往往与被追诉人协商时预期的刑罚数额不一致，这时，被追诉人也享有法定的救济渠道。一方面，被追诉人可以要求先前参与协商的检察机关行使法律监督职权，以抗诉的形式要求上一级法院重新作出量刑裁判；另一方面，被追诉人有权利主动申请救济，且实践中这种做法更为普遍。依照“两高三部”提出的《关于适用认罪认罚从宽制度的指导意见》（以下简称《指导意见》），被告人在案件审理的过程中享有反悔权。如被追诉人得知量刑建议无法被采纳，认为先前量刑协商时所期待的合理信赖落空，从宽的优待并未落实，可以申请撤回认罪供述，案件适用的程序也应随之转化。另外，虽然现行的刑事诉讼法并没有明确细致地规定被追诉人的反悔上诉权，但司法实务中被追诉人因为无法得到期待的量刑优惠而选择上诉这一渠道的也并不鲜见。有学者认为，被追诉人只是以一种自愿坦诚的态度对控方提出的罪名和量刑予以确认，且具结书不具备协议的基本特征，故被追诉人反悔或上诉均不构成对协议的违反。[①] 也有学者明确指出，此种上诉属于“量刑类救济型上诉”，也即是法院判处比量刑建议更重的刑罚，既包括判处比预期更重的主刑、附加刑，也包括判处对被追诉人更为不利的刑罚执行

---

① 参见肖沛权：《论被追诉人认罪认罚的反悔权》，载《法商研究》2021年第4期，第175—176页。

方式。① 可见，虽然立法上没有明示被追诉人认罪认罚后的上诉权，但这项救济手段在司法实践中被频繁运用。需要注意的是，即便规范和实践层面都对被追诉人在控辩协商中预期利益的保障作出了指引，但这一运行机制依然存在着不完备之处，以至于未能从根本上规避被追诉人预期利益受损的风险。

（一）程序设置视角之狭隘：审前规制的缺位

观察已有的对于保障控辩协商中被追诉人预期利益的制度设计，不难发现，无论是成文的规范抑或是实务中的做法，都有一个突出的特点。也即是说，立法设计中更倾向于通过事后补救的方案来填平被追诉人预期利益的损害，而实践中被追诉人因不满先前既定的刑罚优惠被不利变更后选择撤回供述、要求抗诉或自行上诉的情形也时有发生。类似的做法无不是在预期利益已经受损的基础上作出的弥补工作，即便案件最终能够得到圆满、妥善地处理，但其间周折往返，在此过程中程序在不停地启动、变更，势必造成同一案件延宕日久的局面，最终与控辩协商制度最初化解人案配比失衡、提高诉讼效率的理念相悖。法检两家就认罪认罚量刑建议的采纳标准并未在审查前达成一致认识，以至于没有形成默契，致使法庭以否定量刑建议这种形式表达对检方意见的不认可。可以看出，正是由于现有的制度设计侧重于事后弥补被追诉人损失，才造成事前规制的缺失，无法从根本上解决问题。事实上，若能以预防的理念为指引，对认罪认罚量刑建议采纳的程序规范予以细化，检法双方都会有章可依、有据可循，不会以损害被追诉人预期利益为代价表达对量刑权的控制力。此外，在立法没有明确对量刑建议采纳情况予以规范的制度背景下，检法内部也没有制定相应的细则对这一现象进行适当规制。若控方能在事前主动就类案的量刑尺度与法院协商沟通，将会更好地把握法院在作出最终量刑裁决时考虑的法律及社会效果，那么随之形成的量刑建议则更能够得到法院的认可与尊重。同样地，审判方也应认识到，检方此举本意是为了减轻审判压力，加快诉讼节奏，在不违反审判原则的情形下应该尽量予以支持和配合。那么，审判方内部也应注意到，现有的程序设计并未妥善考虑到被追诉人预期利益的保障，没有对法院采

---

① 参见谢登科：《论认罪认罚案件被告人上诉权及其限定》，载《暨南学报（哲学社会科学版）》2022年第5期，第83页。

纳量刑建议与否的行为加以规制。在此种情形下，审判方若能在内部建立制约机制，对承办法官希望变更量刑建议的案件进行进一步的审查把关，便能一定程度地确保决定作出的妥当性。同时，审判方如果可以总结以往不采纳量刑建议的具体原因，并适时反馈给检察机关，这将会大大提高量刑建议作出的精准度。纵观现有的制度设定，上述审前的预防举措均未体现。量刑建议的审查和采纳机制的标准不精细、量刑裁决前对检法双方的约束条件过少是造成被追诉人预期利益损害的关键因素。

（二）具结活动中参与人定位之模糊：值班律师的见证人化

值班律师缘起于英国，契合于英国过多的诉讼案件耗费了当事人过大成本的现实国情。值班律师在英国发挥的主要功能是为刑事案件中正在接受调查的公民或被告人提供免费的法律帮助，以期最大限度地提供法律保障。为填补认罪认罚案件中被追诉人确认辩护律师前缺乏专业人员辅助的空白期，我国确立值班律师制度，以期为被追诉人提供有效的法律帮助，避免其因对公诉机关产生紧张畏惧心理进而手足无措、作出与内心真实意愿不符的意思表示。2020年“两高三部”确定了《法律援助值班律师工作办法》（以下简称《工作办法》），与先前的相关文件共同形成了我国值班律师制度的体系化建构。就立法的规范意旨而言，值班律师在具结书签署的过程中应扮演诉讼程序监督者的角色。① 具体来说，其有效的法律帮助应当是实质审核、审慎判断被追诉人具结时的内心状态，避免非自愿认罪的情形出现。只是，值班律师的功能定位受制于办案机关特定形势下的需要，往往无法发挥其应有的效用。例如，《工作办法》第10条第2款明确规定：“值班律师对人民检察院量刑建议、程序适用有异议的，在确认犯罪嫌疑人系自愿认罪认罚后，应当在具结书上签字，同时可以向人民检察院提出法律意见。”显而易见，在控辩协商的具结活动中，值班律师的异议与否和签字见证具结之间并无显性的矛盾。也即是说，值班律师在审前阶段难以发挥实质性的帮助作用，更多的是以一种见证者的角色用以确认检方工作的合法性。有学者指出，值班律师在参与控辩协商具结的过程中，其功

① 参见刘泊宁：《认罪认罚案件中值班律师有效法律帮助制度探究》，载《法商研究》2021年第3期，第194页。

能已呈现出一种异化趋势，即从应然的程序监督者这一角色悄然转变成见证公权力行为合法性的“背书者”①。还有学者提到，值班律师见证协商具结活动的本意是防止被追诉人在具结过程中受到引诱、欺骗或其他心理因素的误导，防范诉讼机关的行为失范越界。然而，这种制约性的作用逐渐背离初衷，异化为一种“站台效应”②。由此观之，实践中值班律师在很多场合的帮助行为并未起到实质性作用，以一种“走过场”的形式予以呈现，使得其功能定位与实践样态相悖。毫无疑问，在被追诉人骤然面对控方讯问时，难免会处于心绪起伏较大的阶段，在协商过程中也处于明显不利的地位。倘若值班律师无法发挥法定作用，则被追诉人认罪认罚的举动在很大程度上缺乏对各方利益的仔细权衡，而更多的是在特定背景下的瞬间决策。在“见证人”和“背书者”地位凸显的情形下，值班律师在控辩协商过程中的作用往往是形式化的，未能为处于弱势地位的被追诉人提供实质性的法律帮助以消解被追诉人在协商过程中的非理性因素。在此情形下，被追诉人难免作出错误的预判，在法律知识和司法经验欠缺的状况下被检察机关支配，仅对检方提出的量刑建议起到确认的作用，并无对量刑数额和优待幅度进行讨价还价的勇气。如值班律师能够切实帮助被追诉人分析多方面的形势、在量刑问题上提出专业的见解、对控方提出的不准确的量刑优待合理地提出意见，则被追诉人在特定情形下作出虚假预判的可能性就会大大降低，控方量刑建议的精准度也会提高，被追诉人预期利益损失的风险也会减小。

（三）双方信息获取地位之悬殊：谈判筹码公开程序缺失

毋庸置疑的是，控辩协商这一过程无论是在立法规范还是在司法实践中，都体现着以审查起诉为重心的控方主导之下的权力属性。在协商中，控方具有支配性力量，被追诉人处于天然的劣势地位，只能对控方作出的一系列行为予以被动的回应。而控方作为职权主义主导下的代表，不仅对被追诉人罪名的拟

① 参见汪海燕：《三重悖离：认罪认罚从宽程序中值班律师制度的困境》，载《法学杂志》2019 年第 12 期，第 13 页。

② 所谓“站台效应”，指值班律师不需要对案件进行实质性参与，只需在一些比较重大的场合证明办案机关办案程序的合法性。参见姚莉：《认罪认罚程序中值班律师的角色与功能》，载《法商研究》2017 年第 6 期，第 49 页。

定和刑罚优惠的幅度拥有着强大的控制力，而且在协商的过程中掌控着被追诉人无法触碰到的信息。困窘于信息偏在的制度语境，被追诉人本应受到保障的个体自主意识受到了强烈的挤压，无法做到真正的超脱和独立。[①] 值得警惕的风险是，在多重压力的迫使下，被追诉人或许会以“屈从型自愿”的形式进行认罪答辩，而屈从的表现则是有罪之人并非完全依照本心，而是迫于无奈地向控方作出了妥协。这种现象出现的一个关键因素是，在控辩协商之前，处于弱势地位的被告人无法享有案件证据的先悉权，以致协商双方主体所掌握的信息差距过于明显。然而，真正意义上的“协商”却是要求参与人具有同等议价的能力，其主体地位和获知的信息应当是完全对等的，否则便是冠以协商之名的诱骗。在我国现行的制度框架之下，一方面，辩护律师仅享有向法检申请调取控方掌握的各项证据的权利，并没有要求公权力机关主动向被追诉人进行证据披露的资格；另一方面，认罪认罚从宽制度适用于整个刑事案件的追诉过程中，例如在早期的侦查阶段，被追诉方无法窥见控方已经掌控的证据信息，无法作出合理的预判以及无法评估案件的发展走向，同样无法理性地作出是否认罪认罚的决策。被追诉方只有在充分获悉控方持有的证据基础上，才能准确地预测审判结果，双方以平等、真诚的姿态予以协商的场景才能成为可能。[②] 有观点指出，虽然现行立法设置的阅卷权制度能够在一定程度上保障辩方了解案件证据信息的实际需求，但难以替代完备的证据开示制度所发挥的效用。[③] 若骤然扩大阅卷权的主体范围，将犯罪嫌疑人也纳入允许阅卷的人员之中，可能会妨碍司法机关查明案件真相，造成一系列的弊端。[④] 即便我国在《指导意见》中授权控方探索协商具结前的证据开示制度，但却尚未建立起规范化、体系化的制度模式，且其在实践中的适用率也很低。另外，在控辩协商具结的过程中，控方为尽可能地让被追诉人有确定稳定的预期，尽可能地形成“确定刑”而非

① 参见郭烁：《认罪认罚背景下屈从型自愿的防范——以确立供述失权规则为例》，载《法商研究》2020 年第 6 期，第 129 页。

② 参见刘泊宁：《司法诚信视野下的认罪认罚从宽制度》，载《政法论坛》2018 年第 3 期，第 168 页。

③ 参见柴晓宇：《认罪协商中的信息偏在与法律矫正》，载《政法论坛》2022 年第 2 期，第 141—142 页。

④ 参见李子龙：《认罪认罚从宽制度之证据开示规则形塑》，载《浙江工商大学学报》2022 年第 3 期，第 156 页。

“幅度刑”的量刑建议。一般而言，量刑结果越精准，被追诉人越愿意与控方达成一致意见。而且，在协商后的诉讼进程中，精准确定的刑罚不易使得控辩双方发生争议，因对量刑产生不满情绪选择上诉的情形便随之减少。① 遗憾之处在于，在我国刑事协商的语境之下，被追诉人在协商中掌握的证据信息过少、所持的“谈判筹码”有限，并未充分地参与到量刑协商的过程中，最终沦为控方量刑意志的接受者。正是由于缺乏真正意义上的谈判筹码公开程序，才使得控方的量刑建议往往以检察机关的意见为主导，被追诉人的意见很少能够被融入吸收。在谈判协商过程中，被追诉人由于信息偏在已经没有准确的预判能力，倘若因信任控方将一切和盘托出后，“从宽的契机”被审判方轻易否认，则会导致预期利益持续受损的局面。而且控方在协商过程中，通常会为尽快达成认罪认罚适用率的指标而迁就被追诉人，无法像法官一样保持客观中立的量刑立场，所提出的“精准型”量刑建议实则并不“精准”。然而，如被追诉人将自己的筹码完全抛出，最后得到的结局无法与心理预判一致，难免对司法允诺产生不信任感。

（四）量刑协商时允诺主体之错位：法检角色混淆

在认罪认罚从宽制度正式入法之后，审判方的量刑权相较于以往受到了极大的限制。尤其是，检方通常提出的量刑建议中所呈现的基本是明确具体的刑罚数额，而非有幅度的量刑区间，这更是大大挤压了审判者的自由裁量空间。依照法律规定，仅当协商合意违法或明显失当时，审判方才可拒绝接受，此时的量刑权属于审判方；但若提出的刑罚合法却不适当抑或是合法适当，法院应当采纳。② 可以看出，法院的量刑权实质上遭到了控方大范围的侵蚀。在司法实践中，对于量刑建议“明显不当”或者“合法却不适当”缺乏明确具体的判断标尺，二者的界分标准也不够明晰，因而法检双方对二者之间的模糊空间实施了激烈的争夺。审判方为彰显自身量刑裁判的终决权往往会不予采纳甚至变

---

① 参见陈国庆：《刑事诉讼法修改与刑事检察工作的新发展》，载《国家检察官学院学报》2019 年第 1 期，第 32—33 页；卞建林、陶加培：《认罪认罚从宽制度中的量刑建议》，载《国家检察官学院学报》2020 年第 1 期，第 137 页。

② 参见陈明辉：《认罪认罚从宽制度中法检权力的冲突与协调》，载《法学》2021 年第 11 期，第 65—66 页。

更量刑建议，正如笔者在前文所举出案例中法院的做法一样。在这种情形下，检察机关受制于内部对量刑建议采纳率的指标往往会选择抗诉，双方对量刑权的矛盾冲突便随之显现出来，但这种矛盾所冲击和波及的却是被追诉人对于量刑的预期利益。回顾协商具结的过程可知，在审前，被追诉人与控方进行协商，在值班律师的见证下认罪认罚，作出司法允诺的主体是检察机关。检方以明确的量刑优惠条件换得被告方自愿供述、自觉认罪认罚的行为，而这种行为的前提则是被追诉方对以控方为首的国家机关的信赖。但不容忽视的是，法律规范上要求法院对量刑建议“一般应当”接受，有意无意地将量刑权转移给了控方，然而错案的责任依然是由法官承担。[①] 可法律规范中“一般应当”这种暧昧模糊的表达也为审判方拒绝接受留下了余地。即便法律规范中有让检方在审前协商确认刑罚的意味，却并未明确承认检察机关的量刑权。倘若法院对量刑建议进行不利变更，控辩双方的预期利益长时间得不到实现，势必会打消其适用这一制度的积极性，也会诱发被追诉人对司法允诺的怀疑。面对量刑协商中以控方为承诺主体、审判方为兑现主体这一错位的局面，检察机关由先前监督者的角色蜕变为如今量刑主导者的角色，审判者不可避免地陷入“权责分离”的两难局面。若法官审查后不仅不予采纳量刑建议，反而还将具结书作为此案的证据，那造成的后果则会更加严重。被追诉人不仅预期利益难以实现，而且会怀疑认罪认罚是公权力机关用以诱供的翻新手段。若这种错觉持续发酵，潜在的被追诉人极有可能因害怕造成诱骗而选择放弃适用，这不仅无形中增加了侦破和审判的成本，甚至会动摇认罪认罚从宽制度存在的根基。

在作为刑事诉讼“第四范式”的控辩协商背景之下，[②] 应当说，控方精准型量刑建议的权力化正在悄然地夺走原本应当由审判专属的量刑权。以比较法的视野观之，即便各国对于量刑建议权是否归类为公诉权的子集意见不一，但

---

① 参见马明亮：《认罪认罚从宽制度中的协议破裂与程序反转研究》，载《法学家》2020年第2期，第128页。

② 刑事诉讼“第四范式”指的是以美国辩诉交易为代表的“放弃审判制度”，即被追诉方放弃接受以直接言词为中心的证据调查而代之以自觉接受认罪答辩进而减少讼累，中国的认罪认罚从宽制度即是“放弃审判制度”多元化的一种折射。参见熊秋红：《比较法视野下的认罪认罚从宽制度——兼论刑事诉讼“第四范式”》，载《比较法研究》2019年第5期，第96—97页。

各国从未将量刑建议权当作一项足以制约法院的权力授予控方。① 然而，中国在立法上以宣示性的方式要求审判方"一般应当"采纳控方的量刑要求，必然会造成控审对量刑主导权的明面冲突，而冲突的结果则是被追诉方对协商时所渴求的预期利益落空。基于以上讨论，可以发现，我国现行的制度设计中对被追诉人预期利益的保障存在明显不周延之处，并未从根本上规避被追诉人合理信赖受损的风险。然而，这种现象出现的根源是什么？虽然中国的立法极力回避"协商""交易"等字眼，但实践中却处处体现着协商的逻辑。中国的认罪认罚从宽制度并非英美法系中辩诉交易制度的翻版，但却借鉴了英美法系国家辩诉交易制度中的一些积极因素，② 在借鉴中批判吸收，最终形成了极具中国特色的这种范式。那么，司法实践中出现的被追诉人预期利益受损的情形是不是中国独有，美国的辩诉交易过程中是否也存在着较为激烈的控审冲突？带有美国辩诉交易中"协商性司法"的元素融入了中国刑事诉讼的制度语境之下，是否必然地发生抵牾？究竟采取何种手段能够化解？怀着这一系列的疑问，笔者认为，如果仅仅站在中国的背景下进行探究是远远不够的，因为仅从本国的制度出发无法厘清协商性司法运作中各项问题形成的内在机理。俗话说，"没有比较就没有鉴别"，对某一制度存在的问题本质的揭示必须透过与域外类似制度的比较才能完成，也才可以以透彻、全面的视角进行审视。③ 故而，笔者选取了美国辩诉交易这一协商模式的源头作为比较对象，对辩诉交易中的法检模式、被追诉人预期利益保障的立法与实践进行深入考察，以期从比较中发现现象背后的规律，并为我国认罪认罚从宽制度的进一步完善提供思路的参照。

---

① 英国传统的观点认为量刑是法官的专属权力，控方不应当试图在量刑方面影响法庭。英国2004年版的《皇家检察官准则》并没有明确禁止检察官有类似意图或行为，但检察官在量刑方面的影响也仅限于提醒法官。参见［英］安德鲁·阿什沃斯：《量刑与刑事司法》（第6版），彭海青、吕泽华译，中国社会科学出版社2019年版，第457—458页。

② 参见李寿伟主编：《中华人民共和国刑事诉讼法解读》，中国法制出版社2018年版，第35页。

③ 参见陈瑞华：《刑事程序的法理》（上卷），商务印书馆2021年第1版，第149页。

三、中美控辩协商中被追诉人预期利益保障机制的比较分析与深层检思

（一）美国辩诉交易中被追诉人预期利益保障机制的运行逻辑

美国辩诉交易的做法与我国认罪认罚案件秉持的理念有很大差别。美国辩诉交易强调一种“合意真实”而非“客观真实”，只要双方就事实问题达成合意，真相如何在所不问。而我国的控辩协商是奠定在查明真相基础之上的，无法认可对客观真实的妥协。① 我国为规避片面强调认罪而忽视错案的风险，还对认罪认罚案件的证明标准予以审慎对待，② 并未降低标准。另外，美国辩诉交易程序中包含定罪交易和量刑交易，控方可以根据协商的结果撤销一项或多项罪名的指控。③ 相反的是，中国以国家本位的理念为指导，恪守罪刑法定原则，在罪名定性方面难以秉持实用主义原则予以商榷。而且，辩诉交易中被告人有着较大的讨价还价余地，但有学者指出我国的认罪认罚从宽制度并不完全具备辩诉交易这种预期利益的明确性。④

美国作为一个联邦制国家，联邦和州的司法模式呈现出“二分”的局面，应对这一问题的策略也迥然不同。根据美国《联邦刑事诉讼规则》的规定，如果控辩双方已在审前达成辩诉协议，应当于传讯时抑或是在审前的其他时间通知法庭存在协商达成的一致意见。控辩双方应当在规定的公开场合宣布此项协议并记录在案，若双方有充足理由，在提供答辩协议时亦可不公开进行。在联邦法院，控辩双方所达成的任何一个辩诉交易，法官都会依法认真履行程序上

---

① 参见樊崇义、徐歌旋：《认罪认罚从宽制度与辩诉交易制度的异同及其启示》，载《中州学刊》2017 年第 3 期，第 46 页。

② 参见刘静坤：《刑事程序的权利逻辑——国际法与国内法比较考察》，法律出版社 2021 年版，第 416—417 页。

③ 参见陈瑞华：《比较刑事诉讼法》（第 2 版），北京大学出版社 2021 年版，第 545—546 页。

④ 参见樊崇义、李思远：《认罪认罚从宽程序中的三个问题》，载《人民检察》2016 年第 8 期，第 5 页。转引自樊崇义、徐歌旋：《认罪认罚从宽制度与辩诉交易制度的异同及其启示》，载《中州学刊》2017 年第 3 期，第 47 页。

的审查职责，以确保被追诉人在协商时所达成的合意是出于真实意思、明晰指控事实和罪名的性质、理解答辩内容并知悉作出有罪答辩后可能形成的后果。针对实体的审查标准而言，只要控方的指控和量刑建议能够与客观发生的犯罪行为的法益侵害性相匹配，审判方可以接受控方取消其他指控的交易类型。并且，若协议中存在错误或失当的量刑建议，法庭的态度将会受到限制。如果所建议的刑罚额度在量刑指南范围内，抑或是脱离指南的范围确有正当因由，法庭能够接受，① 反之则予以驳回。也就是说，若整个协商过程没有特别异常甚至严重偏离法律规范的情形，审判方原则上都应该与控方立场保持一致。虽然辩诉交易以提高诉讼效率、缓解陪审团审判案件积压的讼累为主要目标，但审判者也应当维护交易的公平性。如上所述，法官通常是先对交易中应当履行的程序步骤进行简单审核，后以提出实体性疑问的形式确保交易所涉及的内容都未曾偏离预设的轨道。不过，若是存在着辩诉协议不能被审判者认可的情形，美国联邦的法律规范中也有着相应的规制手段和救济措施，力图最大可能地保障被追诉人认罪协商时的预期利益。

在美国的辩诉交易程序中，美国联邦针对公权力方违反辩诉协议导致对被告人允诺无法履行的风险，为被告人设置了撤回认罪答辩、排除不利证据等相关规定，维护其预期利益。然而，如果法庭接受辩诉协议，却不认可协议中的量刑建议，被告人则无权撤回。在制度考量上，大多数情况之下，美国法官在辩诉交易中仅仅充当着形式上确认辩诉协议和量刑建议的角色。除此种司法态度外，美国原有的规定是从联邦到州都禁止法官介入控辩协商过程。但随着实践的发展，有接近1/3的州引入了控辩协商中的法官参与机制，并设置了保障法官中立性以及被追诉人自愿性的配套措施。例如，在佛罗里达州的认罪协商模式下，法官所扮演的角色是最终判决信息的提供者。② 法官可以根据不同的案件事实与情节，就正常情形下的刑罚幅度和允许减让的刑罚数额提供信息，以维持控辩合意中刑罚的精准程度。在康涅狄格州的“司法调和”模式之下，

---

① 一般而言，美国辩诉交易过程中，检察官应当让被告人理解控方的建议以及被告人的从宽量刑请求对法庭裁判没有拘束力。

② See Broder, “Rachel. Fair and Effective Administration of Justice: Amending Rule 11 (c) (1) to Allow for Judicial Participation in Plea Negotiations”, 88 *Temple Law Review* 373 (2015).

法官已不再局限于向控辩双方提供量刑信息并作出预测，甚至在审前协商中充当了控辩双方的调解者。① 如双方在法官参与的情形下依然未能达成辩诉协议，应由未参与辩诉协商的新法官进行定罪量刑，以此来保障审判法官真正地做到审判独立。这些举措对于加强法检沟通、维护被追诉人量刑预期利益有重要作用。同时，美国联邦和很多司法区在控辩协商前，要求控方对已经获取的证据进行开示，让被追诉人拥有作出有罪答辩前的心理预判。以纽约州为例，该州在最新颁布的法案中，要求检方在提出辩诉协议之前，向被追诉人展示规范中所要求开示的证据。相较于以往而言，开示的范围明显扩大。② 同时，纽约州还规定了拒绝开示的程序性制裁措施。这一做法规避了被追诉人因信息偏差对刑罚数额造成错误预判的窘境，更好地维护其预期利益。总体而言，美国在辩诉交易过程中，联邦和各州几乎都为保障被追诉人量刑协商时的刑罚期待利益设置了多种预防措施和救济措施。更重要的是，在司法态度上，审判者更是以形式审查、欣然采纳控辩合意的举动来表达对协商性司法减少讼累的好感。

（二）中国被追诉人预期利益保障不足的文化动因

中美两国对协商过程中被追诉人预期利益的保障途径都是以本国的国情和文化为依托作出的自主选择，契合于两种不同的文化传统和话语体系。只有真正了解两种制度的历史背景和发展规律，从法文化的角度切入，才能洞察路径差异背后的深层理论。在认罪认罚协商具结的过程中，由于被追诉人对公权力保持合理信赖，故而选择妥协，以一种相对不平等的姿态换取量刑从宽的优待。鉴于控方并没有兑现司法允诺的终局性权力，且控审冲突在协商性司法的模式下体现得更为显著，故而被追诉人协商具结时所形成的心理预期难免会因法官变更量刑建议而落空。这种现象的出现反映出我国刑事协商运作过程中对被追诉人预期利益保障的不完备。尽管我国现行的制度安排中也对此有所涉及，但受制于深层次的制度运行逻辑和长期积淀的法文化理念，仅仅依靠规则的小修

① See Turner, Jenia Iontcheva, "Judicial participation in plea negotiations: A comparative view", 54 *The American Journal of Comparative Law* 248 (2006).

② See McConkie, Daniel S, "Structuring pre-plea criminal discovery", 107 *Journal of Criminal Law and Criminology* 63 (2017).

小补并不能彻底地解决这一难题。因此，追寻现象背后的文化动因显得尤为重要，唯有追本溯源，方可对症下药。

1. 诉讼模式的不兼容：职权调查模式与纠纷解决模式

中国是一个长期追求国家本位的社会，与美国强调个人本位的司法文化迥异，因此中国刑事司法的各个方面都烙有深刻的国家职权主导之印记。根据一种态度，程序应从属于解决纠纷的目标；根据另一种观念，法律应服务于国家政策的实施。① 中国刑事程序法中所确立的审判程序构造，受国家本位理念的影响，虽然融入了英美法系中当事人主义的积极因素，但依然具有相当浓厚的职权主义色彩，符合第二种观念中的调查主义模式。职权主义构造通常与实质真实主义相伴而生，均要求审判者积极地主导案件进程、积极地查明案件真相，强调国家应当在实事求是、勿枉勿纵的基础上追诉犯罪。然而，不管是协商性司法的何种范式、何种形态，引入到任何一个以职权主义为主导的国家，都会造成一定程度上的抵牾。因为刑事协商根植于当事人主义的诉讼模式之下，重视当事人处分权的行使，而被告人的处分权与中国刑事司法追求实质真实的目的存在着天然的对立。因此，即便在认罪认罚过程中，立法上对法官赋予相应的职权，法官不可能任由检察机关越俎代庖地动摇自身量刑的主导地位。在美国，控辩协商与当事人主义的诉讼模式相契合，法官并不像中国刑事司法那样肩负着职权探知的任务，美国的刑事犯罪更多地被视为一种纠纷，辩诉交易中暗含着大量的纠纷解决理念。在辩诉交易中，控方通过量刑优待妥善处理国家刑罚权，被追诉人通过处分宪法上的程序权利，以认罪答辩的方式放弃实体权利，进而尽快地实现纠纷的化解。美国的法官持有相同的实用主义理念，只要控辩形成合意，纠纷得以迅速化解，社会冲突得以平息，这项诉讼的根本目的便已然实现。因而，美国法官乐意接受控方提出的辩诉协议和量刑建议，从本质上缓和了控审冲突，很好地保障了被追诉人协商过程中的预期利益。反观中国的认罪认罚，虽与辩诉交易属于两种不同的制度安排，但认罪认罚的协商逻辑当中也蕴含着一定程度的纠纷解决理念，这与职权主义下法官探知真相的大背景不兼容。

---

① 参见［美］米尔伊安·R. 达玛什卡：《司法和国家权力的多种面孔——比较视野中的法律程序》，郑戈译，中国政法大学出版社2004年版，第131页。

2. 对协商性司法程序的性质定位不同

认罪认罚从宽制度是协商性司法模式植入中国刑事诉讼大环境所形成的样态，是一种兼有域外特征和中国特色的量刑协商制度，体现了一种合作式的刑事司法理念。我国认罪认罚从宽程序中存在着一种“协商性逻辑”，这一逻辑强调合意效果的外部效应，且将量刑建议当作合意对待。① 通过适用这一程序，国家实际上将发现实质真实的价值目标让位于控辩自愿妥协形成诉讼合意的理念，但同时也没有将寻求实体正义的追求彻底抛弃。尽管从某种程度上来说，认罪认罚追求的是一种妥协的正义，但在以职权主义为主导的刑事诉讼大背景下，对真相的执着追求依然是无法回避的现实问题。从认罪认罚的性质定位来看，中国式的“控辩协商”应当视为控辩双方通过协商来处分案件实体处理结局的运作机制。具言之，这种司法程序在制度设计上实际将对案件结局的处分权交给了协商的双方当事人，而让法院承担最终的责任。但我国既未曾赋予控辩双方平等协商的制度保障，又没有明面赋予检方如美国检察官一般的自由裁量权。法官以实质审查的标准，审查控辩双方基于实用主义选择而形成的“妥协方案”，必然会发现部分量刑建议存在不妥之处。②

然而，在美国的刑事司法环境中，辩诉交易被视为审前快速解决纠纷的处理方式。这一制度定位实则是为法院“松绑”，因为其存在的根本目的是防止大量案件涌入正式的陪审团审判过程，这在一定程度上缓解了法院判案审结的压力，因而受到法官心理上的默许和认可。因此，对于这种协商过程不同的定位方式，决定了双方对待控方提出的具结协议的态度，最终对被追诉人预期利益的保障力度也有所不同。

（三）深层检思：诚信原则的可通约性

在美国的辩诉交易中，控方通过量刑妥协的方式处分国家的刑罚权，而被追诉人则通过有罪答辩的形式处分宪法所赋予公民个人的实体和程序权利。双方均在程序中对权利进行了对应的处分，而支撑双方在协商中各让一步的内在

---

① 参见杜磊：《认罪认罚从宽制度适用中的职权性逻辑和协商性逻辑》，载《中国法学》2020年第4期，第226页。

② 参见陈瑞华：《论量刑协商的性质和效力》，载《中外法学》2020年第5期，第1142—1143页。

支柱是诚信原则的贯彻。被追诉人在辩诉交易的协商具结中，对控方予以极大的信赖，相信其能够保证公正的交易结果。检察官能够对交易中的量刑允诺进行精准预估，会给被追诉人确信的、稳定的心理预期。且既然这种交易形式在刑事程序运作前具有正当性因由，则检法两家作为公权力的代言人，必然会诚实地履行协商过程中所承诺的刑罚减让。在交易中信赖原则的指引下，辩诉交易过程就当然地排除对抗制的构成配件，中立的、被动的、消极的裁判者角色在交易程序中往往无法发挥实质作用。即便辩诉交易后依然赋予法官对协议的审查权，但其对于协议中的事实基础部分通常充耳不闻。为维护辩诉交易程序长期以来在提高诉讼效率中起到的“过滤”作用，也为以诚实信用的姿态践行公权力对被追诉人的量刑承诺，审判方基本很难否认协商达成的合意。正是诚信原则在美国刑事协商中长期得以坚持，这种案件处理机制才让被追诉人有稳定的心理预期。个案的审判处理也能在未经正式的诉讼程序规制下达到双方均满意的结果。

反观我国，在职权主义的制度语境下，我国刑事司法的根本目的是维护整个国家的集体和公共利益。但当合作式司法模式嵌入职权主义的系统后，以诚信为核心的契约精神依然不可或缺。尽管契约理念是美国辩诉交易的一大核心精神，但在中国的认罪协商中，以公权力为代表的司法允诺如被轻易推翻，则会造成公众信赖利益的减损，司法公信力也会随之下降。审视中国传统司法文化可知，“以钱赎刑、拿钱买命”虽在古代的司法实务中被部分官员暗自操作过，也在部分朝代以制度的方式确认过，但这与现代文明社会中刑事司法的基调不吻合。当下所讨论的认罪认罚程序，与中国古代的这种做法有很大差异。现今的认罪认罚程序要求国家让渡刑罚权的做法，并非将国家的刑罚程序视为筹码、用作交易，而是为被追诉人提供一种量刑优待的契机，恰恰是宽严相济刑事司法政策的一种体现。这种“契机”理应得以承兑，也应以诚信原则相维系。

结合中国具体的国情来看，刑事案件中的被追诉人，在被羁押讯问甚至协商具结时，都没有对认罪认罚从宽制度具体的操作规程透彻地把握。从概率学层面和中国司法实践来看，刑事案件的大多数犯案者对法律知识了解偏少，法治观念也不甚强烈。很多潜在的被追诉人在羁押期间将公检法三机关的人员看作一体化的公权力代表，对三方的权责界分并没有完全明晰地掌握。如控方在具结过程中量刑允诺，则被追诉人的信赖感通常是稳固而强烈的。即便法院依然拥有最终决策权，为保障这种基于诚信的允诺，在无极其特殊的情形下，依然应当维护公权力承诺的威信而不轻易作出相悖的决定。

四、我国认罪认罚从宽制度中被追诉人预期利益保障机制的法律因应

（一）对中美协商性司法中法文化分析的初步回应

任一法律制度的比较最终都应当落脚在文化的差异之上。中美两国在控辩协商中对被追诉人预期利益的保障方式存在着救济方式、追求目标的相似性。相应地，两者在量刑建议采纳的立法规范、法院对待量刑建议的态度、司法参与控辩协商的做法和谈判筹码公开的问题上均存在差异。在美国控辩协商程序中，制定法并未赋予法官对量刑建议“一般应当采纳”的刚性法定约束，这与中国以立法宣示性的方式对法官提出法定的要求迥然不同。可即使在这种情形之下，美国的法检之间依然产生了“心照不宣”的感应，并没有发生相应的激烈对抗。相反的是，中国以法律规范的方式明确地提出对法官的要求，却发生了控审冲突白热化的现象，并且，检法两家对量刑主导权的争夺在一定情况下侵害了被追诉人的量刑期待。背后的内在原因是，以辩诉交易为主要表现并承载着纠纷解决逻辑的协商性司法范式与中国追求实体真实的诉讼大环境之间不兼容。在以实质真实为主要追求的职权主义模式下，中国的法官担负着查明案件事实、准确定罪量刑的职责，并且中国的法官承担着错判追责的风险。这种实质真实的诉讼观，大大限缩了控辩双方对实体事实加以处分的空间。而以纠纷解决为主要追求的美国辩诉交易，则贯彻着实用主义倾向的司法哲学，真正地将定罪量刑的权力向控方移转。在对协商性司法程序的定位上，中国的认罪认罚程序被视为检辩双方以协商的形式处理案件实体结局的运作机制，而美国辩诉交易却被视为审前快速定分止争的处理方式。以功能主义的视角观之，合意式诉讼观冲击了我国固有的刑事诉讼控辩审三方格局，并且，控辩协商过程中依然应兼顾诚信原则和契约精神。在预期利益保障和刑事司法中追求的其他利益之间，决策者也应作出衡量和妥协，不宜为追求保障被追诉人预期利益的

目标，便对我国原有的制度配置作出大面积调整。

不论是何种国家的法律制度，都是该国以国情和文化背景为依托作出的自主选择。对两种制度语境下被追诉人预期利益保障方式进行比较研究，目的是发现两者差异以及其内在的文化机理，从而为我国认罪认罚从宽制度的进一步本土化开阔思路。首先，我国应该从观念上将认罪认罚从宽制度予以重新定位。这一制度与美国辩诉交易制度虽有相似之处，但在性质上完全不同。前者是在职权主义的母系统下嵌入的具有协商理念的子系统，在母系统的背景下不能作为纠纷解决的手段，应该作为尽快探知事实真相的辅助方式。其次，立法规范上对审判方克以向控辩合意妥协的职权负担，但同时又不赋予法院介入量刑协商的主体地位，以致造成控审矛盾。如果不给予法院量刑协商的参与权，就无法消除这一矛盾，也很难从根本上保障被追诉人的量刑期待。故而，我国可适当参考美国部分州的相应做法，在宏观考量上为检法沟通赋予适当的空间。在审前阶段，控方可就合意中的刑罚幅度与法院沟通，将法院对于特定案件一贯的量刑偏好作为信息来源；在审中阶段，法官可发挥庭前会议的质效，结合实际情形确定是否参与到协商过程中。为保障审判方的中立性，我国也需重点防范司法参与协商的潜在隐患，可通过法官依申请介入协商、对司法参与进行录音录像以及设置量刑咨询法官等举措加以规避。

（二）对认罪认罚案件被追诉人预期利益保障配套举措的回应

1. 规范设定认罪认罚前的证据开示制度

参照美国纽约州辩诉交易的证据开示的改革可知，封闭案卷模式逐渐向开放卷宗模式转型，辩诉交易时越来越倾向于让控方全面彻底地开示证据，尤其是证明被追诉人无罪或罪轻的证据。这一做法能够更好地让被追诉人作出预判与合理评估。倘若被追诉人因信息缺乏而作出认罪答辩，也没有形成准确完备的量刑建议，最终法院否定协商过程，则被追诉人从宽的期待将随之落空。在我国已有辩方查阅案卷资料这一阅卷权的基础之上，设立规范的证据开示制度依然必要。当前，审前认罪认罚中辩护率较低，且如前文所述，值班律师充当着见证人的角色，大多数认罪认罚中的被追诉人难以获得全面有效的证据信息，不能摆脱与控方存在信息偏在的窠臼。在这一背景之下，《指导意见》中明确指出要探索认罪认罚证据开示制度，尽可能地让控方主动地提供全面的案件信息，增强被追诉人的协商议价能力。从证据开示的本土性质定位来看，不宜将其视为对辩方阅卷权的取代，而应将其视为弥补辩方阅卷制度疏漏，进一步保障被追诉人阅卷权的设计。

美国大部分司法管辖区赋予控方开示义务的目标都是防止被追诉方因信息所知甚少而作出非理性判断，进而造成所期待的刑罚利益丧失。而实现这一目的的重点则是控方在辩诉交易时必须全面出示预备在审判时呈送给法庭的证据，其中也包括对被追诉人有利的证据。当然，美国对辩诉交易前证据开示的范围也存在一定的限制，如控方的备忘录、对犯罪行为告发人的信息以及对国家安全有实质重大风险的证据材料可以不予开示。① 而反观我国认罪认罚前，各级检察院通常以书面清单的方式向被告人展示证据目录，但开示的内容详略不一，范围不尽相同。立足于当前我国认罪认罚的实践，基于被追诉人利益保障最大化的考量，从开示范围来看，检方应当不分阶段地开示其掌握的全面证据，这与美国开放卷宗模式相类似。检方开示的证据，不仅应当包含已经记录在案的证据，还应当涵盖已经收集到但并未记录的证据。开示的证据既应当包括证明被追诉人有罪的类型，也应该包含证明其无罪或罪轻的种类。即使要求检察机关全面地开示证据，也并非完全地不加限制。例如，案卷材料中难免有涉及个人隐私的内容，如果也毫无隐藏地加以开示，会波及利益相关者，也会造成不必要的麻烦。另外，即便不予开示证据会造成双方信息差距明显，但开示证据如果严重阻碍案件事实真相的查明进程，则应当进行限制，由检方对此经衡量和评估后妥善作出决定。若检方经过权衡后依然决定对某一部分证据不予开示，应向辩方说明。② 在证据材料中，如果有纯粹涉及被害人或其他利益相关人的隐私信息时，控方也应在权衡利弊后再决定是否开示。从开示方式来看，认罪认罚的证据开示应当包含控方主动开示和辩方申请开示两种渠道。值得注意的是，我国辩护方几乎完全依赖于控方提供的证据材料进行准备，故而主要开示义务依然是以控方主动承担为主。为甄别不同种类的证据，控方可以依照证据属性选择不同的开示途径。对于证人证言、鉴定意见和相关的书证，控方可以

① 参见陈子奇：《论认罪认罚案件证据开示的两种逻辑》，载《法律科学（西北政法大学学报）》2022 年第 4 期，第 170 页。

② 参见李子龙：《认罪认罚从宽制度之证据开示规则形塑》，载《浙江工商大学学报》2022 年第 3 期，第 161 页。

向被追诉人当面宣读，而对实物证据而言，检方可以向被追诉人展示该证据的图像，并与指控犯罪事实相关的画面一同展示。若证据存储于媒体介质之中，应当当面向被追诉人呈现影像资料，让其有稳定的心理预判。

2. 完善预期利益即将落空的风险提示程序

一般而言，在美国浓厚协商性意味的刑事大环境下，只有极力保障控辩协商结果的稳定性，才能有效激励被追诉人心悦诚服地参与交易以削减讼累。不过，美国对辩诉交易中双方合意的变更风险也提供了相应的规避防范措施。正如前述所提及美国联邦的相关规则，法庭如不采纳辩诉协议需通知被告人有权撤回，如不认可量刑建议则需告知被告人法庭将不受辩诉协议约束。① 再对照中国本土的司法实践，法院经审查认为量刑建议应被变更或否定时，有向检察机关告知的法定义务。控方在知悉审判方态度的情形下，可以结合实际情形作出是否予以调节量刑建议中刑罚数额的决定。那么，针对此类情形而言，控方究竟能否听取法庭的意见擅自单方变更？实事求是地说，量刑建议是控辩双方商讨后的共同意志，不宜由检察一方单方随意更改。即便刑事司法的核心目标之一是追诉犯罪，控方是追诉的先行者，但在协商文化浸染的氛围之中，控方在理念上也应将被追诉方视为合意的一方当事人。则在控方允诺即将无法履行之时，被追诉方应当同时享有量刑优待利益难以承兑的知悉权以及进一步补救损害的合理渠道。在时下中国的司法实务中，存在检方在得知这一资讯之后，并不与被追诉人重新商讨而直接拒绝法院提议的实际情况。也存在部分检察官在未充分告知被追诉人法院态度的情形下，单方修改先前既定的量刑合意的情形。最终导致的结果是，控方无论是直接拒绝法庭，抑或是自行更改求刑额度，都充斥着一审中被法庭径行否定的不利风险。被追诉人在获得第一审裁决时，很大程度上并未做好量刑预期利益遭受损失的心理准备，常常感到被这一整套的程序所欺骗的愤慨以及反抗无力的窘迫。换个视角思考，倘若控方能够形成强烈的协商平等意识，将被追诉人视为平等议价的当事人，在得知法庭即将否定量刑建议的态度后及时进行风险提示抑或进一步商讨，则被追诉人必然能够提前做好预判甚至可以作出更为理性的补救选择。可现实中，控方常常忽略及时与被追诉方及时沟通并合理提示的举措。缘由在于，合意往往只能存在于权

① *United States Sentencing Guidelines*, 6B 1.1 (b) (2004).

力地位大体相当的双方主体之间，无权者在另一方权力压倒性的优势之下，被迫进行屈从性的妥协。久而久之，控方忽视风险提示的这种行为形成惯性，则被追诉人对公权力的信任危机会不断加剧。

审视我国当下的法律规范，立法中在控辩协商程序的不同阶段都有较为宏观的告知程序的表述，① 不过并未明确和细化。尤其是在审判方不予接受量刑建议并要求控方调整的这一阶段，规范中并未对控方的风险告知义务予以法定化，也没有指出具体的告知提示程序以及与被追诉方商讨解决的规程。不妨将视角转向德国这一大陆法系的代表国家，德国刑事诉讼程序中将控辩协商中的告知程序进行了细化阐明。详细来说，德国法中在两个维度上对审判方的告知义务予以明确。其一，法庭应提前告知被追诉人在何种情形下将否定量刑建议并不利变更。值得注意的是，这一告知程序需在合意形成之前履行，让被追诉人有充足的时间预判风险。其二，若在合意形成后，法官决定变更之前协商好的量刑，必须以最快的速度及时将这一情况向被追诉人告知。② 正是有了法定的明确的风险提示程序，才能为被追诉人得知最终结果留下必要的缓冲期，尽可能地补救其预期利益的减损。我国目前对于控辩协商中的风险提示环节规定得较为粗糙模糊，实践中也做法不一。未来的程序设置中，也可适当地对外国做法进行合理的吸纳，以期进一步完善公权力机关的风险告知规程。比如，在法庭即将有否定量刑建议的倾向之前，控方或法庭应设置专司专责人员，用以提示被追诉方即将面临的风险。被追诉人得知该情况后，既可以选择不适用认罪认罚程序而转向普通程序，也可以与控方重新协商刑罚数额，控方应及时听取并充分尊重被追诉人的真实意愿。如被追诉人以先前合意不宜被否认为由，不予接受再次变更，检方有义务将被追诉人的态度向审判方表明。检察机关既不能未经沟通就擅自违背被追诉人的意愿，也不能私下通知法院调整刑罚。检方也应在规范许可的范围内，尽可能地维系先前合意刑罚的稳定性。同时，在

① 例如，《刑事诉讼法》第 120 条第 2 款规定，在侦查阶段，侦查人员应告知犯罪嫌疑人认罪认罚的法律规定；第 173 条第 2 款规定，在审查起诉阶段，犯罪嫌疑人认罪认罚的，控方应告知其诉讼权利和认罪认罚的相关规定；第 190 条第 2 款规定，在法庭审判阶段，如被告人认罪认罚，审判长应当告知其享有的诉讼权利和有关认罪认罚的规定。

② 参见李倩：《德国认罪协商制度的历史嬗变和当代发展》，载《比较法研究》2020 年第 2 期，第 97 页。

风险提示的过程中，检方有义务将认罪认罚程序的风险再次强调，并做好被追诉人的情绪安抚工作。

3. 排除预期利益受损后救济程序的潜在风险

依照常理，在缔约行为完成之后，履约就成为必须践行的重要举动。尤其在民商事领域中，诚信守约、遵守契约精神都是极为重要的价值目标。这一价值目标遭到排挤和动摇后，国家作为一个大家长，会以强制手段介入意思自治领域，以法律规制的途径维护守约方的利益。不过，这种缔约过程如发生在刑事程序中，协商合意的主体存在着天然的“非对称性”。控方一方面要尽力维持允诺的可兑现性，一方面又负有追诉犯罪、查明事实的客观真实义务。更重要的是，刑罚最终的确定权还没有真正地向控方移转。在这种局面下，被追诉人本已薄弱的量刑期待利益更是四面受敌、处处掣肘，难以真正实现。好在，国家在设置认罪认罚从宽制度时，并没有堵塞被追诉人合理的救济渠道。如果控方协商形成的量刑建议最终被法院不利变更，被追诉人依然可以对一审的结果提出上诉，可以表示对先前认罪协议的反悔。① 同样地，如果控方对法庭不利变更的做法表示不满，则控方也可以提出“有利于被告方”的抗诉。按照“上诉不加刑”原则的要求，仅有被追诉人一方提起上诉的案件，二审法庭不得随意地判处重于原判的刑罚数额。需要注意的是，如控方提出这种抗诉有利于被告人利益，根据“上诉不加刑”的精神内核，二审裁判也不能加重刑罚。然而，这种救济渠道蕴含着潜在的风险。其一，控方提起的“有利抗诉”模式，没有立法明确规定，二审必须不予加重刑罚。虽然从目的解释和规范意旨考量，控方提出的此类抗诉本质上是为被告人赢得宽缓量刑的优待，但缺乏明文的规范指引，最终的决定权也掌握在二审法庭手中。一旦二审法庭限缩解释“上诉不加刑”的规范意涵，不考虑控方抗诉的目的是否有利于被告人，则二审再次对量刑进行“不利变更”的可能性将大幅度增加。其二，当被追诉人得知一审法院不予认可量刑建议的情况，最常见的救济途径是选择上诉。回顾认

① 参见魏晓娜：《认罪认罚从宽制度中的诉辩关系》，载《中国刑事法杂志》2021 年第 6 期，第 63 页。文中提到，被告人在量刑建议提出后，存在着提出上诉的可能。上诉又分为三种类型，一是“反悔型”上诉，二是“投机型”上诉，三是“留所服刑型”上诉。本文所涉及的这种救济渠道，通常是指“反悔型”上诉，也即否定原先认罪认罚中的量刑合意。

罪认罚从宽制度的初衷，可以看出，这项制度最重要的价值目标是减少讼累、提高效率。从“向前看”的视角观之，假如法庭对量刑建议总是不利变更，被告人总是以上诉应对不利变更，实则是在原有案件情节的基础上又增加了新的矛盾。如此往返，二审程序不断启动，更是浪费宝贵的司法资源，增加了本就高昂的人力成本。那么，如何化解“上诉”这一救济途径所承载的风险？笔者认为，为减少被追诉人在认罪认罚中上诉的概率，从根源上减少不利的风险，可在被追诉人选择上诉之前就为其提供其他的救济途径。例如，在一审庭审结束之前，如一审法院确认即将对量刑建议进行不利变更，可以赋予被追诉人程序的自主选择权作为救济手段。① 具言之，一审法庭即将作出的量刑判决如超过了检方提出量刑数额的标准，且与被追诉人的预期量刑完全不符，被追诉人可以提议终止庭审，并将程序回归到没有适用认罪认罚程序的形态。被追诉人可以按照意愿选择普通程序、简易程序等较为完备的庭审程序，并提议重新进行一审裁判。倘若之前的认罪认罚过程中也已经适用了这种较为完备的程序构造，被追诉人也可就“不利变更”的结果提出异议，要求法庭结束审判并重新进行新的一审程序。且这种新的一审程序需要配备原先对此案无接触的法官成员，确保新一审程序的公正性。这一做法，也可以规避原先因检方“有利抗诉”造成二审裁判的再次加刑，一定程度上又保护了被追诉人的审级利益。这种情况下，被追诉人提出的“反悔”并要求重新一审的意见与那种以违背自愿性的“反悔”意见不同。此时被追诉人要求重新启动程序的正当性基础在于救济因公权力违约造成的信赖损害，而并非被追诉人为投机取巧而单方面违约。法律也应该鲜明地指出，如被追诉人因公权力的承诺难以兑现而提出撤回先前的认罪答辩，此种情形不会对后续审理中的量刑过程产生任何影响，② 进而减少被追诉人行使救济权时的担忧。

除上述所提到的风险以外，在认罪认罚的量刑建议被法院否定后，对被追诉人依然存在着潜在的隐患。法律规定，基于量刑建议被否定的实际情况，被

① 参见贺永超：《认罪认罚中被追诉人权利保护的问题与完善》，载《常州工学院学报（社科版）》2020 年第 5 期，第 93 页。

② 参见顾永忠、肖沛权：《“完善认罪认罚从宽制度”的亲历观察与思考、建议——基于福清市等地刑事速裁程序中认罪认罚从宽制度的调研》，载《法治研究》2017 年第 1 期，第 69 页。

追诉人可以选择撤回先前的认罪供述。从认罪供述的证据属性而言，其从属于言词证据一类。言词证据中往往承载着各种信息，尤其是包含着犯罪中的其他线索。在被追诉人选择进行控辩协商之前，心中一定是希望以坦诚交代换取量刑优待，这种交代往往都被公权力记录在案。事后，法庭拒绝履约并加重刑罚，原先交代的犯罪线索无法抹去。即便法律规定不得将此份供述作为定案依据，但供述中所嵌入的案件细节信息早已被公权力一方探知。侦检机关可以利用这种获知的信息优势，顺藤摸瓜地找寻到其他的实物证据，以此来还原案件的事实真相。被追诉方先前仅存的一点信息优势也在允诺交代之后变得支离破碎，被迫屈从。法律中并没有规定，根据先前供述所得到的其他证据，特别是实物证据是否也要当然地排除在外。按照中国本土长期以来对实质真实的恪守，即便量刑建议中的刑罚难以兑现，先前据供述得到的其他证据也难以被排除。试想一下，若明确说明，一旦量刑建议不被采纳，据此得到的所有证据都不能作为定案依据，会给检方施加过大的压力以至于束缚其手脚。同时，实物证据的获取具备很大的难度，如轻易地被排除则难以找到其他的证据来替代。① 长此以往，久拖未决，既无法向受害者交代，也不利于尽快修复被破坏的社会关系。更重要的是，这种实物证据的获取，并不是通过刑讯逼供等形式获取的，不满足非法证据排除规则适用的前提条件。被追诉人既然选择了接受认罪认罚程序，也意味着接受了需要承担的风险。据此，笔者认为，为契合于中国实质真实诉讼观的基调，认罪供述所衍生的其他实物证据不宜被轻易排除。相应地，为弥补被追诉人的受损信赖，法官在最终处断时需要考虑到这一特殊情形。法官可在刑罚规范所允准的范围之内，尽可能地降低刑罚数额来补足被追诉人的合理期待。

五、结　语

协商性司法引入中国也是立足于人案配比不均衡的司法实践，最终我国以立法的形式确认了认罪认罚从宽制度的合法性。这也足以说明，一种妥协的公

---

① 参见陈卫东、胡晴晴：《我国非法证据排除规则的问题与完善》，载《法治社会》2016 年第 5 期，第 22 页。

正、能够满足各方利益的制度安排，具有强烈的生命力。但与英美对抗制诉讼环境不同，辩诉交易赖以产生和生长的绝大多数条件在中国不具备。长期以来，中国的刑事诉讼以职权主义为主导，适当吸收了当事人主义的合理因素，但依然带有厚重的国家本位色彩。职权主义与实质真实的目标相伴而生，法官必然在个案中执着于对真相的探求。在坚持证明标准不降低的认罪认罚从宽制度之下，法官不可能只充当被动的审查者，并对控辩合意所形成的具结协议形式确认。为维护公众对法官“包青天”式的角色期待，为满足司法责任制下法官的职权负担，在一定情况下，裁判者无法顾及控辩合意，不得不对量刑建议加以变更甚至重新处以更重的刑罚，这必然导致被追诉人量刑协商时预期利益的落空。这一现象之下，反映的是以妥协为核心的协商性司法这一子系统与以追求国家本位、实质真实的刑事诉讼母系统之间的结构性矛盾。在我国坚持国家利益、社会利益至上的大环境下，并不存在真正意义上的对抗制传统，也不能将认罪认罚看作纠纷解决的一种方式。缘由在于，任何刑事纠纷的出现，都是国家法益遭到破坏的一种体现，侵害的都是整个国家的管理秩序，绝不容许私人的处分。从法文化的角度来看，唯有从中美两国协商性司法的性质定位出发，窥见中国被追诉人预期利益保障不足的表现形式及内在逻辑，通过定位调整、模式转变以及配套措施的重新架构，方能从根源上化解控审冲突，形塑被追诉人预期利益保障的法律体系。

（初审：张效科；校对：赵梦霄）

主题研讨：
《民法典》适用研究

论违约金酌减的司法裁量

——以《合同编通则解释》第65条为中心*

姚美呈**

摘　要：《合同编通则解释》第65条在法技术上具有“表明各类型违约金一体适用酌减规则”“重申违约金酌减的司法裁量权性质”“强调违约金酌减之重点在各具体的衡量因素”等意义。在进行违约金酌减的司法裁量时，应以债权人损失作为基础因素，损失范围应根据个案情况逐案确定。第65条第2款的超过损失30%标准和第3款的恶意违约不予酌减规则均为注意规定。为避免司法裁量中的重复评价和遗漏评价，合同主体和交易类型在部分情形中不能被同时纳入衡量，合同的履行情况、债权人过错、履约背景均不具有独立的衡量意义，应视个案情况分别还原至债权人损失和当事人的过错程度项下衡量。第65条对衡量因素的列举是开放列举，其他因素也可纳入衡量，典型如债务人预期利益。基本原则是违约金酌减的价值指引，基本原则所代表的各项价值在技术上表现为各个具体的衡量因素。违约金酌减的法律推理形式主要为权衡，可比照权衡的流程构建违约金酌减的裁判流程。以此可促进违约金酌减的司法裁量更加可预测、可验证，并推动法学走向“完善科学”的行列。

关键词：违约金酌减；司法裁量；权衡；债权人损失

一、问题的提出

近年来，违约金酌减的问题在司法实践中相当活跃，最高人民法院近几年发布的指导性案例中，有两则涉及的主要问题就是违约金酌减：其一是2021年

---

* 本文系国家社会科学基金重点项目“社会主义核心价值观与民法典价值体系研究”（项目批准号：23AFX003）的阶段性成果。

** 姚美呈，中国政法大学民商经济法学院硕士研究生。

发布的166号指导案例（北京隆昌伟业贸易有限公司诉北京城建重工有限公司合同纠纷案，以下简称隆昌案）；其二是2022年发布的189号指导案例（上海熊猫互娱文化有限公司诉李某、昆山播爱游信息技术有限公司合同纠纷案，以下简称熊猫案）。① 两则案例的事实虽然不尽相同，最高人民法院选摘发布的指导案例亦各有侧重，但二者的核心问题，均是如何判断违约金是否过高以及如何酌减，其中隆昌案的生效判决中确认的审查焦点之一，正是“违约金酌减的考察因素”②。实际上，法官依何种标准和因素裁量违约金是否酌减以及酌减多少，是所有违约金酌减案件中共通的核心问题。

《最高人民法院关于适用〈中华人民共和国民法典〉合同编通则若干问题的解释》（以下简称《合同编通则解释》）第65条试图回应这一问题，③ 该条源自《最高人民法院关于适用〈中华人民共和国合同法〉若干问题的解释（二）》（已废止）［以下简称原《合同法解释（二）》］第29条。④ 但既往的司法实践表明，许多法官在酌减违约金时往往奉行“言多必失”的论证风格，仅在裁判文书中抽象引用司法解释条文，再以30%的数字标准或其他标准得出结论便草草

---

① 参见北京隆昌伟业贸易有限公司诉北京城建重工有限公司合同纠纷案，最高人民法院指导案例166号（2021年）；参见上海熊猫互娱文化有限公司诉李某、昆山播爱游信息技术有限公司合同纠纷案，最高人民法院指导案例189号（2022年）。

② 参见北京城建重工有限公司与北京隆昌伟业贸易有限公司合同纠纷上诉案，北京市第二中级人民法院（2017）京02民终8676号民事判决书。

③ 《合同编通则解释》第65条规定：“当事人主张约定的违约金过分高于违约造成的损失，请求予以适当减少的，人民法院应当以民法典第五百八十四条规定的损失为基础，兼顾合同主体、交易类型、合同的履行情况、当事人的过错程度、履约背景等因素，遵循公平原则和诚信原则进行衡量，并作出裁判。约定的违约金超过造成损失的百分之三十的，人民法院一般可以认定为过分高于造成的损失。恶意违约的当事人一方请求减少违约金的，人民法院一般不予支持。”

④ 原《合同法解释（二）》第29条规定：“当事人主张约定的违约金过高请求予以适当减少的，人民法院应当以实际损失为基础，兼顾合同的履行情况、当事人的过错程度以及预期利益等综合因素，根据公平原则和诚实信用原则予以衡量，并作出裁决。当事人约定的违约金超过造成损失的百分之三十的，一般可以认定为合同法第一百一十四条第二款规定的‘过分高于造成的损失’。”

了事。① 这也说明，如无充分的理论供给，即使面对看似详尽的司法解释条文，实践中的法官仍有可能无所适从。因此，唯有对司法解释的规定作精细研究，给出适用的思路和方案，方能让其在实践中真正发挥作用。

本文即以《合同编通则解释》第 65 条为中心，研讨违约金酌减司法裁量的标准与因素。下文第二部分首先分析《合同编通则解释》第 65 条的规范意义，明确违约金酌减的司法裁量之重点在各具体的衡量因素之后，第三、四部分对司法解释规定的诸项因素详作分析，第五部分则结合法学方法论的知识资源，尝试初步为法官酌减违约金构建一套可预测、可验证的流程方案。

二、《合同编通则解释》第 65 条的规范分析

在对《合同编通则解释》第 65 条进行详尽的解释论展开之前，先考察该条的规范意义，殊有必要。这是因为，司法解释同样为正式法源，法官可以在判案时作为裁判依据直接引用。② 关于司法解释性质的著述颇丰，这里提供一个简单的解释：制定司法解释的权力实则是立法权之剩余，立法权未及之处即属于司法权，既然权力本身属于司法机关，由最高司法机关（最高人民法院）以确立一般规范的方式行使该权力（制定司法解释），既符合法理，又更具效率。退一步言之，至少司法解释丰富了解释论资源，若适用得当，应有助于实现个案公正。是故，在此首先结合《民法典》第 585 条，分析《合同编通则解释》第 65 条的规范意义。

（一）第 65 条表明各类型违约金一体适用酌减规则

1. 一体适用方案的历史解释

欲论述某项规则，该规则的适用对象便是当仁不让的入手问题，违约金酌

---

① 参见保亭黎族苗族自治县城乡投资有限责任公司与陈某房屋买卖合同纠纷上诉案，最高人民法院（2018）最高法民终 242 号民事判决书；山西中阳钢铁有限公司等与重庆铭嘉实业有限公司合同纠纷上诉案，最高人民法院（2017）最高法民终 825 号民事判决书；国兴环球土地整理开发有限公司、宁夏中房实业集团股份有限公司合同纠纷案，最高人民法院（2016）最高法民终 258 号民事判决书等。

② 参见《最高人民法院关于裁判文书引用法律、法规等规范性法律文件的规定》第 4 条；《最高人民法院关于司法解释工作的规定》第 27 条。

减规则亦如是。依据不同的标准，可将违约金分为不同类型，此处要回答的问题是，各种类型的违约金是否一体适用违约金酌减规则？《民法典》对此问题并未着墨，《合同编通则司法解释》亦未正面回应。但对《合同编通则司法解释》第65条进行历史解释即可知，各种类型的违约金均一体适用违约金酌减规则。

“在查明制定法规定的规范性标准意义时，必须考察解释的‘历史’因素。”[①]《民法典》编纂时，代表性学者认为“惩罚性违约金的设定本身就具有惩罚违约方的目的，因此，在违约金酌减规则适用时，应当考虑这一目的，而不能直接适用补偿性违约金的酌减规则”[②]。这一观点的意思是，在酌减违约金时，应当区分赔（补）偿性违约金和惩罚性违约金，且二者不应一体适用同一套酌减规则。《民法典》未采纳上述方案，但《民法典》颁布之后，最高人民法院仍然保持前述区分违约金的不同类型适用酌减规则的观点。[③] 因而，彼时有理由期待最高人民法院在司法解释中完成《民法典》的未竟之业，根据不同类型的违约金量身配套相应的酌减规则，但是，最终生效的《合同编通则司法解释》仍然未采纳区分适用方案。既然最高人民法院已经在《民法典》颁布后认识到了违约金酌减规则的适用对象问题，那么此时《合同编通则解释》依循旧例的做法，便有理由被解读为最高人民法院有意为之。即最高人民法院通过《合同编通则解释》第65条表明，无论惩罚性违约金还是赔偿性违约金，均可被人民法院依《民法典》第585条第2款第2分句的违约金酌减规则酌减，各类型的违约金一体适用违约金酌减规则。

2. 一体适用方案的相对优势

在回答“规范是什么”时，同时也是在回答“规范应当是什么”。[④] 即使经过解释可得出规则制定者的意图，但也不意味着一体适用的方案当然正确。因此，还需说明相较于区分适用方案，一体适用方案的相对优势。相对优势是，

---

① ［德］卡尔·拉伦茨：《法学方法论》（全本·第6版），黄家镇译，商务印书馆2020年版，第413页。

② 王利明：《民法分则合同编立法研究》，载《中国法学》2017年第2期，第45页。

③ 最高人民法院民法典贯彻实施工作领导小组主编：《中华人民共和国民法典合同编理解与适用》（第2册），人民法院出版社2020年版，第779页。

④ 参见朱庆育：《民法总论》（第2版），北京大学出版社2016年版，第2版序。

一体适用方案更符合当事人的意思且法律效果更为弹性，可以容纳更为多元的评价需求。

《民法典》第 585 条第 2 款第 2 分句采用了“适当减少”的语词表达，这就是说，无论惩罚性违约金还是赔偿性违约金抑或是其他类型的违约金，当事人可以自由约定，法律不会单纯因为违约金的数额来否定当事人约定的效力，而只是对其内容作适当的修正。可是，既有的区分适用方案均会不当裁剪当事人的意思。最典型的例子是，普通法上区分违约损害赔偿金（liquidated damages）和违约罚金（penalties）（大致分别对应汉语法学中的赔偿性违约金和惩罚性违约金），并以后者无效为原则，① 这其实对当事人的自由限制更为严重，因此近来这一立场也有松动的趋势。② 再如我国学者主张的区分适用论，要么认为赔偿性违约金不应被酌减而应回归损害赔偿法，③ 要么认为惩罚性违约金不应酌减应通过合同效力规则予以规制。④ 就前者而言，双方当事人已经就损害事先作了预定，此时再回归损害赔偿制度，是舍近求远，架空了当事人约定违约金的意义；就后者而言，如果只用法律行为的效力规则规制惩罚性违约金，结果就会是要么高额的惩罚性违约金全部被支持，要么全部被否定，而这种刚性的法律效果安排并不合理。在此还需特别强调，以法律行为效力规则控制某类违约金而不适用酌减规则的观点，⑤ 其实是混淆了请求权未发生之抗辩与请求权已消灭之抗辩。换言之，无论何种类型的违约金，在适用酌减规则时均已

① See Edwin Peel, *The Law of Contract*, 14th ed., Sweet & Maxwell Press, 2015, pp. 20–129; Peter Benjamin, “Penalties, Liquidated Damages and Penal Clauses in Commercial Contracts: a Comparative Study of English and Continental Law”, 9 *International and Comparative Law Quarterly* 600, 602–604 (1960).

② 参见徐海燕：《惩罚性违约金例外酌减制度的解释与重构：契约自由与契约正义的平衡视角》，载《法学杂志》2023 年第 2 期，第 95 页；姚明斌：《违约金双重功能论》，载《清华法学》2016 年第 5 期，第 143—144 页。

③ 参见王洪亮：《违约金酌减规则论》，载《法学家》2015 年第 3 期，第 142—143 页。

④ 参见韩世远：《合同法总论》（第 3 版），法律出版社 2011 年版，第 661 页。需要说明的是，在该书第 4 版中，韩世远教授似乎已经放弃了惩罚性违约金不适用酌减规则的观点，但其在讨论“惩罚性违约金的规制”时仍未明确提及惩罚性违约金可适用酌减规则。参见韩世远：《合同法总论》（第 4 版），法律出版社 2018 年版，第 832—836 页。

⑤ 近来仍有这种观点，参见覃榆翔：《〈民法典〉视阈下违约金司法酌减规则的区分适用论》，载《财经法学》2023 年第 3 期，第 139—142 页。

经通过了法律行为效力规则的检验，[①] 违约金约定的效力瑕疵是请求权已发生层面的问题，而违约金酌减则是请求权未消灭层面的问题（违约金请求权因司法酌减而部分消灭），两项制度各有分工，不可混淆。

（二）第65条重申违约金酌减权的司法裁量权性质

“违约金酌减规则是应对违约金数额过高而产生的一个特殊规则，赋予了人民法院自由裁量权。”[②] 相较于原《合同法》，《民法典》的违约金酌减规则在表述上变换了语序，将“人民法院或仲裁机构”调整为该规则的主语。[③] 有学者指出，这一变化在法技术上的意义，正是凸显了违约金酌减的司法裁量特征。[④] 而《合同编通则解释》第65条则明确指出，“人民法院应当以……进行衡量”，所谓“衡量”，依文义可解释为权衡、裁量。这意味着，《合同编通则解释》第65条重申了违约金酌减权的司法裁量性质，即违约金是否酌减、酌减多少，均需法官结合具体的个案情况裁量。

明确并重申违约金酌减权的司法裁量权性质，是在违约金酌减权乃形成诉权这一共识上的推进和补充。传统理论认为，违约金酌减权是当事人的形成诉权，[⑤] 这一认识源自德国，[⑥] 是在私人权利四分法（支配权、请求权、抗辩权、形成权）的视角下对违约金酌减权的定性。按照经典的形成权理论，形成权的行使具有双重事实（Doppeltatbestand）结构，就某些法律关系而言，私人的法律行为尚嫌不足，必须附以国家行为——发生法律约束力的形成判决，此时，

---

① Vgl. Gottwald, in: Münchener Kommentar zum BGB, 9. Aufl., 2022, § 343 Rn. 9; Dirk Looschelders, Schuldrecht Allgemeiner Teil, 19. Aufl., 2019, § 38 Rn. 6.

② 最高人民法院民事审判第二庭、研究室编著：《最高人民法院民法典合同编通则司法解释理解与适用》，人民法院出版社2023年版，第725页。

③ 原《合同法》第114条第2款规定：“约定的违约金过分高于造成的损失的，当事人可以请求人民法院或者仲裁机构予以适当减少。”

④ 参见姚明斌：《〈民法典〉违约金规范的体系性发展》，载《比较法研究》2021年第1期，第92页。

⑤ 参见王洪亮：《债法总论》，北京大学出版社2016年版，第443页；姚明斌：《违约金论》，中国法制出版社2018年版，第305—306页。

⑥ Vgl. Brox/Walker, Allgemeines Schuldrecht, 46. Aufl., 2022, § 11 Rn. 16.

行使形成权的法律行为和司法行为共同引发形成效果。[①] 对于双重事实结构，本文以中国法为例作以下补充。在不同的形成权行使行为中，私人法律行为和国家行为所占的比重并不总是相同，这两者如同二原色，其实中间还有着色彩丰富的过渡地带。比如解除权之行使，无须借助国家行为即可引发形成效果；又如撤销权之行使，虽然需要形成判决，但此时法官只有判断权（判断是否有可撤销事由）而无裁量权；再如情事变更中的变更权之行使，不仅需要有形成行为，法官既有判断权（判断是否满足情事变更之要件）也有裁量权（对于法律行为的具体内容进行量的调整，如标的物数量、价金之调整等）；最后是违约金酌减权，此时法官享有判断权（违约金是否酌减）和裁量权（违约金酌减多少），而当事人的形成行为（申请）反而并非严格的构成要件，法官可以向当事人释明酌减（《合同编通则解释》第66条），甚至当事人提出酌减理由之事实或对违约金金额有所异议时，法官可依职权主动酌减。[②]

综上所述，违约金酌减中债务人并不能仅因为自己的单方意志就发生相应的形成效果，在有些情况下甚至无须债务人的意思，违约金同样也能被酌减。因此，违约金酌减虽然未经债权人的同意就变更了其法律地位，可称对其发生了形成效力，但此种效力的根源更多的在于司法权，而非债务人的单方意志。或有质疑，司法裁量权应被限制，承认违约金酌减权的司法裁量权性质，有公权力侵蚀私权的风险，有悖私法理念。[③] 这一质疑不能成立，违约金酌减制度本身有其正当性，其价值基础在形式自由与实质正义之平衡，[④] 而违约金酌减所涉及的情事众多，事先确定抽象普适的规则在立法技术上难以实现，因此只

---

① Vgl. Emil Seckel, Die Gestaltungsrecht des Bürgerlichen Rechts, 1954, S. 49 ff. 转引自申海恩：《私法中的权力：形成权理论之新开展》，北京大学出版社2011年版，第202页。

② 参见杨芳贤：《民法违约金酌减规定之若干问题》，载《台大法学论丛》2011年第4期，第2162页；姚明斌：《违约金论》，中国法制出版社2018年版，第304—305页。

③ Diese Art gerichtlicher Vertragshilfe ist recht ungewöhnlich im prinzipiellen System der Privatautonomie. Hans-Georg Hermann, in: Historisch-kritischer Kommentar zum BGB, Band Ⅱ, §§ 336-345 Rn. 17.

④ 参见许德风：《违约金司法酌减的依据及其限度》，载《法学》2024年第4期，第116—119页；姚明斌：《违约金论》，中国法制出版社2018年版，第290页。

能列举衡量因素，委诸司法裁量。[①] 一言要之，违约金酌减制度本身意在保护私权，而只要在教义学上构建起稳定可靠的裁量方法，司法裁量权也并非洪水猛兽，不需要一味限制。[②]

（三）第65条强调酌减之重心在各具体的衡量因素

上文提到，违约金酌减权乃司法裁量权。因此，在违约金酌减案件中法官就具有更为恣意的外观，甚至有可能被认为是纯粹的“暗箱操作”。“没有哪一部法律不赋予法官以自由裁量的权力；同时，没有哪一部法律不限制法官的自由裁量权。”[③] 意思是说，在违约金酌减的司法裁量中，法官不仅有义务作出实体公正的裁判，并且还有义务展示其裁量过程。[④]《合同编通则解释》第65条在原《合同法解释（二）》第29条的基础上，详尽列举违约金酌减的衡量因素，并予以优化，意在为法官进行司法裁量提供指引，同时也是在要求法官围绕这些衡量因素对裁量结果详细说理论证。在此意义上，《合同编通则解释》第65条强调了违约金酌减之重点在于各个具体的衡量因素。

“制定法中包含的诸多法条并非只是简单地排列在一起，而是以不同的方式相互关涉，并只有通过它们的彼此交织以及共同作用才能产生一个规范体。”[⑤] 违约金酌减制度同样与债法乃至整个民法中许多重要的制度“相互关涉”，而这正是通过违约金酌减的各个具体的衡量因素实现的，如作为衡量因素的债权人损失和违约损害赔偿范围问题的相互关涉，作为衡量因素的当事人过错程度和违约责任归责原则的相互关涉，作为衡量因素的合同履行情况和部分履行制

① Vgl. Ralf-Peter Sossna, Die Geschichte der Begrenzung von Vertragsstrafen: eine Untersuchung zur Vorgeschichte und Wirkungsgeschichte der Regel des § 343 BGB, 1993, S. 175.

② 我国学者指出：“是否应赋予法官自由裁量权，问题的实质是是否应该信赖法官。在现代诉讼体制下，对法官的信任，已经成为法律制度确立的出发点，对于自由裁量权的滥用，可以通过其他法律制度予以制约。”王洪亮：《违约金酌减规则论》，载《法学家》2015年第3期，第145页。

③ 陈伟：《自由裁量的理性限度：为演绎主义辩护》，载《中国社会科学评价》2021年第4期，第4页。

④ 哈特认为，当基于司法裁量的决断遭遇质疑时，展示其决策过程就是一种有效的辩护方式。参见 H. L. A. Hart, “Discretion”, 127 *Harvard Law Review* 652, 660 (2013).

⑤ ［德］卡尔·拉伦茨：《法学方法论》（全本·第6版），商务印书馆2020年版，第336页。

度的相互关涉，作为衡量因素的履约背景和情势变更等制度的相互关涉等。“盖非经体系化，不能科学地思考或处理问题。”① 第65条也不仅是对衡量因素的列举，该条采用了“以……为基础，兼顾……”的表述，表明规则制定者认为这些衡量因素并非杂乱无序，而是具有一定的阶层性和体系性。各个具体的衡量因素协调一致，共同发挥作用。因此，在酌减违约金时，也应避免由衡量因素之间的重复或交叉引起的矛盾评价或重复评价。②

总结而言，《合同编通则解释》第65条表明各类违约金一体适用酌减规则、重申违约金酌减权的司法裁量权性质、强调酌减之重心在具体的衡量因素。③ 第65条的上述三项规范意义层层递进，最终落脚于违约金酌减的衡量因素。是故，以下依最高人民法院“基础因素”“兼顾因素”的区分，具体分析各项衡量因素。

三、违约金酌减司法裁量的基础因素

违约金酌减应以损失作为衡量的基础因素已是公共知识，但在技术上，仍有以下问题需要澄清。首先，不同类型的违约金承载当事人不同的交易目的，一律以债权人损失作为基础因素，是否具有正当性？其次，在违约金酌减场合，作为基础因素的债权人损失的范围应如何认定，“民法典第五百八十四条规定的损失”在教义学上如何展开？最后，30%的确定标准在学说上歧见纷呈，但最高人民法院对这一确定的数字标准似乎情有独钟，如果注定“长相厮守”，又如何在解释论上回旋以避免一刀切式裁判？以下分别回应这些问题。

（一）以损失为基础的正当性

上文提到，各类型的违约金应一体适用违约金酌减规则，这也意味着所有

① 黄茂荣：《法学方法与现代民法》（增订7版），自版发行2020年版，第390页。

② Vgl. Thomas Riehm, Abwägungsentscheidungen in der praktischen Rechtsanwendung, 2006, S. 75.

③ 吴从周教授携四位实务人士所著《违约金酌减之裁判分析》一书中，作者以买卖契约和承揽契约为例，以超过全书一半的篇幅讨论了“违约金酌减实务考量之因素”，参见吴从周等：《违约金酌减之裁判分析》，台北，元照出版有限公司2017年版，第99—254页。

的违约金酌减时均应将债权人损失作为基础因素予以衡量。赔偿性违约金旨在填补债权人损失，以损失为基础对其进行酌减自然有其正当性，不待赘言。问题是，惩罚性违约金本身就意味着填平损失之外的额外给付，[①] 又如何能够以债权人的损失为基础进行酌减？[②] 因此，证明以损失为基础酌减违约金之正当性，只需证明惩罚性违约金之酌减以损失为基础具有正当性。

前文已有提及，我国法律上并没有普遍禁止超出损失范围的惩罚性违约金，对于违约金中的惩罚性规制，酌减规则仍然是不二选择。问题进而在于，为何以追求超出损害范围之给付为旨归的惩罚性违约金，在酌减时仍要以债权人的损失为基础？答案是，即使是出于当事人意志的自由约定，违约金中的惩罚性亦不能过高，需要恪守合比例性和惩罚正义。[③] 将惩罚性违约金与赔偿性违约金两相比较，可知后者更关注债权人损失之填平，而前者的着眼点则在债务人财产之剥夺。但这并不意味着所谓“惩罚”就完全跟债务人的损失毫无关系，恰恰相反，债务人需要接受多少“惩罚”，最重要的变量依然是债权人所遭受的损失。事实上，即使是最为严苛的刑事惩罚，其比照的基础依然在于被害人所遭受的损害，如果一个行为没有使任何法益遭受损害，即使行为人有天大的过错乃至恶意，仍然不需要接受惩罚。[④] 进一步言之，债务人需要承受何种额度的惩罚，其计算方式无非债权人的损失乘以某个比例，当然具体是何种比例则非此处所问，可能取决于债务人的主观过错或特定的法律政策（如消费者保护或食品安全保护等）。结论是，在惩罚性违约金场合，判断违约金是否需要酌以及酌减的额度时，同样需要以债权人的损失作为比照基础。

按照经典的报应论，所谓惩罚正义是基于恶有恶报的逻辑，惩罚可以被理

---

① 本文的主题是违约金酌减问题，为了论述集中，因而直接越过了违约金的分类这一前置问题，本文仍以赔偿性违约金与惩罚性违约金的二分法为讨论前提，区分赔偿性违约金和惩罚性违约金的方法是：若当事人意图以违约金弥补违约造成的损失，则为赔偿性违约金，而若当事人的经济目的是获得超出损失范围的额外给付，则该违约金认定为惩罚性违约金。类似观点，参见许德风：《违约金司法酌减的依据及其限度》，载《法学》2024年第4期，第113—116页。

② 对于“以损失为基础”之衡量规则的质疑，参见王洪亮：《违约金酌减规则论》，载《法学家》2015年第3期，第148—149页。

③ 这与惩罚性赔偿颇为类似，参见刘志阳：《惩罚性赔偿适用中的实体正义与程序正义》，载《法制与社会发展》2022年第1期，第214—217页。

④ 参见张明楷：《刑法学》（第6版），法律出版社2021年版，第83—84页。

解为“罪行”（此处的“罪行”可理解为“合同义务之违反”，无关刑法或道德评价）的当然反射。[①] 前文的结论与这一认识相符，在此用一个简单的比喻说明：惩罚性违约金的数额是镜面成像，被反射的物体本身，正是债权人的损失，而被惩罚者的过错程度，决定的仅仅只是该面镜的凹凸程度。一言以蔽之，过错程度的高低仅仅决定的是三倍惩罚抑或是十倍惩罚，而所谓三倍或十倍的比照基础，仍然是债权人的损失。

总结而言，赔偿性违约金本就以填平债权人损失为目的，当违约金超出损失时，以损失为基础的回调就是当然之理；而在惩罚性违约金中，惩罚正义要求债权人的损失和债务人因违约所受的惩罚之间存在合比例性，若违约金中的惩罚性畸高，则同样需要以债权人的损失为基础对违约金进行酌减。

（二）损失范围的逐案确定

在明确以债权人损失为基础的衡量因素酌减违约金具有正当性之后，接下来便需要处理更为具体的损失范围问题。在189号指导案例熊猫案中，网络主播违反了约定的排他性合作条款，未经直播平台同意在其他平台从事类似业务，此时该如何认定原平台的损失，就是一个十分关键且棘手的问题，与此类似的争议在实践中并不鲜见。[②] 对于损失范围的问题，《合同编通则解释》第65条认为应以“民法典第五百八十四条规定的损失为基础”。然而，这一引致性质的规定并没有真正地解决问题，正如最高人民法院在熊猫案中所主张的那样，具体的损失范围应该在具体的案例情境中逐案确定。[③]

---

① 参见［美］约翰·罗尔斯：《罗尔斯论文全集》（上册），陈肖生等译，吉林出版集团有限责任公司2013年版，第25页。

② 如实践中常出现的违反离职竞业限制条款的违约金，若劳动者违反竞业限制条款，用人单位的损失同样难以通过《民法典》第584条认定。参见冯辉：《整体主义视野下离职竞业限制违约金的法律治理》，载《清华法学》2023年第2期，第147—152页。

③ 熊猫案中，最高人民法院认为：“在实际损失难以确定的情形下，人民法院可以根据网络直播行业特点，以网络主播从平台中获取的实际收益为参考基础，结合平台前期投入、平台流量、主播个体商业价值等因素合理酌定。”参见上海熊猫互娱文化有限公司诉李某、昆山播爱游信息技术有限公司合同纠纷案，最高人民法院指导案例189号（2022年）。

1. 损失范围的规范变迁

作为违约金酌减中基础的衡量因素，须在个案中确定具体的损失范围，以便和违约金的金额进行比较。然而，最高人民法院数次的立场转变却表明，对于损失范围提出一般性的确定方法并非易事。在原《合同法解释（二）》第29条中，最高人民法院认为违约金酌减时该以“实际损失”为基础，并且还应兼顾“预期利益”。这一方案的问题在于，实际损失一般指既有财产之积极减少,① 而违约所造成的损失一般情况下是应得而未得的履行利益，实际损失多出现在加害给付这样的特殊场合，以减损的既有财产作为违约金酌减的衡量基础，难谓妥当。

基于上述考虑，解释论上颇具竞争力的方案是，将实际损失理解为经过《民法典》第584条中可预见性规则的检验的可赔损失,② 最高人民法院也在司法解释中逐渐接受上述立场。2019年的《全国法院民商事审判工作会议纪要》第50条首先将目光集中在如何判断违约金过高上，认为“一般应当以《合同法》第113条规定的损失为基础进行判断”。若要协调上述立场与原《合同法解释（二）》第29条，最符合文义的解释是，在判断违约金是否过高时以《民法典》第584条（原《合同法》第113条）确定的损失为基础，而在决定违约金酌减多少时仍然以“实际损失”为基础。但是，最高人民法院似乎并未注意到这些概念细节，径直将“实际损失”等同于“《合同法》第113条规定的损失”。③

《民法典》通过后，最高人民法院在《全国法院贯彻实施民法典工作会议纪要》中表示，《民法典》第585条第2款规定的损失范围应当按照第584条确定，不得超出可预见性规则划定的范围，而在酌减违约金时，同样应当“以民法典第五百八十四条规定的损失为基础”。④ 根据官方阐释，最高人民法院意识到了“实际损失”这一概念的不足之处，进而将其统一修改为“民法典第五百

① 参见朱庆育主编：《中国民法典评注·条文选注》（第2册），中国民主法制出版社2021年版，第257页。

② 参见姚明斌：《违约金论》，中国法制出版社2018年版，第316页。

③ 参见最高人民法院民事审判第二庭编著：《〈全国法院民商事审判工作会议纪要〉理解与适用》，人民法院出版社2019年版，第325—327页。

④ 《全国法院贯彻实施民法典工作会议纪要》第11条。

八十四条规定的损失”。[①] 最终，这一表述被《合同编通则解释》第65条承继，法条表述背后的实质是，作为违约金酌减之基础衡量因素的损失包括实际损失和可得利益，[②] 但以符合可预见性为限。[③]

2. “民法典第五百八十四条规定的损失”的重新理解

观察上述规范立场的变迁，可以发现促成其变化的主要动因是实际损失的范围过窄，因此需要将履行利益也包含在作为基础因素的损失的范围内，进而将损失范围的问题引致到《民法典》第584条。但是，若全部按照第584条的规定，以可预见性规则划定此处的损失范围，仍然存在较大问题。

其一，架空违约金的举证简化功能。在完全赔偿主义下，立法者为了避免损害赔偿范围过大，以可预见规则加以限制。[④] 因此，损失能否被预见在违约损害赔偿纠纷中也是需要被证明的事项，且证明难度较大。[⑤] 在此意义上，当事人事先约定确定金额的违约金，其主要目的一方面是避免证明损害，另一方面本身也意在排除可预见性规则的限制。此时仍然以可预见性规则确定作为违约金酌减之比较基础的损失范围，可谓虚置了当事人的意思。其二，架空违约金的不可赔损填补功能。在实践中，违约金往往还承担着不可赔损害（超出可预见范围的损害）的填补和补偿功能，[⑥] 如无形损害、人工费用、增值利益等难以被法定损害赔偿覆盖的部分，均应允许当事人借由违约金获得救济，[⑦] 既然如此，在判断应否酌减违约金时就必须考虑这些不可赔损失。其三，既往的

① 参见最高人民法院研究室编著：《〈全国法院贯彻实施民法典工作会议纪要〉条文及适用说明》，人民法院出版社2021年版，第31页。

② 最高人民法院民事审判第二庭、研究室编著：《最高人民法院民法典合同编通则司法解释理解与适用》，人民法院出版社2023年版，第726页。

③ 参见朱庆育主编：《中国民法典评注·条文选注》（第2册），中国民主法制出版社2021年版，第307页。

④ 参见叶金强：《可预见性之判断标准的具体化——〈合同法〉第113条第1款但书之解释路径》，载《法律科学（西北政法大学学报）》2013年第3期，第141页。

⑤ 对于可预见性规则（预见或者应当预见）的证明问题，由债权人或债务人证明存有争议。认为应由债权人证明的，参见朱庆育主编：《中国民法典评注·条文选注》（第2册），中国民主法制出版社2021年版，第270页；认为应由债务人证明的，参见吴香香编著：《民法典请求权基础手册：进阶》，中国法制出版社2023年版，第162页。

⑥ 参见姚明斌：《违约金双重功能论》，载《清华法学》2016年第5期，第141页。

⑦ 参见王洪亮：《违约金酌减规则论》，载《法学家》2015年第3期，第150页。

经验表明，在违约金酌减案件中，法官大概率会酌减系争违约金，[①] 有可能会不当干涉当事人的意思自治，甚至有损交易安全，[②] 而出现这种情况的原因在某种程度上正是比较的基础太低（损失范围过窄）。基于以上三点理由，不应将违约金酌减的基础衡量因素限定为可赔损失，[③] 而应重新理解《合同编通则解释》第65条的“民法典第五百八十四条规定的损失”。

在约定违约金的场合下，应认为在违约金金额范围内的损失均可以被预见，进而在违约金酌减场合中实质架空《民法典》第584条但书中的可预见规则。具言之，可预见规则的标准为一般理性人标准，[④] 违约金固然只是一笔抽象的金额，但其中仍然内含着当事人对违约风险的分配，[⑤] 因此，完全可以期待一个正常知识水平的理性人对违约金金额范围内的损失有所预见。[⑥] 实际上，损失范围问题更多的是证明问题，违约金过高应由持这一主张的违约方证明，[⑦] 但是在具体的证明过程中，由于违约方难以知晓债权人的具体损失，因此也只能以市场价格、行情变化等事项证明一个抽象意义上的可能损失，从而提供一个“靶子”供守约方否认或反证。[⑧] 在此，违约方以抽象标准证明的可能损失，

---

① 参见屈茂辉：《违约金酌减预测研究》，载《中国社会科学》2020年第5期，第124页；罗昆：《我国违约金司法酌减的限制与排除》，载《法律科学（西北政法大学学报）》2016年第2期，第115页。

② 参见刘勇：《论违约金之减额——从“实益”到“原理”》，载《北方法学》2017年第4期，第64页；王洪亮：《违约金酌减规则论》，载《法学家》2015年第3期，第148—149页。

③ 类似观点，参见韩世远：《合同法总论》（第4版），法律出版社2018年版，第829页。

④ 参见王利明：《合同法研究（第2卷）》（第3版），中国人民大学出版社2016年版，第668页；崔建远：《合同法》（第3版），北京大学出版社2016年版，第376页；韩世远：《合同法总论》（第4版），法律出版社2018年版，第796—797页。

⑤ 参见刘勇：《论违约金之减额——从“实益”到“原理”》，载《北方法学》2017年第4期，第64—65页。

⑥ 参见王闯：《当前人民法院审理商事合同案件适用法律若干问题》，载《法律适用》2009年第9期，第6—7页。

⑦ 参见《合同编通则解释》第64条第2款。

⑧ 参见吴泽勇：《违约金调减的证明责任问题》，载《法学评论》2022年第1期，第190—192页；谭启平、张海鹏：《违约金调减权及其行使与证明》，载《现代法学》2016年第3期，第49页。

实则正好相当于同样以抽象的可预见规则标准确定的可赔损失,[①] 而若守约方成功证明在违约方证明的损失之外还存在其他损失，法官又有何理由拒绝采信？对此，有学者认为，若采上述立场，则违约金不再有过高的可能性，“现行法特设的司法酌减规则即会面对立法论上的质疑”[②]。该质疑不能成立，举例如当事人约定500万元违约金，损失总额为400万元，应当被预见的可赔损失为300万元，此时就算作为酌减违约金之基础的损失范围被确定为400万元而非300万元，违约金仍然有被酌减的可能。[③]

总结而言，在违约金酌减时，作为基础衡量因素的损失范围不需要经过可预见规则的检验，只要守约方能够证明的由违约造成的损失，均应被包含在内。在具体的个案中，一般先由违约的债务人证明通常情况下可能的损失，再由守约的债权人证明可能的损失之外的其他损失，至于此处的损失需要在可能损失的基础上外扩到何种程度，则仍然依法官经过利益衡量后借由因果关系这一要件把握，前述常见的违约法上之不可赔损害，只要得到证明，在此均可以纳入考量，典型如增值利益、精神损害等。反过来，不满足因果关系要件的情形也可以设想，若因债务人违约致使守约的债权人经营失败，债权人夫妻情感破裂离婚，需要向前妻支付子女抚养费，虽然守约方的这一支出同样与债务人的违约行为之间满足“若无……则不……”的条件关系，但由于在因果链条上过于遥远，不应认为债务人需要为此负责，故而这一部分的“损失”不应纳入违约金酌减的考量范围。

（三）30%标准的解释论方案

《合同编通则解释》第65条第2款保留了原《合同法解释（二）》第29条第2款的规范立场，即违约金金额超过债权人损失的30%一般可认为违约金

---

① 参见罗昆：《我国违约金司法酌减的限制与排除》，载《法律科学（西北政法大学学报）》2016年第2期，第121页。

② 朱庆育主编：《中国民法典评注·条文选注》（第2册），中国民主法制出版社2021年版，第247页。

③ 类似见解，参见 Ralf-Peter Sossna, Die Geschichte der Begrenzung von Vertragsstrafen: eine Untersuchung zur Vorgeschichte und Wirkungsgeschichte der Regel des § 343 BGB, 1993, S. 175 f。

过高，唯在前述损失范围问题上的表述有所改动。① 无论立法机关、最高人民法院还是理论界，均对30%的确定标准可能带来的一刀切式裁判保持着警惕。②然而，实践中法官往往多用30%的标准直接减少违约金，一刀切式裁判的隐忧不幸成为现实。③ 法官倾向于适用确定标准而虚置综合衡量的规则，不再说理论证而向刚性标准逃逸，显然有悖司法解释制定者的初衷。最高人民法院曾指出："该条款作为立法者有意规定的一个授权条款，其生命力就在于法官根据案件具体情况综合考量，以使具体案件可以公平解决。"④

解决上述问题的关键在于判断30%标准的规范性质。最高人民法院曾认为综合衡量规则与30%确定标准之间的关系是主要规则与辅助规则的关系，⑤ 然而这一观点除了表明第1、2款之间在重要性上的主次关系外，并不能揭示两者在适用上的关联。⑥ 另有学者认为，高于损失30%的违约金原则上应予以酌减，除非依综合衡量不予酌减；低于损失30%的违约金原则上不予酌减，除非依综

① 这一规则最早由《最高人民法院关于审理商品房买卖合同纠纷案件适用法律若干问题的解释》第16条（2020年修正后为第12条）确定。

② 立法机关的观点，参见黄薇主编：《中华人民共和国民法典释义》（下），法律出版社2020年版，第1133—1134页。最高人民法院的观点，参见《最高人民法院关于当前形势下审理民商事合同纠纷案件若干问题的指导意见》第7条；韶关市汇丰华南创展企业有限公司诉广东省环境工程装备总公司、广东省环境保护工程研究设计院合同纠纷案，《最高人民法院公报》2011年第9期。理论界的观点，参见王洪亮：《违约金酌减规则论》，载《法学家》2015年第3期，第148页；罗昆：《我国违约金司法酌减的限制与排除》，《法律科学（西北政法大学学报）》2016年第2期，第115、117页。

③ 参见屈茂辉：《违约金酌减预测研究》，载《中国社会科学》2020年第5期，第122页。需注意的是，该文以法院多采纳30%的确定标准来反推该标准的合理性，实际上因果倒置。近期的相关案例，参见A有限公司与D有限公司房屋租赁合同纠纷案，重庆市梁平区人民法院（2024）渝0155民初861号民事判决书；M有限责任公司、陈某与K有限公司、李某买卖合同纠纷案，云南省高级人民法院（2023）云民终599号民事判决书。

④ 人民法院出版社法规编辑中心编：《最高人民法院合同法司法解释（二）问答》，人民法院出版社2009年版，第124页。

⑤ 参见最高人民法院研究室编著：《最高人民法院关于合同法司法解释（二）理解与适用》，人民法院出版社2015年版，第261页。

⑥ 学理上主要规范和辅助规范的分类，参见吴香香：《请求权基础视角下〈民法典〉的规范类型》，载《南京大学学报（哲学·人文科学·社会科学）》2021年第4期，第121—123页。

合衡量应予酌减。① 在规范关联的意义上，上述观点的实质是30%之确定标准为原则，综合衡量反而构成例外。不过，例外作为异态，其构成要件应当慎重构建，在解释适用上亦须从严，② 综合衡量规则赋予法官较大的裁量权，不符合例外规范的品格。③

本文主张，在既有的规范理论下，规定30%确定标准的第65条第2款只能被认定为注意规定（提示规范）。④ 详言之，该款的作用只是提请法官注意，由于债权人损失在违约金酌减中的基础性地位，当违约金超过损失的30%时，该笔违约金就有极大可能被酌减，此处的“一般可以认定为”只不过是规则制定者预先模拟了衡量过程之后作出的一种推测，表达的含义是具有较高的可能性。因此，即使删除这一款，也不会影响此类案件的实体评价结果。并且，既然只是推测，就不能被反对解释，不能认为违约金未超过损失的30%就有很大可能性不被酌减，只能认为司法解释对违约金未超过损失30%的情形保持了纯粹的沉默。⑤

明确了30%注意规定的规范性质之后，便可得出结论，无论有无参考标准，法官在酌减违约金时若想作出经得起检验的裁判，围绕各项衡量因素详细说理

① 参见姚明斌：《违约金司法酌减的规范构成》，载《法学》2014年第1期，第135页。

② 参见易军：《原则/例外关系的民法阐释》，载《中国社会科学》2019年第9期，第79—81、89页；[德] 托马斯·M.J.默勒斯：《法学方法论》（第4版），杜志浩译，北京大学出版社2022年版，第228—229页。

③ 有学者指出：“例外必须法定，才可成为例外，如果例外并非法定，而是由法官在个案中任凭己意决定，则例外就会无限多且不可控制，例外就不再是例外，原则也就无法再成为原则。”李永军主编：《中国民法学》（第1卷），中国民主法制出版社2022年版，第54页。

④ 注意规定发轫于刑法，民法学者关于此类规范的讨论，参见贺剑：《民法的法条病理学——以僵尸法条或注意规定为中心》，载《法学》2019年第8期，第76页；张焕然：《论拟制规范的一般结构——以民法中的拟制为分析对象》，载《法制与社会发展》2021年第4期，第190页。后者称注意规定为提示规范。

⑤ 在赋予司法机关裁量权的同时，再以一个确定的数额标准供其参考，在正当性上不存在什么问题，但在规范配置上似乎较为困难。违约金酌减中30%的确定标准表明，若规则设计不当，参考性质的标准极易沦为一刀切的工具，架空原本的裁量规则。如何克服这一困难，使裁量规则和参考标准相互配套，是重要的立法技术问题，囿于篇幅和主题，本文难以展开讨论，但在此提出，求教于方家。

论证才是正途。

四、违约金酌减司法裁量的兼顾因素

法官在违约金酌减时倾向于适用刚性标准，与衡量因素的冗杂与不确定不无关系。《合同编通则解释》第 65 条第 1 款列举了“合同主体”“交易类型”“合同的履行情况”“当事人的过错程度”“履约背景”五项兼顾因素，结尾又以“等”字保持兼顾因素的开放性，这均有助于违约金酌减的司法裁量，但仍显不足。主要问题是，这些兼顾因素的内涵和外延均不确定，并且条文中列举的各个衡量因素还存在重复或交叉，可能导致司法裁量时的重复评价或遗漏评价。唯有详尽分析和阐释这些兼顾因素，厘定其含义和范围，方能让法官明确如何围绕这些兼顾因素进行裁量、如何将裁量过程显示于判决书中。

（一）合同主体与交易类型可能重复也可能并列

合同主体和交易类型是新增的衡量因素，原《合同法解释（二）》第 29 条列举的衡量因素中并不包含这两者。一般认为，在衡量因素中增列合同主体和交易类型，主要是为了在违约金酌减中差异处理民事交易和商事交易，差异对待民事主体和商事主体。① 在 166 号指导案例隆昌案中，法官最终决定不予酌减，债务人是商事主体也是重要的原因之一。② 德国法上，商人在经营其营业中约定的违约金不得酌减，原因是商事主体相较于一般的民事主体对违约的预见和控制能力更强，无须违约金酌减制度的特别保护。③ 我国具有代表性的观点则认为上述做法“可能过于绝对”，但此时酌减违约金“应当更为审慎”。④

---

① 参见最高人民法院民事审判第二庭、研究室编著：《最高人民法院民法典合同编通则司法解释理解与适用》，人民法院出版社 2023 年版，第 728—729 页；陈龙业：《违约金调整的规则体系——以〈合同编通则解释〉第 65 条为切入点》，载《环球法律评论》2024 年第 2 期，第 44 页。

② 参见北京隆昌伟业贸易有限公司诉北京城建重工有限公司合同纠纷案，最高人民法院指导案例 166 号（2021 年）。

③ Vgl. Maultzsch, in: München Kommentar HGB, 5. Aufl., 2021, § 348 Rn. 1.

④ 参见黄薇主编：《中华人民共和国民法典释义》（下），法律出版社 2020 年版，第 1134 页。

这一问题实际上应归属于民商关系，但民商关系至今无定论，因而“商事法律关系在很大程度上弱化成各制度中的一种考量因素”①。在涉及商事关系中的违约金酌减时，究竟是将主体还是行为作为评价基点，司法解释制定者似乎尚未思虑周全，为了避免介入传统的主观说与客观说之争，最高人民法院索性将合同主体（主观说）与交易类型（客观说）并列于司法解释中。

可见，规则制定者的意图是，通过合同主体和交易类型两项因素在违约金酌减中实现特别法的价值。但问题是，特别法之所以区隔于民法，或因为主体特别，或因为行为（交易类型）特别，二者只居其一。因而，如果将合同主体和交易类型并列，在违约金酌减时可能会将同一事项重复评价，进而导致对某一方保护不足或保护过度。比如，商事主体之间约定的违约金，既有可能因为债务人是商事主体而限制酌减，同样有可能因为该交易的类型是商事交易而限制酌减。再如，经营者与消费者之间约定的违约金，既有可能因为经营者和消费者的主体身份而在酌减时优待消费者，同时也有可能因为该交易类型是消费者合同而在酌减时优待消费者。又如，劳动合同中的违约金，既有可能因为劳动者的身份在酌减时偏惠劳动者，也有可能因为劳动合同的交易类型在酌减时偏惠劳动者。解决这一问题的方案是，如果合同主体和交易类型的评价基础重叠乃至互相指涉，于违约金酌减时在这两个衡量因素中选择其一即可。

虽然最高人民法院的本意是在违约金酌减中实现特别法的价值，但合同主体和交易类型在违约金酌减中的意义显然不止于此，如果界定合同主体和交易类型的评价基础无重复或交叉，两者自然可以并列共存，在此分两种情形说明。第一种情形，同一主体在不同的交易类型中有不同的保护需求。例如，民事主体既有可能在日常生活中的买卖等合同中违约，也有可能在以投机获利为目的的高风险合同中违约，但在前一情形中通过违约金酌减制度对其保护的必要性明显高于后一种情形。原因是，风险之所在同为利益之所在，高获利的可能性与高额的违约金风险可以相互冲销，因而通过违约金酌减制度对其额外保护的必要性较小。第二种情形，同一交易类型中对不同主体的保护需求也会不同。一般而言，若是在合同中具有专业优势或信息优势（缔约能力较强）的一方违

① 施鸿鹏：《民法相对于商法的备位性——私法二元体系的教义学建构》，知识产权出版社 2022 年版，第 109 页。

约，则违约金酌减制度对其的保护力度应该更小。①

（二）合同的履行情况不具有独立的评价意义

在原《合同法解释（二）》第29条列举的衡量因素中就有“合同的履行情况”，司法解释制定者之所以将其保留，或许是认为该衡量因素经受住了实践的检验，在技术上无可指摘。但事实并非如此，仅从文义观之，合同的履行情况范围极广，与合同履行有关的一切情事均可被其包含在内。换言之，至少在违约金酌减场合下，“合同的履行情况”并无明显的“概念核心”②。这意味着，合同的履行情况难以为法官提供任何有意义的指引，并非适格的衡量因素。不过，就以往的实践经验和学理讨论观察，无论最高人民法院还是较为通行的学术观点，均没有过广地理解这一概念，而是将“合同的履行情况”这一开放概念限缩在了“部分履行”。③ 然而，这一处理方案仍然难以成立，在违约金酌减场合下，“部分履行”亦不具有独立的评价意义，真正发挥作用的乃是债权人损失和当事人过错程度两项评价要点。

其一，《民法典》官方释义书和最高人民法院均认为，“如果部分履行相对于守约方而言意义甚微，则应当慎重酌减违约金”④，其着眼点还是在部分履行对于守约方的意义。所谓“对于守约方的意义”，依然通过守约方的损失进行评价，其间的逻辑是，因为违约方的部分履行减少了守约方的损失，所以才说

---

① 参见《最高人民法院关于当前形势下审理民商事合同纠纷案件若干问题的指导意见》第7条；刘勇：《论违约金之减额——从“实益”到“原理”》，载《北方法学》2017年第4期，第67页。

② 黑克区分“概念核心”和“概念外围”，参见Philipp Heck, Gesetzesauslegung und Interessenjurisprudenz, AcP 112（1914）, S. 173。

③ 最高人民法院的意见，参见最高人民法院民事审判第二庭、研究室编著：《最高人民法院民法典合同编通则司法解释理解与适用》，人民法院出版社2023年版，第726—727页。较为通行的学术观点，参见朱广新：《合同法总则研究》（下册），中国人民大学出版社2018年版，第742页；姚明斌：《违约金论》，中国法制出版社2018年版，第321—323页。实践中以部分履行为由酌减违约金的，参见龚某、董某房屋买卖合同纠纷案，北京市第二中级人民法院（2017）京02民终6304号民事判决书。

④ 黄薇主编：《中华人民共和国民法典释义》（下），法律出版社2020年版，第1133页；参见最高人民法院民事审判第二庭、研究室编著：《最高人民法院民法典合同编通则司法解释理解与适用》，人民法院出版社2023年版，第726—727页。

部分履行对守约方的有意义。其二，按“部分履行”给债权人带来的利益酌减违约金的规则有比较法成例，如《法国民法典》和我国台湾地区“民法”，二者均规定部分履行时比照该履行给债权人带来的利益酌减违约金，① 这无非还是通过部分履行给债权人带来的利益对债权人的损失进行“逆运算”。② 前述立法例中，并没有一般性的以债权人损失为基础进行酌减的规则，此时比照部分履行给债权人带来的利益进行酌减就是必要的，但在我国《民法典》与司法解释已经明确以债权人损失为基础进行酌减的规范路径下，部分履行便不再具有独立的评价意义。其三，对于“部分履行”的主观意义，可以在“当事人过错程度”项下衡量。详言之，债务人的部分履行可以反映出其积极的履约态度，因而可以参照这一情事，得出债务人过错程度（可能）较低的结论。

不唯如此，如果不追问背后的评价机理，直接肯认债务人可因部分履行在违约金酌减中受到优待，或许还会引发其他问题。设若债务人向债权人部分履行，可以简单区分两种情况以供说明：第一种情况，当债务人之部分履行对债权人有意义，债权人也可能放弃该部分履行的利益，转而追求高额的违约金，此时债权人总能以债务人的部分履行损害自己可得违约金的预期利益为由，通过援用《民法典》第 531 条第 1 款行使拒绝权，③ 进而不当地使债务人陷入迟延。④ 第二种情况，即使债务人之部分履行对债权人无意义，但债务人仍有相当大的可能向债权人为该部分履行，以期在违约金酌减中受到优待，此时，无论债权人行使拒绝权与否，均会使债务人额外付出无意义的履行成本。

---

① 《法国民法典》第 1231—5 条第 3 款规定：“在不影响前款适用的情况下，债务人部分履行的，可以根据该部分履行给债权人带来的利益，由法官或者当事人自发按比例减少约定的违约金。”（笔者根据 2016 年 2 月法国司法部颁布的《合同法、债法通则和债之证明改革法令》英文版转译。参见 John Cartwright, Bénédicte Fauvarque—Cosson & Simon Whittaker, *The Law of Contract*, *The General Regime of Obligations and Proof of Obligations*, 2016。）

② 我国亦有学者认识到，不能按照部分履行的比例酌减违约金，因为债务人的履行未必和该履行带给债权人的利益比例相当。参见韩世远：《合同法总论》（第 4 版），法律出版社 2018 年版，第 833 页。

③ 《民法典》第 531 条第 1 款规定：“债权人可以拒绝债务人部分履行债务，但是部分履行不损害债权人利益的除外。”

④ 参见薛军：《部分履行的法律问题研究——〈合同法〉第 72 条的法解释论》，载《中国法学》2007 年第 2 期，第 73—74 页。

有学者认为，债权人履行情况同样应作为衡量因素，该观点主张债权人积极履约就应该在酌减时被优待。[①] 这一观点不能成立，合同本来应该严守，积极履约是理所当然的，如何又能够成为在酌减中受到优待的正当化事由？在违约金酌减利益衡量的天平上，债权人和债务人的利益格局总是处在此进彼退、此得彼失的紧张关系之中，因此优待债权人就意味着亏待债务人，但似乎没有理由让债务人仅仅因为债权人履行自己的义务就支付更多的违约金。同理，即使债权人未积极履约，也不应在酌减中优待债务人，此时应由双方违约等其他制度处理这一问题。另有学者认为合同的履行情况还包括义务违反情况（如严重程度和范围），[②] 这同样难以成立，义务违反情况在此处不具有评价意义，义务之违反真正发生作用是在判断违约金请求权是否发生时，而至于对义务违反情况的量化处理（持续时间、范围、严重程度等），则仍然不会脱离债权人损失和当事人过错程度的范畴。

结论是，合同的履行情况因其范围过广，难以为法官提供指引，即使将其限缩为“部分履行”，也应拆分至债权人损失和当事人过错程度项下分别衡量。此外，少数观点主张的债权人的履行情况和债务人的义务违反情况，在违约金酌减中均不具有独立的评价意义。

（三）当事人的过错程度只需关注债务人方面

1. 债务人过错程度的衡量逻辑

在违约金酌减时兼顾债务人过错程度是当然的道理，并不需要过多置词。[③] 若债务人在主观上对较高金额的违约金不以为意，那么违约金酌减规则对其的

---

① 参见姚明斌：《违约金论》，中国法制出版社2018年版，第324页。

② Vgl. Gottwald, in: Münchener Kommentar zum BGB, 9. Aufl., 2022, § 343 Rn. 19；参见王洪亮：《违约金酌减规则论》，载《法学家》2015年第3期，第149—150页。

③ 不过，根据屈茂辉教授的实证研究结果，债务人主观恶性越大（过错程度越高），违约金越容易被认定为过高而酌减。（参见屈茂辉：《违约金酌减预测研究》，《中国社会科学》2020年第5期，第123页。）该实证分析中没有详细展示方程中是否纳入了控制变量和调节变量，笔者猜想，之所以会有上述结果，很可能是在进行分析时没有将控制变量（除主观恶性之外的其他因素，尤其是债权人损失）纳入方程，而实践中只要有申请，人民法院大概率就会认为违约金过分高于债权人损失，进而不同程度地酌减违约金。因此，假如不控制其他因素（尤其是债权人损失）变量，以任何因素作为自变量，可能都会得出和因变量正相关的结果。

保护就应该被限制。如果说以债权人的损失为基础主要是违约金的赔偿功能使然，那么兼顾当事人过错程度，就主要对应违约金的履约担保功能（压力功能）或惩罚功能。正如前文所述，违约金的惩罚性亦要具有“合比例性”，因此债务人的“过”（过错程度）和违约金的“罚”（惩罚性）应该相当。值得稍作澄清的是，此处债务人的过错程度，还有可能和我国法律上违约责任的归责原则发生关联。虽然一般认为我国法上的违约责任为严格责任，但在合同法分则中，不乏以过错为前提的违约责任。[①] 可能的问题在于，在过错责任的合同中，债务人的过错似乎要受到两重的评价：首先因为有过错被认定为违约，进而触发对方的违约金请求权；其次在违约金酌减的保护中，又会因为存在过错而受到不利的对待。此处并不存在重复评价的问题，所谓两重评价实则是对“债务人过错”这一事项不同角度的提问，前者关注“有没有”，而后者则问的是“有多少”。

相较于原《合同法解释（二）》第 29 条，《合同编通则解释》第 65 条一个显著的变化是增加了第 3 款，规定恶意违约的当事人请求减少违约金的人民法院一般不予支持。这一规则需要纳入当事人过错程度项下理解，其含义是，债务人的过错程度和违约金酌减的额度呈负相关关系，而当债务人的过错程度高至“恶意”时，违约金酌减的额度便趋近于零（不予酌减）。但何谓“恶意”？根据最高人民法院的表述，恶意并不等同于故意，恶意比故意的过错程度更高。[②] 我国《民法典》中，“恶意”一词有不同含义，一是与善意相对，大体表示明知或应知，这与违约金酌减无关；二是表示以加害他人为动机的故意，[③]《合同编通则解释》第 65 条第 3 款中的恶意即为此种含义。意思是说，一般意义上债务人违约的故意只针对违约行为，债务人的动机是为了最大程度地实现自己的利益而非损害债权人，倘若债务人故意违约的动机就是使债权人受损，

① 详见《民法典》第 660 条第 2 款、第 729 条前段、第 824 条第 1 款、第 928 条第 2 款、第 929 条第 1 款、第 930 条、第 933 条。

② 参见最高人民法院民事审判第二庭、研究室编著：《最高人民法院民法典合同编通则司法解释理解与适用》，人民法院出版社 2023 年版，第 728 页。最高人民法院所引学者的观点，参见王洪亮：《违约金酌减规则论》，载《法学家》2015 年第 3 期，第 150 页。

③ 参见王利明：《民法总则研究》（第 3 版），中国人民大学出版社 2018 年版，第 563—564 页；程啸：《侵权责任法》（第 3 版），法律出版社 2021 年版，第 293 页；汪泽：《民法上的善意、恶意及其运用》，载《河北法学》1996 年第 1 期，第 10 页。

则会构成此处的“恶意”，[①] 此时人民法院对其酌减违约金的请求一般不予支持。[②] 在166号指导案例隆昌案中，法院认为债务人“具有一定主观恶意，有悖诚实信用，有损诉讼秩序”[③]，因此最终未支持债务人酌减违约金的请求。[④] 注意，此处的“一般不予支持”与第2款的“一般可以认定为”性质相同，均为注意规定，是否酌减以及酌减多少的最终结论仍应根据第1款的衡量因素得出。

2. 债权人过错程度无须评价

债权人也是“当事人”，其过错程度似乎也应该在考虑的范围之内——谁的过错程度高，谁就应该在酌减中承担更为不利的后果，这也被认为是与有过失法理在违约金酌减中的适用。[⑤] 这一符合人们日常观念的立场值得赞同，在具体的技术上，答案却正好相反。

违约金是附停止条件的给付约定，[⑥] 以出现约定的违约事由为条件，[⑦] 在此

---

① 在此有一个体系上的佐证，比如我国法上“恶意串通”中的“恶意”，一般认为其含义就是侵害他人权益的故意。参见茅少伟：《论恶意串通》，载《中外法学》2017年第1期，第152页。

② 相同观点，参见于飞：《合同的权利义务终止、违约责任的重要发展及释评》，载《中国法律评论》2023年第6期，第53页。

③ 参见北京隆昌伟业贸易有限公司诉北京城建重工有限公司合同纠纷案，最高人民法院指导案例166号（2021年）。

④ 相同观点，参见史某与甘肃皇台酿造（集团）有限责任公司、北京皇台商贸有限责任公司互易合同纠纷案，载《最高人民法院公报》2008年第7期；梅某、姚某等合伙企业纠纷案，新疆维吾尔自治区喀什地区中级人民法院（2024）新31民终1897号民事判决书。

⑤ 参见黄薇主编：《中华人民共和国民法典释义》（下），法律出版社2020年版，第1134页；最高人民法院民事审判第二庭、研究室编著：《最高人民法院民法典合同编通则司法解释理解与适用》，人民法院出版社2023年版，第727页；姚明斌：《违约金论》，中国法制出版社2018年版，第327—328页。实践中考虑债权人过错对违约金进行酌减的案例，参见鲁昌顺（北京）商贸有限公司与北京双利达物流有限公司买卖合同纠纷上诉案，北京市第二中级人民法院（2007）二中民终字第15465号民事判决书；望建（集团）有限公司、湖北宇坤水处理设备有限公司建设工程合同纠纷案，湖南省长沙市中级人民法院（2007）湘01民终3857号民事判决书。

⑥ Vgl. Medicus/Lorenz, Schuldrecht Ⅰ Allgemeiner Teil, 22. Aufl., 2021, § 44 Rn. 1; Brox/Walker, Allgemeines Schuldrecht, 46 Aufl., 2022, § 11 Rn. 2.

⑦ 参见韩世远：《合同法总论》（第4版），法律出版社2018年版，第826页；朱广新：《合同法总则研究》（下册），中国人民大学出版社2018年版，第734—735页。

仍须区分情形讨论，第一种情形，若债权人过错对债务人违约具有全部的因果关系，此时完全符合《民法典》第 159 条后段的规定，① 应该认为出现约定违约事由的条件不成就，进而排除违约金请求权。第二种情形，债权人过错对于债务人违约具有部分的因果关系，若违约造成了债权人损失，应根据债权人过错对于损失的原因力，在计算债权人损失的环节将债权人自己造成的损失排除。② 理由是，由债权人自己造成的损害和债务人违约之间无因果关系，故不能纳入作为基础因素的债权人损失之范围。③

试举一例，在建设工程合同中，发包人向承包人提供的施工方案存在缺陷，承包人本身也存在偷工减料行为。若仅因为施工方案缺陷导致承包人违约（建设工程质量不符合约定），则发包人的违约金请求权被排除。若发包人和承包人两者共同作用导致承包人违约，且造成了发包人损失（如工程塌陷或渗漏），承包人申请违约金酌减时，则首先应委托鉴定机构判断双方行为对于发包人损失的原因力，进而在计算发包人损失时将由于方案缺陷造成的损失排除。④

总结而言，债权人过错或直接导致违约金请求权被排除，或体现在对债权人损失的反向扣减，因而在考察作为兼顾因素的当事人过错程度时无须再次评价。

（四）履约背景的冗余性与兼顾因素的开放性

最高人民法院认为应在违约金酌减中考虑宏观经济形势，但最终择定“履约背景”并写入司法解释条文，原因是相较于“宏观经济形势”，“履约背景”

---

① 《民法典》第 159 条后段规定：“不正当地促成条件成就的，视为条件不成就。”

② 相同观点，参见谢鸿飞等：《中华人民共和国民法典合同编通则司法解释释义》（社科院版），中国法制出版社 2023 年版，第 522 页。

③ 参见林诚二：《民法债编总论——体系化解说》，中国人民大学出版社 2003 年版，第 279 页；尹志强：《论与有过失的属性及适用范围》，载《政法论坛》2015 年第 5 期，第 31—33 页。

④ 该设例的基本案情，参见江苏南通二建集团有限公司诉吴江恒森房地产开发有限公司建设工程施工合同纠纷案，江苏省高级人民法院（2012）苏民终字第 0238 号民事判决书，载《最高人民法院公报》2014 年第 8 期。判决指出：“在确定赔偿责任时，应以造成损害后果的各种原因及原因力大小为原则。”这一判断在违约金酌减场合同样成立。

的涵盖面更广。[①] 司法解释制定者有意选择一个“涵盖面更广”的衡量因素，可推知其欲将该因素作为兜底性的衡量因素，为违约金酌减中的其他可能情事预留空间。不过正如下文所证明，一方面履约背景这一因素是冗余的，在违约金酌减中无评价意义；另一方面兼顾因素的开放性应通过《合同编通则解释》第 65 条第 1 款的“等”（“等外等”[②]）字实现，与履约背景无关。

1. 履约背景可通过过错因素纳入评价

泛泛而言，合同履行过程中的政治、经济、文化等各方面情事均可认为是履约背景，但这些“背景”与违约金酌减的距离过于遥远，不应在违约金酌减中考虑。

其一，履约背景常影响的是合同的原给付义务，违约金责任是违反原给付义务后的次给付义务，[③] 受履约背景影响有限。履约背景的变化常会导致债务人履约成本的变化，但有履行费用过高、情势变更等制度可供适用，无须进入违约金酌减环节。首先，当履约背景变化导致债务人履行原给付义务的成本增加，以至于其和债权人的履行利益不成比例时，债务人有可能根据履行费用过高规则免除原给付义务；[④] 其次，当债务人履约成本增加的同时债权人的履行利益同步增加，但债务人获得的对待给付不变，则可适用情势变更规则变更或解除合同。[⑤] 此际，债务人原本的“违约”可能不再是“违约”，由于没有违反原给付义务，作为次给付义务的违约金责任同样被阻却。[⑥]

其二，逻辑上还存在一种情形，即履约背景虽然变化，但原给付义务仍然存在，且违约金责任也并未因为不可抗力规则（《民法典》第 590 条）免除，

---

① 参见最高人民法院民事审判第二庭、研究室编著：《最高人民法院民法典合同编通则司法解释理解与适用》，人民法院出版社 2023 年版，第 727 页。

② 一般认为，句中明示或根据语境能得出列举项总数的数值，且“等”前的列举项等于该数值时，该“等”为“等内等”，否则该“等”为“等外等”。

③ 参见许德风：《违约金司法酌减的依据及其限度》，载《法学》2024 年第 4 期，第 111—113 页。

④ Vgl. Brox/Walker, Allgemeines Schuldrecht, 46. Aufl., 2022, S. 267 f.

⑤ Vgl. Dirk Looschelders, Schuldrecht Allgemeiner Teil, 19. Aufl., 2019, S. 294 ff.; Vgl. Weiler, Schuldrecht Allgemeiner Teil, 6. Aufl., 2022, S. 319 ff.

⑥ 参见姚明斌：《〈民法典〉违约金规范的体系性发展》，载《比较法研究》2021 年第 1 期，第 96—97 页。

即大致处于全额支付违约金和不可抗力免责的中间情形。此时，可以将履约背景纳入当事人过错程度项下衡量，即由于债务人（部分）是因为履约背景的变化才向债权人违约，其违约的过错程度较小，因此在违约金酌减中应予以优待。

2. 其他因素：以债务人预期利益为例

“裁量权除了受到授权规范本身的限制之外，还受到法律体系背景的限制。”① 也就是说，在酌减违约金时，不仅要考量司法解释中明示的衡量因素，潜藏于法律体系中的其他因素同样重要。因此，第 65 条第 1 款以“等因素”结尾，显示兼顾因素具有开放性，授权法官根据个案情况，在法律体系内发掘其他因素并依之裁量。② 在此以债务人预期利益为例说明。

在原《合同法解释（二）》第 29 条列举的兼顾因素中，还有“预期利益”这一因素，不过，一般意义上的预期利益包含在债权人损失的范围之内，因此在司法解释制定者在《合同编通则解释》第 65 条中删去了这一衡量因素。③ 这一做法不可谓错误，但只将目光集中于债权人的预期利益，却忽视了债务人的预期利益。此时，授权性的“等”字便可发挥作用，法官可以据此将债务人预期利益纳入考量范围。

不仅债权人对债务人履行合同具有预期利益，有些情况下，债务人并非“迫不得已”才违约，而是为了实现其利益的最大化，经过慎重考虑之后才作出违约决策。换言之，此时债务人对于违约的“预期利益”，正是促成其违约的主要原因，这其实正是学说上所称的“效率违约”。④ 在市场竞争中，追求更高的利益无可厚非，但这并不意味着债务人可以随意跳出合同而由债权人承担

---

① ［德］齐佩利乌斯：《法学方法论》，金振豹译，法律出版社 2009 年版，第 151 页。

② 参见谢鸿飞等：《中华人民共和国民法典合同编通则司法解释释义》（社科院版），中国法制出版社 2023 年版，第 524 页。

③ 参见最高人民法院民事审判第二庭、研究室编著：《最高人民法院民法典合同编通则司法解释理解与适用》，人民法院出版社 2023 年版，第 726 页；于飞：《合同的权利义务终止、违约责任的重要发展及释评》，载《中国法律评论》2023 年第 6 期，第 52 页。

④ 相同观点，参见朱广新：《合同法总则研究》（下册），中国人民大学出版社 2015 年版，第 742 页。实践中将债务人违约所得的利益作为违约金酌减的衡量因素的，参见张某与大连筑达实业有限公司合同纠纷再审案，最高人民法院（2019）最高法民再 288 号民事判决书。

损失，其实“效率违约”原本的含义，就是债务人违约会让双方都获利。① 因此，如果债务人违约之后能够获得足额的利益——向债权人支付违约金后自己还有盈余，双方约定的违约金就会是一个分配债务人背信所得的工具，此时无论债权人的损失多少、债务人主观上有没有过错，违约金酌减都会丧失正当性。② 若违约的预期利益不足以支付违约金，则债务人仍有被酌减制度保护的必要。此时，合乎法理的裁量逻辑是，债务人可以通过其违约的预期利益获得一定补偿，保护的必要性较小，故而在酌减违约金时应有所节制。

五、违约金酌减司法裁量的流程方案

前文证明了违约金酌减之重点在各具体的衡量因素，并就司法解释中列举的诸衡量因素进行了较为详细的展开和分析，大致相当于阐释了司法裁量所需的各种“材料”，接下来还应开出一份“使用说明书”。构建司法裁量的判断流程不仅关涉违约金酌减，更是司法裁量权行使的一般性问题，因此需要动员方法论层面的知识资源。下文首先探寻司法裁量方案的方法论基础，再提出违约金酌减司法裁量的判断流程。

（一）司法裁量方案的方法论基础

1. 基本原则对违约金酌减的价值指引

除了各个具体的衡量因素，《合同编通则解释》第 65 条还规定酌减违约金时应当“遵循公平原则和诚信原则”。对于基本原则在违约金酌减中的意义，新旧司法解释中的用词变化是一个较好的观察切入点。原《合同法解释（二）》第 29 条的表述是“根据公平原则和诚实信用原则予以衡量”，此处最

① See Richard A. Posner, *Economic Analysis of Law*, 9th ed., Wolters Kluwer Law & Business in New York Press, 2014, § 4.10.

② 较为理想化地说，一个诚信的债务人不会在这种情况下再请求酌减违约金。但人的逐利心理总是难以避免的，更为重要的是，违约金酌减的比较基础是债权人损失，因此在约定的违约金金额高于债权人损失的时候，债务人也有心理动因申请酌减，以期支付更少的违约金，获得更大的利益。甚至有观点认为，可以通过违约金调整（增额），以剥夺被告的违约获益，这涉及两项制度之间的复杂关系，此处不论。参见吴国喆、长文昕婷：《违约获益交出责任的正当性与独立性》，载《法学研究》2021 年第 4 期，第 116 页。

为关键的变化是将"根据"修改为"遵循"。之所以作此修改，是因为基本原则不能直接充当裁判依据，[①] 在违约金酌减场合，只能是根据具体的各项因素进行衡量，径直诉诸基本原则是"理由叠加"，会构成"法技术上的冗余"。[②]

违约金酌减中，"遵循基本原则"即意味着基本原则可以在司法裁量中发挥价值指引功能。正如恩吉施所述，"一切法律适用的最后基础必须是对我们法律秩序立于其上的这些价值的沉思"[③]。《民法典》对基本原则之列举，可理解为立法者是在"表达其意欲追求的基本价值观念"，通过发掘基本原则的意义脉络和内在体系，可以探知立法者认为应当优先保护的价值。[④] 这对于司法裁量具有重要意义，原因是，"法官不仅要适用具体的法律命令，也要保护制定法认为值得保护的利益的整体。"[⑤] 在此意义上，第 65 条只列举公平原则和诚信原则并非挂少漏多，而是意味着公平原则和诚信原则所代表的价值在违约金酌减中有"初显优先性"。[⑥]

基本原则所代表的价值，在技术上便落实为违约金酌减司法裁量的各个具体衡量因素，其表现包括但不限于以下几方面：其一，违约金约定作为当事人通过合意追求特定法律效果的手段，以双方的形式上的平等和自由为逻辑起点，假如双方实质上的平等自由和形式上的有所偏差，也就说明双方的合意强度有限，需要酌减规则矫正。[⑦] 其二，一般认为，民法上的公平原则可与正义同义转换，[⑧] 违约金酌减的规范目的正是为了在当事人之间实现结果正义。其三，

---

① Vgl. Claus-Wilhelm Canaris, Systemdenken und Systembegriff in der Jurisprudenz, 2. Aufl., 1983, S. 57.

② 参见于飞：《民法基本原则：理论反思与法典表达》，载《法学研究》2016 年第 3 期，第 96 页。

③ [德] 卡尔·恩吉施：《法律思维导论》（修订版），郑永流译，法律出版社 2014 年版，第 239 页。

④ 参见易军：《民法基本原则的意义脉络》，载《法学研究》2018 年第 6 期，第 54、70—71 页。

⑤ [德] 菲利普·黑克：《利益法学》，傅广宇译，商务印书馆 2016 年版，第 29 页。

⑥ 对于"初显优先性"或"初显优先关系"的阐释，详参 [德] 罗伯特·阿列克西：《法 理性 商谈——法哲学研究》，朱光、雷磊译，中国法制出版社 2011 年版，第 254 页。

⑦ 参见刘勇：《论违约金之减额——从"实益"到"原理"》，载《北方法学》2017 年第 4 期，第 67 页。

⑧ 参见易军：《民法公平原则新诠》，载《法学家》2012 年第 4 期，第 54—55 页。

恶意违约不予酌减、债务人因违约获益节制酌减等裁量中的要点，其背后均是清晰可见的诚实信用原则。还可举例如绿色原则，有学者认为，应将《民法典》第9条中的“节约资源”作广义理解，进而使绿色原则成为效率价值的规范依据，① 在此意义上，上文中将效率违约问题纳入违约金酌减的考量中，也可谓是绿色原则的体现。最后，“等”字所代表的其他衡量因素也并非凭空产生，仍然是基本原则中法价值的外显。

2. 违约金酌减的主要推理形式是权衡

一般认为，基于规则裁判时法律推理形式为涵摄，而基于原则裁判时法律推理形式为权衡。因此，“遵循公平原则和诚信原则”的表述也提示，违约金酌减的法律推理形式以权衡为主。代表性见解认为，一个原则的不满足程度或受损害程度越高，另一个原则被满足的重要性就越大。② 不过，此种权衡仍然处在法之发现过程中，即在冲突的原则中权衡确立一条个案规则，进而根据该个案规则通过涵摄得出裁判结论。③ 近来有学者主张，应将权衡融入整个法律适用过程，如大前提阶段各种解释方法的权衡，小前提阶段确认事实时对证据及其说服力的权衡，以及涵摄过程中面对评价开放的大前提的权衡。④ 但这仍有不足，本文主张，最终的法律效果仍然有权衡的可能和必要，刑法上的量刑就是一个十分典型的例子，⑤ 私法上也早有学者主张“法律效果应当反映构成阶段评价要素的分量”⑥。还应提及一个法理学上常举的例子，设若有一条“车不能开进公园”的规则，真正疑难需要权衡的问题并不只是经典的婴儿车、自行车或是救护车能否开进公园（构成要件），更是行为人将车开进公园后需要为此付出多大代价，以及不同的车在开进公园后应付的代价有多大差别（法律

① 参见贺剑：《绿色原则与法经济学》，载《中国法学》2019年第2期，第121—122页。

② 参见［德］罗伯特·阿列克西：《法：作为理性的制度化》，雷磊编译，中国法制出版社2012年版，第136—138、148页以下。

③ 参见雷磊：《规范理论与法律论证》，中国政法大学出版社2012年版，第258页。

④ 参见［德］托马斯·里姆：《个案所有情况之权衡——一个不为人知的现象》，张抒涵译，载郑永流主编：《法哲学与法社会学论丛》（第18卷），法律出版社2013年版，第195—202页。

⑤ 参见张明楷：《责任主义与量刑原理——以点的理论为中心》，载《法学研究》2010年第5期，第130—141页。

⑥ 叶金强：《论侵权损害赔偿范围的确定》，载《中外法学》2012年第1期，第165页。

效果）。

法律适用过程中，权衡需要权衡命令开启，权衡命令则体现为法律文本中的开放性规范概念。[①] 违约金酌减规则中就至少内含两项权衡命令：其一，《民法典》第585条的“过分高于造成的损失”中的“过分”一词就是开放性规范概念，为权衡命令；其二，若确定违约金需要酌减，《民法典》第585条规定可以“适当减少”，此处的“适当”一词同样是开放性规范概念，因而也是权衡命令。权衡违约金是否过分高于造成的损失更多的位于事实层面，需要权衡各项具体因素，得出结论之后依涵摄方法决定违约金是否需要酌减，此时会得到一个确定的法律效果，即要么酌减、要么不酌减，不存在中间形态。权衡违约金酌减多少则处于法律效果层面，需要权衡的事项就是将各个衡量因素的量度与违约金酌减的额度对应，此时，任何一个衡量因素分量的变化，均会影响最后的酌减结果。还应注意，两次权衡须考量的因素并无区别，因为从思维过程而言，法官依哪些因素认为违约金过高，就同样会依这些因素将违约金减少至不过高的额度。

（二）违约金酌减的个案判断流程

明确违约金酌减的法律推理形式以权衡为主之后，便可比照权衡的流程构建违约金酌减的个案裁判流程。

一般认为，权衡的流程为选取权衡素材、确定素材权重、得出权衡结论三个阶段。[②] 在此之前，还需要满足启动权衡的条件，这在违约金酌减中又分为两个步骤。其一，检视违约金请求权是否发生。前文已经提及，违约金是附停止条件的给付约定，因此首先需判断是否出现当事人约定的违约事由，即判断停止条件是否成就，如果没有，违约金请求权不会发生。其二，检视债务人是否有意酌减违约金。确认违约金请求权发生之后，方能以违约金酌减规范对抗债权人，违约金酌减作为狭义之抗辩，可由债务人申请或法院依职权启动，债务人不必提出酌减数额，只要法院能够得知债务人认为违约金过高，有意从全

---

① Vgl. Rüthers/Fischer/Birk, Rechtstheorie mit Juristischer Methodenlehre, 10. Aufl., 2018, S. 123 f.

② Vgl. Thomas Riehm, Abwägungsentscheidungen in der praktischen Rechtsanwendung, 2006, S. 57 ff.

部或部分违约金中脱身即可。完成这两项准备工作后，即可进入违约金酌减的流程。

1. 选取权衡素材

所谓权衡素材正是前文着重阐释的诸项衡量因素，正如“过度的法律化会使法律自身贬值”①，违约金酌减中过多的衡量因素也会导致衡量因素的租值消散。因此，最高人民法院在《合同编通则解释》第65条中列举了诸项衡量因素，初步完成了选取权衡素材的工作。个案权衡时，法官须二次选取，按照司法解释中列举的衡量因素对法官的拘束力大小，可以将其区分为三个层次：第一个层次是必须被选取的因素，具有最强的拘束力，对应作为基础因素的债权人损失，不可省略，没有例外；第二个层次是应当被选取的因素，具有较强的拘束力，司法解释中明文列举的兼顾因素应当被选取，若不选取，须说明理由，如上文所述，法官有权以避免重复评价为理由，不选取“合同的履行情况”“债权人过错程度”“履约背景”等因素，也有权根据案情判断是否同时选取“合同主体”和“交易类型”；第三个层次是可以被选取的因素，这是司法解释中“等”字所代表的其他因素，拘束力最弱，即使不选取，也不必说明理由，选取的前提是该素材有评价必要，不能被还原为司法解释列举的因素，具有独立的评价意义。② 除此之外，理论上还认为应有禁止选取的因素，例如无论在何种案型中，原则上均不得将性别或宗教信仰作为衡量因素。③

2. 确定素材权重

这里仍需要两个步骤，即分别确定抽象权重和具体权重，前者是指通常情况下各个权衡素材的权重，后者是指各个因素在具体案件中的满足程度，抽象

---

① ［德］莱茵荷德·齐佩利乌斯：《法哲学》（第6版），金振豹译，北京大学出版社2013年版，第242页。

② 此处参考了法理学上将法源区分为“必须法源”“应当法源”和“可以法源”的做法。参见［瑞典］亚历山大·佩策尼克：《论法律与理性》，陈曦译，中国政法大学出版社2015年版，第298—300页；［芬］奥利斯·阿尔尼奥：《作为合理性的理性：论法律证成》，宋旭光译，中国法制出版社2020年版，第126—130页。

③ Vgl. Thomas Riehm, Abwägungsentscheidungen in der praktischen Rechtsanwendung, 2006, S. 59 f.

权重和具体权重相乘就是该素材在权衡中的分量。① 抽象权重是系数，一般在事前规则中确定，如前所述，违约金酌减中各个衡量因素的抽象权重已经被司法解释所确定，基础因素权重最高，被司法解释明文化的兼顾因素次之，未被司法解释明文化的其他兼顾因素权重最低。具体权重是变量，须在个案中根据案情确定，如确定债权人损失的具体额度，又如确定债务人的过错程度是恶意、故意、重大过失或（抽象/具体）轻过失。还可举例如上文提到的债务人预期利益，作为未被司法解释明文化的兼顾因素，抽象权重较低，但在个案中如果满足程度非常大，即使和一个较小的系数相乘，也会得到一个较大的运算结果，进而会对最后的权衡结果产生较大影响。

确定具体权重时，如债权人损失、债务人预期利益等因素均可以直接计算出具体的额度，但债务人过错、合同主体、交易类型等因素则无法用具体的计量单位通约，解决这一问题的思路是诉诸法官的主观“确信”，其与证据法上的确信原理相同。② 这一方案固然也会遭到传统理论中对主观主义、直觉主义的批评，但舍此尚未有其他选择。具体来说，可以将上述因素的量化判断委诸法官的“道德确信”，即只要未明显违反“相同事项相同对待、不同事项不同对待”之正义法则，法官有权对这些难以量化的衡量因素自由赋值，得到该因素的具体权重。

3. 得出权衡结论

在此需要比较各种权衡素材的权重（各项衡量因素的分量），得出是否酌减以及酌减多少的权衡结论。最后还需强调，确定素材权重以及比较得出权衡结论时，数学方法只是法官思考的工具之一，不可认为仅仅采取精确的数学方法就能保证权衡的合理性，而应认识到，唯有详细展示权衡过程，接受怀疑和辩驳，才能让权衡结论具有生命力。③

---

① Vgl. Thomas Riehm, Abwägungsentscheidungen in der praktischen Rechtsanwendung, 2006, S. 61 ff.

② 参见［德］托马斯·里姆：《个案所有情况之权衡——一个不为人知的现象》，张抒涵译，载郑永流主编：《法哲学与法社会学论丛》（第18卷），法律出版社2013年版，第206—208页。

③ Vgl. Thomas Riehm, Abwägungsentscheidungen in der praktischen Rechtsanwendung, 2006, S. 73.

综上所述，《合同编通则解释》第65条已经完成了“选取权衡素材”和“确定素材权重”的部分工作。在此将需要法官操作的步骤简要整理：第一步，判断是否满足启动权衡的条件；第二步，判断“应当被选取的因素”中的“合同主体”和“交易类型”是否可以被同时选取；第三步，判断是否存在“可以被选取的因素”，有则选取；第四步，确定可量化因素的具体额度，为不可量化因素的额度赋值，得出各个因素的权重；第五步，比较各个衡量因素，得出权衡结论。

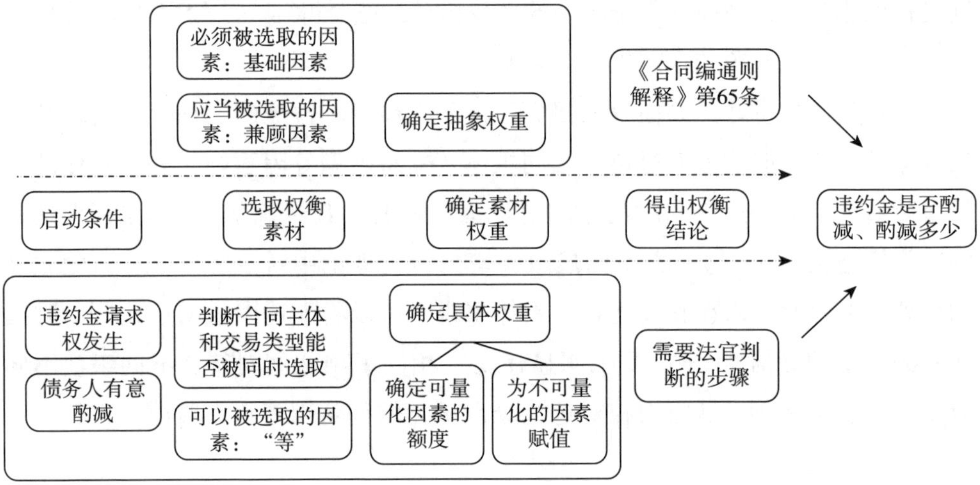

图1　法官的操作步骤

六、结　语

违约金酌减制度位于债法的核心地带，涉及自由与管制的平衡，涉及立法权与司法权的分离与合作，涉及许多民法上的基础制度和方法论问题。因此，妥当酌减违约金诚非易事。《合同编通则解释》第65条对此详作规定，为法官提供指引，意义重大。当然，该条能在实践中发挥何种作用，仍有赖于教义学的精细研究，有赖于学理和实践的良性互动，本文的主要目的即在于此。在前人研究的基础上，本文主要有如下知识贡献：第一，从违约金酌减权为形成诉权这一共识出发，阐明违约金酌减权的司法裁量权性质，并明确违约金酌减之重点在各个具体的衡量因素；第二，对各具体的衡量因素作了详尽展开和分析，如证明了惩罚性违约金之酌减同样应以债权人损失作为基础，明确了“超过损失30%”标准和“恶意违约不予酌减”规则的注意规定性质，指出了合同的履行情况、债权人过错、履约背景等因素在违约金酌减中的冗余性，阐释了合同主体和交易类型在违约金酌减中的衡量逻辑，等等；第三，明确了违约金酌减的法律推理形式以权衡为主，并比照权衡的流程初步构建了违约金酌减的流程方案。

一种广为流传的说法是，任何一门科学的真正完善在于数学工具的广泛运用。以此为标准筛选，“完善科学”的行列望不见法学，但法学有自己数学化的知识理想　　发明·套能够实现“相同事项相同对待、不同事项不同对待”之正义法则的解释系统，即找到生活事实和法律效果之间的函数关系。不过，在法学家写出属于法学的“$E=mc^2$”之前，司法裁量无可避免。本文虽以违约金酌减为主要论述对象，但其实有着更为宏大的研究旨趣：使所有的司法裁量都合乎法理、可预测、可验证，而非“处处都显得是不理性的感觉判断”①，并以此推动法学走向“完善科学”的行列。

（初审：宋博涵；校对：刘腾岳）

① 吴从周等：《违约金酌减之裁判分析》，台北，元照出版有限公司2017年版，第316页。

租赁合同僵局中减损规则的适用研究

陈美如*

摘　要：《民法典》第 580 条的违约方申请司法解除条款一般被认为能够适用于一般合同僵局地化解，不过，该条无法化解租赁合同僵局，因此有司法裁判适用减损规则化解租赁合同僵局。考虑到我国租赁合同制度与违约救济体系的特殊性，适用减损规则化解租赁合同僵局具有一定的合理性，但是也存在理论基础缺乏、标准模糊的问题。同时，对其适用条件也应当加以限制，只有在继续履行合同的成本高于收益的定期租赁合同僵局中，才能够适用减损规则。就法律效果而言，减损规则通过对损害赔偿请求权的限制从而间接限制实际履行请求权；在计算损害赔偿时，承租人需给付的损害赔偿额应当为租赁合同剩余期限与适格替代交易期限的租金差加上其他损失之和。

关键词：租赁合同；减损规则；合同僵局；替代交易；违约方申请

一、问题的提出

在变幻莫测的市场经济环境中，合同当事人常出于主观或客观的原因而陷入交易困境，从而导致合同僵局的形成。一般认为，合同僵局是指在合同不能履行、债务本身不适合强制履行或者履行费用过高等场合，债务人存在违约行为，而债权人享有解除权却有意不行使，背离诚信、公平及禁止权利滥用诸项原则，合同存续下去使得合同双方显失公平的情形。①《民法典》第 580 条第 2

* 陈美如，南京市秦淮区人民法院法官助理。

① 参见崔建远：《关于合同僵局的破解之道》，载《东方法学》2020 年第 4 期，第 107 页；王利明：《论合同僵局中违约方申请解约》，载《法学评论》2020 年第 1 期，第 26 页。

款对合同僵局问题正式予以回应。然而，立法并不能一劳永逸地解决实践中所有合同僵局，碍于其适用范围的限制，该规则对于部分合同僵局地化解鞭长莫及。其中较为典型的就是租赁合同僵局。一般而言，租赁合同僵局的呈现形态为：由于客观或主观原因，定期租赁合同关系届满前，承租方提出退租，希望终止租赁关系，而出租方拒绝承租方的要求，或享有解除权而拒不行使，继续要求承租人支付原定租赁期限的租金及滞纳金等。

由于《民法典》中违约方申请司法解除制度适用范围仅限于非金钱债务，而租赁合同僵局中的债务人的义务主要是支付租金——显然属于金钱债务，并不符合《民法典》第580条的构成要件。因此《民法典》颁布后，尽管有违约方申请司法解除制度的存在，其仍然不能适用于常见的租赁合同僵局地化解。《最高人民法院关于适用〈中华人民共和国民法典〉合同编通则若干问题的解释》（以下简称《合同编通则解释》）亦未能正面回应租赁合同僵局化解的问题。[①] 在司法实践中，也已经出现了司法机关采用其他路径解决合同僵局的裁判，较为常见的是法院援引《民法典》第591条减损规则来审查出租人是否采取适当措施以减轻损失，从而限制其实际履行请求权并以此规则确定可避免损失的范围。[②] 然而减损规则为损害赔偿酌减规则，[③] 而解决合同僵局的关键为限制出租人的实际履行请求权，实际履行与损害赔偿是两种不同的违约救济方式，因此如何通过减损规则限制租赁合同实际履行请求权从而化解合同僵局是本文要解决的核心问题。

基于此，本研究从减损规则化解租赁合同僵局的理论与实践现状展开，借助案例分析与比较研究的方法分析该“破局”路径在理论与实践中存在的问题，并分析减损规则化解租赁合同僵局的合理性；探讨适用减损规则的租赁合同僵局应当满足的构成要件。结合法律解释与比较法考察，理顺减损规则、实际履行请求权与租赁合同僵局之间的关系，并选出以减损规则限制实际履行请

---

① 《合同编通则解释》第60、61条仅规定了在出租方提出解除合同的情形下损害赔偿的计算问题，但是租赁合同僵局恰恰是在出租方不愿意解除合同并请求实际履行的情形之下产生的，因此《合同编通则解释》并不能解决租赁合同僵局问题。

② 参见李某诉王某房屋租赁合同纠纷，青海省西宁市中级人民法院（2023）青01民终430号民事判决书；新疆徐工环昌工程机械有限公司诉郭某等租赁合同纠纷案，新疆维吾尔自治区乌鲁木齐市中级人民法院（2023）新01民终894号民事判决书。

③ 参见韩世远：《合同法学》（第2版），高等教育出版社2022年版，第289页。

求权的最佳路径，最后阐明减损规则解决租赁合同僵局可避免损失的认定以及损害赔偿的确定问题。

二、以减损规则化解租赁合同僵局的实践困境与理论争议

以减损规则化解租赁合同僵局在司法实践与学术研究中均有呈现，本部分结合司法案例，拟从减损规则化解租赁合同僵局的两种现实路径展开，分析理论界就该问题存在的分歧，从而总结得出利用减损规则化解租赁合同僵局在实践与理论中面临的问题。

（一）实践困境

1. 以减损规则限制实际履行请求权缺乏制度供给

在实践中，有法院试图通过扩大违约方申请司法解除制度来化解租赁合同僵局。在马某、王某房屋租赁合同纠纷案中，承租人王某提出提前退租并完成了腾退手续，但出租人马某拒绝接受解约，并起诉要求承租人王某支付原合同约定的租赁期内的全部租金。① 法院在论述出租人实际履行请求权受限制时认为“不能强制要求王某继续履行合同，《商铺租赁合同》属于事实上不能再继续履行，故根据《民法典》第580条，租赁合同已经于2022年7月1日中止”，该论述显然存在法律适用与理论上的漏洞。第一，其并不能解释为何不能要求王某继续履行合同义务——众所周知，在租赁合同中，债务人的租金给付义务属于金钱债务，而根据传统民法学教义，金钱债务不存在履行不能，② 这就使得该判决说理并不周延，需要加以商榷。第二，说理部分提到的“事实上不能再继续履行”，确实与《民法典》第580条所规定的实际履行请求权除外情形以及违约方司法解除适用情形相类似，但该条第1款中明确限制了该条款的适用范围为非金钱债务，如果轻易将其适用范围扩张至金钱债务，似乎欠妥。这样的矛盾最终导致裁判文书的说理欠缺一定的合法性和说服力。

因此，虽然《民法典》中以立法的形式确立了违约方申请司法解除制度，

---

① 参见马某诉王某房屋租赁合同纠纷案，广东省广州市中级人民法院（2023）粤01民终第5664号民事判决书。

② 参见韩世远：《合同法学》（第2版），高等教育出版社2022年版，第274页。

但严格从构成要件而言，其仍然不能为租赁合同僵局的解决提供足够的制度支撑。在实践中，出现了法院以减损规则作为租赁合同僵局审判中的说理依据的情况，其中李某、王某房屋租赁合同纠纷案就是较为典型的例子。① 在该案中，在王某（承租人）提出提前退租并已经实际搬离房屋，同时也已经实时告知李某（出租人）已经办理房屋移交手续。然而，因双方对解约后的违约责任并未达成一致，李某向法院起诉，要求王某继续履行合同。法院审理时认为：如果承租人已经实际提前搬离了租赁房屋并请求出租人接收房屋的，合同应当自承租人将租赁房屋妥善交接给出租人之日起解除。因此，为避免合同僵局及房屋空置损失扩大，出租人应及时配合承租人交接房屋，采取适当措施防止损失的扩大，否则其应当自行承担房屋不当空置的损失。显然，法院以减损规则明确作为限制实际履行请求权的基础化解了租赁合同僵局。虽然说理在逻辑上可行，但是回归我国《民法典》的体系，减损规则实质为损害赔偿酌减规则，而在我国的违约救济体系中损害赔偿与实际履行又并不能等而视之，这就使得判决中的说理缺乏法律依据。

综上，在我国现行的制度无法化解租赁合同僵局的前提下，减损规则能够较好地解决现存的法律漏洞。因此，如何扩大减损规则的适用范围，将其类推适用于租赁合同僵局地化解，是本文所要着重研究的问题。

2. 以减损规则限制违约损害赔偿缺乏参考标准

根据《民法典》第 591 条，减损规则的内涵为：如果债务人违约，债权人不应当无动于衷，而应当采取适当措施以减少损失。② 一般而言，如果以公式表达减损规则在损害赔偿计算中的作用一般可以表达为：守约方实际损失 = 守约方请求赔偿的损失 - 守约方采取适当措施可避免的损失。而具体化到租赁合同僵局中，该实际损失一般可以等同为出租人寻求替代交易的合理期间内其所承担的损失。一般在租金变化不大的情况下，可以认为该损失 = 替代交易合理期间 × 单位时间租金。那么此种情形下如何判断合理期间与租金计算标准就显得尤

① 参见李某诉王某房屋租赁合同纠纷，青海省西宁市中级人民法院（2023）青 01 民终 430 号民事判决书。

② 参见黄薇主编：《中华人民共和国民法典合同编解读》，中国法制出版社 2020 年版，第 464 页。

为重要。而在既有判例中，不同法院对于合理期间认定标准并不一致，比如有的判例将其认定为 2 个月，有的判例将其认定为 3 个月。因此，如何判断可避免损失和损害赔偿的范围以及如何确定替代交易的适格标准，都是值得探讨的具体问题。

（二）理论分歧

结合前期文献梳理工作可以发现，理论界关于以减损规则化解租赁合同僵局的主要理论分歧出现在减损规则是否能够限制合同实际履行请求权，因此本部分的讨论也主要围绕这一点，而对于减损规则适当措施的类型化分析与可避免损失的范围的讨论本文不作赘述。①

1. 减损规则与违约方解除的路径选择

《民法典》确立违约方申请司法解除制度后，实践中的新问题也促使理论界对合同僵局化解问题的进一步思考。学者们敏锐地关注到违约方解除权并不能够解决“全部”合同僵局的问题，于是在法典语境下凭依体系化思路，并经由法教义学路径，进一步探讨更全面的合同僵局化解路径。

有学者在法典实施后再次探讨违约方解除权，其认为，减损规则，因其属于损害赔偿酌减规则，并不能用以化解合同僵局，但其亦承认《民法典》第 580 条第 2 款并不是一个完美条文。② 有研究则认为合同僵局本质上是对合同拘束力限制制度的适用与完善，并将违约方申请司法解除的适用范围限定为利益同向型的合同——利益反向型（例如买卖、租赁）不适宜适用该条。而在承租人要求返还标的物、停止支付租金的，构成期前拒绝履行，对出租人可类推适用减损义务规定。③ 还有学者提出在金钱债务合同僵局情形下，法定解除权与

① 由于目前我国学术研究对于租赁合同这种特定情形合中同僵局的解决鲜有论著。因此，如无特别说明，本节对学术分歧的讨论主要围绕合同僵局之整体，而非某一种合同僵局。

② 参见孙良国：《违约方合同解除制度的功能定位及其意义》，载《吉林大学社会科学学报》2021 年第 3 期，第 75—85 页。

③ 参见武腾：《民法典实施背景下合同僵局的化解》，载《法学》2021 年第 3 期，第 84—100 页。

违约方解除权均无适用的余地，故只能求诸情势变更规则与减损规则。① 就上述问题，也有学者提出不同的建议，其认为金钱债务的合同僵局可以直接类推适用违约方解除规则。通过各种解释论的路径比较认为，房屋租赁合同的承租人因自身风险领域内的原因，继续使用租赁物对其无效用的，承租人的合理做法是请求出租人同意其进行转租。② 还有研究则将租赁合同僵局归为违约方因不愿受领守约方的对待给付进而拒绝履行自身义务类型的交易僵局，认为在化解此类僵局时应当类推适用第 580 条第 1 款第 2 项的履行费用过高排除出租人的实际履行请求权。③

2. 合同解除是不是减损规则限制实际履行请求权的前提

有学者对于以减损规则限制合同实际履行请求权之方式存在争议。其争议焦点为替代交易、损害赔偿是否以合同解除为前提。如认为应当以合同解除为前提，则为间接限制，如不需要以合同解除为前提，则为直接限制。由于我国违约救济体系仍然将继续履行作为主要方式，为了减少制度改弦更张之成本，应当采用间接限制的路径，即减损义务的触发应当以合同解除为前提。④ 而另有学者则提出当债权人能够实施替代交易时，损害赔偿就可以为其提供充分救济，债权人无继续履行请求权。⑤ 亦有研究则以是否符合《民法典》第 580 条构成要件为标准将合同僵局区分为真正的合同僵局与假性合同僵局，其认为不应当将违约方解除权的适用范围扩张至假性的合同僵局，即非金钱债务的债权人拒绝受领给付，并欲逃避金钱债务所形成的合同僵局，而应当求诸减损规则，令非违约方及时终止合同，或者直接由法院行使司法形成权终止之。⑥

---

① 参见刘子涵：《金钱债务合同僵局的识别与破解》，载《西南政法大学学报》2023 年第 4 期，第 41—52 页。

② 参见张继承、陈甲荥：《合同僵局视域下违约方解除合同的司法裁判之反思》，载《华南理工大学学报（社会科学版）》，2023 年第 4 期，第 79—87 页。

③ 参见梁慧星主编：《民商法论丛》（第 75 卷），法律出版社 2023 年版，第 137—164 页。

④ 参见程坦：《减损义务对履行请求权的限制及其路径 破解合同僵局的一种思路》，载《中外法学》2021 年第 4 期，第 888—907 页。

⑤ 参见张梓萱：《替代交易与继续履行请求权》，载《南大法学》2022 年第 1 期，第 37—58 页。

⑥ 参见严立：《减损规则对违约方解除权的功能替代——以真假“合同僵局”为中心》，载《东北大学学报（社会科学版）》2023 年第 25 卷第 3 期，第 106—115 页。

三、适用减损规则的优势分析

（一）适用减损规则化解租赁合同僵局的必要性

1. 我国租赁合同制度的特征

综合而言，我国租赁合同的制度存在以下几点特征：（1）租赁的人身属性。租赁的人身属性是指在租赁合同关系中，承租人人身属性的相关特质通常为出租人在订立合同时重要的考量因素。通常情况下，租赁人会较为长期地占有并使用全部或者部分收益租赁物，其人身属性的相关特质直接关系着能否尽责地保管租赁物、符合性能地使用租赁物、即租赁期限届满时如期归还租赁物。① 租赁合同的人格性不仅是租赁合同继续性的要求，更源自租赁本身的属性。租赁合同的人格性主要体现在：在租赁合同的成立上，承租人的资格在交易上视为重要的，承租人的人格属性可以作为出租人的重要考量因素。另外，由于租赁债权具有人格性，出租人不得任意变更。基于此种特性，考虑到对出租人人格属性之考察（例如租赁人的偿债能力、品行、职业等）需要耗费较多时间成本，承租人往往不愿轻易终止租赁合同。（2）单方解除权有较严格的限制。在我国租赁合同制度中，除双方协商解除外，单方法定解除的条件都有着较为严格的限制。依据《民法典》第 724 条，只有租赁物无法使用时，承租方才享有租赁合同的单方解除权，这就导致了承租方如果无法和出租方达成一致，那么就会形成合同僵局。

2. 租赁合同僵局情形中违约救济的特殊性

（1）实际履行请求权在我国合同编违约救济体系中的地位探讨

在债务不完全履行情形中，我国《民法典》规定了继续履行请求权、补正请求权、损害赔偿请求权、减少价款请求权和解除权等救济性权利，但未规定各项权利的优先级，仅规定受损害方应当“合理选择”违约救济方式，即债权人享有救济途径选择权。一般认为，继续履行请求权、补正请求权是原给付义

① 参见崔建远主编：《合同法》（第 7 版），法律出版社 2021 年版，第 334 页。

务，而损害赔偿请求权为次给付义务。[①] 但是我国民法典并没有任何条文对实际履行与损害赔偿之间的优先关系作出规定，[②] 而是将选择权交由合同当事人与裁判法官。然而，此种单纯基于条文内容的文义解释并不能完整体现我国违约救济体系的全貌。如需总结出实际履行请求权在违约救济体系中的地位则需要进一步详细探讨。

首先是体系解释。就非金钱债务而言，虽然《民法典》第577条规定了违约责任可以在多种形式之间进行选择，但是第580条第1款则规定了当事人在某些条件下实际履行请求权的例外——该款为非金钱债务履行请求权的排除条款。[③] 通过综合分析比较上述两条款可以得出，在非金钱债务履行中，实际履行应当为双方当事人的优先选择。而在金钱债务履行中，根据《民法典》第579条，一方不履行金钱债务的，可以请求支付，又根据传统民法学教义和各国通例，金钱债务不存在履行不能。[④] 故应当认为，金钱债务的违约救济一般不存在无法实际履行的情形。综上所述，根据体系解释，我国的违约救济体系中，实际履行处于较为优先的地位。

而根据最高人民法院上述有关工作人员的观点，[⑤] 作为违约责任承担方式的继续履行，贯穿《民法典》违约责任的各条文中，具有优先性。同时，该优先性的法理基础在于，继续履行能够在最大程度上符合当事人签订合同的目的，因此为维护守约方的利益，应当赋予守约方请求实际履行的权利。同时，最高人民法院的有关工作人员认为该优先性实际上也是对合同严守原则的遵循，以司法机关的权力推动合同的实际履行，最终实现减少合同履行成本、促进交易便捷、维护市场交易秩序的目标。

对于实际履行与损害赔偿之间的关系，学界也存在较大的分歧。有学者认为，应当严格遵循《民法典》第577条的文义解释，赋予守约方以选择权，并

---

① 参见杨代雄主编：《袖珍民法典评注》，中国民主法制出版社2022年版，第529页。

② 参见王利明主编：《中国民法典释评·合同编通则》，中国人民大学出版社2020年版，第836页。

③ 参见最高人民法院民法典贯彻实施工作领导小组主编：《中华人民共和国民法典合同编理解与适用》（二），人民法院出版社2020年版，第736页。

④ 参见崔建远：《论强制履行》，载《法治研究》2023年第4期，第9页。

⑤ 参见最高人民法院民法典贯彻实施工作领导小组主编：《中华人民共和国民法典合同编理解与适用》（二），人民法院出版社2020年版，第759—760页。

结合个案情况确定适用次序。[1] 也有学者认为，我国在立法时已经实际上继受了大陆法系的实际履行优先原则。[2] 在比较法层面，普通法系以损害赔偿作为违约救济的基本形式，而强制履行（实际履行）则为衡平法上的救济方式，只有在继续履行比损害赔偿更能体现正义时才会判予实际履行；而以德国法为代表的大陆法系中，将实际履行确立为违约救济的基本方式。[3] 本文认为，就法条原文而言，虽然《民法典》并未肯定实际履行请求权的优先地位，但也从未认可损害赔偿请求权的优先地位。同时，结合《民法典》条文的体系解释与最高法有关工作人员的解读，本文认为当前我国的违约救济体系原则上仍然以实际履行为侧重。然而，此种违约责任体系使得租赁合同僵局地化解在理论与实际上更加困难。

（2）租赁合同僵局的特殊性

在以实际履行优先为原则的背景下，租赁合同僵局的特殊性亦使得其之化解问题需要深入探讨。首先，通常情形下，租赁合同僵局形成的基本模式为：承租人出于经济原因或其他考量提出解除合同，出租人拒不接受或享有解除权却不行使，并向法院请求实际履行租赁合同。有观点认为，此种类型的僵局可以适用违约方申请司法解除制度。[4] 这样的理解是值得商榷的，因为其倒置了租赁合同的权利与义务。租赁合同关系中，承租人的主给付义务为支付租金，而租金主要是以金钱的形式支付的；是否继续租用租赁物并非承租人的义务，而是承租人的权利。而如上文所述，金钱债务不属于《民法典》第580条规定的可以适用违约方解除权的范畴。

而如果从另一个侧面看待该问题，则会发现由于债务形式为金钱债务，因此不论是实际履行还是损害赔偿，对于出租人而言，无论是其诉讼请求抑或是最终获得的救济形式都为金钱补偿，除去可能存在的数额差异外，并无其他差异。因此，租赁合同僵局化解的实质是租赁合同关系终了后，租赁关系转变为

---

① 参见崔建远：《论强制履行》，载《法治研究》2023年第4期，第12页。

② 参见朱心怡：《不完全履行下债权人救济途径选择权之限制》，载《法学》2022年第4期，第136页。

③ 参见韩世远：《合同法总论》（第4版），法律出版社2018年版，第774—775页。

④ 参见孙良国：《违约方合同解除的理论争议、司法实践与路径设计》，载《法学》2019年第7期，第53页。

清算关系。[①] 故尽管减损规则一般被认为是损害赔偿酌减规则，但将其适用于租赁合同僵局地化解是具有合理性的。

（二）减损规则与其他制度对比

1. 减损规则与类推适用违约方申请司法解除制度的比较

如第一章所言，围绕租赁合同僵局较为重要的理论争议之一即为究竟应当适用减损规则还是应当扩张违约方解除权。本文认为，应当选择适用减损规则。理由如下：

根据《民法典》第580条第2款，违约方解除权之适用应当满足以下条件（其中，第②③④满足其中之一即可）：①债务为非金钱债务；②债务在法律上与事实上不能履行；③债务的标的不适用于强制履行或者履行费用过高；④债权人在合理期限内未请求履行；⑤导致合同目的不能实现。有观点认为，对于金钱债务的合同僵局应当直接类推适用违约方解除权。笔者认为这样类推适用的做法缺乏一定的说服力。

在上述5个构成要件中，即便将构成要件①去除，将违约方解除权适用于包括金钱债务与非金钱债务在内的全类型债务，也不能使得租赁合同僵局的解决适用就可以无障碍地适用违约方解除权。就构成要件②而言，金钱债务并不存在履行不能的情形，该要件不符合基本民法学教义“金钱债务无履行不能”，故该项无法适用。就构成要件③而言，如何认定金钱债务的履行费用“过高”也存在疑问。首先，如何计算金钱债务的履行费用，其履行费用究竟应当是金钱债务的标的额还是债务人为履行此种金钱债务所要从事的其他履行行为的费用；其次，履行费用的“过高”是与何相比的“过高”——是指合同双方的获益程度，还是违约方的获利程度，抑或是法院仅仅考虑履约成本是否已经到了双方都不能接受的程度；在这些问题学界仍然有诸多分歧与模糊时，[②] 本文认为不宜任意扩大以履行费用过高排除实际履行请求权的适用范围；就构成要件④而言，在租赁合同僵局中通常不存在此种情形，在此不作赘述；而对于构成

---

① 参见韩世远：《合同法学》（第2版），高等教育出版社2022年版，第442页。

② 参见韩世远：《合同法学》（第2版），高等教育出版社2022年版，第275页；朱广新：《合同法总则研究》（下册），中国人民大学出版社2018年版，第684页。

要件⑤而言，合同目的如何确认则是核心问题所在。对于此问题，有意见表示利益同向型合同是《民法典》第580条的固有适用对象，利益同向型合同是指，合同双方/多方当事人对于合同的签订或履行有着一致性的利益，因此此类合同的当事人才能有合同目的。① 在此前提下，诸如“合同目的能否实现”的讨论才有价值。而在租赁合同僵局案件中，承租人的合同目的为在租赁期限内占有并使用该租赁物，出租人的合同目的为将闲置租赁物出租从而获得租金。通常，承租人不履行给付租金之义务并非由于其履行不能而是由于其不愿意继续履行，其认为如果继续履行该合同，对其并无意义且只会扩大其经济损失。因此，就承租人而言，其合同义务的履行障碍并不能必然导致合同目的不能实现，因为租赁合同中双方的合同目的是不一致的。因此，租赁合同僵局的解决并不满足《民法典》第580条第2款的适用条件。综上所述，本文认为，不宜将违约方申请司法解除制度扩张适用至租赁合同僵局的解决。

2. 减损规则与情势变更原则的比较

情势变更原则是指合同成立后，合同的基础条件发生了当事人在订立合同时无法预见的、不属于商业风险的重大变化，继续履行合同对于当事人一方明显不公平的，合同存续的基础动摇或丧失，受不利影响的当事人可以与对方重新协商；在合理期限内协商不成的，当事人可以请求人民法院或者仲裁机构变更或者解除合同。② 从内容上可以看出，情势变更制度作为维护交易公平的重要途径，旨在调整合同订立后发生当事人在订立合同时无法预见的客观情况的重大变化从而导致合同履行受阻的情形。情势变更原则的适用情形与租赁合同僵局的一般情形确有类似之处，例如租赁合同中，承租人也会因为客观情况的变化而使得继续履行合同对其极不公平，或代价过大使得合同的继续履行对其而言已无意义，最终承租人与出租人之间就合同是否应当继续履行的问题未能达成一致，导致僵局的发生。然而，如果仔细对比并考察二者之间的区别即可发现，租赁合同僵局中的承租人履行障碍通常并不足以达到情势变更的标准。具体说来，在情势变更制度中，所谓情势，是指与合同订立基础有关的客观事实，如客观经济形式（例如汇率、利率等的变化）、社会环境的变化及国家政

① 参见武腾：《民法典实施背景下合同僵局的化解》，载《法学》2021年第3期，第89页。

② 参见韩世远：《合同法总论》（第4版），法律出版社2018年版，第488页。

策的关键性调整等。所谓变更，是指上述基础发生是双方在订立合同之时未能预料到的异常变动。① 有学者依据司法实践的案型将其分为：因法律、政策、市场环境、不可抗力导致的对价关系障碍；因行政行为、第三人原因导致的目的障碍。② 一般而言，我国法上的“情势”限于合同的客观基础，与当事人的主观状态无关，理论上也通常将“客观性”与“不可归责性”作为适用情势变更的要件之一。而在租赁合同僵局中，承租人想退租的原因除有时确有政策改变等的考量外，一般情况下其想要退租的原因为自身经营困难或工作调换等不愿意继续履行合同。因此，造成承租人想要提前终止合同的原因常常不符合情势变更规则的适用标准，故情势变更不能适用于租赁合同僵局。

相较于适用条件更为苛刻，且适用标准学界仍然存在争议的情势变更原则，减损规则的适用则并没有较高的“门槛”。一般而言，减损规则触发的前提以违约行为的出现为标志，并且要求非违约方采取“合理措施”以减少损失。因此，综合来看，在中国法的语境下租赁合同僵局的情形一般不能构成情势变更，只有在租赁合同僵局中承租人退租的原因足够严重致使其达到情势变更原则中的“客观情形的异常变化导致合同赖以存续的基础丧失或动摇”的标准时，才可以援引《民法典》第 533 条的情势变更条款。因此，当前《民法典》语境下的情势变更规则并不能够起到完全化解租赁合同僵局的作用。

四、减损规则的适用条件

（一）租赁合同僵局的界定

1. 租赁合同应当为定期租赁合同

租赁合同根据租赁期限是否明确约定，可以分为定期租赁合同与不定期租赁合同。根据《民法典》第 563 条第 2 款，如果租赁合同为不定期，则双方均享有任意解除权。故在此种情形下，不会产生合同僵局，合同解除并无减损规

① 参见石佳友、高郦梅：《违约方申请解除合同权：争议与回应》，载《比较法研究》2019 年第 6 期，第 45 页。

② 参见韩强：《情势变更原则的类型化研究》，载《法学研究》2010 年第 4 期，第 63—67 页。

则的适用空间，也即在不定期租赁合同的情形下无须援引减损规则以限制当事人的履行请求权，但不排除在后续的损害赔偿计算中可能会涉及减损规则的适用。因此，只有在租赁合同为定期租赁时方有援引减损规则限制实际履行请求权的必要。

2. 租赁合同继续履行对承租人而言成本高于收益

有意见认为，在金钱债务中，可以参考商业习惯或诚信原则来认定是否能够请求继续履行；在判断是否符合诚信原则时，应考虑合同的继续履行是否会导致债务人作出过分的努力或太大的经济花费。① 此种表述虽然合理，但是却有一些模糊，因此如果将模糊的表述转化为量化的分析，那么就会更加清楚明确。因此，本文此处引入“成本—收益分析法”作为界定租赁合同的标准之一。成本—收益分析法（Cost-Benefit Analysis）是一种定量的评估行为的方式。② 其主要内容是比较行为或政策所带来的收益与所消耗的成本，来衡量行为是否合理经济。如果以“成本—收益”模型分析减损规则在租赁合同僵局中的适用，那么可以作出如下分析：在合同僵局的情形下如果承租人选择继续履约，那么对其而言，其履约成本为剩余期限的租金，而其收益为租赁该合同所能获得的其他经济利益——以某商铺的租赁合同为例，如果承租人与出租人之间签订为期三年的房屋租赁合同，而租赁一年后，受到公司经营政策的影响，承租人面临工作调动的情况，需要前往外地工作，此时对其来说，其履约成本为剩下两年的租金，而对其而言，租赁该合同所能获得的经济收益已经趋近于0。在此情形下，如出租人强制其继续履行该合同，支付剩下两年的租金，对其而言明显不公平，出租人亦存在权利滥用之嫌，不符合诚实信用原则。而如果承租人选择违约，那么承租人违约的成本为损害赔偿。按照期待利益的标准计算损害赔偿的话，如果出租人能够重新处分租赁物，借鉴美国法上替代交易的损害赔偿计算方式，那么对出租人的损害赔偿额应当等于合同价格减去重新处分的价格再加上其他损失。因为第二个交易（替代交易）为第一个合同地替

① 参见朱广新：《合同法总则研究》（下册），中国人民大学出版社2018年版，第680页。

② See Jonathan S. Masurt & Eric A Posner, “Cost-Benefit Analysis and Judicial Role”, 85 *University of Chicago Law Review*, 935-986 (2018).

代，故在计算损害赔偿时应当扣除。[①] 具体而言，在租赁合同僵局中，如果原合同剩余的租赁期限为X，而替代的租赁合同期限为Y，那么根据上述损害赔偿计算公式，出租人的损害赔偿数额=X时间段内的租金-Y时间段内替代租赁合同的租金差额+其他损失（例如合同约定的违约金、为寻找替代交易所承担的损失等）。虽然理论上存在X与Y相等的可能性，但是在实际中，通常需要给适格替代交易的寻找一个合理的期限。而承租人的收益是避免支付剩余合同期X时间段内的全部租金。[②] 因此，如果不考虑承租人在合同解除后，重新租赁新的租赁物所获得的收益的话，在租赁合同僵局的情形中，只有当租赁合同剩余期限的租金>租赁合同剩余期限的租金-替代交易的租金总额+其他违约赔偿的数额时，理论上法院才有适用减损规则限制出租人实际履行请求权的可能。因此在判断是否应当解除合同时，法院需要将承租人违约的成本与收益进行比较。当然，如果实践中出现例如大规模传染病防控、承租人工作调动、生活区域变化、地方商业政策变化等情形的，也需要法院结合实践情况进行具体衡量并裁判。

3. 承租人希望退租的原因不属于《民法典》第533条和第724条的情形

根据《民法典》第533条中情势变更原则的规定，如果承租人想要解除租赁合同的理由，属于在订立合同时无法预见的不属于商业风险的重大变化，继续履行合同对于出租人来说显失公平的，那么出租人可以通过情势变更原则重新协商，如果协商不成的则可以请求终止或解除合同。故在此情形下，承租人因情势变更而应然享有合同解除权，裁判机关亦无须借助减损规则化解租赁合同僵局，只需要援引情势变更原则就可以定分止争。

另外，《民法典》第724条的立法内容实质上是学习了《德国民法典》第314条[③]的违约方重大事由解除事项。即在重大事由发生时，承租人有租赁合同解除权。根据《民法典》第724条之规定，如果出现：租赁物被依法查封、扣押；权属存在法律争议；或存在违反法律、行政法规关于使用条件的强制性规

---

① 参见［美］E. 艾伦·范斯沃思：《美国合同法》（原书第3版），葛云松、丁春艳译，中国政法大学出版社2004年版，第792页。

② 参见王俐智：《合同僵局解除权的“限制”与“扩张”》，载《地方立法研究》2021年第4期，第71—87页。

③ 参见《德国民法典》（第5版），陈卫佐译注，法律出版社2020年版，第132页。

定。这三种情形，承租人享有解除权。因此若承租人要求解除合同的理由符合上述三种情形之一，那么对出租人实际履行请求权的限制同样不需要适用减损规则，法院只需要结合具体情形选择适用的法律条文来判断是否满足解除条件即可。

综上所述，如果承租人希望退租的原因属于情势变更或租赁合同重大事由解除的条件，那么其可以直接提起合同解除之诉，而不会形成合同僵局，更无须适用减损规则来限制出租人的实际履行请求权。

（二）减损义务的触发条件

1. 存在适格替代交易

所谓替代交易，是指在特定条件下，当合同的一方当事人违约时，另一方当事人通过另一个交易取代原合同的交易。适格替代交易之寻找则又是替代交易制度存在的重要意义，符合规范性法律理论的要求，即在技术可允许的范围内考虑所有情况，设定法律的理想规则。① 一般来讲，法律不苛求当事人做不能为之事。在债法领域，有谚云："不能做到的事情不产生义务。"② 虽然减损义务通常被认为是不真正义务，但在此处仍然可以适用这句古谚。目前，有法院综合考量剩余履行期的时间、标的物使用目的、进行替代交易要牺牲的对价及进行替代交易需要使用资金的数目否定了不动产出租人的及时解除合同义务。③ 因此，如法院需要以减损规则限制出租人的实际履行请求权的话，需要充分结合交易情况，以及当事人的经济状况作出判断。④ 例如，如果租赁物为繁华闹市区的商铺，那么一般情况下可以轻易推断出出租人寻找替代交易并不困难，而如果租赁物为实施某种特定工程所需要的特殊器械，那么法官则需要综合租赁物之用途，以及当时的市场情况，判断替代交易的难易程度。如果替

---

① 参见王怡聪、孙良国：《作为违约损害赔偿计算方法的替代交易研究》，载《中国人民大学学报》2021 年第 2 期，第 135—144 页。

② ［德］莱茵哈德·齐默曼：《德国新债法——历史与比较的视角》，韩光明译，法律出版社 2012 年版，第 68 页。

③ 参见苏果超市有限公司诉江苏五星建设集团有限公司房屋租赁合同纠纷案，江苏省常州市中级人民法院（2016）苏 04 民终 3910 号民事判决书。

④ 参见张梓萱：《替代交易与继续履行请求权》，载《南大法学》2022 年第 1 期，第 56 页。

代交易极其困难，超出了一个理性人认为能够进行替代交易的范畴，那么法院可以因此拒绝以减损规则限制出租人的实际履行请求权。

在租赁合同中，一般法院会为替代交易设立一个其认为合理的期限，《合同编通则解释》第61条亦有所规定。虽然，该条规定的是合同解除情形下合理期限以及价款的认定并不能适用于租赁合同僵局之解决，但是依然可以从中看出司法机关对长期性合同损害赔偿确定的态度。因此在判断租赁合同的替代交易是否适当时，寻求替代交易的期限与替代交易的租赁物租金是两个极为重要的考量因素。因此如果出租人寻求替代交易的时间超过了合理期限，例如一个地处闹市区的旺铺，时隔12个月才找到新的承租人；又如在替代交易中，在没有特殊情况发生时，出租人以不合理的低价或免费出租了原租赁物等，这些都不符合“适格替代交易”的标准。因此，如果在确实存在适格替代交易的情形中，出租人如无特殊理由，未在合理期限内以合理价格进行替代交易，那么应当认为其并没有充分履行减损义务，对于因此扩大的损失没有请求权。

2. 承租人提出转租请求

如果承租人主动向出租人提出转租请求，那么同意出租人转租请求应当属于出租人履行减损义务的范围。一般认为，减损规则中的适当措施应当包含：①债权人停止履行；②合理的替代交易；③接受债务人变更合同的合理要约。[①]而请求出租人同意转租请求可以被理解为上述适当措施的第③种。因为承租人向出租人提出转租请求，本质上是租赁合同当事人的变更，因此，出租人同意承租人合理的转租请求是其履行减损义务的要求之一。另外，考虑到该措施对比普通的替代交易，其实质差别仅为寻找替代交易主体的差异。在替代交易中，义务落在出租方，而在承租人转租请求中，替代交易义务由承租人承担。但是考虑到最终的实施效果都是减少租赁物的浪费，避免权利滥用，使得物尽其用，从而降低双方损失，提高经济效益，二者殊途同归。因此，可以将同意承租人的转租请求作为“适当措施”之一。

对于转租请求是否应当有更加具体的标准，本文认为，可以参考《瑞士债务法》第293条[②]的规定——承租人的转租请求应当保证出租人之债权不会减

① 参见黄薇主编：《中华人民共和国民法典合同编解读》，中国法制出版社2020年版，第464页。

② 参见《瑞士债务法》，戴永盛译，中国政法大学出版社2016年版，第109—110页。

少，即新承租人须有支付能力，且其愿意以相同的条件承受租赁契约。如出租人无正当理由不同意承租人的转租请求的，那么其应当在上文所述之合理期限内以合理价格自行寻找替代交易。与此同时，其实际履行请求权也由人民法院视情况决定是否应当受到限制。

五、适用减损规则的法律效果

（一）以减损规则限制出租人实际履行请求权

1. 租赁合同僵局情形中减损义务与实际履行请求权之间的冲突分析

在租赁合同僵局情形中，出租人履行减损义务的主要形式为寻找替代交易。因此本部分主要讨论替代交易义务相关内容与履行请求权之间的关系。

（1）替代交易的损害赔偿请求权与合同解除之间的关系

在租赁合同僵局的情境下，如果承租人的行为构成违约并且出租人此时享有解除权，那么出租人选择进行替代交易并请求相应的损害赔偿，是否需要提前解除合同？

为分析该问题，体系回归应当是第一步。根据《民法典》第584条，损害赔偿请求权仅以违约行为和损失的存在而产生，合同解除不是其构成要件之一。而替代交易，作为减损义务中适当措施的一种，触发该义务的前提之一是违约行为的存在。因此，目前无论是就《民法典》合同编条文本身而言，还是从体系解释的角度而言，都不能得出合同解除是提起替代交易损害赔偿前提条件的结论。实质上，解除合同与损害赔偿实质上属于两种不同的违约救济方式。合同解除旨在使债权人从对待给付义务的拘束力中解放；损害赔偿则意在使债权人获得如同合同正常履行时的利益。如果将解除作为请求替代交易损害赔偿的要件之一，则存在债权人利益受到损害的可能性。故有观点认为，在某些特定情形下债权人对合同的存续仍然保有利益，例如继续性合同的债权人比起解除更希望合同能够存续。[①] 因此，解除并非替代交易的损害赔偿的必要条件。

---

① 程坦：《减损义务对履行请求权的限制及其路径 破解合同僵局的一种思路》，载《中外法学》2021年第4期，第892—893页。

（2）减损义务与解除合同之间的关系

租赁合同尚未解除时，双方当事人都需要受合同约束。因此，在《民法典》第563条的解除要件满足时，若出租人不解除合同但是仍然选择进行替代交易并请求替代履行的损害赔偿，其仍需要履行对待给付义务。在某些极端情况下，如果承租人在表示违约后反悔并且希望维持原合同关系、履行原合同义务时，出租人可能会面临同时要履行两份内容相同合同的局面。

当然，上述呈现的是较为极端的情形。在租赁合同的情境中，如果承租人确无偿付租金之能力，那么出租人自然无须担心上述问题。当合同标的物较为特殊，债权人发现该标的物或其替代物的获取变得困难，或对于债权人而言变得无用或难以获得时，为了避免陷入同时履行两份内容相同合同的窘境，其理应考虑进行替代交易前将合同解除。①

2. 以减损规则限制实际履行请求权的比较法考察

结合比较法考察不难发现，在域外法中，对于以减损义务限制实际履行请求权的立法例大致可以分为两种方案，分别为直接限制与间接限制。其中，直接限制是指，在金钱债务的履行过程中，债务人明确表示拒绝履行或者迟延履行的，此时如果债权人存在进行合理替代交易的可能性的，其实际履行请求权应当被直接排除，并转为损害赔偿请求权；而间接限制则是，在上述同样的情形下，即便是债权人能够进行合理的替代交易，其仍然享有实际履行请求权，但是法院在计算其替代履行的损害赔偿或者计算给付数额的时候会减去其可以通过替代交易避免的损失。质言之，在间接限制的方案中，法院并不直接排除债权人的实际履行请求权，而是通过减少最终赔偿额的方式，倒逼其解除合同，从而限制其实际履行请求权。

（1）直接限制方案

比较法中，UPICC（《国际商事合同通则》）的7.2.1（金钱债务的履行）与7.2.2（非金钱债务的履行），② PECL（《欧洲合同法原则》）第9：101条

---

① 参见张梓萱：《替代交易与继续履行请求权》，载《南大法学》2022年第1期，第56页。

② See Unidroit International Institute of Unification of Private Law, *Unidroit Principles of International Commercial Contracts*, International Institute for the Unification of Private Law, 2016, p. 243.

和第 9：102 条是采取直接限制的典型立法例。前述合同法领域的国际法律文件将金钱债务的实际履行请求权作为救济的一般原则，其后又将适格替代交易的可能性作为实际履行请求权的例外情形（排除条件）。[①] 出于历史和社会的种种因素，大陆法系与普通法系在违约责任救济的体系上存在差异。该差异具体到本文涉及的讨论主要体现在继续性合同的法律实践中。若债务人明确表示不接受债权人的履行，并拒绝履行其自身的主要合同义务，同时，债权人亦未履行相应的对待给付责任，此时，大陆法系国家遵循契约严守的原则，认为债权人除非存在例外情形，否则仍有权请求继续履行其对待给付义务，并有权请求支付到期款项。而在普通法系中，更加重视当事人的意思自治，普遍认为债权人不得强迫一个不愿意接受给付的债务人履行其债务。[②] 因此，债权人通常获得的损害赔偿仅限于其直接经济损失，因此自然能被以存在适格替代交易为由限制其履行请求权从而减轻损失。UPICC、PECL 规定尚未履行对待给付义务的债权人如果无须花费过分努力或费用即可进行替代交易，那么其无权请求债务人继续履行并支付到期的价款。而《欧洲示范民法典草案》对于租赁合同有更为明确的规定，即在承租人已经取得租赁物支配权后，若其希望返还租赁物并且受领返还对出租人而言是合理经济的，则出租人不得强制其支付将来的租金。[③]

（2）间接限制方案

间接限制的立法例主要有 CISG（《联合国国际货物销售公约》）、《瑞士债务法》等。CISG 在限制履行请求权时选择了间接限制方案。CISG 的第 46 条和第 62 条规定了出卖人与买受人的实际履行请求权，并且强调了实际履行请求权的优先性。而第 26 条中也规定了通知解除的原则。同时在第 76 条中也规定，在合同被解除（宣告无效）后，有损害赔偿请求权的一方可以以无效时的实时价格为标准来计算一系列的损害赔偿。当然，从法理角度分析，单纯靠上述规则的设立可能会引发道德风险并派生投机行为，而后第 77 条中的减损规则给该

① 例如在 UPICC 的 7.2.1 的官方评注中写道：在例外情形中即如果买方既不同意接收货物也不付款的情况下，那么在此货物的用途要求卖转售的情形下，卖方的实际履行请求权可以被排除。

② 参见朱广新：《合同法总则研究》（下册），中国人民大学出版社 2018 年版，第 680 页。

③ 参见欧洲民法典研究组、欧洲现行私发研究组编著：《欧洲示范民法典草案：欧洲私法的原则、定义和示范规则》，高圣平译，中国人民大学出版社 2012 年版，第 199 页。

问题提供了解决方案。有学者认为，CISG 中减损规则的模式将选择权交给了债权人自身，如果其在找寻替代交易时已经解除了合同，那么该交易可以依据第 74 条或第 77 条计算损害赔偿，而如果其在找寻替代交易时并未解除合同，那么该交易可以依据第 75 条作为损害赔偿的计算依据。①

在《瑞士债务法》第 293 条中规定不遵守通知期限提前返还租赁物，或者在租赁关系终止日期届至前返还租赁物者，仅在其能为出租人提供合适的新承租人时，始得免除其对出租人的义务；新承租人须有支付能力，且愿意以相同的条件承受租赁契约。如无法实现，承租人应当支付直到租赁关系终止之日的租金。但是，在计算租金时应当扣除节省的费用，以及因租赁物之他用所获得的利益，以及出租人故意怠于使用租赁物所造成的损失。② 在该条的语境中，减损义务并不直接限制债权人的实际履行请求权，而是通过作用于损害赔偿范围的方式促使出租人寻找替代交易、解除合同。当然，最佳的解决路径仍然是承租人自行寻找合适的转租人，随后出租人同意转租。

3. 《民法典》语境下宜采用间接限制方案

对于我国《民法典》应该采用何种路径化解租赁合同僵局的问题，本文认为宜采取间接限制的方案。具体理由如下：

第一，间接限制方案更符合我国目前的违约救济体系的安排。结合前文的阐述，直接限制方案与《民法典》违约救济体系不兼容——该方案的主要内涵是，只要认定债权人存在实施替代交易的可能性，那么其就不应当请求债务人实际履行，而应当进而请求损害赔偿。该方案的优点在于其直截了当地将实际履行请求权转变为损害赔偿请求权。但需要依赖一个特殊的违约责任体系。例如 UPICC 在条文中弱化了实际履行请求权的优先地位，强调损害赔偿的优先地位。而就《民法典》而言，尽管在不同救济方式的地位上并没有明确的规定，但可以确定的一点是法典没有将损害赔偿作为优先选择的违约责任承担方式。在此背景下，如果仍然选择直接限制方案作为限制实际履行请求权的路径，那么无疑与目前的违约救济体系是相冲突的。而采取间接限制，即通过减损规则限制损害赔偿数额的方式间接限制实际履行请求权，可能是更具有合理性的。

---

① 参见李巍：《联合国国际货物销售合同公约评释》（第 2 版），法律出版社 2009 年版，第 359—360 页。

② 参见《瑞士债务法》，戴永盛译，中国政法大学出版社 2016 年版，第 109—110 页。

第二，间接限制方案能够兼顾效率原则与诚实信用原则。如前文所述，直接限制方案更多是通过限制出租人行使实际履行请求权的方式，而不在意其是否从事替代交易，并不保护对于出租人实际履行请求权。相反，间接限制方案，一方面，通过减损规则限制损害赔偿数额的方式，促使出租人积极寻找替代交易或同意承租人的转租请求，解除租赁合同，加快租赁物的转租；另一方面，其也防止了出租人滥用自身权利，遵循诚实信用原则，积极采取措施减少损失，减少社会资源的浪费，符合《民法典》的立法初衷与追求。

第三，间接限制方案能够同时解决实际履行和损害赔偿计算的问题。直接限制方案更多聚焦于实际履行请求权的限制，而忽略了损害赔偿的计算问题。而在租赁合同僵局地化解中，合同当事人更多的是关注应当赔偿的金钱数额以及最终获得的金钱数额（可以获得多少的赔偿），[①] 而非实际履行请求权的存续与否，而间接限制方案恰好可以回应当事人的关切，明确损害赔偿的数额，并且间接限制债权人行使实际履行请求权。

（二）可避免损失的认定与损害赔偿的计算

租赁合同僵局的有关纠纷中，当事人的诉求以及最关心的问题一般都是其最终能够获得的租金补偿或损害赔偿的数额。因此，在对以减损规则限制实际履行请求权的具体方案进行了分析论证之后，本文仍然需要解决的是损害赔偿如何计算的问题。

1. 租赁合同僵局中可避免损失的认定标准

《民法典》语境中，可避免损失（avoidable loss）应当理解为在违约行为发生后，非违约方能够采取适当措施避免但实际上放任发生并随之主张的损失。而由于在租赁合同僵局中，此处的减损措施一般都为替代交易，因此，在本文的语境中，可避免损失可以理解为出租人在替代交易中可获得的利益。

要确定替代交易的可得利益，首先需要确定租赁合同僵局中适格替代交易的认定标准。首先是价格因素，合理价格标准一直是替代交易适格性认定最直

① 参见谷某诉朱某等房屋租赁合同纠纷案，浙江省温州市中级人民法院（2024）浙03民终374号民事判决书；S有限公司诉马某房屋租赁合同纠纷案，云南省曲靖市中级人民法院（2024）云03民终406号民事判决书；曹某刚诉Q购物中心有限公司房屋租赁合同纠纷案，山东省青岛市中级人民法院（2023）鲁02民再338号民事判决书等。

观的依据。根据《合同编通则解释》第60条，人民法院判断替代交易适格与否的标准主要是以市场价格为标准的。如果非违约方从事替代交易但是价格偏离市场价格，那么法院可以以市场价格计算可得利益损失；如果非违约方没有从事替代交易，那么法院亦可以主动依据一般市场价格来计算损失。这样的规定使得标准认定更加具有可操作性。其次是时间因素，替代交易的实施时点是衡量替代交易适格与否的另一个重要指标之一。如果适格替代交易的时限过长，那么就会造成资源的浪费；如果过短，那么对非违约方提出了过高的要求。《合同编通则解释》第61条亦指出，应当综合衡量合同主体、交易类型、市场价格变化、剩余履行期限等因素确定非违约方寻找替代交易的合理期限。当然，决定交易的合理与否的标准是否只有价格、时间这两个维度也是需要思考的问题。有观点指出，价格并非考量因素，只要"依诚信而达成，并且交易方式合理"即可。① 基于此，不免会困惑——交易的手段与交易目的是否也应当被考虑其中呢？从目的来看，替代交易的目的是保护非违约方的期待利益与避免损失扩大。美国法要求替代交易实施的善意，即是对替代交易目的适当性的要求。② 回归中国法，如果非违约方与第三人恶意串通实施替代交易以侵害违约方利益的，那么该替代交易应当被认定无效。但是，在认定恶意串通时，价格又是需要被考虑的因素。③ 故可以看出，价格是衡量替代交易适格与否时跨不过去的"槛"。即便是在讨论交易目的与手段时，价格仍然是最终的归宿。然而，不论CISG还是UPICC在规定替代交易时都将合理方式（reasonable manner）作为适格标准之一，由此可见，价格固然重要，但是不应当是唯一的考虑因素。如果仅以最高的价格作为替代交易唯一标准，会给非违约方造成较大的负担，④ 不符合公平原则的要求。因此，本文认为对于适格替代交易的认定应当以一般理

---

① 参见［美］E. 艾伦·范斯沃思：《美国合同法》（原书第3版），葛云松、丁春艳译，中国政法大学出版社2004年版，第792页。

② 参见郑晓剑：《比例原则在民法上的适用及展开》，载《中国法学》2016年第2期，第143—165页。

③ 参见刘承韪、吴志宇：《违约损害赔偿中的替代交易规则解释论》，载《法治研究》2024年第1期，第48—49页。

④ 参见张金海：《论作为违约损害赔偿计算方法的替代交易规则》，载《法学》2017年第9期，第136页。

性人标准，即在合理的时限内，以合理的价格与合理的方式从事替代交易。

当然，上述判断标准仅为理论上对于适格替代交易的认定标准，在实践中，对于适格替代交易的收益的判断并不以合理价格作为上限。如果出租人或承租人寻找到的替代交易的价格出于某些未知的原因远高于市场的合理价格，只要其方式合理、目的善意，人民法院就应当以该交易所产生的收益来确定可避免损失。

2. 租赁合同僵局中损害赔偿的计算方式

如前文所述，在租赁合同僵局的情形中，如果以减损规则作为化解租赁合同僵局的进路，出租人最终可以获得的损失总额=租赁物合同剩余时间段内的租金总额-替代交易的租金总额+其他损失（例如合同约定的违约金、为寻找替代交易所承担的损失等）。由于上述计算方式中的其他损失会根据实践情况的不同而各有差异，本文暂不讨论。且租赁合同剩余时间段的合同总额在违约行为发生时已经确定，因此，讨论损害赔偿的计算实际上就是讨论替代交易的租金收益的计算方式。

替代交易的租金收益=替代租赁合同的租赁期限×单位租金。本文分两种情况来讨论可避免损失的计算。第一，如果出租人已经进行了替代交易但并未解除合同，如果该替代交易已经满足了适格替代交易的要求，甚至各项条件优于适格替代交易，那法院可以直接以该替代交易合同的租金总额作为可避免损失的计算标准。第二，如果出租人并未进行替代交易或者进行的替代交易不符合适格替代交易的标准的，仍然应当以适格替代交易作为损害赔偿的计算标准。那么问题再次回归到如何认定适格替代交易的租赁期限与价格。在这两个因素中，价格是较好确认的量，人民法院在审判过程中可以依据租赁物的用途、特性和市场行情予以确认。而租赁期限则是相对难以确认的变量，在实践中，法院通常会以寻找替代交易的合理期限来反推适格替代交易的期限。寻找替代交易的合理期限的确定则可以参考《合同编通则解释》第61条的规定，综合考量合同主体、交易类型、市场价格变化、剩余履行期限等因素确定非违约方寻找替代交易的合理期限。因此，如果市场变化较小的话，考虑到原租赁合同与替代交易合同之间在单位时间租金上变化较小，法院就会以寻找替代交易期间的合理期限的租金总额来确定租赁合同僵局的损害赔偿。

六、结　语

《民法典》第580条第2款并不能够化解租赁合同僵局，在实践中已经出现法院援引《民法典》第591条的减损规则来解决该问题的例子。然而通过分析裁判文书，本文发现：第一，将减损规则作为限制实际履行请求权的依据出现规范缺位的问题；第二，将减损规则作为限制损害赔偿的规则出现了可避免损失认定标准不明的问题。在理论界，学者对于应当扩大违约方申请司法解除制度的适用范围还是类推适用减损规则来化解租赁合同僵局存在争议。

本文认为，以减损规则化解租赁合同僵局具有一定的合理性。第一，我国的租赁合同制度强调人身属性并且对于承租人解除权的行使有较为严格的要求；第二，在目前的违约救济体系中，实际履行仍然处于较为侧重的位置，而我国现有《民法典》中的违约方申请司法解除制度的适用范围仅限于非金钱债务，并不能适用于租赁合同僵局的解决；第三，相较于违约方解除权、情势变更等制度，减损规则的灵活性也构成了它特有的优势。在比较法上，以减损规则限制实际履行请求权存在直接限制与间接限制两种方案。其中，考虑到司法实践的情况以及我国目前的违约救济体系，《民法典》背景下租赁合同僵局的解决以间接限制作为解释论方案更加具有合理性。同时，如以减损规则限制实际履行请求权，则需要对租赁合同僵局加以界定，以严格限制其适用条件。同时，在判断出租人是否实施适当措施时，法院应当考量其是否在合理期限内积极寻找适格的替代交易，或者同意承租人的转租请求。在认定可避免损失时，由于可避免损失为替代交易的收益，应当以一般理性人的标准确定适格替代交易的要求，即在合理的时限内，以合理的价格与合理的方式从事替代交易。租赁合同僵局中承租人的损害赔偿额=租赁合同剩余时间段内的租金总额-可避免损失+其他损失（例如合同约定的违约金等）。在计算可避免损失时，通常以寻找替代交易的合理期限来反推确定适格替代交易的期限，以市场一般价格来确认适格替代交易的租金数额；而如果租金变化不大的话，那么出租人最终可以获得的赔偿=寻找替代交易合理期限内的租金总额+其他损失。

（初审：雷思祺；校对：管皓）

融资租赁交易中出租人权利实现的路径选择

曹建明*

摘　要：《民法典》及其担保制度司法解释引入功能主义立法模式，实践中关于出租人对租赁物之权利性质及租金债权实现路径的理解存在分歧。现行立法虽明确了融资租赁合同的担保功能并规定可准用担保物权实现规则，但出租人对租赁物所享有的权利本质上仍是所有权，其权利性质并非发生“降格”。现行立法实质上是增加了出租人权利实现方式，为出租人的所有权赋予担保功能。出租人基于所有权地位从而解除合同收回租赁物有形式的理论基础。肯定融资租赁合同具备担保功能并参照适用担保物权程序亦符合交易本质，《民法典》第752条及担保制度司法解释确立的两种权利实现路径并不存在本质冲突，在现行制度框架内均有独立运行的空间。此外，出租人需基于自身商业目的考量并结合两种权利实现路径的利弊自行选择，同时登记制度亦能确保与其他权利竞合时得以妥善协调。

关键词：融资租赁交易；功能主义；所有权；担保物权

一、引　言

为提升社会融资便利程度，优化营商环境，《民法典》对担保制度领域进行了较大的改革，意图完善担保制度从而促进社会融资。《民法典》及担保制度司法解释在担保物权领域引入了功能主义立法模式，对传统形式主义产生了重要的影响。随着《动产和权利担保统一登记办法》的颁布，立法者倾向于建

* 曹建明，北京市昌平区人民检察院第二检察部检察官助理。

立一个统一的“非移转占有型”动产担保体系。[①] 总体来看，在动产担保领域兼采形式主义与功能主义。[②] 此种模式下，担保性权利的种类逐渐增多。经由《民法典》第388条“其他具有担保功能的合同”这一解释通道，融资租赁交易合同的担保功能也被立法者所确认。整个交易模式之下，租赁物由承租人占有使用，在融资租赁关系实际履行过程中，由于出租人付出了租赁物购买的成本同时脱离了对租赁物的现实管领控制，因而出租人处于相对弱势的地位，会存在租金债权无法收回之风险，这就需要对出租人租金债权权利实现予以保护。[③] 然而，《民法典》及其司法解释相关规则的修改，针对承租人违约时，出租人权利实现路径成为引发争议的问题。权利实现路径之前提系对出租人权利性质进行准确界定，厘清权能内容方才能讨论与出租人权利实现路径相关的问题。

学理上存在将出租人对租赁物之权利界定为担保物权的观点，[④] 在此语境之下，限制甚至否定基于合同关系的权利实现路径，出租人即便解除合同收回租赁物亦负有当然之清算义务。[⑤] 此种观点系在纯粹功能主义视角之下展开，忽视了形式主义立法传统。融资租赁合同作为典型合同的一种，承租人违约时，出租人享有基于合同关系的权利救济路径不应被轻易弃置。同时仍然坚持将出租人对租赁物享有之权利界定为传统所有权亦不符合立法引入功能主义之本意。无论是界定为“担保物权”抑或是“所有权”均无法准确涵盖现行规则体系之下赋予出租人对租赁物的权能内容。出租人对租赁物权利性质的界定存在疑问，

---

① 参见高圣平：《动产担保交易的功能主义与形式主义——中国〈民法典〉的处理模式及其影响》，载《国外社会科学》2020年第4期，第12页。

② 参见王利明：《登记的担保权顺位规则研究——以〈民法典〉第414条分析为中心》，载《比较法研究》2021年第2期，第15页；谢鸿飞：《〈民法典〉实质担保观的规则适用与冲突化解》，载《法学》2020年第9期，第4页；张家勇：《体系视角下所有权担保的规范效果》，载《法学》2020年第8期，第9页；刘保玉：《民法典担保物权制度新规释评》，载《法商研究》2020年第5期，第4页。

③ 参见李芷君：《论融资租赁中出租人救济制度的优化》，载《江汉论坛》2021年第6期，第130页。

④ 参见孙超：《民法典体系下所有权保留出卖人权利的实现路径与对抗效力——从实体法与程序法结合的视角》，载《人民司法》2022年第25期，第31页。

⑤ 参见高圣平：《论融资租赁交易中出租人的权利救济路径》，载《清华法学》2023年第1期，第46页。

进而导致《民法典》第752条所确立的两种权利实现路径存在适用困境，以及权利实现时与其他权利竞合的问题。在此背景之下，本文希冀在梳理相关学理观点、司法案例的基础上，对出租人对租赁物权利之性质作出合乎体系规则的界定，进而在既有规则体系之下探讨出租人两种权利实现路径在既有规则体系之下的相容性与差异性以及与其他权利竞合时的问题，从而为出租人权利实现提供参考依据。

二、出租人权利实现规则的实践现状及主要问题

1999年《合同法》第242条①曾明确租赁物所有权归属于出租人。然而，《民法典》第745条却删除了有关破产财产的表述，变更为所有权未经登记不得对抗善意第三人。同时《民法典》第388条明确了“其他具有担保功能的合同”，据此认为《民法典》第388条对融资租赁进行了担保化改造，融资租赁出租人享有的是担保物权、破产时享有的是别除权，而非所有权、破产时的取回权。② 理论上对出租人所有权的定性会直接影响到出租人能以何种物权为基础从而于承租人违约时行使权利。目前司法实践中，存在两种观点：其一，出租人对租赁物享有的所有权，从而可以解除合同，并基于所有权人的法律地位收回租赁物；③ 其二，出租人享有的所有权“担保权化”，所有权从功能上发挥着担保租金债权履行的作用，故出租人对租赁物拍卖、变卖后的价款而受偿。④在功能主义与形式主义相结合的立法模式之下，出租人对租赁物的享有的权利

---

① 《合同法》（1999年修正）第242条：“出租人享有租赁物的所有权。承租人破产的，租赁物不属于破产财产。”

② 参见高圣平：《论融资租赁交易中出租人的权利救济路径》，载《清华法学》2023年第1期，第38页。

③ 参见最高人民法院（2020）最高法民终173号民事判决书，河南省高级人民法院（2021）豫民申6964号民事判决书，福建省高级人民法院（2020）闽民再104号民事判决书，北京市怀柔区人民法院（2019）京0116民初7869号民事判决书，江苏省徐州市贾汪区人民法院（2017）苏0305民初3719号民事判决书。

④ 参见北京市西城区人民法院（2022）京0102民初35144号民事判决书，上海市高级人民法院（2020）沪民终339号民事判决书，四川省成都市武侯区人民法院（2021）川0107民初2468号民事判决书，北京市朝阳区人民法院（2022）京0105民初51337号民事判决书。

性质存在着较大的争议，其究竟是所有权还是担保物权，对于其性质的界定是出租人权利实现之前提。

《民法典》第752条赋予了出租人在承租人拒不支付租金时，权利实现的两种路径：其一，解除契约关系，收回租赁物；其二，基于契约关系，加速到期，请求支付全部租金，同时结合《最高人民法院关于适用〈中华人民共和国民法典〉有关担保制度的解释》（以下简称《担保制度司法解释》）第65条，出租人可参照适用担保物权实现规则实现权利。由于受动产担保功能主义立法模式的影响，融资租赁合同的担保功能被立法者确认。但《民法典》并未对融资租赁立法结构安排作出调整，仍然归于合同编。由此导致了能够实质发挥担保功能的权利类型，却在形式上未如传统担保权利一样置于物权编，存在一定程度上条文形式设置与实质规范内容的背离。

（一）出租人对租赁物之权利性质界定不明

《民法典》第745条系对1999年《合同法》第242条的变更。出租人对租赁物之权利由最初的完全所有权转变为需要经公示方可获得对世效力的所有权。这也导致出租人权利性质界定变得模糊。司法实践中，以《民法典》颁布时间为界，出租人权利性质界定存在一定争议。在《民法典》颁布之前，出租人对租赁物享有完全意义上的所有权是较为统一的裁判路径。如天津鼎诚易融国际融资租赁有限公司与易木生融资租赁合同纠纷案中①，法院认为融资租赁合同关系中，出租人享有租赁物的所有权，承租人在租赁期间对租赁物占有和使用。但在《民法典》颁布之后，对出租人权利性质界定存在较大的争议。例如欧力士融资租赁（中国）有限公司与东莞市精伦实业有限公司等融资租赁合同纠纷案中，法院认为在融资租赁合同项下出租人权利作为一种非典型担保物权，其担保范围依法应包括主债权及其违约金等。② 同时青海省高级人民法院在大唐融资租赁有限公司与西藏金融租赁有限公司、青海桥头铝电股份有限公司等借

---

① 参见天津鼎诚易融国际融资租赁有限公司与易木生融资租赁合同纠纷案，北京市石景山区人民法院（2018）京0107民初26277号民事判决书。

② 参见欧力士融资租赁（中国）有限公司与东莞市精伦实业有限公司等融资租赁合同纠纷案，上海市长宁区人民法院（2022）沪0105民初22470号民事判决书。

款合同纠纷案①中亦认可出租人享有的所有权仅具有担保功能，为其收取租赁费提供物权保障的合同。但同时也存在不同观点，例如最高人民法院在洛阳伟翔置业有限公司、陈某等融资租赁合同纠纷案判决说理部分明确指出，出租人对租赁物享有所有权应当作为判断某一合同是否为融资租赁性质的重要标准。②在江苏兴化农村商业银行股份有限公司唐刘支行、江苏龙跃创业投资有限公司等破产债权确认纠纷一案中③，法院从权利性质分析，在融资租赁期间出租人仍然享有所有权，只是承租人占有使用租赁物，从而导致所有权归属与占有之间呈现分离状态。

在制度规范层面，各国担保法律制度中主要存在两种立法模式：其一为形式主义立法模式，将担保物权划分为不同类型，适用各自相对独立的规则，以德国法为代表；其二为功能主义立法模式，只要有担保功能，不论何种权利形态，均适用统一的规则，其中以美国法为代表。④《民法典》及其担保制度司法解释颁布后，学界就两种担保制度立法观念展开了激烈的讨论，具体到融资租赁交易中，不同的立法模式对于出租人所有权的定性亦有所不同。

1. 功能主义立法模式：担保物权

在我国民法典及其担保制度司法解释引入功能主义立法模式背景之下，在融资租赁交易中出租人对租赁物的所有权起到了担保租金实现的功能，故存在将出租人所有权降格认定为“担保物权”的观点，⑤ 其主要理由如下：

其一，《民法典》第 388 条第 1 款明确担保合同包括“其他具有担保功能的合同”，这一规定为非典型的担保交易准用担保物权相关规则提供了通道。即

① 参见大唐融资租赁有限公司与西藏金融租赁有限公司、青海桥头铝电股份有限公司等借款合同纠纷，青海省高级人民法院（2020）青民终 231 号民事判决书。

② 参见洛阳伟翔置业有限公司与陈某等融资租赁合同纠纷案，最高人民法院（2021）最高法民终 44 号民事判决书。

③ 参见江苏兴化农村商业银行股份有限公司唐刘支行、江苏龙跃创业投资有限公司等破产债权确认纠纷，江苏省泰州市中级人民法院（2023）苏 12 民终 410 号民事判决书。

④ 参见王利明：《担保制度的现代化：对〈民法典〉第 388 条第 1 款的评析》，载《法学家》2021 年第 1 期，第 34 页。

⑤ 参见刘竞元：《民法典动产担保的发展及其法律适用》，载《法学家》2021 年第 1 期，第 58 页；章诗迪：《民法典视阈下所有权保留的体系重构》，载《华东政法大学学报》2022 年第 2 期，第 185 页。

便民法典物权编未将融资租赁交易置于担保物权体系规则之下，但经由《民法典》第388条之通道，仍然可以将其纳入担保物权的调整范围。其二，《民法典》第745条确立了出租人所有权的登记规则并将出租人享有租赁物所有权这一条文删除，并确立了与普通动产抵押①相一致的登记对抗规则，该规则的设立已经与普通的租赁交易相去甚远，进入担保物权的规则逻辑。出租人所有权实现了与普通动产抵押在公示形式和公示效力上的统一，实质便否认了出租人对租赁物享有所有权，其对租赁物享有的应为"担保物权"。其三，《担保制度司法解释》第56条第2款也已明确出租人为担保物权人。同时《担保制度司法解释》第65条亦明确出租人参照适用担保物权实现程序。出租人权利实现方式与担保物权实现方式无异，权利实现方式的基础在于对承租人享有债权，为实现债权而采取拍卖、变卖之方式，而非基于所有权这一物权请求返还租赁物。②

基于以上理由，出租人之权利实为"担保物权"，即名为"所有权"，但出租人仅以该租赁物交换价值作为担保租金债权实现的手段，真实目的为收回其融资成本及收益。

2. 形式主义立法模式：所有权

形式主义是最为传统的动产担保立法路径，主要基于严格的物债二分体系，在物权法定原则的约束下，对于其他即便能够在事实上发挥着担保功能的权利类型，只要法律未明文规定为担保权利，也应被视为非典型担保。此类非典型担保并不当然具备法律效力，而是取决于司法政策对物权法定主义的坚持程度和商业习惯的认知程度。③ 在此观念之下，融资租赁中出租人对租赁物享有的为所有权，而非担保物权，主要有以下理由：

其一，违反物权法定原则。④ 界定某种权利属于担保物权，其逻辑起点应当首先遵循物权法定主义。而融资租赁中设定担保的财产为出租人"自有财

---

① 《民法典》第403条规定："以动产抵押的，抵押权自抵押合同生效时设立；未经登记，不得对抗善意第三人。"

② 参见刘颖：《民事执行中案外担保权人的救济路径》，载《环球法律评论》2022年第5期，第111页。

③ 参见王利明：《担保物权制度的现代化与我国〈民法典〉的亮点》，载《上海政法学院学报（法治论丛）》2021年第1期，第10页。

④ 参见邹海林：《所有权保留的制度结构与解释》，载《法治研究》2022年第6期，第43页。

产”而非“债务人或第三人财产”，即便该“自有财产”在实质上发挥着担保功能，仍然与法典形式主义的动产抵押权等担保物权概念保持着距离，不符合物权法定主义的应有之义，将其解释为“担保物权”，忽视了法教义学的概念体系逻辑。其二，从文义解释角度分析，出租人享有的是所有权。① 融资租赁合同规定于《民法典》合同编第十五章，《民法典》第745条前半句明确规定，在融资租赁合同中租赁物之所有权归属于出租人；第757、759条规定，除了交易当事人另有约定外，租赁物所有权仍然归属于出租人所有。

基于上述理由，即便承认出租人对租赁物享有的权利在事实上发挥着担保租金债权实现之功能，但是从形式逻辑出发宜认定出租人享有的是所有权。

民法典颁布之后司法实践中对出租人权利性质界定暂未形成较为统一的裁判路径。对出租人权利性质界定不明，导致权利实现规则适用不一致。若将出租人对租赁物的权利界定为“担保物权”将适用担保物权相关制度规则。而若将出租人权利仍然界定为所有权，出租人需依托契约关系实现其权利。

（二）出租人权利实现规则适用存在疑问

担保物权有其实现方式，合同债权适用违约救济制度，两者本泾渭分明。②现有规则体系之下，在承租人拒不支付租金时，出租人基于解除合同的收回租赁物路径与参照适用担保物权程序路径，系两种不同的权利实现路径，司法实践中两种权利实现路径的关系、具体适用条件及法律后果均未形成共识。

首先针对承租人违约时，现行规则供给的两种路径适用存在争议。司法实践中存在同时适用的观点，出租人可选择解除合同，同时可主张提前支付剩余租金债权并就租赁物价值优先受偿。③ 即两种权利实现路径同时适用。与之针锋相对的观点是两种路径只能选择其一，不可同时适用。例如在赣州发展融资租赁有限责任公司与钱某案外人执行异议之诉④，法院主张根据我国融资租赁

① 参见李志刚：《功能主义担保立法语境下融资租赁出租人的物权性质与救济——“变性”抑或“增容”?》，载《经贸法律评论》2023年第5期，第4页。

② 参见崔建远：《对非典型担保司法解释的解读》，载《法治研究》2021年第4期，第8页。

③ 参见广东省东莞市第一人民法院（2022）粤1971民初39309号民事判决书。

④ 赣州发展融资租赁有限责任公司与钱某案外人执行异议之诉案，参见上海闵行区人民法院（2021）沪0112民初26004号民事判决书。

相关法律规定，在承租人违约之时，出租人只能在两种路径中择一行使权利，该选择行为影响到对租赁物件物权属性的认定。其次，对于两种权利实现路径的适用条件、法律后果亦存在疑问。出租人选择解除合同时，由于融资租赁合同具有一定特殊性，对于解除合同的条件及收回租赁物后是否需要负担清算义务尚需明确。出租人选择参照适用担保物权实现规则是否以合同存续为前提，具体适用条件及后果均是值得探讨的问题。

由于在动产担保制度领域引入功能主义立法模式，在融资租赁交易中被新设置了所有权登记对抗规则，《民法典》第 388 条扩张了担保合同的外延，① 将融资租赁合同纳入其中，同时借助于出租人权利登记制度为适用担保物权相关规则确立了通道。需要明确的是既然立法者已经通过具体规范内容肯定了融资租赁合同的担保功能，但作为一项具有担保功能的权利在实现时不可避免会与其他权利存在冲突。承租人在租赁期间在租赁物上设置了其他担保物权时、与正常经营活动中的买受人权利如何处理等均是需要回答的问题。

三、权利实现之前提：出租人对租赁物之权利性质的界定

根据《民法典》第 735 条之定义，融资租赁合同系由出租人购买特定租赁物再提供承租人占有使用，承租人向出租人支付租金。与传统的租赁合同不同，融资租赁合同具有“融资”与“融物”的双重属性。出租人基于“有效的买卖合同+交付”自出卖人处取得了租赁物的所有权，在租赁期间内当然享有对租赁物的所有权，承租人仅是基于融资租赁合同享有占有使用租赁的权利。② 从交易的实质分析，出租人保留了与租赁物有关的交换价值，《民法典》第 388 条第 1 款明确了担保合同包括“其他具有担保功能的合同”③。由此可见，将融资

① 参见王乐兵：《动产担保优先顺位的立法构造与适用解释》，载《法学家》2022 年第 2 期，第 78 页。

② 参见王瑛：《论融资租赁承租人擅自转租租赁物时出租人的法定解除权》，载《法学评论》2021 年第 6 期，第 175 页。

③ 《民法典》第 388 条第 1 款规定：“设立担保物权，应当依照本法和其他法律的规定订立担保合同。担保合同包括抵押合同、质押合同和其他具有担保功能的合同。担保合同是主债权债务合同的从合同。主债权债务合同无效的，担保合同无效，但是法律另有规定的除外。”

租赁交易归为统一的动产担保，适用相同的规则并产生相同的法律效力。① 同时《民法典》第745条确立了出租人所有权的登记对抗规则，在此基础上，亦有学者指出融资租赁实为所有权担保融资，实质上出租人对租赁物享有的权利即为担保物权。② 由于民法典在动产担保交易规则设置中引入了功能主义立法模式，故在融资租赁交易中出租人对租赁物享有的权利，存在所有权与担保物权之争。

（一）功能主义与形式主义的比较法经验及反思

对于融资租赁交易中出租人对租赁物权利性质之争，担保物权说与所有权说均有翔实的论据，但都尚无法给予准确的定性。对此可以考察域外立法例，结合特定法域背景分析出租人权利定性。

1. 美国法关于担保权益的统一化路径设置

《美国统一商法典》第九编抛弃担保交易形式之分，代之以担保领域一般概念。第1-201条第（37）项对“担保权益”（Security interest）进行了明确，担保权益系指对动产或不动产附着物所享有的作为付款或履行义务之担保的权益，将所有具有担保功能之权利统称为“担保权益”，消解了担保权之类型化区分。③ 从第九编的规定分析，判断某种交易性质的唯一标准系交易的实质内容。④ 申言之，以契约方式设定具有担保功能之权益不受传统大陆法系物权法定主义的影响，更加侧重于探究交易当事人的真实意思，以相对统一的担保规则调整担保交易关系。第9-202条对担保物所有权进行了规定，该条明确了除

---

① 参见高圣平：《动产担保交易的功能主义与形式主义——中国〈民法典〉的处理模式及其影响》，载《国外社会科学》2020年第4期，第14页；龙俊：《民法典中的动产和权利担保体系》，载《法学研究》2020年第6期，第27页。

② 参见高圣平：《民法典上融资租赁交易的担保功能》，载《政法论坛》2023年第5期，第89页。

③ 参见谢鸿飞：《〈民法典〉实质担保观的规则适用与冲突化解》，载《法学》2020年第9期，第8页。

④ 参见宰丝雨：《美国动产担保交易制度与判例——基于美国〈统一商法典〉第九编动产担保法》，法律出版社2015年版，第17页。

特定情形之外，相关担保权益规则内容的适用不受担保物所有权归属的影响[①]。具体到融资租赁交易中，《美国统一商法典》第 1-203 条对一般的租赁与担保权益作了区分，从该条款的区分标准来分析，是否设定担保权益本质是考察交易中是否存在着担保目的。融资租赁交易中，偿付给出租人所谓的租金支付明显不是为了承租人在租赁期间对租赁物的使用费用，而是尚未支付完的租赁物的价值。[②] 在此意义上，出租人享有的权利应被认定为“担保权益”。

2. 德国法对融资租赁交易的认定

在德国的法律中，尚未对融资租赁合同作出明确定义。然而，在德国的司法实践中，以判例形式将融资租赁合同界定为一种特殊类型的租赁合同。从德国联邦法院判例分析，融资租赁合同的主要特征包括：其一，转让租赁物的使用权于承租人；其二，具备融资功能。[③] 德国理论界将此种交易称之为“新型动产租赁”，其主要功能在于融资。[④]《德国民法典》作为担保领域形式主义立法模式的典型代表，并未将融资租赁交易作为一种担保交易来对待，将其视为一般租赁合同的特殊形态，并置于租赁契约规则的涵盖范围内。同时亦有学说提出融资租赁实质上是所有权保留下的分期付款交易，因出租人并未将所有权转移于承租人，故出租人可与所有权保留买卖的出卖人一样，有权基于其所有权人之地位提起第三人异议之诉，请求排除强制执行。[⑤] 由此可见，在德国法域视角下，融资租赁交易仍然被视为传统租赁契约的特殊形态，出租人对租赁物享有的仍然是所有权。

3. 比较法经验的反思

在商法法典化进程中，《美国统一商法典》第九编不受传统动产担保形式限制，将分散混乱的动产担保统一设置规则。目前学界对功能主义立法模式的

---

① 参见美国法学会、美国统一州法委员会：《美国〈统一商法典〉及其正式评述》（第 3 卷），高圣平译，中国人民大学出版社 2006 年版，第 125 页。

② 参见董学立：《美国动产担保交易制度研究》，法律出版社 2007 年版，第 31 页。

③ 参见胡晓媛：《中德融资租赁法律制度比较研究》，中国法制出版社 2011 年版，第 26 页。

④ 参见［德］迪特尔·梅迪库斯：《德国债法分论》，杜景林、卢谌译，法律出版社 2007 年版，第 483 页。

⑤ 参见［德］弗里茨·鲍尔等：《德国强制执行法》（下册），王洪亮等译，法律出版社 2020 年版，第 251 页。

讨论也更多地着重于规则统一的层面，坚持功能主义进路对不同的担保形式确立统一规则的意义十分有限。①

首先，《美国统一商法典》诞生背景具有特殊性。由于美国各州均有独立的商事立法权，故在该法典颁行之前，相应的动产担保交易规则并不一致，不相协调的立法严重阻碍了跨州贸易发展。为了顺应经济发展趋势，该法典起草委员会，旨在整合纷繁复杂的担保规范，从而提供一个统一的交易规则，以期降低交易成本，增加交易的确定性。对于实质上具有担保功能的交易，债权人均享有相应的担保权益，并非其规则设置之本意。深究其诞生背景，并非所有国家均存在与当时美国相似的现实需求，故在某种意义上而言，功能主义立法模式体现出的统一的担保规则并非其制度优势，相反而是其现实需求。

其次，功能主义进路下担保权构造可能存在侵害当事人意思自治之情形。若不区分具体交易形式与结构安排，仅以其追寻的交易经济目的、交易的实质功能反推当事人具设立担保权益之意思，忽视了交易当事人的真实意思。质言之，事实具有担保功能的融资租赁合同，若直接认定出租人对租赁物享有的是“担保权益”（担保物权）而不是所有权，此种权利性质的转变存在侵害当事人意思自治之嫌。

最后，功能主义进路下，各种担保权利的设立、公示、实现顺位等均实行统一的规则。② 然而在我国民法典动产担保体系下，担保物权的设立和公示规则并未实现统一，仍然存在登记对抗主义和登记生效主义之分。

由此可见，彻底贯彻功能主义动产担保观在我国形式主义传统规则体例之下尚无植根之基。将融资租赁合同中出租人所有权界定为担保物权，仍然需要遵循形式主义立法模式中对应类别的担保物权规则，功能主义动产担保观的积极意义甚微。

（二）动产担保的体系性审视及出租人权利法律性质的界定

考察了域外担保法律制度，形式主义立法观与功能主义立法观在融资租赁

① 参见叶金强：《现行动产担保模式之批判》，载《法学杂志》2022年第6期，第31页。

② 参见董学立：《我国应建立“大统一”担保物权警示登记公示制度》，载《法学论坛》2023年第1期，第132页。

交易中出租人对租赁物之权利界定上相差甚异。在我国民法典及其担保制度司法解释所确立的形式主义与功能主义相结合的立法模式的背景下，需要重新审视两种路径在现行动产担保法律制度中的兼容性与合理性。

1. 动产担保的体系性审视

在民法典编纂过程中，为了优化营商环境，使得国内动产担保制度与国际接轨，民法典及其司法解释引入了美式一元化的功能主义观念。① 在类型化区分动产担保物权的基础上，追求设立规则、登记规则、实现顺序等规则层面的相对统一，但依旧维持了担保物权多元的基本框架，是对功能主义的分散式继受②，功能主义与形式主义相融合便是整个动产担保体系的特点。《民法典》在合同编将此种经由“租赁”实现融资目的交易典型化为融资租赁合同。同时《民法典》第745条设置的登记对抗规则，在规则层面明确了租赁物所有权所发挥的担保功能。经由《民法典》第388条这一通道，出租人对租赁物的所有权便可进入动产担保物权体系规则内，适用与其类型相似的动产抵押权相关公示、权利顺位、权利实现规则。检视现行法确立的动产担保规则体系，融资租赁出租人所有权只是间接适用相关担保物权规则，其本质仍然是所有权。

2. 具备担保功能的所有权

无论是基于租赁物事实上发挥担保功能的理解，还是《民法典》删除了租赁物不属于破产财产的规定，在当前融资租赁立法及其司法解释体系之下，出租人对租赁物享有的是“具有担保功能的所有权”。

首先，在融资租赁合同中，出租人实质是将所有权的部分权能让渡于承租人，以换取租金收益，并不涉及所有权的变动。其次，现有法律规定亦明确了出租人享有所有权。《民法典》第745条仍然明确了出租人对租赁物的所有权。同时根据《民法典》第752条之规定，出租人解除合同后可收回租赁物，这亦是所有权回复力的体现。同时结合《民法典》第757、760条分析，在整个租赁期间内即便法律允许当事人对租赁物的归属进行约定，但是原则上出租人仍然是租赁物的所有权人。最后，租赁物所有权的担保功能，并不能否认其所有权

---

① 参见谢鸿飞：《〈民法典〉担保制度内在体系的变迁》，载《东南学术》2021年第5期，第47页。

② 参见李运杨：《〈民法典〉动产担保制度对功能主义的分散式继受》，载《华东政法大学学报》2022年第4期，第108页。

属性。[①] 租赁期间内，出租人所有权的确体现为对租赁债权的担保功能，但是该担保功能是基于所有权而附加的权能，故其权能大于担保物权，担保物权仅为价值实现的优先权。《民法典》及其司法解释引入的功能主义担保观念，确立了租赁物权属登记制度，肯定了其担保功能，应当理解为出租人所有权的权利内容的增加而非权利性质的转变。[②] 融资租赁交易担保功能的发挥主要是以合同条款形式呈现，合同内容能够涵盖动产担保的功能，辅助融资租赁合同主要目的之实现。[③] 出租人权利内容的增加，不仅可以享有解除合同从而收回租赁物的权利，亦可以选择参照担保物权行使价值上的优先受偿权的权利。在功能主义与形式主义融合的动产担保规则体系之下，将确立的一些规则理解为增加出租人权利实现的方式，是遵循现有合同及物权权利体系得更为优化的理解。需要明确的是，形式主义语境下的所有权构造与租赁物担保功能的发挥并不存在天然的冲突，而是可以根据实质交易目的进行灵活解释。租赁期间内，出租人的法律地位是租赁物的所有权人，该项所有权具有担保功能，并非一种独特的物权，而只是一种描述性的说法。[④] 具有担保功能的所有权，并不违反物权法定的立法宗旨，同时《民法典》第 388 条第 1 款亦肯定了其他具有担保功能合同的体系定位。正如有的学者所言，《民法典》第 388 条第 1 款为担保领域内物权法定的缓和提供了解释基础，进而为我国担保制度在形式主义基础上嵌入功能主义的合理元素，为担保权利的规范互用提供了通道。[⑤]

综合上述分析，融资租赁交易中出租人对租赁物享有的是具有担保功能的

---

① 参见贺小荣主编：《最高人民法院第二巡回法庭法官会议纪要》（第 3 辑），人民法院出版社 2022 年版，第 369 页。

② 参见李志刚：《功能主义担保立法语境下融资租赁出租人的物权性质与救济——“变性”抑或“增容”?》，载《经贸法律评论》2023 年第 5 期，第 14 页。

③ 参见梅夏英、王剑：《后〈民法典〉时代的融资租赁法律治理》，载《烟台大学学报（哲学社会科学版）》2021 年第 5 期，第 35 页。

④ See Robert M. Anderson & James R. Hale, “Conditional Sales in Arkansas”, 4 *Arkansas Law Review* 19, 26 (1949).

⑤ 参见王利明：《担保制度的现代化：对〈民法典〉第 388 条第 1 款的评析》，载《法学家》2021 年第 1 期，第 30 页。

所有权①，其本质是所有权权能的增加而非权利性质的转变。依据现行法所确立的规则，出租人可以参照适用担保物权实现规则，只是增加了出租人权利实现的方式，并不能因此而否认出租人基于所有权而享有的收回租赁物的权利。

四、既有规则体系之下的两种权利实现路径

融资租赁合同中出租人对租赁物享有的是具有担保功能的所有权，出租人整个交易安排中所关注的重点是租金债权的实现。《民法典》第752条及《担保制度司法解释》第65条第1款规定了租赁期间内承租人不支付租金的救济路径，其一为解除合同，收回租赁物；其二为租金加速到期并准用担保物权实现规则之路径。前者终止合同关系，而后者准用担保物权规则仍然基于基础合同关系。

（一）出租人基于合同关系的权利实现路径

如前文所述，出租人对租赁物的权利可以担保租金债权的实现，故该所有权应定性为具有担保功能的所有权。认定出租人所有权具有担保功能，是在此类交易中对所有权权能的“扩容”而不改变其所有权定性。

1. 基于合同关系的权利实现路径之法理基础

融资租赁合同解除后，出租人可以基于其所有权人之地位请求承租人返还租赁物。理由在于：其一，《民法典》第745、757、760条均明确了租赁期间内租赁物的所有权原则上归于出租人。融资租赁合同仍然区别于买卖合同等终局性转移所有权的合同，租赁物的所有权仍然归属于出租人。其二，即便将租赁物的占有使用权能让渡，但是合同解除后，承租人便无法基于有效的合同关系继续占有使用租赁物，对租赁物的占有使用也已丧失“合法性”基础，属于无权占有人。出租人所有权即回复圆满状态，便可基于所有权向承租人主张返还

① 参见邓娟闰：《论所有权保留的性质——担保性所有权》，载《法商研究（中南政法学院学报）》2002年第3期，第101页；刘保玉、张烜东：《论动产融资租赁物的所有权登记及其对抗效力》，载《中州学刊》2020年第6期，第56页。

原物请求权，从而收回租赁物。①

2. 租赁物收回的法律后果

在一般情形下，解除合同收回租赁物对于出租人而言并非其理想的选择。原因在于租赁物收回之后价值变现十分有限，难以与其租金债权实现相比。但是在承租人拒不支付租金，且经催告后的合理期限内仍未履行，其原因主要系经营状况恶化。在此情形之下，出租人享有的租金债权便无法依靠承租人之履行来得以保障，出租人所付出的资金成本面临无法收回之风险。此时，出租人最为理性的选择便是解除合同并收回租赁物。出租人主张解除合同，是基于出租人对于租赁物的所有权而享有的特殊物权保障②。

如前文所述，在出租人选择基于合同关系主张“解除合同，收回租赁物”进路之下，出租人收回租赁物系解除融资租赁合同的当然效果，并不当然负有清算义务，但收回的租赁物不足以弥补出租人全部损失时，依据《最高人民法院关于审理融资租赁合同纠纷案件适用法律问题的解释》（以下简称《融资租赁司法解释》）第 11 条③，出租人仍可向承租人主张损害赔偿。但司法解释如此规定，只考虑到了收回租赁物的价值低于全部未付租金，也就只言及了“少补”，当收回的租赁物的价值超过承租人全部未付租金时，超过的部分是否应当退还于承租人？

《民法典》第 758 条对于多退问题进行了原则性规定，其适用的前提是融资租赁期满后租赁物所有权归承租人且承租人已经支付大部分租金。租赁期限届满后租赁物所有权归承租人，具体包括当事人之间约定租赁物所有权归承租人（《民法典》第 757 条）及期满支付象征性价款归承租人所有（《民法典》第

---

① 参见江苏省徐州市云龙区人民法院（2020）苏 0303 民初 591 号民事判决书，福建省泉州市丰泽区人民法院（2020）闽 0503 民初 9181 号民事判决书，湖南省长沙市岳麓区人民法院（2015）岳民初字第 05691 号民事判决书。

② 参见最高人民法院民事审判庭第二庭编著：《最高人民法院关于融资租赁合同司法解释理解与适用》，人民法院出版社 2016 年版，第 304 页。

③ 《最高人民法院关于审理融资租赁合同纠纷案件适用法律问题的解释》第 11 条：“出租人依照本解释第五条的规定请求解除融资租赁合同，同时请求收回租赁物并赔偿损失的，人民法院应予支持。前款规定的损失赔偿范围为承租人全部未付租金及其他费用与收回租赁物价值的差额。合同约定租赁期间届满后租赁物归出租人所有的，损失赔偿范围还应包括融资租赁合同到期后租赁物的残值。”

759 条)。在融资租赁期间，当事人经由合同安排也已将租赁物所有权有关的风险及收益转移给承租人，期满后承租人将终局性获得租赁物的所有权。在此情形之下，出租人与承租人实质上达成了关于租赁物所有权转移的合意，只是针对所有权转移附加了条件，即融资租赁期满后租赁物所有权终局性移转于承租人享有。整个融资租赁期间内，承租人享有租赁物的实质利益，融资租赁出租人的所有权主要处于一种消极状态，即仅在承租人严重违约时，所有权才能真正行使。[①] 租赁物所有权实质上承担担保租金债权实现之功能。即使承租人经催告仍不支付租金，出租人选择解除合同并收回租赁物，当事人之间基于意思自治就租赁物所有权用以担保租金债权的交易安排也应得到尊重。在确保出租人担保利益的前提下，出租人返还超额价值自属正当。[②] 故，此时出租人解除合同并收回租赁物时需要遵循最初的契约安排，肯定租赁物的担保功能，于承租人请求返还时需要负担就租赁物价值进行清算的义务。[③]

当事人之间无约定或约定不明时，根据《民法典》第 757 条之规定，期限届满后租赁物所有权原则上应当归属出租人。在此种情形之下，出租人选择解除合同并收回租赁物并不当然适用《民法典》第 758 条规定的清算规则。理由在于：其一，《民法典》第 758 条明确了适用前提为“约定租赁期满所有权归承租人”和“承租人已经支付大部分租金”，租赁期满所有权归出租人并无适用该规则的空间。[④] 其二，实践中一般会对租赁期限届满后租赁物归属作出约定，期满后租赁物仍归出租人属于例外情形。[⑤] 应当承认当事人之间并无转移租赁物所有权之合意，并未对期满后租赁物归属作出安排，租赁物所有权仍然由出租人享有。对于租赁物收回后其价值超过承租人欠付的租金及费用的部分，

① 参见王叶刚：《融资租赁承租人擅自处分租赁物时出租人法定解除权反思》，载《法学》2016 年第 8 期，第 155 页。

② 参见张家勇：《论融资租赁的担保交易化及其限度》，载《社会科学辑刊》2022 年第 2 期，第 84 页。

③ 参见北京市第二中级人民法院（2016）京 02 民终 9952 号民事判决书。

④ 参见江苏省高级人民法院（2015）苏商终字第 00210 号民事判决书。在该案中，法院认为一银租赁公司与一五一医院明确约定租赁期限届满租赁物归出租人一银租赁公司所有；一五一医院仅支付 30 期中的 2 期租金，并未支付大部分租金。上述两点均不符合该法条的适用条件。

⑤ 参见最高人民法院民法典贯彻实施工作领导小组主编：《中华人民共和国民法典合同编理解与适用》（第 3 册），人民法院出版社 2020 年版，第 1751 页。

出租人作为所有权人具有接受该利益的权利基础。其三，租赁物所有权归属于出租人，承租人经催告不支付租金，出租人有权行使法定解除权。承租人于此时返还租赁物系出租人行使物上返还请求权的结果，整个交易中租赁物的担保功能便被否定，并不适用《民法典》第758条规定的清算规则。①

同时针对承租人未支付租金或仅支付少量租金时，出租人亦不负有“多退”之清算义务。理由在于若承租人未支付相应租金，租赁物超额价值仍然由其享有，于出租人而言实属不公，只有剥夺承租人此时的超额价值返还请求权才能平衡双方之间的利益。

3. 两处清算义务规定之间的关系

在《担保制度司法解释》颁行之后，《担保制度司法解释》第65条第2款②与《民法典》第758条第1款在表述上存在不一致的规定，前者明确在出租人行使合同解除权并收回租赁物，其价值超过欠付租金及费用的，承租人可以通过抗辩或反诉的方式主张返还。后者统一规定出租人解除合同并收回租赁物后均需要一般性地负担清算及返还义务。故学理层面存在主张两处清算规则之间存在矛盾的观点。

在租赁期限届满之前，出租人对租赁物享有所有权，若约定租赁期限届满所有权仍然归属于出租人或承租人并未支付大部分租金时，出租人解除合同并收回租赁物后是否应当承担清算义务，《民法典》对此并未有直接的规定。不同于一般合同解除的效果，融资租赁合同解除后出租人在符合法定条件时需要承担清算及超额返还义务，属于合同解除的特别效果。③ 故应当理解为，无特别规定时，融资租赁合同解除应当遵循合同编通则合同解除的一般规定，出租人并无清算义务。同时对《民法典》第758条第1款作反面解释，亦可得出租约定租赁期限届满租赁物所有权归出租人或承租人并未支付大部分租金时，出

① 在《最高人民法院对十三届全国人大四次会议第9022号建议的答复》中最高院明确指出，出租人是否负有清算义务应当严格依据《民法典》第758条文义进行解释，否定了其他情形下出租人的清算义务。

② 《担保制度司法解释》第65条第2款规定：“出租人请求解除融资租赁合同并收回租赁物，承租人以抗辩或者反诉的方式主张租赁物价值超过欠付租金及其他费用的，人民法院应当一并处理……”

③ 参见张家勇：《论融资租赁的担保交易化及其限度》，载《社会科学辑刊》2022年第2期，第80页。

租人不负清算及返还义务。

主张《担保制度司法解释》第 65 条第 2 款规定出租人需要负担一般性清算义务的观点，实质系在功能主义视角下对《民法典》第 758 条第 1 款进行了突破，[①] 此乃彻底的功能主义解释路径，突破了民法典现行规则，值得商榷。《担保制度司法解释》第 65 条第 2 款主要意旨在于明确承租人请求出租人返还租赁物超额价值的具体方式，即承租人可以通过抗辩或者提起反诉的方式主张。该条款并未否认出租人"多退"清算义务的前提条件，"出租人请求解除融资租赁合同并收回租赁物"应当理解为隐含了两个前提条件，即约定租赁期满租赁物所有权归承租人和承租人已经支付大部分租金。同时从司法解释的定位来分析，司法解释只能在忠于立法本意前提下，依据授权就司法领域具体适用法律的问题作出解释，不能超越立法原意。[②] 因此《担保制度司法解释》第 65 条第 2 款与《民法典》第 758 条第 1 款并不存在冲突，只是对承租人主张返还方式的具体细化，并不涉及对《民法典》第 758 条第 1 款确立规则的突破。

（二）出租人通过担保物权实现规则的权利实现路径

承租人出现不履行租金支付义务等违约情形时，出租人除了选择"解除合同并收回租赁物"，亦可请求承租人支付全部租金，即剥夺承租人的期限利益，加速到期。《担保制度司法解释》第 65 条第 1 款明确了出租人请求承租人支付全部租金，可以参照适用担保物权实现规则行使其权利。[③]

1. 融资租赁交易担保功能的基本构造

相较于传统的从属性担保，融资租赁交易在担保功能的构造上有其特殊性，既不存在具有从属性的担保合同，亦未成立从法律关系，融资租赁合同本身便包含了担保关系[④]。出租人以其所有的租赁物作为担保财产，发挥着担保租金

① 参见高圣平：《论融资租赁交易中出租人的权利救济路径》，载《清华法学》2023 年第 1 期，第 48 页。

② 参见陈春龙：《中国司法解释的地位与功能》，载《中国法学》2003 年第 1 期，第 25 页。

③ 参见重庆市巴南区人民法院（2022）渝 0113 民初 7717 号民事判决书，广东省惠东县人民法院（2021）粤 1323 民初 8601 号民事判决书，北京市海淀区人民法院（2020）京 0108 民初 42916 号民事判决书。

④ 参见刘保玉、张烜东：《论动产融资租赁物的所有权登记及其对抗效力》，载《中州学刊》2020 年第 6 期，第 56 页。

债权实现的功能。主张融资租赁中出租人所有权之担保属于从属性担保，便意味着租金债权人所享有的所有权具有从属性，租金债权便可以决定所有权的取得、消灭及变更，这与所有权的固有属性相去甚远。①

融资交易中出租人所有权与租金债权之间并非所谓的从属关系，而是基于融资租赁合同所建立起的牵连关系。整个交易中，双方当事人通过融资租赁合同对出租人的所有权施加了债法限制，在租赁期间内出租人不得随意行使其对租赁物的所有权，② 因融资租赁关系的存在，出租人负有不得干涉承租人占有使用租赁物之消极义务，仅在承租人违约时，出租人方才能行使其权利以维护自身利益。相较于传统从属关系构造，融资租赁合同的权利义务配置业已包含租赁物所有权与租金债权之间的担保关系。融资租赁合同中，出租人为承租人“融资”付出了成本，承租人因此必须容忍出租人对租赁物之所有权在事实上发挥着担保租金债权实现之功能，同时出租人对租赁物的所有权在租赁期限内亦受到相应的限制。借助合同权利义务配置，出租人所有权之担保权能与租金债权之间建立起牵连关系，从而建构了融资租赁交易的担保功能。

2. 参照适用担保物权实现规则的基础：融资租赁登记制度

《民法典》第 745 条采取了与传统动产担保交易相类似的“登记对抗主义”。2021 年公布的《动产和权利担保统一登记办法》第 2 条第 4 项明确将融资租赁纳入动产和权利担保统一登记范围，具体登记机构为中国人民银行征信中心。租赁物由出租人购买提供给承租人使用，故所有权依旧归属于出租人。出租人之所有权的经济目的通常在于担保租金债权的清偿，就其经济实质而言出租人的所有权发挥着类似于在租赁物上设置动产抵押权的功能。《民法典》关于融资租赁登记制度的设立，使得此种隐性担保交易显明化，同时采取了与动产抵押登记相一致的规则，为准用担保物权实现规则奠定了制度基础。③ 出租人所有权经登记制度进行公示，使得交易相对人对此能够知悉，为准用担保

① 参见李运杨：《担保的移转从属性及其例外——以中德比较为视角》，载《中国海商法研究》2020 年第 2 期，第 19 页。

② 参见李运杨：《民法典时代下非典型担保与所担保债权的关系》，载《苏州大学学报（哲学社会科学版）》2023 年第 3 期，第 101 页。

③ 参见李运杨：《动产担保立法中的功能主义：缘起、内涵及发展》，载《比较法研究》2023 年第 6 期，第 129 页。

物权实现规则提供了制度性支持。融资租赁交易中出租人所有权的登记，并非所有权归属登记，因为租赁物由出租人购买并经由融资租赁合同关系实现对租赁物的间接占有，其对租赁物享有的所有权不需要进行权属登记。《民法典》所确立的登记制度系将出租人所有权之担保功能进行登记公示，是为了消除隐性担保，从而完善出租人所有权的担保效果。① 经由登记制度，出租人之所有权便具有与传统动产担保物权相一致的形式特征，从而为出租人参照适用担保物权实现规则奠定了基础。

3. 参照适用担保物权实现规则的具体程序

《担保制度司法解释》第65条第1款规定出租人权利可准用担保物权实现规则。本款基于出租人所有权具有担保功能，租赁物发挥着担保出租人租金债权实现之功能，将担保物权实现程序准用于融资租赁交易中，为出租人权利实现提供了一条新的路径。具体包括诉讼程序和非讼程序两种程序。

在普通程序中，承租人未按照约定支付租金，在履行催告义务后，出租人可以依照普通民事诉讼程序提起诉讼，向承租人同时主张租金债权和对租赁物的所有权。此时出租人不能主张返还原物，而只能主张对租赁物价值享有受偿的权利。

除普通程序外，还可以参照适用非讼程序。《担保制度司法解释》第65条亦明确了出租人可以直接请求参照民事诉讼法“实现担保物权案件”的有关规定，主张就租赁物拍卖、变卖之价值清偿其租金债权。出租人对租赁物享有的所有权具有担保功能，因而司法解释明确了可以参照适用实现担保物权程序，避免出租人受冗长的诉讼程序所拖累。需要明确的是，非讼程序的适用前提是当事人提出申请，并且不存在实质性争议。依据该程序取得民事裁定后，即可申请强制执行，对租赁物进行拍卖、变卖。但出租人对租赁物享有的是具有担保功能的所有权，而非担保物权，故需要对出租人所有权参照适用实现担保物权特别程序的条件加以分析。

无论是出租人选择依照普通民事诉讼还是选择非讼程序，就租赁物价值拍卖、变卖后所得价款可能存在超过承租人欠付的租金总额，亦存在低于承租人

① 参见张家勇：《论融资租赁的担保交易化及其限度》，载《社会科学辑刊》2022年第2期，第80页。

欠付的租金总额。依据担保物权实现后的一般效果，担保财产所得价款超过债权数额部分归担保人所有，不足部分债务人仍然负担清偿义务。也即，担保物权人实现担保物权后负担法定清算义务，实行“多退少补”。融资租赁交易中出租人参照适用担保物权实现程序，就租赁物所得拍卖、变卖后应当与担保物权实现时保持一致，出租人应当履行清算义务，租赁物拍卖、变卖所得价款超过承租人全部未付租金总额的，出租人应当返还；所得价款不足以清偿的，承租人仍然需要负担清偿义务。

（三）两种权利实现路径之间的关系

“解除合同收回租赁物”与“请求支付全部租金”两种路径之间出租人只能择一行使，两种权利实现路径亦是《民法典》及《担保制度司法解释》所确立的形式主义与功能主义相融合的立法模式下的产物。《民法典》在动产担保领域以形式主义进路为基础，兼采功能主义进路的立法思路和模式，融资租赁出租人权利实现的双重路径便是一种典型体现。前文分别分析了这两种路径各自独立运行的规则，需要进一步探究的是两种路径之间的关系为何。

1. 基于合同关系的权利实现路径有其形式基础

出租人基于合同关系的权利实现路径，避免因承租人经营状况恶化导致租赁物由他人施加控制，从而影响出租人的利益。解除合同并收回租赁物这一权利实现路径体现着形式主义特点，通过合同效果实现向所有权的回归。在既有规则体系之下，基于合同关系的权利实现路径有其形式基础。

首先，《民法典》及《担保制度司法解释》并未将出租人之所有权确定为一项担保物权，只是承认其具有相应的担保功能，并未突破物权法定主义原则，并未创设一种新的物权类型，仍然坚持形式主义进路。登记制度将具有担保功能的所有权显明化，只是对其担保功能的认可，并未将其作为一种新型担保物权。[1] 其次，出租人所有权的担保功能并非融资租赁交易的典型特征，融资租赁交易仍然归属于契约法调整范畴。出租人所有权具有的担保功能仅为实现出租人债权得以实现的目的服务，在合同顺利履行时，不存在其发挥作用的空间。

---

① 参见辜明安、董国彦：《动产功能主义担保的体系化构造》，载《河北学刊》2023年第6期，第207页。

最后，基于所有权地位享有的解除合同并收回租赁的路径有较为明确的规则体系。《民法典》第752条赋予了出租人解除权，第758条明确了解除的法律效果，同时作为典型合同的一种，在合同分编融资租赁合同缺乏相应规则时可以适用合同编通则的规定，为出租人权利实现提供较为完备的规则支撑。

概而言之，《民法典》除增加了所有权登记对抗规则外，仍然基本沿袭合同法时代的相关规定，并未否定出租人对租赁物享有的所有权，亦并未改变融资租赁合同的性质，出租人基于合同关系而行使其权利的路径具有较为完备的形式基础。

2. 参照适用担保物权实现规则契合所有权的担保功能

首先，出租人享有的所有权具有担保功能，在交易中发挥着担保租金债权实现之功能。① 即便不同于传统担保物权从属性构造，但基于租金债权与出租人所有权之间存在的牵连关系，能够发挥着类似于物的担保之功能。其次，适用担保物权实现规则能够衔接具有担保功能的融资租赁交易的制度设计。融资租赁交易中具有担保功能的所有权的制度安排，其目的是便于承租人违约时，提供给出租人一种救济方式，使其能够就租赁物的价值优先受偿以避免损失。出租人所有权的担保功能能否实现，才是融资租赁交易设置此类担保性所有权的目的所在。担保物权实现规则便是为确保所担保债权清偿之目的而确立，参照适用担保物权实现规则为所有权担保功能的发挥提供了具体的路径。

3. 两种权利实现路径的区别

无论是基于合同关系中所有权人的法律地位行使解除合同并收回租赁物的权利实现路径，还是准用担保物权实现规则路径，都是基于出租人对租赁物享有所有权这一立足点。正是基于出租人的所有权具有担保功能，故出租人权利实现路径不再局限于传统合同违约救济制度，借由登记制度，从而可以参照适用担保物权实现规则。相比较而言，两种权利实现路径依然存在区别。

其一，权利实现路径的基础不同。基于合同关系的权利实现路径是解除合同，出租人基于所有权人地位收回租赁物。而参照适用担保物权实现规则的前提是维系合同效力，理由在于出租人所有权所具有的担保功能系当事人通过权利义务关系配置得以实现。若解除合同，权利义务关系便终止，租金债权与发

---

① 参见刘家安：《民法物权》，中国政法大学出版社2023年版，第257页。

挥担保功能的租赁物之间的牵连关系便被切断[①]，便失去适用担保物权实现规则之基础。

其二，权利实现的具体方式不同。基于合同关系行使权利的路径，收回租赁物既可以选择由依靠诉讼的方式收回，亦可采取自力救济方式。自力救济方式虽然未被现行法律制度所明确，但作为一种权利救济方式不应该被否认。参照适用担保物权实现规则可以通过诉讼程序和非讼程序两种途径行使权利，前者属于通过普通程序同时主张租金债权和租赁物所有权，后者仅申请启动担保物权实现特别程序，但不解决当事人之间实质性争议。[②]

其三，权利实现难度不同。基于合同关系的权利实现路径，由于融资租赁交易法律关系复杂，周期性较长，通常而言禁止中途解约。[③] 故出租人解除合同会受到较为严格的限制，单方行使法定解除权并且承租人统一解除的可能性较小，一般要经历较为漫长的诉讼程序，同时相较于一般合同解除，法院对是否具备解除条件进行审查判断更为严格的标准。参照适用担保物权实现规则，若采取诉讼程序，法院重点审查合同效力及违约情况，从而判断是否符合适用条件；若采取非讼程序，法院不会对实质性争议作出审查，仅作为审查和执行机构，适用的前提是当事人对融资租赁交易中的相关事实不存在实质性争议。

其四，权利实现效果不同。主要有两点区别：首先，存在出租人是否负有“多退”之清算义务。基于前文分析，出租人选择解除合同收回租赁物价值超过承租人欠付租金及费用，仅在同时符合“约定租赁期满租赁物归承租人”和“承租人已支付大部分租金”时，承租人才有权主张租赁物超额价值的返还。而出租人选择准用担保物权实现规则实现其权利时需要遵循担保物权实现后的一般效果，即“多退少补”。其次，存在租赁物是否能够再次出租。出租人基于有效的买卖合同取得对租赁物的所有权，故在融资租赁交易合同中出租人对租赁物享有的是完全意义上的所有权。出现法定及约定解约事由时，出租人享有解除合同并收回租赁物的权利。收回租赁物后，出租人作为完全意义上的所

---

① 参见最高人民法院民事审判庭第二庭编著：《最高人民法院关于融资租赁合同司法解释理解与适用》，人民法院出版社 2016 年版，第 300 页。

② 参见张卫平：《民事诉讼法》（第 6 版），法律出版社 2023 年版，第 551 页。

③ 参见梁慧星：《融资性租赁契约法性质论》，载《法学研究》1992 年第 4 期，第 56 页。

有权人便可再次将租赁物出租，从而获取租金收益。然而若参照使用担保物权实现规则，出租人可以拍卖、变卖租赁物所得价款来保障其权益。基于合同关系的权利实现路径，收回租赁物后可将租赁物再次出租；参照使用担保物权规则的权利实现路径，出租人所能获得是租赁物拍卖、变卖租赁物所得的价款。两种权利实现效果所能获得收益存在较大的差异，此时出租人可根据市场经济环境等因素进行综合考量，选择最能保障其利益的权利实现路径。

五、出租人权利实现路径的选择

基于前文分析，两种路径在既有规则体系之下，均能够独立运行。《民法典》第 752 条明确，出租人可以请求支付租金，也可以解除合同，收回租赁物。从形式条文分析，便不难窥知，立法者赋予了出租人以选择权。不能同时主张的理由在于，请求支付全部租金并参照适用担保物权实现规则需要基于有效的融资租赁合同，而解除合同收回租赁物则是将融资租赁交易中的合同权利与义务终止，二者在实质逻辑上存在着互相排斥。同时基于租金债权与租赁物价值之间存在着牵连关系，若允许出租人收回租赁物的同时亦能主张全部租金，出租人将因此获得双重利益，于承租人而言实属不公。故出租人只能择一主张。

（一）两种权利实现路径的比较分析

担保物权实现依照担保物权实现规则，合同债权清偿适用违约经济制度，在传统物债二分体例之下，两者本泾渭分明。然而，现行立法兼采功能主义与形式主义进路，肯定了出租人所有权的担保功能，担保物权实现规则也因此进入原由合同救济规则统辖的领域。① 如前文所述，出租人对租赁物享有的是所有权而非担保物权，担保物权实现路径并非对权利性质的转变，只是增加了权利实现的方式。参照适用担保物权实现规则并非承认出租人所有权是一项担保物权，将出租人所有权进行登记系为消除隐性担保问题，确立登记规则和登记机关之后，便可以解决该问题，出租人对租赁物享有的仍然是所有权。基于合

① 参见张静：《所有权保留实现路径的体系协调》，载《法学家》2023 年第 3 期，第 144 页。

同关系中所有权人地位行使权利与参照适用担保物权实现规则二者同为出租人权利实现之路径，两种路径在既有规则体系之下均有独立运行的空间，均是具有担保功能上所有权之权能体现，不存在本质冲突。同时《民法典》第752条及《担保制度司法解释》第65条亦用明确的条文对两种权利实现路径进行了明确。允许当事人在承租人违约时选择具体的路径行使权利，更符合《民法典》第752条、《担保制度司法解释》第65条的立法本意。设立担保制度的宗旨是为了保障债的履行，增设非典型担保制度的目的正是完善债的保障制度。根据非典型担保制度的相关规定的内容可知，该制度赋权融资租赁出租人选择收回租赁物或参照实现担保物权案件以拍卖、变卖租赁物价款用于支付租金。①

基于前文所述，两种权利实现路径在权利实现基础、具体实现方式、实现难度以及权利实现效果上均不同，出租人于承租人违约时如何选择具体权利实现路径，需要对两种路径进行综合比较分析。

1. 基于合同关系的权利实现路径的利弊分析

出租人之所有权具有担保租金债权实现之功能，立法者肯定此种交易模式的担保功能并未否定融资租赁关系中所有权的归属界定。基于合同关系的权利实现路径有以下优势：

其一，摆脱合同约束，终局性解决纠纷。出租人行使合同解除权之后，出租人不再负担协助向出卖人索赔、确保承租人对租赁物的占有和使用等义务，承租人亦不再负担租金支付义务，双方都不再受融资租赁合同的约束，双方之间的纠纷可以得到终局性解决。出租人行使解除权可尽早从丧失商业信誉的融资租赁关系中解脱出来，减少持续履行合同带来的潜在纠纷。② 若选择请求加速到期，实质上系出租人主张继续履行合同，双方仍然受到融资租赁合同的约束。主张加速到期，在准用担保物权实现规则之前，若承租人支付了全部租金，便可继续占有使用租赁物，此时出租人仍然要履行融资租赁合同项下的义务。③

① 参见北京市海淀区人民法院（2020）京0108民初42916号民事判决书，广东省东莞市第一人民法院（2022）粤1971民初39309号民事判决书，上海市虹口区人民法院（2023）沪0109民初8296号民事判决书，上海市虹口区（2023）沪0109民初390号民事判决书，上海市虹口区（2023）沪0109民初11040号民事判决书。

② 参见陈自强：《违约责任与契约消解》，台北，元照出版有限公司2018年版，第221页。

③ 参见谢鸿飞、朱广新主编：《民法典评注·合同编·典型合同与准合同》（第2册），中国法制出版社2020年版，第501页。

其二，可同时主张赔偿损失，填补出租人所受损害。① 出租人选择行使解除权，从合同约束中解脱，对于其因承租人违约遭受的损害可一并主张。收回租赁物的价值不能弥补因承租人违约遭受的损害时，应当按照差额说理论，出租人本应获得的全部未付租金与租赁物收回后的市场价值的差额，由承租人进行赔偿。②

其三，收回租赁物后，出租人可再次处分。出租人解除合同收回租赁物后，可再次对租赁物进行处分，例如可对租赁物进行出售、再次进行融资租赁交易等，保障出租人的利益得以最大化。融资租赁交易所涉及的租赁物通常为大型机器设备等资产，租赁物价值变现受到具体行业领域的限制，故准用担保物权实现规则会存在拍卖、变卖所得价款低于租赁物市场价值的情形，出租人亦丧失了对租赁物的所有权。该种路径之下，出租人作为租赁物的所有权人，其利益会存在受损之风险。

其四，收回租赁物后，仅在特定条件下负有“多退”之清算义务。出租人选择解除合同并收回租赁物，在现有规则之下不需要承担一般性的清算义务，仅在同时符合“约定租赁期满租赁物归承租人”和“承租人已支付大部分租金”时，承租人才有权主张租赁物超额价值的返还。于出租人而言选择此权利实现路径不需要承担一般性的清算义务，更能保障出租人利益。

出租人解除合同收回租赁物存在以上四方面的优势，但是由于合同解除条件较为严苛。只有承租人未支付租金并达到根本违约时，出租人才享有解除权。解除权行使时，法院需要对当事人之间的纠纷进行实质审查，故程序较为复杂。同时，基于前文所述，出租人收回租赁物后仍然要负担清算义务，租赁物的价值较难确定。

2. 参照适用担保物权实现规则路径的利弊分析

在既有规则体系之下，融资租赁合同的担保功能得以被立法所明确，同时也确立了承租人经催告拒不支付租金时，出租人可参照适用担保物权实现规则维护自身权益。相较于解除合同收回租赁物路径，准用担保物权实现规则有以

① 参见徐涤宇、张家勇主编：《〈中华人民共和国民法典〉评注》（精要版），中国人民大学出版社 2022 年版，第 805 页。

② 参见上海金融法院（2020）沪 74 民初 748 号民事判决书。

下优势：

其一，不以解约为前提，适用条件较为宽松。租金加速到期本质系主张承租人继续履行合同，只是剥夺承租人的期限利益，出租人便可收回所提供的“融资”成本。出租人行使合同解除权，必然会受到较大的阻碍。而选择加速到期并准用担保物权实现规则便可绕开合同解除这一复杂程序，径直要求承租人支付全部租金并对租赁物拍卖、变卖所得价款受偿。

其二，适用拍卖、变卖程序，权利实现更为高效。加速到期准用担保物权实现规则，通过诉讼或者非讼方式直接启动拍卖、变卖程序，出租人利益能够得到较为及时的保护。在适用非讼程序时此路径优势尤为明显，出租人提供相应的证据材料，证明债权债务及融资租赁关系的存在，法院进行审查后便可裁定实现担保物权，此路径成本低且效率高。①

准用担保物权实现规则存在上述优势，但是仍然存在着弊端。一方面，由于租赁物通常为大型机器设备且具有行业及特定功能限制②，拍卖、变卖程序会导致租赁物实际价值减损。出租人损失难以弥补的部分，仍然需要由丧失清偿能力的承租人进行偿还。同时由于经拍卖、变卖程序出租人业已丧失对租赁物的所有权，无法通过对租赁物的处分再次获取收益。故出租人利益难以得到较为全面地保护。另一方面，非讼程序并不解决实质性争议，若出现实质性争议将导致程序终止，重新启动诉讼程序。

3. 小结

基于两种权利实现路径在适用条件、实现方式、实现效果等方面的不同，两种权利实现路径均有各自的适用条件及对应的实现效果，二者各有利弊，出租人需结合自身商业目的考量选择最为适合的路径。简言之，在权利义务关系清楚且无实质争议、租赁物流转价值有限时，出租人可选择加速到期并准用担保物权实现规则路径；若出租人意欲摆脱合同约束且租赁物存在较高流通价值时，出租人可选择基于解除合同并收回租赁物，以实现自身利益的最大化。

---

① 参见曹士兵：《中国担保制度与担保方法》（第5版），中国法制出版社2022年版，第331页。

② 参见李伟群、尤冰宁：《从“融资”走向“融物”——新监管体系下融资租赁合规展业的实现路径》，载《华侨大学学报（哲学社会科学版）》2021年第5期，第118页。

（二）与其他权利竞合时的处理

无论是选择基于合同关系的权利实现路径，还是选择参照适用担保物权实现规则的权利实现路径，均需要处理权利实现过程中与其他权利冲突的问题。由于未登记的所有权，不具有对抗效力，应作为一般债权处理。故本部分主要讨论的是，登记的所有权在具体实现路径之下与其他权利之间存在冲突的处理。

1. 依据登记时间确定权利优先顺位

在融资租赁交易中，由于承租人已经占有并使用租赁物，故存在承租人以租赁物为他人设立担保权利之情形，此时出租人具有担保功能的所有权、其他担保权利便同时存在同一标的物上，需要解决权利竞合的问题。《民法典》第414、415条确立了以登记、交付时间先后确定权利优先顺位的规则。但是对于具有担保功能的所有权，并未置于《民法典》担保物权的规则体系之下，此种具有担保功能的所有权与担保物权竞存时的优先顺位如何确定需要明确。需要明确的是，《民法典》第414条第2款，其他可以登记担保物权应当作扩大解释，应当包括融资租赁中出租人的所有权，出租人所登记的是就租赁物享有担保功能的权益，而非对所有权的登记。如此理解，出租人所有权登记后可参照适用《民法典》第414、415条从而确定权利竞存时的优先顺位，所遵循的原则便是"公示在先，权利优先"。需要注意的是，作为法定担保物的留置权作为依照登记时间确定权利优先顺位的例外，即便出租人所有权已经办理了登记，留置权人依旧可以就租赁物的价值优先受偿。①

2. 登记的所有权与正常经营活动中买受人之间的权利冲突

租赁期间对于承租人擅自转让租赁物之行为，出租人可以凭借登记的所有权之公示效力，阻断受让人善意取得租赁物。问题在于《民法典》第404条②规定了动产抵押时，不得对抗于正常经营活动中购买标的物且已经支付合理价款的买受人。该条能否在融资租赁交易中适用存在争议。肯定说，从体系解释出发《民法典》第404条属于动产担保物权规则，出于保护正常经营活动交易

---

① 参见刘保玉：《留置权成立要件规定中的三个争议问题解析》，载《法学》2009年第5期，第65页。

② 《民法典》第404条规定："以动产抵押的，不得对抗正常经营活动中已经支付合理价款并取得抵押财产的买受人。"

安全的立法政策选择，融资租赁交易依然可以类推适用该规定。① 反对说，从融资租赁交易的特征出发，应当对正常经营买受人规则予以限制。承租人仅是对租赁物占有使用，转让租赁物不属于其正常的经营活动，因此在融资租赁交易领域，不存在使用的空间。管见以为，否定说失之偏颇，承租人通常情况下通过融资租赁的方式取得对生产设备的占有使用，故转让生产设备的确不属于其正常经营活动。但是融资租赁交易的客体并不限于生产设备，亦包括其他类型的租赁物。一旦租赁物与承租人的经营活动存在密切关联性，该规则便存在适用的空间，即不能以通常情形否定所有可能出现的情况。因此，在融资租赁交易中，正常经营买受人规则亦存在适用的空间。

3. 登记的所有权能否适用 PMSI

《民法典》第 416 条引入了《美国统一商法典》中价款债权担保权制度（purchase money security interest，PMSI），为债务人（担保人）再融资拓宽了渠道，同时赋予新担保人权利的超级优先顺位。② 该项制度设立的目的系优先保护为债务人提供再融资的债权人。对于担保抵押物价款的抵押权，只要于标的物办理后 10 日，该抵押权人便获得超级优先效力。在融资租赁交易中，PMSI 有无适用空间需要进一步阐明。融资租赁交易租金债权的本质即为租金物价款及合理利润，在这一点上与 PMSI 担保的抵押物价款，存在一致性。针对两种不同的交易类型，应基于平等原则，按照事物的性质，对功能相同的出租人所有权与 PMSI 作出相同的处理。③ 但需要注意的是，对于售后回租型融资租赁不能适用 PMSI，由于售后回租系承租人将其自有之物出售于出租人，再以租赁的方式加以使用，其缺乏“融物”属性，出租人所有权所担保的并非租赁物的价款，同时也并未带来承租人责任财产的增加，故售货回租不能适用 PMSI。

---

① 参见高圣平：《民法典上融资租赁交易的担保功能》，载《政法论坛》2023 年第 5 期，第 92 页。

② 参见黄薇主编：《中华人民共和国民法典物权编释义》，法律出版社 2020 年版，第 541 页。

③ 参见谢鸿飞：《〈民法典〉实质担保观的规则适用与冲突化解》，载《法学》2020 年第 9 期，第 16 页。

六、结　语

《民法典》及其司法解释在动产担保领域兼采功能主义与形式主义，赋予融资租赁出租人所有权以担保功能的同时亦未改变其所有权本质。通过引入登记制度，将出租人所有权的隐性担保显性化，赋予其类似动产抵押权的对抗效力。司法解释确立的可以参照适用担保物权实现规则，并不涉及对出租人所有权性质的改变，而只是增加了出租人权利实现的方式。整个融资租赁交易中，出租人并未与承租人达成转移所有权之合意，出租人仍然享有对租赁物的所有权，融资租赁合同权利义务配置使得该所有权具有担保功能。

现有规则为融资租赁交易中出租人权利实现提供了选择性救济路径，两种路径在既有规则体系之下均有独立运行的空间，既有规则之下两种路径不存在本质性冲突，两种路径各有利弊，针对权利义务关系清楚且无实质争议、租赁物流转价值有限时，出租人可选择加速到期并准用担保物权实现规则路径；若出租人意欲摆脱合同约束且租赁物存在较高流通价值时，出租人可选择解除合同并收回租赁物，以实现自身利益的最大化。同时由于登记制度的确立，出租人权利实现时能够处理好与其他权利的冲突。两种权利实现路径，均是出租人维护自身利益之方式，但权利实现具体路径的运行效果仍然待司法实践的检验。

（初审：李昂；校对：马健淇）

刑事法争鸣

一般数据泄露的刑法规制路径之检讨与重构*

胡志成**

摘　要：一般数据泄露行为将损害数据的保密性与可用性，侵害数据主体的生产、生活安宁权以及数据流通监管秩序。非法获取计算机信息系统数据罪的保护法益及所规制的行为方式存在局限，不能全面评价一般数据泄露行为。随着数据要素的市场化，一般数据的法益保护重点应由控制向利用转移，数据的利用利益具有相对于传统法益的独立性。规制一般数据泄露的行为旨在预防数据非法流通中的滥用风险。重释非法获取计算机信息系统数据罪或考虑扩张适用财产犯罪、职务犯罪，存在体系冲突、实效不足等问题。设立非法传播、出卖数据罪是更值得提倡的，而设立未经授权利用数据罪等一般性罪名的方案则仍待商榷。应当根据数据状态、利益平衡设定出罪机制，兼顾数据的利用与安全。

关键词：一般数据；非法获取计算机信息系统数据罪；非法传播、出卖数据罪；数据利用安全

一、问题的提出

《中共中央关于进一步全面深化改革 推进中国式现代化的决定》提出“加快构建促进数字经济发展体制机制”，相关的制度建设任务包括“加快建立数据产权归属认定、市场交易、权益分配、利益保护制度，提升数据安全治理监

* 本文获得2024年国家级大学生创新训练计划项目“数据要素市场化配置机制与基础制度研究”（项目编号：202410284041Z）的支持。

** 胡志成，南京大学法学院硕士研究生。

管能力”。其中，不同层次、类型的数据在保护法益、行为方式的类型化方面存在较大争议。基于作为载体的数据与作为内容的信息的区分，理论将数据的泄露、滥用行为区别于侵害知识产权、公民个人信息的行为。[①] 对于后者，《刑法》设立特别罪名予以保护，而许多以“大数据”形态存在的数据之价值来源于流通、分析、使用，在其上确立绝对权或设立全面保护数据权益的刑事罪名，反而将阻碍其价值形成。这些不受侵害个人信息、知识产权相关罪名的特别保护，亦非财产犯罪适格对象的数据在刑法学界被称为“一般数据”。[②] 确定一般数据是否满足刑法保护的基本要求，需判断侵害行为是否涉及一般性的生产、生活安宁权与数据流通监管秩序。[③]

即使认为泄露、滥用一般数据的行为侵害了一般性的生产、生活安宁权与数据流通监管秩序，其刑法规制模式仍然存在激烈的学术争鸣。有观点认为应当基于数据安全法益的澄清，重释《刑法》第285—286条所规定的非法侵入、获取、破坏等行为方式，以应对侵害一般数据控制的新型手段；[④] 更为激进的观点则主张对于一般数据侵害进行“全流程保护”，在控制利益之外设立专门罪名规制非法传播、滥用行为，甚至设立一般性保护数据权益的罪名；[⑤] 较为谨慎的观点建立在对数据法益独立于其他传统法益的怀疑论之上，提倡将侵害行为化归传统财产、文书、计算机机能、个人信息与秘密等传统罪名进行规制。[⑥] 二者的分歧在于，论者对数据法益存在不同认识，进而对于非法获取一

① 参见梅夏英：《信息和数据概念区分的法律意义》，载《比较法研究》2020年第6期，第153—155页；梅夏英：《企业数据权益原论：从财产到控制》，载《中外法学》2021年第5期，第1196—1197页。

② 参见刘宪权：《数据犯罪刑法规制完善研究》，载《中国刑事法杂志》2022年第5期，第20—21页。

③ 参见赵桐：《数据的领域性法益：范畴、类型与功能观念》，载《南大法学》2024年第4期，第23—26页。

④ 参见杨志琼：《我国数据犯罪的司法困境与出路：以数据安全法益为中心》，载《环球法律评论》2019年第6期，第159页。

⑤ 参见熊波：《论数据法益独立性刑法模式》，载《安徽大学学报（哲学社会科学版）》2023年第2期，第73—75页；于改之：《从控制到利用：刑法数据治理的模式转换》，载《中国社会科学》2022年第7期，第59—66页；喻海松：《数据犯罪刑法规制模式的现状评析与未来展望》，载《法学杂志》2023年第5期，第60页。

⑥ 参见黎森予：《“数据犯罪”概念的否定与化归》，载《南大法学》2024年第4期，第39—46页。

般数据后泄露、滥用阶段行为的社会危害性与处罚必要性作出了不同判断。

在一般数据被非法获取之后、被滥用算法处理之前，一个重要的法益侵害节点是泄露。近年来，我国刑法实务中将企业规模化的经营数据集通过技术或非技术手段泄露的案件日益增加。① 被泄露或被无权移转的一般数据在互联网上被公开传播（以下简称传播）或出卖给无权持有数据者（以下简称出卖），其危害绝不仅是数据主体在技术层面的控制进一步丧失。② 同时，一般数据泄露在我国实务中尚可通过技术表层的传输、交易记录查证，而待其发展到算法滥用阶段，则缺乏刑事规制基础，且涉及数据侵害规制与鼓励创新使用的产业政策平衡等复杂问题。因此，本文将聚焦于一般数据侵害行为的规制模式问题，以检讨目前非法获取计算机信息系统数据罪扩张解释模式为起点，基于法政策与相关决定阐述数据利用安全法益的独立性与应然变化，并在解释论方案用竭的情况下，在立法论层面尝试一般数据泄露的刑法规制路径重构。

二、一般数据泄露规制的实务检视

实务中，一般数据泄露的现行规制路径为：实施非法获取、传播、出卖等直接侵害行为的，适用非法获取计算机信息系统数据罪；为他人提供存储、交易等便利及明知数据非法仍收买者，适用掩饰、隐瞒犯罪所得罪。③ 学理研究

---

① 如最高人民检察院发布第三批5件涉案企业合规典型案例之一：上海Z公司、陈某某等人非法获取计算机信息系统数据案。该案司法意见区分了犯罪团伙通过采用技术手段进行的“外爬”，与利用其所掌握的账号而非技术手段进行的“内爬”。

② 参见冯明昱：《从救济到防控：数据泄露通知制度的理论逻辑与本土建构》，载《科技与法律（中英文）》2024年第4期，第53页。

③ 在“北大法宝”数据库内，以数据泄露各阶段的危害行为步骤为全篇关键词进行检索，剔除将个人信息与数据混淆的案件后结果如下：以“非法获取数据”检索到的44篇刑事判决文书中，有34篇适用《刑法》第285条第2款，1篇适用《刑法》第312条；以“数据转卖”检索到的27篇刑事判决文书中，有19篇适用《刑法》第285条第2款，7篇适用《刑法》第312条；以“出售数据”检索到的34篇刑事判决文书中，有17篇适用《刑法》第285条第2款，4篇适用《刑法》第312条（不含重复）。检索时间：2024年3月30日。

的结论也有所印证。[①] 非法获取计算机信息系统数据罪具有鲜明的技术控制保护倾向，其保护法益的实质内容主要是计算机信息系统安全，难以全面、均衡地评价非法获取之外的非法传播、出卖等泄露行为。同时，一般数据价值在流通中形成，对于民法、经济法学界关于数据合理使用制度的探讨，刑事司法也应当予以关注、回应。

（一）一般数据泄露行为的现行规制路径狭窄

法益概念是为限缩刑罚权而建构的，即刑法仅应当保护预先规定的利益。[②] 在社会发展的前沿，创新与犯罪的界限不是泾渭分明的。因此，规制路径的构建通常从行为可能侵害的最基本法益开始。但是，如果不能与时俱进地扩充保护法益的范畴，将导致规范解释过度窄化，进而导致国民对于简单、粗略的罪状预期匮乏，罪责酌量失衡，也不利于建立合理的出罪机制。

在大陆、英美等法系刑事立法例与学说中，一般数据犯罪被定义为针对数据保密性（Confidentiality/Vertraulichkeit）、完整性（Integrity/Unversehrtheit）、可用性（Availability/Verfügbarkeit）的犯罪。[③] 非法获取数据是指在数据主体授权范围之外取得数据，它侵害持有人对世性的消极防御权，即侵害控制数据访问的“管领”[④]，进而侵害数据保密性[⑤]。而在一般数据的市场流通机制、价格机制逐步成型的背景下，[⑥] 一般数据泄露后未经合规流程进入暗网非法交易，泄露者攫取了数据主体原本可通过授权使用获得的经济利益，降低了一般数据

---

① 参见杨志琼：《非法获取计算机信息系统数据罪“口袋化”的实证分析及其处理路径》，载《法学评论》2018 年第 6 期，第 164 页。

② 参见［德］克劳斯·罗克辛：《德国刑法学总论·犯罪原理的基础构造》（第 1 卷），王世洲译，法律出版社 2005 年版，第 12—16 页。

③ 参见王华伟：《数据刑法保护的比较考察与体系建构》，载《比较法研究》2021 年第 5 期，第 138 页。

④ 参见许可：《从权利束迈向权利块：数据三权分置的反思与重构》，载《中国法律评论》2023 年第 2 期，第 27—28 页。

⑤ 参见杨志琼：《我国数据犯罪的司法困境与出路：以数据安全法益为中心》，载《环球法律评论》2019 年第 6 期，第 159 页。

⑥ 如经过归集的公共一般数据根据匿名化、集合储存、技术调整的成本与合理利润定价。参见吕正英、汤奇峰、胥莉：《公共数据授权运营价格机制研究——基于 CSR 模式的分析》，载《价格理论与实践》2024 年第 3 期，第 77—79 页。

的稀缺性与流通合规性，进而导致其可用性降低。一般数据非法进入流通的负面溢出效应可能同时损害企业、个人的生产、生活安宁权，且破坏了数据流通监管秩序。泄露可以是在非法获取数据侵害保密性的基础上进一步传播、出卖，同时侵害一般数据的可用性；也可以是合法持有者的无权传播或出卖，不必然包括侵害技术控制的获取这一步骤。因此，一般数据泄露的社会危害性绝非数据保密性所能囊括的，甚至已超出了可用性侵害的范畴。

相比较之下，当前刑事立法的规则供给难以适应日益严峻的数据泄露危害形势。目前，非法侵入计算机信息系统罪、非法获取计算机信息系统数据罪围绕防御性质的“计算机信息系统安全”法益进行解释适用而设计①：区分涉密系统与非涉密系统，前者打击前置，以“侵入”计算机为构成要件行为；后者设置以“采用技术手段”为限定前提的“获取”构成要件行为，客观处罚条件为获取“身份认证信息”组数、控制计算机系统数量、非法获取行为违法所得（5000 元以上）或经济损失（10000 元以上）择一构罪。② 可见，两罪所规制行为的社会危害性在于破坏持有数据者的技术防御，衡量需罚性的客观处罚条件是数据泄露对技术控制的影响，以及因技术入侵而产生的直接损害、不当得利。

下文的实务研究将进一步表明，非法获取计算机信息系统数据罪以计算机功能与安全为保护法益，导致获取行为要件的设定与司法实践中的实际涵盖范围“名实相爽”。造成这种局面的根本原因在于对数据泄露的危害性认知不足，忽略了独立评价泄露行为的必要。

（二）一般数据泄露行为的司法实务评价失衡

首先，实务中确实存在非法获取一般数据后泄露的行为，主要形式为出卖。③ 表 1 展示了将非法获取的数据出卖给他人获利的 9 起典型案件情节。

① 参见皮勇：《论中国网络空间犯罪立法的本土化与国际化》，载《比较法研究》2020 年第 1 期，第 140 页。

② 《最高人民法院、最高人民检察院关于办理危害计算机信息系统安全刑事案件应用法律若干问题的解释》第 1—2 条。

③ 在“北大法宝”数据库内以“获取数据”为关键词检索，共有 149 件案件适用《刑法》第 285 条第 2 款；在其中以“出售”为关键词检索，共有 88 件案件。存在出卖型数据泄露情节的案件约占 60%。检索时间：2024 年 8 月 20 日。

表1　典型出卖型泄露案件情节展示

序号	案号	出卖事实
1	检例第36号	**利用所掌握的该大型网络公司内部管理开发系统账号、密码、Token令牌，**违反规定多次在异地登录该大型网络公司内部管理开发系统，查询、下载该计算机信息系统中储存的电子数据，后将非法获取的电子数据通过互联网出售牟利
2	（2019）苏02刑终630号	**租赁用于查询苹果设备维修记录等计算机信息系统数据的GSX工具账号**（该工具仅限苹果公司以及授权服务商、供应商使用），按照下家提出的需求，非法查询上述数据并销售给下家
3	（2019）苏02刑终570号	被告人接受公司保密方面的培训，在与苹果公司签订了保密协议的情况下，仍**违规利用职务便利**查询苹果公司数据并贩卖
4	（2021）粤1427刑初40号	**猜中初始密码登录塔牌集团信息管理系统账号**后，收集招投标报价数据，提供给与其关系好的供应商以获取好处费
5	检例第68号	编制“小黄伞”撞库软件，组织码工打码，非法获取数据并出售牟利
6	（2021）浙0702刑初224号	利用发现的手机登录53快服网站的登录漏洞，绕过账号密码验证直接进入后台，提取访客的手机号码等数据进行出售
7	（2018）浙0108刑初24号	被告人利用技术工具侵入“铃铛游戏”等网站非法获取数据，获取报酬
8	（2019）津0113刑初776号	通过租用“大明湖平台”，使用该平台的“入库”及“出库”插件非法控制计算机信息系统，获取苹果交易凭证并出售
9	（2019）冀0110刑初493号	通过漏洞进入“冠人集团”网站后台，又通过上传脚本的方式，获取了网站信息数据库的管理账号和密码，出售“冠人教育”信息数据库里的存储数据

其次，非法获取计算机信息系统数据罪对于泄露行为的评价不符合罪责刑相适应的要求。笔者根据有出卖情节的案件所占比例（60%），选取2017—2021年发生在经济水平相近地区的案件15起（含表1中的9起），计算实施数据获取或传播、出卖的行为人侵害（或得利）程度与所获实刑长度的比例。如表2所示，前述9起非法获取后泄露获利的案件中，损害/得利与所获自由刑之比约为3.71：1（万元：年）；6起为自行利用而并未泄露的案件中，损害/得利与所获自由刑之比约为4.23：1（万元：年），是否有出卖情节没有导致明显差

异。其中，有相邻年份、同一省份的案件，泄露与未泄露一般数据的行为人罪刑比例基本无差异，① 而且还存在涉案金额明显较大的情况下，获取后泄露一般数据的行为之刑罚轻于获取后未泄露的。②

表 2　两类案件损害/得利与量刑结果之比计算细目

类别	案号	造成损害/得利	量刑结果	损害/得利：量刑（万元：年）
未出卖或传播给他人（自行利用数据）	（2019）粤 0606 刑初 1234 号	评估认定损失为 6 万元	有期徒刑 3 年	4.23：1
	（2021）浙 05 刑终 87 号	用于服务得利 52 万元（2 人）	有期徒刑 3.5 年	
	（2020）苏 09 刑终 205 号	用于服务得利 55 万元（金某）	有期徒刑 1.5 年	
	（2018）苏 0507 刑初 239 号	用于服务得利 15 万元（林某）	有期徒刑 3 年	
	（2017）渝 0112 刑初 419 号	用于分析得利 12.4 万元（缪某）	有期徒刑 3 年	
	（2019）苏 1091 刑初 157 号	用于服务得利 7 万元（2 人）	有期徒刑 3 年	

① 参见祁某、吴某等非法获取计算机信息系统数据、非法控制计算机信息系统案，江苏省无锡市中级人民法院（2019）苏 02 刑终 630 号刑事判决书（行为人泄露一般数据）；对照深圳市帮看车科技有限公司、深圳市奥创科技有限公司等非法获取计算机信息系统数据、非法控制计算机信息系统案，江苏省盐城市中级人民法院（2020）苏 09 刑终 205 号刑事判决书（行为人未泄露一般数据）。

② 参见田某、徐某、彭某等非法获取计算机信息系统数据、非法控制计算机信息系统案，广东省蕉岭县人民法院（2021）粤 1427 刑初 40 号刑事判决书（行为人泄露一般数据）；对照屈某非法获取计算机信息系统数据、非法控制计算机信息系统案，广东省佛山市顺德区人民法院（2019）粤 0606 刑初 1234 号刑事判决书（行为人未泄露一般数据）。

续表

类别	案号	造成损害/得利	量刑结果	损害/得利：量刑（万元：年）
出卖或传播	检例第36号	出卖违法所得3.7万元（3人）	有期徒刑4年	3.71：1
	（2018）浙0108刑初24号	出卖违法所得2.75万元（罗某）	有期徒刑2年	
	（2019）苏02刑终630号	出卖违法所得15万元（赵某）	有期徒刑3.5年	
	（2021）粤1427刑初40号	出卖违法所得10.7万元（田某）	有期徒刑3.5年	
	（2019）苏02刑终570号	出卖违法所得9.9万元（熊某）	有期徒刑1.5年	
	检例第68号	出卖违法所得29万元（3人）	有期徒刑3年	
	（2021）浙0702刑初224号	出卖违法所得5万元（谢某）	有期徒刑3年	
	（2019）津0113刑初776号	出卖违法所得17万元（杨某）	有期徒刑3年	
	（2019）冀0110刑初493号	损失评估8万元（2人）	有期徒刑9个月	

最后，非法获取计算机信息系统数据罪中“采用技术手段”要件与实务中企业内部黑客泄露数据的实际过程相对照，也有过于狭窄之嫌。以最高人民检察院指导性案例检例第36号案为代表，行为人并未使用技术手段（见表1中加粗部分）。前文所引用的上海Z公司、陈某某等人非法获取计算机信息系统数据一案中，将犯罪团伙利用已掌握的企业内部账号、密码登录后抓取下载订单信息的“内爬”，与“采用技术手段”破坏被害人对数据的技术控制措施与计算机功能的“外爬”区分开来。

如上所述，一般数据泄露行为除侵害数据的技术控制外，还进一步侵害了数据主体的经济利益、生产经营秩序与数据流通监管秩序，而在量刑阶段并未体现应有的差异。其根源在于现行法上非法获取计算机信息系统数据罪采取以破坏数据控制为核心的获取行为方式，且受到“计算机系统安全”法益影响，局限于技术性的控制保护，因而出现罪责刑不相适应的现状。其成因与现有研究对非法获取计算机信息系统数据罪“口袋化”的批评要旨非常近似：因技术层面的“数据”只需判断0/1二进制代码的存在，较易操作而成为实务部门的宠儿，导致司法人员将“数据”的技术属性与法律属性相混淆。[①] 类似地，在技术层面判断获取他人控制的数据是简单的，但数据泄露过程中所侵害的法益则是复杂的。

（三）融合一般数据流通政策的出罪机制缺位

大量的数据不是有意识生产的，而是工商业活动或人们日常活动时产生的“数字尾气”或“副产品”。[②] 因此，在检讨现有规制模式未充分应对实际的各种危害行为之外，也应当注意避免刑法过度扩张干预经济生活中的行动自由与信息自由。[③] 在以刑事政策为导向的刑法体系中，阻却违法性的正当化事由为解决法益的社会冲突而设定，阻却有责性的罪责阻却事由则适用于立法者认为某些情形下缺乏一般预防必要性，从而放弃刑罚的情况。[④] 应当将调整数据流通与先在利益保护平衡、促进数据交易行业发展的法政策融入构成要件的认定与违法性、有责性评价之中，构建合理的出罪机制。但现行法与司法解释并未设定关于数据获取行为与传播、出卖行为的正当化事由与罪责阻却事由，这一问题也尚未受到刑法学界与实务界足够的关注。

当数据泄露行为符合非法获取计算机信息系统数据罪的构成要件时，如果作为行为对象的数据存在权益冲突、数据垄断等问题，则认定获取行为的违法性显然将导致侵害公众的经营自由、通信自由等利益失衡的结果。此时，立法或司法机关应基于利益衡量原则，设定排除行为违法性的正当化事由，并基于

---

① 参见杨志琼：《非法获取计算机信息系统数据罪“口袋化”的实证分析及其处理路径》，载《法学评论》2018年第6期，第166页。

② 参见［美］拉塞尔·沃克：《从大数据到巨额利润》，王正林译，广东人民出版社2019年版，第83页。

③ 参见梅夏英：《企业数据权益原论：从财产到控制》，载《中外法学》2021年第5期，第1193页。

④ 参见［德］克劳斯·罗克辛：《构建刑法体系的思考》，蔡桂生译，载《中外法学》2010年第1期，第12—15页。

数据价值的公共性、时效性等特征，① 认定获取、传播、出卖明显过时或无价值数据的行为不具备个别预防或一般预防的必要性。

三、一般数据保护法益的重心转移

如上文所述，当下一般数据的保护范式为控制模式，即仅将采用技术手段的非法获取行为犯罪化，相对应的保护法益主要是作为控制工具和载体的计算机信息系统功能与安全，最多可以涵盖一般数据的保密性控制。然而，随着一般数据用于技术分析和金融流通的价值（如数据知识产权质押融资）显著增加，法益保护重心日益向处于泄露流程末端的数据利用转移，并呈现为不能划归为传统保护法益的数据利用安全法益。同时，刑法直接介入数据处理与利用阶段存在技术上与政策平衡上的双重困难。此时，对于数据泄露的刑法规制一方面实现了对数据可用性的保护；另一方面实现了对一般数据滥用风险的提前防范。

（一）数据权利束的“偏正结构”

权利束理论自英美法系引进，即财产权被分解为占有、使用、开发、改善、消费、消耗、破坏、出售、捐赠、遗赠、抵押、出租等若干“束”权能，均可单独转让、放弃、用竭。② 早在2021年出台的《个人信息保护法》中，第四章“个人在个人信息处理活动中的权利”第44—47条所规定的知情决定权、查阅复制权、修改权、删除权便采取了“权利束”构造，对个人信息权的权能作出不同于传统财产权、绝对权的规定。③

基于长期实践经验总结，《中共中央 国务院关于构建数据基础制度更好发挥数据要素作用的意见》（以下简称《数据二十条》）中明确“建立数据资源

① 参见黄少安、张华庆、刘阳荷：《数据要素的价值实现与市场化配置》，载《东岳论丛》2022年第2期，第118页。

② 参见［美］约翰·亨利·梅利曼：《所有权与地产权》，赵萃萃译，载《比较法研究》2011年第3期，第153页。

③ 参见申卫星：《论个人信息权的构建及其体系化》，载《比较法研究》2021年第5期，第3—4页。

持有权、数据加工使用权、数据产品经营权等分置的产权运行机制”，分别对应技术控制、利用许可和衍生财物支配三种权能。其中，持有者对特定范围内的数据存储、访问、传输的管领与控制进行消极防御，不同于传统财产权在用益、处分方面的支配。数据使用权利不必然以管领、控制为基础，而是需要积极行使的权利，通过许可方式确定使用数据的主体范围、时间期限、使用目的等要素。① 一般数据权益的集中地和侵害的显著高发地为企业。有学者基于 90 个数据泄露案件的分析指出，数据泄露所涉机构中约有 82%为企业，占绝大部分。②“权利束”内与本文关系密切的持有权与使用权有何种权能、受何种限制，可以从《数据二十条》对企业数据产权与边界的论述中窥见一斑。《数据二十条》认为对于企业，应“保障其投入的劳动和其他要素贡献获得合理回报，加强数据要素供给激励”。数据产生、储存、管理都需要一定的投入，基于投入所得到的制度保障是“合理回报”而非控制、占有，且其回报的实现途径为“供给激励”，即通过合规的使用权许可获得。《数据二十条》还强调，原始数据主体（特别是大企业）应当“增强企业社会责任，打破‘数据垄断’”，持有的数据所获得法律保护应该是相对的（例如对于不同规模的企业）、暂时的，而使用权则应当积极行使促进（大企业）“与中小微企业双向公平授权，共同合理使用数据”。

在数据抓取的竞争法规制中，对于数据持有权人的保护是以使用价值的评估为条件的。抓取行为是否产生竞争损害，取决于对使用数据的产品及服务之市场替代效果的评估。③ 在最高人民法院 2020 年、2023 年两度发布的涉数据不正当竞争典型案件中，先是将“获取、使用”并列为认定“竞争权益”损害的依据，④ 后又在“典型意义”中提出“取之有道、用之有度”的数据抓取规制

---

① 参见许可：《从权利束迈向权利块：数据三权分置的反思与重构》，载《中国法律评论》2023 年第 2 期，第 27—30 页。

② 参见董杨慧、谢友宁：《大数据视野下的数据泄露与安全管理——基于 90 个数据泄露事件的分析》，载《情报杂志》2014 年第 11 期，第 155 页。

③ 参见蔡川子：《数据抓取行为的竞争法规制》，载《比较法研究》2021 年第 4 期，第 177—184 页。

④ 参见深圳市腾讯计算机系统有限公司、腾讯科技（深圳）有限公司与浙江搜道网络技术有限公司、杭州聚客通科技有限公司不正当竞争纠纷案，浙江省杭州铁路运输法院（2019）浙 8601 民初 1987 号民事判决书。

理念，[①] 并明确地根据被抓取数据对应的合理使用费或非法出卖价格算定损害。相对应地，对于仅侵害数据持有权的行为，学界有观点认为，单纯获取而不加以处理、交易数据的行为属于“合法利益豁免”，不应追究责任。[②] 后文将系统介绍可能阻却数据获取行为违法性与有责性的事由。

综上，结合《数据二十条》的整体精神，以企业数据产权相关论述为切入点，可见在数据权利束的“三权分置”中存在一种“偏正结构”：数据持有权的技术控制权能受到反“数据垄断”的目的性限缩，而数据供给激励与存储合理回报实现所依靠的是使用权许可的积极行使。一般数据持有权与使用权均为竞争法与刑法保护的对象，而使用权的侵害则是法律上的“损害”认定的必要条件与重心。

（二）数据滥用风险的提前化规制

对于刑法所关注的“侵害”界定，存在传统的狭义危害原则与广义危害原则两种标准。[③] 前者强调行为结果应当可还原为现实的、确定的个体利益损害，后者强调除了行为的个体危害性之外，还要考量是否符合公众层面的合理社会需求等。[④] 在传统的狭义危害原则标准下，虽然一般数据持有权在《数据二十条》破除“数据垄断”的政策背景下相对化，而实现“供给激励”的使用权价值日益增加，但持有权对应现实的、确定的个体计算机系统安全法益，更显著地具有传统意义上刑法所关注的社会危害性，因此持有权保护长期处于数据犯罪的中心。

基于一般数据滥用风险预防的必要性，本文主张对于一般数据领域的刑法介入标准采取广义危害原则，而非狭义危害原则。行为人在侵害技术控制基础上进一步泄露、滥用，可能导致数据自身价值损害以外的永久性、普遍性负面

---

① 参见北京微某网络技术有限公司与广州简某信息科技有限公司等不正当竞争纠纷案，广东省高级人民法院（2022）粤民终4541号民事判决书。

② 参见谢琳：《大数据时代个人信息使用的合法利益豁免》，载《政法论坛》2019年第1期，第82—83页。

③ 参见田刚：《数据安全刑法保护扩张的合理边界》，载《法学论坛》2021年第2期，第74—75页。

④ 参见［美］哈伯特·L. 帕克：《刑事制裁的界限》，梁根林等译，法律出版社2008年版，第293—298页，转引自前注田刚文。

溢出效应。依法获得使用权授权不仅是为了实现权利主体的“合理回报”，更是为了避免数据恶性竞争和非法、无效使用所带来的溢出效应，进而影响数据市场的中长期发展。① 比较法上认为，通过违法传播或出卖数据，数据权人遭受的损害将“永久化”，不可追回。② 主要表现为数据泄露直接导致的稀缺性与流通合规性降低，以及泄露后滥用所导致的生产经营规律暴露、数据市场合规秩序破坏。

同时，刑法直接介入数据滥用存在困难。有观点认为，刑法不应完全介入数据的技术性使用，特别是考虑到信息技术的中立属性、数字经济的发展以及算法层面的规制困难。③ 例如，美国《计算机欺诈和滥用法》（*Computer Fraud and Abuse Act*，CFAA）的数据犯罪规则中也明确将“使用限制”排除在外。④ 如前所述，从数据流通政策角度来看，促进数据利用以释放其经济价值，也成为数据利用规制应当慎重的重要原因，故而数据安全风险应当维持在一种可控的水平，而非完全消除。因此，刑法无须再以个体数据控制的损害为基础，而是应当以数据滥用的溢出效应风险防范为目的，在数据通过传播、出卖进入流通的阶段进行“提前化保护”。⑤ 以行政法及其实施规则变化为例，2021 年出台的《数据安全法》第六章“法律责任”中第 46、47、48、51 条单独规制的行为为非法数据出境、违规中介行为、不配合调取、窃取数据，关注点在于数据控制、管领层面的侵害与违规。而 2023 年 11—12 月工信部公开征求意见的《工业和信息化领域数据安全行政处罚裁量指引（试行）》第 13—15 条所规制的危害行为表述为“篡改、破坏、泄露或者非法获取、非法利用”一般数据，已经正式将数据泄露及无权利用所产生的损害数额列入行政处罚的规制范围，

---

① 参见丁文联：《数据竞争的法律制度基础》，载《上海法学研究》2020 年第 13 卷，第 86 页。

② 参见赵桐：《一般数据犯罪的比较考察与体系建构》，载宋波主编：《中德法学论坛》，南京大学出版社 2023 年版，第 95 页。

③ 参见喻海松：《数据犯罪刑法规制模式的现状评析与未来展望》，载《法学杂志》2023 年第 5 期，第 57 页。

④ 参见杨志琼：《美国数据犯罪的刑法规制：争议及其启示》，载《中国人民大学学报》2021 年第 6 期，第 158 页。

⑤ 参见王永茜：《论现代刑法扩张的新手段——法益保护的提前化和刑事处罚的前置化》，载《法学杂志》2013 年第 6 期，第 123—130 页。

体现了行为规制重点的转移。这一行为规范的变化对于刑事立法也有着重要的启示。

（三）“数据利用安全法益”的提倡

刑法学界对于数据法益的关注与思考来自泄露、滥用导致的现实侵害。因此，在一般数据保密性及其现实化的载体计算机功能之外①，有观点试图将针对数据本身及其所承载内容的侵害所涉的个体、公共、国家利益确立为新的数据法益②。但如果仅从现实侵害所涉及的传统法益种类之多、程度之巨来论证新型法益的构建，其独立性将遭到质疑：若唯有数据承载的具体内容才具有价值，则应当将数据法益划归为传统法益并据此解释适用现有罪名，而非增设以（即使经过分类的）数据为普遍保护对象的新罪。③

如前所述，一般数据的保密性、可用性、完整性是其独特的技术保护维度。然而，如果一般数据技术属性层面的侵害只是指向传统法益的手段，则同样会面临前述的法益独立性怀疑论观点的挑战。因此，有观点指出，指向一般数据而非其内容的侵害行为，因数据流通性与技术处理的复杂性导致的“领域性法益”侵害与系统性风险，不能被直接划归传统个人法益或集体法益之中。④ 例如，前文所述的一般数据使用价值与企业生产规律，在泄露阶段尚不足以上升为刑法所保护的“财物”或“秘密”。但泄露后的定向性分析可能导致安宁权层面的数字人权侵害，积量性无权使用可能导致数据稀缺性的降低。后文将论证这些损害并非传统财产犯罪、职务犯罪所能评价。又如，在场外交易同样需要符合可交易性、清洗脱敏等条件，并由数据主体承担流通（如跨境传输）后

---

① 参见俞小海：《破坏计算机信息系统罪之司法实践分析与规范含义重构》，载《交大法学》2015 年第 3 期，第 140—154 页。

② 参见刘宪权：《数据犯罪刑法规制完善研究》，载《中国刑事法杂志》2022 年第 5 期，第 20—35 页。

③ 参见黎森予：《“数据犯罪”概念的否定与化归》，载《南大法学》2024 年第 4 期，第 32—38 页。

④ 参见赵桐：《数据的领域性法益：范畴、类型与功能观念》，载《南大法学》2024 年第 4 期，第 23—24、27—28 页。

果的背景下,[①] 数据泄露、滥用所导致的合规责任与流通风险，既涉及数据主体利益，也涉及数据流通监管秩序。

上述一般数据泄露、失控所导致的损害和风险无法划归为传统法益，且涉入了算法滥用等暂时难以直接规制的领域。因此，着眼于数据大规模流动、处理、使用过程中风险平衡的“可控性”的“数据利用安全法益”概念,[②] 强调了对一般数据可用性的特别保护与滥用风险的提前化控制，是对现行数据犯罪构造的解释、重构的基础：首先，它可以容纳基于保密性控制的技术控制侵害规制，其与后续泄露规制、滥用风险防范具有保护法益上的融贯性；其次，它为刑法明确、单独规制导致一般数据非法进入流通、引发危害失控的泄露行为提供了依据；最后，它为特殊情境下的利益衡量留出了空间，对于不影响风险平衡的构成要件行为可以设定出罪机制，发挥法益限缩刑罚权的作用。

四、一般数据泄露行为规制的解释论尝试与困境

数字经济业态变化频仍，数据交易市场方兴未艾。在数据权益缺乏足够制定法依据的背景下，考虑到数据犯罪与传统犯罪关系的复杂性，以及一般数据保护与开放之间的矛盾关系，对于设定规制范围较广、行为定型性较弱的侵犯数据权益罪等立法论建议,[③] 似应谨慎看待。同时，考虑到基于犯罪行为规制的可预测性，也应当先穷尽解释论可能性，尝试对《刑法》第 285 条第 2 款所规定的“采用技术手段”要件、客观处罚条件采取语义射程内的扩张解释，并尝试在可接受的范围内适当扩张解释刑法体系内其他规范。

（一）非法获取计算机信息系统数据罪的重释

保护法益的内涵深刻影响着刑法保护与处罚边界的解释。针对现行数据犯

---

① 《信息安全技术　数据交易服务安全要求》（征求意见稿）第 9.1 条第（g）-（j）项。参见全国信息安全标准化技术委员会：《关于国家标准〈信息安全技术　数据交易服务安全要求〉征求意见稿征求意见的通知》，载山东省大数据研究会网。

② 参见刘金瑞：《数据安全范式革新及其立法展开》，载《环球法律评论》2021 年第 1 期，第 11 页。

③ 参见喻海松：《数据犯罪刑法规制模式的现状评析与未来展望》，载《法学杂志》2023 年第 5 期，第 60 页。

罪规则拘泥于计算机信息系统安全法益的现状，有学者曾提出引入数据保密性、可用性、完整性概念，对《刑法》第285条第2款、第286条第2款的构成要件行为、对象、结果进行重释。① 在承认数据保密性与可用性的区分的前提下，对规则作出灵活但不失定型性的解释，并规定相关属性相适应的客观处罚条件。这实际上是将非法获取计算机信息系统数据罪视为数据犯罪的兜底罪名，有着相当的难度和先天不足。

1. 对“采用技术手段”的扩张解释

本文实务研究部分指出，一些案例中一般数据泄露过程所包含的获取行为并不符合“采用技术手段”要件。如果以非法获取计算机信息系统数据罪规制一般数据泄露，则需要删去“采用技术手段”这一构成要件或进行扩张解释。

比较法上，有将“采用技术手段”作为一般数据非法获取行为要件的立法例，如《德国刑法典》第202a、202b条所规定的刺探数据罪、截取数据罪，均是以使用一定技术手段为前提。② 然而，德国学界对于这种设计也有与本文类似的反思与批评，即可能导致实践中一些非法读取、窥探数据的行为由于不符合该技术条件而得不到有效规制。考虑到这些因素，我国台湾地区“刑法”第359条无故取得电磁记录罪，则完全没有规定任何手段行为的构成要件。③

实际上，美国立法例关于相关问题的设定与调整过程表明，缺乏技术手段要件可能将面临另一种困境。美国早期对于数据抓取、使用行为是否被“授权”的判断采取宽泛的入罪标准，几乎所有能显示数据持有者对抓取行为不满的信号，都足以让法官认定访问是“未经授权”的。故而美国司法机关新近开始采取更明确的、限缩性的技术判断标准，如仅限于考察访问、获取数据行为是否突破数据网站的安全防御技术等，而不包括仅违反数据网站的合同规定的情形。④ 因此，如中国、德国等在非法获取数据犯罪中设定技术条件的法律体

① 参见杨志琼：《我国数据犯罪的司法困境与出路：以数据安全法益为中心》，载《环球法律评论》2019年第6期，第161—165页。

② 参见赵桐：《一般数据犯罪的比较考察与体系建构》，载宋波主编：《中德法学论坛》，南京大学出版社2023年版，第91页。

③ 参见王华伟：《数据刑法保护的比较考察与体系建构》，载《比较法研究》2021年第5期，第149页。

④ 参见杨志琼：《美国数据犯罪的刑法规制：争议及其启示》，载《中国人民大学学报》2021年第6期，第158页。

系，或可“逆向”参考美国司法机关的解释风向，以“技术授权”为扩张解释的方向，不宜继续采用仅限于侵入型技术手段的限缩解释方案，[1] 而应当采用包括非侵入型的其他技术手段或以技术表层手段获取数据的扩张解释方案，[2] 兼顾灵活性与谦抑性。

但值得注意的是，这一方案的缺陷在于无法评价企业较高层级员工、代理人的泄露行为。如表 1 典型案例中加粗部分所示，行为人可能本就具备数据持有权，仅需简单传输就可以传播或出卖，无须实施技术或技术表层的获取行为，仅由于缺乏数据使用许可权而构成了非法传播、出卖的泄露行为。[3] 强行以非法获取计算机信息系统数据罪规制一般数据泄露行为，可能导致该罪名丧失定型性。

2. 将一般数据泄露作为“情节”评价

如前文所述，由于非法获取计算机信息系统数据罪的传统保护法益是计算机信息系统安全，因而难以评价数据泄露对于一般数据可用性的侵害，尤其是在前文所讨论的行为要件方面。另一种可能的思路是，将出卖非法获取的数据获利，以及其对于生产、生活安宁权与数据流通管理秩序的损害视为情节，可以设定与“情节严重”“情节特别严重”对应的两个梯度，与《最高人民法院最高人民检察院关于办理危害计算机信息系统安全刑事案件应用法律若干问题的解释》第 1 条规定的其他情形为选择关系。该方案的价值在于将非法获取后泄露一般数据的法益侵害纳入对现行刑法评价范围，但由于我国刑法体系中的“情节严重”定位本就存在争议以及行为方式设定的不足，无论如何理解这种方案，都存在明显缺陷。

首先，如果将泄露这一“情节”理解为客观处罚条件，则显然是在该罪构成要件行为“获取”之外创设其他行为的结果评价规则，超出了构成要件中的行为与主观认识本来所能涵盖的范畴，架空了构成要件，进而形成间接处罚，

---

① 参见赵秉志主编：《刑法修正案（七）专题研究》，北京师范大学出版社 2011 年版，第 250 页。

② 参见李遐桢、侯春平：《论非法获取计算机信息系统数据罪的认定——以法解释学为视角》，载《河北法学》2014 年第 5 期，第 68—69 页。

③ See Shurgard Storage Centers, Inc. v. Safeguard Self Storage, Inc. 119 F. Supp. 2d 1121 (W. D. Wash. 2000).

属于“情节严重”规定的常见问题。① 其次，如果将这种“情节”规定定位为“类构成要件复合体”，认为它将法政策对一般数据泄露的规制要求补充到了非法获取计算机信息系统数据罪的构成要件中，则主观要件中的认识将被塞入“营利性”等原本没有的内容，在构成要件的适用过程中被“激活”，妨碍构成要件的呼吁功能与规制故意认识范围的作用。②

（二）刑法体系内其他罪名的适用可能性检视

如前所述，对于非法获取计算机信息系统数据罪的行为构造进行扩张解释，或通过创设“情节严重”的司法解释规则，均不能完整地评价一般数据泄露行为，或者存在构成类推解释、违反罪刑法定原则的问题。因此，针对该罪的解释论尝试不值得提倡，接下来应当检视刑法体系中其他罪名扩张适用的可能性。

1. 财产犯罪体系边缘的尝试

如果认为一般数据构成财产犯罪的对象，则首先需要论证其为“值得保护的财产性利益”从而属于“财物”范畴，并论证“财产犯罪构成要件结构可以接纳这种财产性利益”。③《数据二十条》出台后，一般数据广泛适用于贷款增信等场景，其融资、分析使用的价值可达千万之巨。④ 但是，数据确权目前缺乏制定法规则，刑法学界对于一般数据是否构成“财物”持怀疑、否定的态度。⑤“财产性利益”的判断要件通常包括价值性、稀缺性、流通性和可支配性。但即使是主张建立数据产权制度的主要学者也认为，一般数据通常由多个主体共同生成，难以被分离、固定、支配，且其价值性、稀缺性衰减变化快。⑥

---

① 参见陈洪兵：《“情节严重”司法解释的纰缪及规范性重构》，载《东方法学》2019年第4期，第88页。

② 参见王莹：《情节犯之情节的犯罪论体系性定位》，载《法学研究》2012年第3期，第143—145页。

③ 参见车浩：《占有概念的二重性：事实与规范》，载《中外法学》2014年第5期，第1215页。

④ 数据集经登记、固定，作为增信凭证可以推动大额贷款发放，如江苏省知识产权局：《首单数据知识产权质押融资落地南通》，载江苏省知识产权局网。

⑤ 参见喻海松：《数据犯罪刑法规制模式的现状评析与未来展望》，载《法学杂志》2023年第5期，第55页。

⑥ 参见江小涓：《数据交易与数据交互：理解数据要素市场特征的关键》，载《中国网信》2024年第1期，第33页。

且其利用价值依赖于算法模型与场景匹配，不具有类似虚拟财产独立于其他现实要素的“相对独立性”[①]。因此，根据目前的技术发展与整体立法情况，其难以构成财产性利益。

退一步来说，即使未来技术与市场的发展，使得一般数据成为值得保护的财产性利益，财产犯罪构成要件结构能否接纳这种财产性利益，仍然是一个问题。批评将虚拟财产列入盗窃罪对象的学者指出，因为“对于债权等财产性利益的控制具有纯粹的观念性”，所以肯定侵犯财产性利益的行为成立盗窃意味着接受财产性利益可以占有，将造成占有观念化与财产犯罪定型性的丧失。[②] 例如，红包二维码等数据编码凭证虽然是具有价值性、稀缺性、流通性和可支配性的财产性利益，[③] 但破解、抓取数据凭证等侵害行为不能像破解游戏点卡那样，完全转移独占性的支配权，因此不宜将其认定为财产犯罪的对象。与之相同，一般数据可以被同时、重复地利用，难以成为占有的对象。故而即使在将来成为财产性利益，也难以成为财产犯罪的适格对象。因此，随着一般数据的使用价值日益提升，刑法对其使用价值的保护应当在传统财产法益外另寻基础，避免破坏财产犯罪的体系自洽性与罪名定型性。因此，可以认为非法获取、传播、出卖一般数据不构成对“公私财物”的占有保护秩序的侵害，行为人截留、隐匿、泄露数据主体疏于管理或委托给自己的一般数据，这些以一般数据为对象的行为也难以构成侵占。

不过，随着数据定价的指数、政策与实践不断成熟，[④] 且考虑到目前刑事立法的规则供给缺位，无权出卖一般数据并占有数据使用对价的行为或可勉强构成侵占罪。其前提是，侵占罪的首要保护法益是财产所有权而非占有。[⑤] 因此，虽然非法获取和转移时的一般数据不是财物，但交易转化后的特定等价物

---

① 参见林旭霞：《虚拟财产权研究》（修订版），法律出版社 2018 年版，第 59—60 页。

② 参见徐凌波：《虚拟财产犯罪的教义学展开》，载《法学家》2017 年第 4 期，第 53 页。

③ 参见阳东辉、吴加明：《盗窃数字编码型凭证行为性质的认定》，载《法学》2013 年第 5 期，第 147—150 页。

④ 参见刘五星等：《数据要素市场发展指数及价格指数构建研究》，载《价格理论与实践》2024 年第 1 期，第 55—59 页。

⑤ 参见张明楷：《刑法学（下）》（第 5 版），法律出版社 2016 年版，第 966 页。

可以根据数据市场价格确定固定的对应关系，即对特定等价物的侵占可能成立侵占罪。根据本文前述案例，企业员工及代理人泄露数据的主要目的是谋取对价，或可考虑适用侵占罪规制其出卖数据的变价侵吞行为。但是，上述方案隐含了将全部有对价的事物纳入刑法保护的风险，不仅在我国财产犯罪体系内较为牵强，且其仅限于出卖型泄露，同时片面地从被侵害个体的法益保护出发，无法完整评价非法传播、出卖对企业生产经营秩序、数据流通管理秩序的破坏。

2. 掩饰、隐瞒犯罪所得罪的适用问题

在财产犯罪的本犯行为完成后，毁灭或伪造证据、转移财产、拒不交代赃款赃物去向、拒不配合追缴工作等事后情节，如盗窃财物后转卖销赃，通常被认为属于行为人自我防御权范围，因缺乏期待可能性而阻却其责任。然而，如前文所述，非法获取一般数据和非法泄露一般数据所侵害的是不同种类的法益，且泄露行为大大增加了法益侵害程度与数据滥用风险，不应属于自我防御权的范围。《最高人民法院 最高人民检察院关于办理危害计算机信息系统安全刑事案件应用法律若干问题的解释》第7条第1款规定："明知是非法获取计算机信息系统数据犯罪所获取的数据……而予以转移、收购、代为销售或者以其他方法掩饰、隐瞒，违法所得五千元以上的，应当依照刑法第三百一十二条第一款的规定，以掩饰、隐瞒犯罪所得罪定罪处罚。"该规则直接套用了掩饰、隐瞒犯罪所得罪的规定，似乎可以扩张适用掩饰、隐瞒犯罪所得罪规制一般数据泄露行为。但是，通说认为，该罪的行为主体不包括本犯，且规定在妨害社会管理秩序、司法秩序罪下，保护目的是避免"使（他人）犯罪所形成的违法财产状态得以维持、存续，妨碍了公安、司法机关利用赃物证明犯罪人的犯罪事实，从而妨害了刑事侦查、起诉、审判"①。因此，适用该罪处罚一般数据泄露行为偏离了规范保护目的，不利于完整评价其法益侵害和维护刑法体系的自洽性。

综上，虽然可以认为行为人在非法获取数据后的泄露不属于其自我防御权范围，具备期待可能性，进而存在扩张解释适用掩隐罪的可能。但是，也必须意识到我国相关罪名的保护法益限缩效果，认识到该罪所保护的是他人犯罪纠察的司法秩序而非数据法益，不能罪刑均衡地评价一般数据泄露的社会危害性。

---

① 张明楷：《刑法学（下）》（第6版），法律出版社2021年版，第1444页。

3. 职务犯罪体系的适用问题

司法实践中，医院职工非法获取、出卖处方数据的，可以适用受贿罪。[①]企业员工收受报酬，利用职务或职权方便，将一般数据传播、出卖给外部客户，在该当性层面符合《刑法》第163条规定的非国家工作人员受贿罪要件。但是，该罪被规定在“妨害对企业、公司的管理秩序罪”一节下，其保护法益为国家、社会的经济秩序与企业管理秩序。我国法院通常在主文中判决“追缴违法所得，予以没收”归国库，导致实际遭受经济损失的公司、企业的利益得不到保障和救济。[②] 如前所述，在数据涉案金额日益高涨的背景下，适用职务犯罪中的上述罪名与侵占罪方案相反，只关注秩序法益，忽略了数据主体企业的利益，也是一条不值得推崇的规制路径。

综上，在解释论层面对非法获取计算机信息系统数据罪的行为方式、处罚条件、出罪机制进行完善后，一般数据泄露的规制模式灵活性有所增强，可以基本将间接采取技术手段（如撞库）非法获取数据的行为纳入其中，在结果上更加合理地评价获取后传播、出卖数据导致的损害。但仍有部分重要的一般数据泄露行为无法在严格适用的标准下得到合理评价，即使用竭现行规则，也没有可称妥善的解释论方案。为了促进罪刑均衡，体现数据滥用的提前保护要旨，并避免破坏刑法体系的自洽性与相关罪名的定型性，更应该考虑设立新罪的相关方案。

五、一般数据保护法益变革背景下的立法论方案

“在现代转型社会、信息技术社会，面对大量新类型案件，司法人员进行带有类推解释性质的软性解释可能触碰罪刑法定原则的底线”[③]，上文提出现行法下一般数据泄露行为规制解释论方案的同时，也指出相关的扩张解释方案可能

① 参见吴某受贿案，湖北省松滋市人民法院（2014）鄂松滋刑初字第00183号刑事判决书。

② 参见刘择：《非国家工作人员受贿罪的法益识别与涉案财产处置纠偏——以公司、企业工作人员受贿为研究对象》，载魏昌东、顾肖荣主编：《经济刑法》（第22辑），上海社会科学院出版社2023年版，第285—286页。

③ 周光权主编：《如何解答刑法题》，北京大学出版社2021年版，第10页。

存在违反罪刑法定原则或造成刑法体系内部冲突的问题。在新近出台的法律政策推动相关罪名保护法益革新的背景下，应认为修改现有刑事罪名设定或增设新罪，是较重释传统数据犯罪更值得提倡的方案。在设定新罪的同时，应当设定弹性的出罪规则，实现法政策促进数据流通与合法利益保护的目的。

（一）设立新罪的立法论方案探讨

通说认为，增设新罪需同时符合必要性、类型性、明确性、协调性标准。①本节将论证将非法传播、出卖一般数据的泄露行为单独设立为《刑法》第285条新的一款，契合数据利用安全法益变革背景，符合上述增设新罪的标准。

1. 设立“非法传播、出卖数据罪”的必要性与类型性

如前所述，数据保密性、可用性均在数据利用安全法益范畴之内，非法获取、泄露、滥用分别处于数据利用安全侵害的不同阶段。但是，现行法上非法获取计算机信息系统数据罪无法完整地评价非法传播、出卖行为。单纯侵害数据保密性的获取行为，与非法传播、出卖行为的法益侵害程度及风险可控性范围也截然不同。

在构成要件层面，发生在行为人与被害人技术接触中的获取行为，文义上不可能涵盖公开发布的传播行为、有对价地转移给第三人的出卖行为；同时，还存在着“采用技术手段”要件的限制。“采用技术手段”的获取可能是“获取后传播、出卖”这一类型流程中的前行为，但在代理人、员工利用持有权或其他便利非法传播、出卖数据后侵占收益的场合，则并不存在“采用技术手段”的前行为，无法适用现有罪名；同时，获取的故意，并不能包括行为人对数据稀缺性、合规性降低的明知与期待，以及出卖类型中的营利目的。因此，也就出现了本文所述的罪刑评价失衡问题。在数据利用安全法益的检视下，必须设立构成要件上足以评价非技术手段的传播、出卖两种泄露行为的新罪，并为量刑上评价数据利用安全法益所受不同程度的侵害提供更大的空间。具体来说，泄露行为因手段差异，可能包括或不包括对技术保密性的侵害、出卖的得利，这将影响责任刑的计量要素；且由于传播的场域、出卖的对象及流程的不

① 参见张明楷：《增设新罪的原则——对〈刑法修正案十一（草案）〉的修改意见》，载《政法论丛》2020年第6期，第3—14页。

同，其嗣后被滥用及违法跨境传输的风险可控性不同，据此确定的特殊预防必要性将影响预防刑的幅度。

通过传播、出卖方式泄露一般数据的行为与致害过程符合类型性，其行为构造与致害流程中的各要素是可以完整归纳的：其前行为可能包括利用技术手段或便利的非法侵入、获取（现行法已有规定），泄露行为构造可分为以对价为要素的出卖与以公开节点开放为要素的传播，两类泄露行为的共性法益侵害结果是导致数据要素市场中的相关数据稀缺性、合规性受到永久性损害，并导致不可控的数据滥用风险，侵害个人生活、企业生产的安宁权与数据流通监管秩序。其中，利用技术手段的前行为所导致的计算机功能侵害与出卖型泄露的不当得利为个别类型中的侵害偶素。相关要素结构关系如图 1 所示。

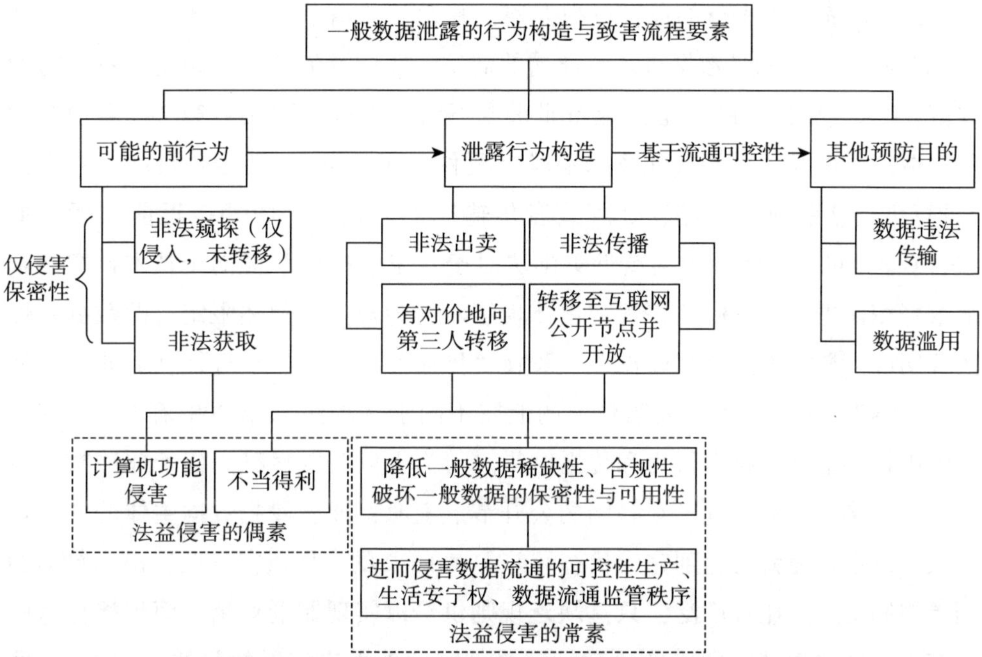

图 1　一般数据泄露的行为构造与致害流程要素框架图

2. 设立“非法传播、出卖数据罪”方案的可能性论证

基于前述设立新罪的必要性，本文提倡设立的非法传播、出卖数据罪在行为对象、主观要件、危害行为等要件上应当有明确的构造，且需探讨该罪与其在保护法益、行为方式上有交叉的非法获取计算机信息系统数据罪之间的关系。

作为非法传播、出卖行为对象的一般数据，需要具备数据集中性、颗粒度，与个人、企业的实际生活、生产实践存在关联、反映关系，具有被利用的技术可能性。否则，数据泄露及其流通、利用就不会危害数据的可用性，以及生活、生产的安宁秩序。此外，已经登记、进入数据要素交易市场的一般数据同样可以构成本罪的行为对象，这是因为数据产品通常具有授权范围与目的限制并受到审查，以实现数据主体的经济利益与数据合规要求。但是，数据主体已经主动公开的数据不是本罪的行为对象。对于行为对象的限缩无须在该当性阶层的要件规定中体现，而是在有责性阶层的预防必要性判断中结合具体情况完成即可。

在行为方式的设定上，本罪以“违反国家规定”“未经授权”为要件，规定传播、出卖两种平行的危害行为类型，并设置“情节严重”规定罪量。所谓“国家规定”，指的是数据进入流通前的清洗、登记及流通中的跨境传输等行为规范。“未经授权”的规定体现新罪采取不同于现行《刑法》第285条第2款的构造，不设置“采用其他技术手段”要件，而是设置“未经授权”，并删去“计算机信息系统中存储、处理或者传输”的限定。其内涵接近前文所述的CFAA早期的广义解释，与新近美国法对于“未经授权”倾向于技术授权的限缩解释相比更为宽泛。这一规定也体现了对行为对象的前述限定，即数据主体的使用许可权并未因公开而丧失。采取“传播”“出卖”平行并列而非直接使用“泄露”，主要是为了表明数据的泄露不同于《刑法》第308条之一所规定的泄露特定信息、秘密行为和传播结果。行为人以获取报酬为代价非法交付数据时，或将一般数据置于互联网的公开节点上时，即已侵犯数据主体的使用许可权，危害行为就已达到完成状态。前文表1、2的案例研究表明，出卖行为的刑事规制实践已比较广泛，只是缺乏规则供给以实现罪刑均衡。而传播行为的危害由于其在虚拟空间中的弥散性而受到国内外立法学说的关注。[①] 因此，两种行为方式作为要件的可预测性与确定性较强。关于“情节严重”的设定，应当相对应地考虑出卖数据的非法获利、传播数据造成的损害结果、对于生产与生活秩序安宁的破坏以及对国家数据管理秩序的扰乱，来设置客观处罚条件。

---

① 参见熊波：《论数据法益独立性刑法模式》，载《安徽大学学报（哲学社会科学版）》2023年第2期，第75页。

由于对数据的投资与劳动的直接丧失并非可赔偿的损失，必须转化为特定阶段的所失利益才能完整计算，[①] 相关数额的计算应当根据泄露导致的流通后果与使用价值的直接损失进行算定，并参考数据要素市场中类似数据使用许可费用辅助计算。

相对应地，在主观方面，本罪无疑为故意犯。在非法出卖行为中，行为人以营利为目的，在认识到一般数据价值性的情况下仍然进行转移和交易，其态度上对于对价有明确的希望态度。同样地，将大规模的一般数据置于互联网公开节点，在互联网时代有明显的反常性，亦可知行为人明知或至少放任相关数据公开传播。

在协调性方面，本罪的设立避免了对财产犯罪和职务犯罪的定型性破坏。在数据犯罪内部，本罪与非法获取计算机信息系统数据罪之间可能存在结合犯关系。行为人突破技术防御、非法获取一般数据后出卖数据获利，是一种常见的行为逻辑，具有一致的目的。由于传播、出卖行为非法获取的数据也会进一步侵害其保密性，非法获取行为的保密性侵害可以被本罪包括评价。这组结合犯关系需要在立法时加以明确规定。在量刑幅度设计上，本罪与非法获取计算机信息系统数据罪之间因保护法益和行为方式上的潜在交叉，存在可以比照之处，但也有需要作出区别规定之处。主刑上，本罪与非法获取计算机信息系统数据罪均因一般数据价值的差异、变化较大，需设置一定自由刑梯度（及单处罚金的可能）。但在融合报应刑论与预防刑论的并和主义视角下，[②] 本罪需额外考虑行为人与被害人技术接触以外的流通可控性侵害及对滥用的提前规制因素，故自由刑上限应高于彼罪。附加刑上，两罪的行为人均有获得直接或间接经济利益的动机，且其行动需要采取一定技术或社会组织、联系手段，有报应性和预防性的必要设定罚金。

综上，本文建议在《刑法》第 285 条现有规则后，可增设第 285 条之一："违反国家规定，未经授权传播、出卖一般数据，情节严重的，处三年以下有期徒刑或者拘役，并处或者单处罚金；情节特别严重的，处三年以上十年以下有

---

① 参见［瑞士］海因茨·雷伊：《瑞士侵权责任法》（第 4 版），贺栩栩译，中国政法大学出版社 2015 年版，第 91 页。转引自潘重阳：《解释论视角下的侵害企业数据权益损害赔偿》，载《比较法研究》2022 年第 4 期，第 49 页。

② 参见张明楷：《刑法学（上）》（第 6 版），法律出版社 2021 年版，第 672 页。

期徒刑，并处罚金。”并在其下第 2 款规定：“非法获取数据后传播、出卖的，依照前款的规定处罚。”

3. 其他立法论方案的可能性探讨

非法传播、出卖数据罪在构成要件层面进一步明确了一般数据法益的刑法保护边界，未经授权利用数据罪、利用信息网络妨碍业务罪等罪名规制范围更广，但在可行性上还值得商榷。此外，关于一般数据泄露在数据法益之外造成的法益侵害，如一般数据泄露中“内部黑客”的案件中背信行为对企业财产与经营管理秩序的损害，争论已久的一般背信罪或将有用武之地，但其弊害也值得关注。

未经授权利用数据罪可以规制一般数据泄露，但其在当前的技术条件与产业政策之下的可行性值得商榷。比较法学说上，德国学界同样关注到部分数据泄露行为因不具备技术侵害属性，难以被《德国刑法典》第 202a 条（窥探数据罪）、第 202b 条（截取数据罪）包括评价，故提出应增设第 202e 条未经授权使用信息系统罪。① 该罪是打击范围较广的一般性罪名，本文所提倡设立的非法传播、出卖数据罪的主观、客观要件均可以被该罪涵盖，但其还将涵盖如前所述缺乏规制可行性的数据滥用。首先，广义的“利用”已经涉入了数据滥用规制的领域，超越了数据泄露的范畴，存在规制技术基础缺乏的问题。② 其次，在数据要素市场化背景下，未经授权传播、出卖一般数据的违法性已逐渐被竞争法、刑法领域的司法实践所认可。但有权使用数据者越权使用或算法滥用的规制，则因涉及产业政策所鼓励的创新利用尚存在争议。法律层面的定义，特别是刑法构成要件，有着唤起解释的最外围边界的作用。③ 目前，应当唤起国民对于导致一般数据流通失控的泄露行为的注意，而潜在的滥用目前仅适合以风险预防的形式寓于前者的情节考量之中，避免在缺乏规制可行性的情况下发出过于激进的制度信号。

---

① 参见王华伟：《数据刑法保护的比较考察与体系建构》，载《比较法研究》2021 年第 5 期，第 149 页。

② 参见喻海松：《数据犯罪刑法规制模式的现状评析与未来展望》，载《法学杂志》2023 年第 5 期，第 57 页。

③ 参见［德］英格博格·普珀：《法学思维小学堂：法律人的 6 堂思维训练课》（第 2 版），蔡圣伟译，北京大学出版社 2024 年版，第 72—73 页。

而近年来学界探讨的利用信息网络妨害业务罪，在涉及一般数据保护的语境下，其明确性亦值得商榷。以强力、诡计或者借助信息网络手段妨害业务的行为严重侵害了业务活动自由，但该类行为通常不符合针对财物、计算机系统、生产经营秩序的毁坏性行为方式，为了避免过度扩张解释现有罪名，导致违反罪刑法定原则，有学者提倡设立利用信息网络妨害业务罪。① 其实行行为可以包括“有权进入他人计算机信息系统，但对系统中存储、处理或者传输的数据和应用程序擅自删除、修改、增加的”。② 设立利用信息网络妨害业务罪也可填补现有规制模式与解释论方案的缺漏。但是，如前文所述，数据利用安全并不能被划归为财物、计算机系统、生产经营秩序等传统法益，设立该罪在一般数据泄露规制语境下不应提倡。

一般背信罪因其自身及数据性质的争议，也不宜成为规制数据泄露的方案。据德国、日本等大陆法系国家刑法的规定，背信是指为他人处理事务的人，谋求自己或第三者的利益，或以损害委托人的利益为目的，而违背其任务，致使委托人的财产受到损失的行为。③ 以《德国刑法典》第266条为例，其构造可涵盖滥用权限（对内逾越权限，对外有效行使），与一般性的违反财产照管义务与信任。④ 如果设立一般背信罪，“内部黑客型”非法获取、传播、出卖数据的，或可被涵摄在内。但是，通说不认为一般数据属于刑法上的财物，且学界对于该罪要件中义务违反的扩张性批评不断，即使限定为法律行为、财产照管义务，其范围也十分宽泛，甚至可将一切违约行为纳入。⑤ 在通说认为侵占行为的对象包括财产性利益的情况下，一般背信罪是否能在财产犯的罅隙间生存，还有待观察。⑥

---

① 参见张明楷：《妨害业务行为的刑法规制》，载《法学杂志》2014年第7期，第1—4页。

② 参见周光权：《刑法软性解释的限制与增设妨害业务罪》，载《中外法学》2019年第4期，第963—966页。

③ 参见张明楷：《关于增设背信罪的探讨》，载《中国法学》1997年第1期，第67页。

④ 参见王钢：《德国判例刑法（分则）》，北京大学出版社2016年版，第240页。

⑤ 参见彭文华：《背信及其刑法规制》，载《当代法学》2020年第6期，第98页。

⑥ 参见张梓弦：《背信罪：源起、流变及现状》，载《荆楚法学》2023年第6期，第148页。

（二）数据犯罪弹性出罪机制的建立

本文所提出的解释论与立法论观点均贯彻了加快建立一般数据权益保护制度的法律政策要求，旨在解决实务中规则供给不足、罪刑评价不均衡的问题。而在规制一般数据侵害的同时促进数据流通，同样是前文所述法政策的重要方面，这一方面在刑法领域主要通过出罪机制的建立实现。在三阶层的犯罪构成中，正当化事由涉及在整体法秩序内相对立的利益之间，如何通过权衡与取舍灵活地渗透刑事政策；罪责阻却事由在规范性、报应性的非难可能性证成的基础上，进一步判断违法行为在目的论层面有无预防必要性，构成答责性的前置条件之一。①

1. 数据犯罪中的正当化事由

如前所述，一般数据权益在政策和学理上趋向“权利束”构造，其内在要旨即是以利益平衡为法理基础。② 首先，应先关注同样具有数据权利的不同主体间的平衡，如一般数据由多个主体共同归集产生的，通常不能认可其中某个主体主张财产性权利。③ 如原始数据的共同创造者获取完整数据当然不具有违法性，传播、出卖完整数据虽然可能构成财产法上的纠纷，但不具有刑法层面的违法性。

其次，数据利用安全法益与其他类型法益的平衡是另一类正当化事由的基础，例如数据获取与信息自由。学界热议的数据公共要素理论即一定程度上借鉴了著作权法为了避免思想垄断而针对特定事由构建的合理使用制度。有观点指出，应认为旨在个人学习、科学研究、执行公务的数据无害获取行为不需要支付报酬，应阻却其刑事违法性。④ 值得注意的是，基于前述特定事由可以合理化获取数据的行为，但显然不得与本文所指出的公开传播、出卖营利目的并

---

① 参见陈兴良：《刑法教义学与刑事政策的关系：从李斯特鸿沟到罗克辛贯通　中国语境下的展开》，载《中外法学》2013 年第 5 期，第 989—994 页。

② 参见吴汉东：《数据财产赋权的立法选择》，载《法律科学（西北政法大学学报）》2023 年第 4 期，第 56 页。

③ 参见梅夏英：《企业数据权益原论：从财产到控制》，载《中外法学》2021 年第 5 期，第 1191 页。

④ 参见江海洋：《数字时代数据爬取的刑法规制：法益界定与数据确权》，载《比较法研究》2024 年第 2 期，第 162—163 页。

存，逾越信息自由的边界。

又如，非同业竞争的行为主体对于数据主体业务范围内的数据获取不会妨碍其同业竞争的优势与利益，属于行使促进公共利益的经营自由，应阻却刑事违法性。[①] 但是，获取数据后传播、出卖的行为，显然已超出了行为主体经营自由的范畴。在同业竞争的层面，基于《数据二十条》对于破除“数据垄断”、促进中小微企业获得公平授权的政策号召，也可以考虑肯定中小微企业访问、复制、使用构成“必要设施”的一般数据的自由，按照“公平、合理、非歧视”（FRAND）原则进行有偿许可。[②] 其中，显然不包括公开传播、出卖相关数据的自由。

综上，数据权利主体间的平衡，数据利用安全法益与其他法益的衡量，都可能构成正当化事由。但必须注意的是，部分事由的正当化对象仅限于获取或使用数据的行为，而不包括公开传播、出卖数据的行为。

2. 数据犯罪中的罪责阻却事由

在前述基于利益平衡的正当化事由外，目前学界讨论较少的是符合非法获取、传播、出卖数据等危害行为要件，且在利益衡量后违法无疑的行为，是否会因数据对象的价值、属性而缺乏处罚、预防的必要性。

如前所述，一般数据之所以被通说拒于“公私财物”范畴之外，主要是由于其离散性、时效性、开放性等属性可能动态地导致其价值变化。一般数据经过技术处理，能否集中、连续地反映或与某些有实际意义的信息或内容主题关联，将绝对性的影响其加工利用价值。从动态视角看，前述一般数据的时效性以及一般数据应用场景的丰富程度，均可能导致数据归集后的价值变化。故而有观点指出，如果非法获取的不开放数据经加工利用后，无法获取刑法所保护的内容，则不构成非法获取计算机信息系统数据罪。[③]

但是，在一般数据泄露的问题上，虽然数据损害在个体的直接经济利益上

① 参见熊波：《数据财产权的分置性理论构造与刑法保护》，载《清华法学》2024年第2期，第44—45页。

② 参见孙晋、钟原：《大数据时代下数据构成必要设施的反垄断法分析》，载《电子知识产权》2018年第5期，第43—47页。

③ 参见曹岚欣：《恶意爬取数据行为的刑法规制边界——以非法获取计算机信息系统数据罪为视角》，载《中国石油大学学报（社会科学版）》2024年第2期，第136—137页。

看几乎不能成立，但其公开传播仍然可能导致个体的生产、生活秩序安宁受到损害，亦将扰乱数据合规管理制度。只有数据集中性和时效性衰减到不能还原相关主体的生产、生活秩序的程度，或者数据主体已经向不特定主体主动公开相关数据，才没有动用刑罚威慑的必要。这种责任豁免有利于推动数据使用许可权主体积极行权，促进数据流通实现价值，否则“躺在权利上睡觉”的使用权人将会失去对一般数据扩散、使用的控制正当性。

六、结　语

行走在犯罪与创新的边缘，立法者与解释者须全面考虑数据流通利用与数据安全保障两个政策向度，并平衡好刑法体系的可预测性与适时革新的要求。法益侵害与规范违反是处理数据犯罪与传统犯罪关系的主轴。如果数据利用安全的法益侵害可以被划归为传统法益，或非法传播、出卖构成的泄露行为可以被现行法的行为规范所涵盖，则应通过解释论而非立法论思路进行改进。基于对实务现状的研究，一般数据泄露已广泛进入实务视野，但刑法规则供给不足。其对于生产、生活安宁权与数据流通关联秩序所造成的领域性法益侵害无法归入传统法益，且已具有独立保护的必要性。基于新的法益认识，已无法在罪刑法定原则允许的范围内通过重释非法获取计算机信息系统数据罪解决规制问题，而扩张解释财产犯罪、职务犯罪的方案存在破坏现有规则体系性与缺乏规制实效的不足之处。较之于未经授权利用数据罪、利用信息网络妨害业务罪、一般背信罪等规制范围较广的立法方案，设立非法传播、出卖数据罪可以准确唤起国民对一般数据交易规范、诚信要求的认知，并提前预防滥用算法等刑法暂时难以规制的领域所存在的风险。

基于数据泄露规制理念的重构，设立非法传播、出卖数据罪是立法论层面的一种可能方案，其完善与治理实效的发挥有待更充分的调查、分析与研究。例如，设立非法传播、出卖数据罪后，如何与竞争法对数据抓取、出卖的行为规制合理衔接，如何进一步细化情节要件的具体条目与数额，还需要结合更多数据价格、交易或非法出卖的记录与实际案例进行量的分析与跨法域研究。

（初审：王沿懿；校对：刘秋杉）

再论诈骗罪中处分意识的认定标准：以意思表示为视角*

孙　嘉**

摘　要：在既有关于处分意识的理论争议中，“必要说”正面承认盗窃与诈骗的区分关系，其提出的“质的认识错误和量的认识错误”框架需要进一步填充具体标准，以更好地发挥区分功能；“不要说”虽通过化解两罪界限解决了处分意识问题，但也具有忽视两罪不法差异、变相复杂化问题等根本性不足。诈骗罪中被骗人的处分行为，实际上是民法意义上的法律行为；作为处分行为主观面的处分意识，也是一种意思表示。这种有瑕疵的意思表示成为盗窃罪和诈骗罪的区分点。若要使这种瑕疵不阻却处分意识成立，被骗人需要认识到实际处分对象的交换价值特征。基于意思表示的解释原理，处分意识的认识内容可以通过日常语境下的偏正结构短语得以表达，再将其分别置于事中及案发后的一般理性人视角进行比较，进而为司法实践提供可操作性较强的判断方法。

关键词：诈骗罪；意思表示；处分意识；财产的交换价值

一、问题的提出

关于诈骗罪的处分意识要素，一直以来都争议不断。对于诈骗罪，理论和司法实务几乎无争议地认为处分行为是其构成要素，且发挥着区分盗窃罪和诈

* 本文系中国社会科学院大学（研究生院）研究生科研创新支持计划项目“刑民交叉视角下的‘财产损失’概念研究”（项目编号：2024-KY-123）的成果。同时，亦系最高人民检察院检察理论研究课题“优化法治营商环境背景下的特殊背信罪研究”（课题编号：GJ2024D28）的阶段性研究成果。

** 孙嘉，中国社会科学院大学法学院硕士研究生。

骗罪的重要功能。[①] 但对于处分行为中的处分意识这一要素，特别是其内涵，依然存在诸多疑惑。作为被骗人在实施处分行为时的心理事实，处分意识涵盖多方面的内容，其大致包含处分的主体、处分的时间地点和处分财产的属性。其中，当被骗人主观上所欲处分财产和实际处分财产不一致，即其对财产的属性产生了认识错误时，这种认识上的瑕疵经常成为处分意识存在与否的判断争点。

司法实践里，发生在煤炭、钢铁废料等交易场合的“以少充多”型案件，一直较为常见且争议不断。对于行为人以各种手段掩盖财产真实数量的案件，[②] 主张按盗窃罪认定的法院认为，既然工作人员认识不到相应差额，对这部分就不能认定具备处分意识；而主张按诈骗罪认定的司法机关则指出，当被骗人已经认识到了财产的种类并容许其转移时，就已经具备了处分意识。[③] 由此可见，司法实践并未对处分意识的内容形成一致意见。

对此，理论上也未形成定论。较为传统的观点坚持被骗人应当具备处分意识（以下称“必要说”），并在内部分化出两种立场：缓和的处分意识必要说主张，被骗人只需要对财产的种类、数量等属性有部分认识即可（以下称“缓和说”）；[④] 严格的处分意识必要说则要求被骗人对财物各项属性均具备比较明确的认识（以下称“严格说”）。[⑤] 近来，处分意识不要说（以下称“不要

---

① 参见高铭暄、马克昌主编：《刑法学》（第9版），北京大学出版社、高等教育出版社2019年版，第502页；最高人民检察院办公厅编审：《中华人民共和国刑法释义与司法适用》，中国人民公安大学出版社1997年版，第490—491页。

② 例如2005年，任某等人租用了两辆外观一样但吨位不同的卡车从粮站拉粮食销售。他们先用自重吨位大的空车过磅（车辆自重），然后用自重轻的车拉粮食过磅（总重），进而再结账计算净重时获取两车过磅的差额。参见蒋玲：《论诈骗罪中的处分行为》，载《政治与法律》2012年第8期，第57—58页。

③ 参见王某、刘某利合同诈骗案，天津市东丽区人民法院（2019）津0110刑初122号刑事判决书；刘某合同诈骗案，陕西省蓝田县人民法院（2017）陕0122刑初149号刑事判决书。

④ 参见张明楷：《刑法学·下册》（第6版），法律出版社2021年版，第1308页。

⑤ 参见周光权：《刑法各论》（第3版），中国人民大学出版社2016年版，第126页。

说”）也变得越发有力，[①] 其大多主张处分者只需要认识到抽象的财产转移或是交付事实即可。以“是否要求具备处分意识”作为区分，“必要说”试图寻找处分意识所认识的明确内容，却一直求而不得；“不要说”则在一定程度上倾向于解构盗窃罪和诈骗罪的界限，并使用竞合论的方法解决问题。它们代表了两种不同的思考路径。

当既有的研究难以向前推进，跨部门法的思考是一个合理的尝试。跳出局部的法律领域，也能够更好地理解法秩序的全貌。[②] 应当注意到，不仅“处分”是一个源自民法的概念，而且刑事诈骗和民事欺诈之间在很大程度上也可以理解为特殊和一般的关系，两者在一定程度上“同质”[③]。以及，诈骗罪中被骗人所表达的是一种有瑕疵的同意，而民法中的意思表示之丰富理论研究大量指向意思表示瑕疵的效力问题。种种线索均指向了处分意识和意思表示之间存在密切联系，以此视角切入问题，或许能就处分意识的认识内容提出新的标准，以期更好地服务于司法实践。

二、对处分意识既有理论的检视与取舍

是否要求具备处分意识，以及对处分意识内容的分析，两者最终都服务于厘清盗窃罪与诈骗罪之间的关系。通常来说，盗窃和诈骗同属取得型财产犯罪，但前者是“违背被害人意志”的夺取型，后者是“基于被害人自愿交付”的交付型，两者属于不同的犯罪类型[④]。对于司法实践而言，处理“不同犯罪类型”之间的关系大致存在两条路径：或是借助明确的标准区分两罪，或是承认两罪之间的竞合，将“骗盗交织”型的案件一律以盗窃与诈骗的竞合处理，以此解

---

① 参见秦新承：《认定诈骗罪无需“处分意识”——以利用新型支付方式实施的诈骗案为例》，载《法学》2012年第3期，第158—160页；张忆然：《诈骗罪的“处分意思不要说”之提倡——“处分意思”与“直接性要件”的功能厘定》，载《中国刑警学院学报》2019年第3期，第34—35页；陈兴良主编：《刑法各论精释》（上册），人民法院出版社2015年版，第446—456页。

② 参见［德］伯恩·魏德士：《法理学》，丁晓春、吴越译，法律出版社2013年版，第19页。

③ 参见张明楷：《诈骗犯罪论》，法律出版社2021年版，第66页。

④ 参见张明楷：《诈骗犯罪论》，法律出版社2021年版，第10—11页。

决定罪问题。

其中，“缓和说”与“严格说”基本遵循第一种路径，它们尝试界定处分意识的认识内容，并为盗窃罪与诈骗罪提供明确的分界标准。在此意义上，“缓和说”与“严格说”并非对立关系，只要能够提供关于处分意识认识内容的标准，“必要说”标准模糊的缺陷就能在很大程度上被克服。至于“缓和说”与“严格说”，则是对认识内容要求的一种评价结论。在本文看来，这是一个见仁见智的问题。只要标准得以明确，则命名在一定程度上是无关紧要的。而“不要说”则或多或少地承认盗窃与诈骗的竞合，毕竟如果不要求具备处分意识，在行为人使用欺骗手段取财时，两罪的外在样态可能确实难以区分。因此，“不要说”更贴近后一种路径，但在本文看来，其存在一些根本性的不足。

（一）“不要说”的根本性不足难以完善

“不要说”并非完全忽视处分行为的主观面，而是主张被骗人需要具备形式上的交付行为，并认识到抽象的“财产占有转移”事实，但除此之外不再需要具备其他方面的认知。如果处分行为由行为人的欺诈行为引起，并产生了财产损害，那么整个诈骗罪的构成要件行为链条就是完整、贯通的。[①] 值得注意的是，“不要说”有时也体现为一种极端的“缓和说”。例如有学者指出，处分意识的认识内容仅涉及抽象层面的财物支配力改变；而对财物材质、种类和数量等属性的认识仅存在于作为处分起因的认识错误中，因此处分意识的唯一内容就是财物支配领域改变，即“占有转移的事实”。[②] 同时，在很多新型电信诈骗案件中，被害人在实施中间行为时难以“意识”到自己转移了财产。例如，被骗人贪图便宜，听信行为人的要求输入诸如“18×56”和“28×838”的“验证码”（实则这些数字是转账金额）后遭受相应的财产损失，对此社会公众普遍认为构成诈骗罪。因此有学者指出，处分意识并非必要，尤其是在当今债权

① 参见王静：《论诈骗罪中的财产处分行为——处分意识不要说之提倡》，载《环球法律评论》2024年第1期，第190—191页。

② 参见柏浪涛：《论诈骗罪中的“处分意识”》，载《东方法学》2017年第2期，第103—104页。

诈骗、计算机诈骗等案件愈加多发的情况下。① 此外，“不要说”在面对“骗盗交织”型的疑难案件时，倾向于承认盗窃与诈骗两罪的竞合，通过化解两罪之间的界限实现处罚范围的周延。② 如此，“不要说”即使没有深入论证处分意识的认识内容，也能够为司法实践提供指导。但它依然存在较大的不足，且这些不足源自其根本立场，难以完善，以下作详细论述。

其一，社会观念和部分司法实践认定某些不具备处分意识的案件构成诈骗罪，只能作为“不要说”的论据之一，因为经验上的实然不能当然地证成规范上的应然判断。况且，判例也并非“一边倒”地持“不要说”的立场。例如：

[案例1] 被告人臧某制作了一个显示“付款1元”，实际内容却是支付30.5万元的虚假购物链接，被害人金某受骗点击后，其账户内30.5万元即被非法转移。法院在判决中否定了金某具有处分意识。③

也就是说，被骗人单纯认识到“自己在支付转账”，并不足以构成处分意识。其实，概括、抽象地认识到处分事实仅仅意味着案件具备了“盗骗交织”的疑难外观，随后仍然需要论证处分意识是否必要及其具体内容。如果缺少最基础的“处分”形象，那么案件就回到了最典型的盗窃，自然也就没有深入探讨的必要。本案中，被骗人并未认识到“点击”这一形式上的“处分”行为背后的实际内容，观念上的“欺骗”也只是为盗窃行为创造了条件。可见部分判例依然坚持，被骗人要对处分行为的实质意义具有一定的认知，也就是站在了“必要说”的立场。而且，一种科学的、受到期待的理论学说，甚至有必要和判例保持一定的距离，以便为司法实践提供“超前一步”的牵引力和指导——在平野龙一教授看来，总是和判例保持一致的学说，其存在的理由都会消失。④ 因此部分支持“不要说”的判例和社会观念中里的“诈骗”形象无法成为“不要说”的充分理由。

① 参见蔡桂生：《新型支付方式下诈骗与盗窃的界限》，载《法学》2018年第1期，第171—172页。

② 参见付立庆：《诈骗罪中处分行为的认定困境与机能定位》，载《法学评论》2023年第5期，第161—163页。

③ 参见臧某等盗窃、诈骗案，最高人民法院指导案例27号（2014年）。

④ 参见［日］平野龙一：《刑法解释中的判例与学说》，黎宏译，载《国家检察官学院学报》2015年第1期，第170页。

其二，我国《刑法》和有关司法解释为盗窃罪与诈骗罪设置了不同的入罪门槛和加重要件，综合来看其对盗窃罪的制裁略重于诈骗罪。① 从罪质上来说，盗窃是违反被害人意志的夺取型犯罪，其直接、生硬地侵害了被害人的财产支配权；而诈骗是基于被害人有瑕疵同意的交付型犯罪，其中存在行为人和被骗人之间的“协商”过程，财产损害借由被骗人的交付行为平缓实现。而且在诈骗罪中，被骗人或多或少存在一定的过错，故诈骗行为的侵害样态较之盗窃更为轻缓。② 加之上述两者在法定刑上的差别，可以认为两罪的严厉程度亦即类型化的不法程度有所差别。而体现在处分意识中的“自我损害特征”能够说明两罪之间存在的不法差异，可以通过其论证处分意识的必要性。王钢教授指出，诈骗罪是保护整体财产的犯罪，着眼于权利人对财产进行处分和利用的动态过程，因此被害人自身的行为便是诈骗罪不法内涵的组成部分。③ “不要说”对此回应道：“自我损害”这一表述给人以一种“被害人应当为自己的疏忽承担责任”的印象，但实际上所谓的“自我损害”完全不影响行为人的刑事责任。即使部分案件中的被害人明显缺乏风险防范意识，也不能成为从轻处罚被告人的理由。因此“自我损害”无非一个空有其名的标签，只是为了区分盗窃罪和诈骗罪而存在。④

其实，“自我损害”首先是对处分意识自治精神的一种描述，通过“自我损害”特征更深刻地勾画出诈骗罪的不法形象。诚如付立庆教授所言，被骗人

---

① 依据2013年《最高人民法院、最高人民检察院关于办理盗窃刑事案件适用法律若干问题的解释》和2011年《最高人民法院、最高人民检察院关于办理诈骗刑事案件具体应用法律若干问题的解释》，“数额较大”这一要素在盗窃罪中为1000—3000元，在诈骗罪中为3000—5000元；“数额特别巨大”在盗窃罪中为30万—50万元，在诈骗罪中为50万元以上。诈骗罪的入罪数额门槛相对更高。同时盗窃罪还设有无数额要求的“多次盗窃”“入户盗窃”“携带凶器盗窃”等犯罪成立条件，而诈骗罪并没有，如此也进一步降低了成立盗窃罪的标准。

② 参见陈洪兵：《财产犯罪之间的界限与竞合研究》，中国政法大学出版社2014年版，第211—212页。

③ 参见王钢：《盗窃与诈骗的区分——围绕最高人民法院第27号指导案例的展开》，载《政治与法律》2015年第4期，第30页。

④ 参见王静：《论诈骗罪中的财产处分行为——处分意识不要说之提倡》，载《环球法律评论》2024年第1期，第181—182页。

的同意同时包含自我责任侧面和应当被保护的侧面。① 其中的“自我责任侧面”恰恰表征法规范对其同意意思的认可，这就在一定程度上降低了行为的不法性，并使得处分意识成为区分盗窃罪和诈骗罪的关键标准。其次，行为人因为犯罪行为所承担的刑事责任，和各罪之间的不法性差异是截然不同的两个问题。前者是对特定结果归属以及行为可罚性的判断，是一种结合个案事实的考察；后者则是对刑法已经明确规定为犯罪的行为的分析，是对规范本身的解读。两者处于不同的讨论层级上，故诈骗行为人所受的刑事责任无法从轻或者减轻，不能成为否定“自我损害特征”的理由。从处分意识中解读出的“自我损害特征”能够证成诈骗和盗窃两罪的不法差异，因此处分意识要素不宜被解构。

其三，对处分意识不做要求并按照竞合论思路处理诈骗和盗窃这一做法固然为司法实践提供了相应参考，但如此解释构成要件，将招致更多的困惑。首先，尽量避免处罚漏洞的立场固然合理，但也应当避免出现过多的竞合，尤其是盗窃罪和诈骗罪这两项传统意义上即被视为相互对立的罪名。② 刑法学并非精确的自然科学，当大部分司法实践和理论学说已经接纳了盗窃和诈骗的对立关系后，想要推翻这一观念恐怕存在相当的现实阻力。其次，采取竞合论将导致问题进一步复杂化，盖因其关涉具体竞合类别的选择。如果依想象竞合的路径，则应当一律按照重的盗窃罪论处“骗盗交织”型的案件。但是盗窃罪和诈骗罪同属侵犯财产法益的犯罪，而想象竞合旨在充分地评价行为的不法，即一行为同时侵害复数个不同种法益的情形，此时并无适用余地。③ 而如果依法条竞合的路径，则需要论证盗窃和诈骗何者是应当优先适用的“特别法”。对此有学者指出，通过欺骗致使他人错误处分财产的行为，本来就符合盗窃罪间接正犯的构成，立法者将其专门规定为诈骗，故应当优先适用诈骗罪这一特别法条。④ 暂且不论将诈骗作为特别法的合理性，仅间接正犯要求支配者对行为人

---

① 参见付立庆：《诈骗罪中被害人同意的法律效果》，载《法学》2023 年第 3 期，第 51—52 页。

② 参见张明楷：《诈骗犯罪论》，法律出版社 2021 年版，第 166—170 页。

③ 参见张明楷：《法条竞合与想象竞合的区分》，载《法学研究》2016 年第 1 期，第 133 页。

④ 参见付立庆：《诈骗罪中处分行为的认定困境与机能定位》，载《法学评论》2023 年第 5 期，第 162 页。

具有“将其作为工具”的支配程度这一要求，就不是所有诈骗行为都具备的。许多被骗人其实是在半信半疑的情况下处分了财产，此时难言行为人具备巨大的认知优势，以至于能够将被骗人评价为其犯罪工具。可见，法条竞合的结论实际建立在不完全归纳的基础上，因而同样存在缺陷。况且可以合理预见，将盗窃和诈骗的竞合论观点引入司法实践将导致相当大的理解偏差和论证压力。因此，正面承认处分意识的必要性，并尝试论证处分意识的认识内容，或许是更加务实的选择。

（二）“必要说”标准模糊的缺陷瑕不掩瑜

在“必要说”的内部，主流观点大多支持“缓和说”。其出发点易于理解：第一，被骗人对于自己所处分的财物几乎不可能一无所知，否则被骗人将缺乏对交付行为实质意义的认知而成为行为人实施盗窃罪的工具，行为人构成盗窃罪的间接正犯；第二，苛求被骗人对所处分对象具备充分、明确的认知，也有违常理。例如：

[案例 2] 甲拥有一枚铂金戒指。具备专业知识的乙观察后谎称该物并非铂金戒指，而是廉价的镀银戒指。且声称自己十分喜欢戒指的设计款式，欲高价收购，甲欣然同意。故乙以远低于市场价的价钱购买的该戒指。

本案中，甲的意欲处分对象和实际处分对象是同一的，只不过是对于戒指的材质产生了认识错误。这样一种认识错误应当在处分意识可接受的范围内，因为人们并非对任何财产都具有完全准确的认知，对处分意识提出过高的认识要求也不符合生活实际。也正如西田典之教授指出，有意不让对方充分认识到所转移的对象，是最典型的诈骗。①

但是，当前的“缓和说”存在判断标准模糊不清的问题。例如其认为，轻微的“量的认识错误”不足以否定处分意识，而严重的“质的认识错误”会阻却处分意识的成立。但从量变到质变的分界点在何处？既然处分意识的认识要求是缓和的，并且成立处分意识不要求对处分财产的种类、数量、性质等具有完全的认知，那么，被骗人究竟需要意识到什么？基于此，张明楷教授曾用一

---

① 参见［日］西田典之著、桥爪隆补订：《日本刑法各论》（第 7 版），王昭武、刘明祥译，法律出版社 2020 年版，第 231 页。

组案例说明“缓和说”的基本立场:①

(1) 行为人将贵重相机置于便宜相机的盒子中予以购买，仅支付了便宜相机的价款。

(2) 行为人在一个相机包装盒内放置两台相机，仅支付了一台相机的价款。

(3) 行为人在方便面包装箱中放置一台相机，仅支付了一箱方便面的价款。

(4) 行为人发现旧书中夹有名贵邮票而不予声张，仅支付了一本书的价款就获得了该邮票。

在“缓和说”看来，前两个案例中被骗人具有处分意识，后两个案例则反之，因为被骗人就财产的种类产生了重大认识错误。但对前两个案例也并非没有疑问：相机的型号和数量何以成为不阻却处分意识成立的、轻微的认识错误?对此，“缓和说”并未提供相应论证。如果这些案例模型进一步复杂化（见案例3)，那么“缓和说”将更加无力回应，只能依靠解释者和司法者在个案中的价值判断。倘若不引入其他标准，单纯依据个案中的“质量关系”判断处分意识成立与否，终究只能是基于已经得到公认结论案件的不完全事后归纳，其难以给未来的司法实践提供确定的教义学规则。这一点从黑格尔关于质量辩证关系的论述中亦可见一斑：“尽管‘质’代表事物具有与其存在相同一的性质，但‘量’通过其更加增多或者更加减少，就会超出原有的限度，而使得事物停止其成为特定事物。”② 其中的限度在哪里，并不确定。

不过依本文之见，“必要说”从质量辩证关系的角度考察处分意识的方法思路是合理的。因为处分意识是否成立，仍然取决于被骗人是否对被处分财产具备了特定程度的认知，也即一个瑕疵程度的问题。具体来说，“缓和说”主张的“质的认识错误与量的认识错误”提供的是一种分析处分意识瑕疵程度的框架，只不过需要进一步在框架之中填充相应的判断标准。因此，虽然其目前还不能有效回应司法实践的需求，但只要提供相应的判断标准，那么“必要说”的说服力将大大加强。

---

① 参见张明楷:《诈骗犯罪论》，法律出版社2021年版，第234页。

② ［德］黑格尔:《小逻辑》，贺麟译，商务印书馆1980年版，第188页。

三、意思表示视角下处分意识的概念解读

如前所述，由于处分意识中“处分”一词具有刑民交叉使用特点，及其作为被骗人的意思表达的事实，因此从民法中意思表示的角度对诈骗罪中的处分意识进行解读这一路径或具有相当的可行性。本部分将就此进行尝试：先证成使用意思表示对处分意识展开分析的可行性，后再详论处分意识和意思表示之间的关系。

（一）借意思表示解读处分意识的可行性证成

方法是通向某一目标的理性且可检验的路径。对象决定方法，也即方法本身应取决于对象提出了哪些问题以及对象提供的思考方向。① 当我们提及处分意识这个概念时，所指对象不外乎是被骗人在处分财产时的内在心理事实。针对“心理事实”这一对象，刑法和民法各自归纳出了自己的方法论：刑法的研究多聚焦于故意和过失的主观方面，通过将其分解为认识因素和意志因素，阐明行为人主观心理和客观构成要件之间的联系；民法则构建了精致的意思表示理论，用于解释表意人将内在意思表达于外的过程，并在此基础上解决意思表示瑕疵的效力和救济问题。

两者虽来自不同部门法，在思想根基上却意外地“相通”：它们对心理事实的阐述都不带有规范性色彩，而在相当程度上属于存在论，即作为评价对象的人类行为本身具有不可变的构造，其对法规范评价具有指导和约束的作用。② 规范性意味着事物“应当如何”，以此发挥调整人类行为的功能；而存在论着眼于事物“是什么”，它适用自然科学中的“真假”标准。③ 当我们脱离具体的认知内容去谈论“心理事实”这一概念，所指的并非其“应当如何”，而是

---

① 参见［德］齐佩利乌斯：《法学方法论》，金振豹译，法律出版社 2009 年版，第 1 页。

② 参见陈尔彦：《现代客观归责理论的源流：从主观到客观》，载《刑法论丛》2020 年第 3 期，第 240—241 页。

③ 参见［德］伯恩·魏德士：《法理学》，丁晓春、吴越译，法律出版社 2013 年版，第 46—47 页。

“这是什么”。处分意识也是一种心理事实，其存在论构造能够对研究方法的选取起到重要的影响。

在刑法理论上，尤其是犯罪论体系的发展史中，出现过一次从自然主义的、崇尚经验的思维方式，向目的性与评价性思维的转变。不过这一转变并不彻底，也不宜彻底，因为刑法规范最终要对人的行为作出评价，评价对象本身“是什么”始终具有一定的制约作用。例如，威尔策尔教授在批判自然主义思维之余，也承认心理学的研究成果能够给刑法理论提供一些启发，比如帮助我们理解“以客观化的方式将意志表达于外的行为”。① 这恰恰说明，在对行为作出特定评价之前，尊重“行为是什么”也是十分必要的。因此心理事实作为行为的主观面，其本体构造能够对规范评价产生相应的指引作用。

由此，部门法的区分便不再能够成为在处分意识问题上拒绝民法思维的理由，因为我们所研究的对象在很大程度上先于法规范判断。那么，为什么不借助刑法中既有的“认识因素—意志因素”结构进行分析呢？这是因为，在数种方法都具有可行性时，其难易程度便成为决定性因素。在刑法中，认识和意志的内容有其特定来源，例如故意和过失的内容便来自各罪的客观构成要件。但我们所探讨的处分意识并非行为人的心理，而是被骗人的心理，这里不存在类似于客观构成要件的锚定标准。反观民法中的意思表示理论，其深耕于意思表示的瑕疵问题。诈骗罪中关于处分意识内容的疑问，实质上也是一个瑕疵程度如何影响处分意识效力的问题。故使用意思表示理论会相对简单，而若是强行使用“认识因素—意志因素”的结构，则可能遇到更多的困难。

（二）处分意识和意思表示的同一性证立

如前所述，诈骗罪中的处分意识和民法中的意思表示都指向人的主观心理。如想要进一步证明两者的同一性，应当从两者的功能入手。因为从逻辑上来说，要证明两个事物之间的相似性，重点不在相似特征的数量，而是这些相似特征的重要性。② 而在法律规范的世界里，概念所发挥的功能具有相当的重要性。

---

① 参见［德］汉斯·威尔策尔：《目的行为论导论——刑法体系的新图景》（增补第4版·中文增订版），陈璇译，中国人民大学出版社2024年版，第107页。

② 参见［美］D.Q. 麦克伦尼：《简单的逻辑学》，赵明燕译，浙江科学技术出版社2023年版，第69—70页。

意思表示和法律行为是相互纠缠、难分彼此的概念；而处分意识也需要借助处分行为实现其作用。故本文将先从功能性的角度证明处分行为与法律行为的同一性，随后再转向作为两者主观面的处分意识与意思表示的论证。

当前，刑法理论大多认为，诈骗罪中的处分行为不同于民法上的法律行为，因为前者涵盖了导致经济意义上财产减少的一切作为和不作为的举止，所以有别于所有权的处分权能。① 还有学者指出，处分行为所致的事实上财产损害，不限于民法意义上能够导致权利变动的法律行为，因此刑法上的财产处分行为不限于民法上以意思表示为核心的法律行为。② 然而，这二者或许均存在一些误解。

其一，处分行为和法律行为一样，都具备产生、变更或者消灭特定权利的法律效果。民法中的“处分”至少有两种不同含义：一是作为所有权权能之一的处分权，二是作为一种特殊法律行为的处分行为。

作为所有权权能之一的处分权，确实无法囊括诈骗罪中的处分行为，因为诈骗罪中的处分行为，是指具有处分权限的被骗人将财产占有转移给行为人或者第三人的行为。例如，保姆将主人的西装交给自称是干洗店工作人员的行为人时，保姆虽不具有对西装的所有权，却因管理家政的概括性授权而取得了对西装的处分权限。这正是三角诈骗的典例，足以证明处分行为不同于所有权项下的处分权能。

并且，处分行为所致的“事实层面的财产损害”其实可以被权利变动的概念所涵盖，由此不能直接推导出“刑法上的处分行为不限于民法上的法律行为”的结论。民法上的权利变动既包含债务免除或赠予这种整体性的变动，也包含权利特定内容的部分变动。能够产生“事实上财产损害”的处分行为，应当伴随着权利的变动。例如，债务人谎称家中亲人病危急需手术费，债权人同意宽限债务履行期限。虽然债权的数额没有发生变化，但履行期限的延长同样是权利内容的变更。在处分意识的介入下，刑法上的处分行为至少伴随着权利的部分变化，而看似无关紧要的部分权利变化恰恰可能导致事实上的财产损害。

---

① 参见张明楷：《刑法学·下册》（第6版），法律出版社2021年版，第1306—1307页。

② 参见徐凌波：《欺骗行为的体系位置与规范本质》，载《法学》2021年第4期，第39页。

因为“损害”更多的情况下是指，权利人在经济标准下的财产不利变动，其最常见的形式之一就是财产权利实现可能性的降低。否则，“讨债难”“执行难”的问题也就不复存在了，毕竟债权人均已享有履行期届满的债权。因此，对权利变动应当采取相对宽泛的理解，而处分行为也会导致民法意义上的权利变动。

其二，除却功能上的一致性，处分行为还能在民法中找到其所属的特定法律行为类型。民法中的处分行为，有广义和狭义两种理解方式。狭义的处分行为和负担行为相对，意味着直接让与权利、变更权利内容、设定权利负担或者废止权利的法律行为。[①] 其核心是以意思表示变动物权的权限，而物权意定变动以处分权为要。[②] 在物权变动的意义上，诈骗罪中的处分行为确实有别于民法上的处分行为。例如，行为人谎称借用手机打电话，佯装信号不好逐渐远离被害人的视野，最终趁被害人不注意时离开。本案中虽没有发生物权变动，但被骗人容许了手机占有状态的松弛，因而也有认定为诈骗的可能性。广义上的处分行为则意指通过行使处分权使一项既存的法律关系发生变化，例如双方当事人通过单纯合意让与“开放占有”，此时占有人据此处分其占有之法律地位。[③] 其强调的是“处分者有权如此”，而不问具体的变动效果如何。在广义处分行为的概念中，上述借用手机的行为便能被纳入法律行为之下，因为实现占有状态的变动属于所有权人的权利。再以保姆交付西装为例，其基于管理家政的权利而能够打理或者交付西装。这里不需要纠结是变动了既有权利还是创设了新的权利，重要的是他“有权如此”，西装上的法律关系也发生了变动，这就已经满足了广义处分行为的法律关系变化要求。正如弗卢梅所言，“处分”这一语词的核心意义在于处分权，也就是对于某种权利享有的权利（Macht），在广义层面，这一概念可以覆盖到涉及任一标的的纯粹事实行为。[④] 如此，处分行为产生的财产占有转移之效果，就是民法上的权利变动。刑法中的处分行为，也应当属于民法上广义的处分行为。

---

① 参见朱庆育：《民法总论》（第 2 版），北京大学出版社 2016 年版，第 156—158 页。

② 参见吴香香：《中国法上物权合同的适用范式》，载《中国法律评论》2024 年第 1 期，第 104 页。

③ 参见杨代雄：《法律行为论》，北京大学出版社 2021 年版，第 88—89 页。

④ 参见［德］维尔纳·弗卢梅：《法律行为论》，迟颖译，法律出版社 2013 年版，第 166—167 页。

至此，本文证明了诈骗罪中被骗人的处分行为，实际上就是民法上广义的处分行为，而民法上的处分行为是法律行为的一种。因此，诈骗罪中的处分行为是一种法律行为。人类的“行为”由作为外在表现的“体素”和作为内在心理事实的“心素”密不可分地结合而成，① 而单纯的内在心理事实只有借助一定的外在显现才能被评价。意思表示和处分意识分别是法律行为和处分行为不可分割的内在主观面，因此意思表示和处分意识的同一性也得以证明。换言之，不同的部门法视角对同样的心理事实产生了不同的规范评价，这才从民法中的意思表示概念中衍生出了诈骗罪中的处分意识概念。

（三）处分意识的偏差程度决定意思表示是否生效

既然处分意识的本质就是意思表示，那么就可以借助意思表示理论对处分意识进行分析了。一般来说，意思表示可以被分为三个环节：意思的内在形成、意思的外在表达，以及外在表示与内在意思的一致性判断。② 如前所述，当前深刻影响处分意识认定的瑕疵在于，被骗人主观上所欲处分财产和实际处分财产不一致，也就是对财产的属性产生了认识错误的情形。要论证处分意识的认识内容，就要先分析它属于哪一种意思表示的瑕疵，然后才能适用相关原理进行分析。

在主观上区分行为动机和行为时的认识内容，是刑法和民法的共识。除却少数犯罪，行为人的犯罪动机通常作为量刑因素处理，而故意的认识内容与客观构成要件相对应。民法理论则认为动机错误一般无关紧要，其原则上不应当成为意思表示的效力瑕疵事由，表示错误则反之。③ 在处分意识的形成过程中，被骗人也是先形成内在动机，然后通过言语或者肢体动作的方式表达于外。财物的材质、种类和数量等属性固然可以出现在动机中，尤其是在表意人希望处分自己所拥有的财物时，如果其对财物属性没有了解，就很难想象处分的动机是如何形成的，但这不妨碍同样的内容再次出现在被骗人

---

① 参见陈兴良：《教义刑法学》（第3版），中国人民大学出版社2017年版，第101页。

② 参见［德］维尔纳·弗卢梅：《法律行为论》，迟颖译，法律出版社2013年版，第522—524页。

③ 参见朱庆育：《民法总论》（第2版），北京大学出版社2016年版，第270—271页。

实施处分行为时的认知中。

动机错误通常不阻却意思表示生效，表示错误则反之。通过前文诸案例可知，被骗人所欲处分的对象和实际处分的对象之间产生了偏差，也即被骗人产生了认识错误的对象恰好是其后续处分行为的对象，那么动机和意思表示的指向就具有同一性，此种情形在民法上被称为性质错误。① 当观念中的对象与实际对象之间的偏差过大时，性质错误原则上将阻却意思表示生效。② 例如，《法国民法典》第1110条③与《德国民法典》第119条④分别将“涉及标的之实质本身的错误”和“交易上认为重要的物之性质”作为意思表示无效和可撤销之原因。我国《民法典》虽未对此明确规定，通说却也支持类推适用重大误解规则来阻却意思表示生效。可见，处分意识中所欲处分对象和实际处分对象的严重不一致，能够阻却处分意识成立。进一步而言，这是一个认识偏差是否严重到足以阻却意思表示生效的问题。

性质错误之所以能够阻却意思表示生效，是因为表意人的主观意愿和实际对象发生了严重的偏离，这一原理同样适用于处分意识。有关意识和对象的偏差，其实可以追溯到古老的形而上学问题：事物之所以为特定事物，是因为其实质，而非其附质。实质意味着事物不因其他因素而改变的那部分，也就是“第一动者”。⑤ 例如，当我们讨论“书籍”时，书籍的内容、开本、作者和出版社等种种属性都不过是其非本质特征，它们可以发生任意变化而保持“书籍”概念本身不变。也就是说，如果在人的意识中形成了和特定物的本质相一致的东西，那么他就认识和理解了“物之所是”。⑥ 即此时的认知偏差程度尚未达到阻却意思表示生效的程度。

---

① 参见［德］汉斯·布洛克斯、沃尔夫·迪特里希·瓦尔克：《德国民法总论》（第41版），张艳译，中国人民大学出版社2019年版，第187页。

② 参见［德］赫尔穆特·科勒：《德国民法总论》（第44版），刘洋译，北京大学出版社2022年版，第120页。

③ 参见《法国民法典》，罗结珍译，法律出版社2005年版，第793页。

④ 参见台湾大学法律学院、台大法学基金会编译：《德国民法典》，北京大学出版社2017年版，第119页。

⑤ 参见［美］罗伯特·所罗门、凯思林·希金斯：《大问题——简明哲学导论》（第10版），张卜天译，清华大学出版社2018年版，第114页。

⑥ 参见［美］詹姆斯·戈德雷：《私法的基础——财产、侵权、合同和不当得利》，张家勇译，法律出版社2007年版，第505—507页。

既然处分意识和意思表示具有同一性，那么找到“所处分财产的本质特征”并将其作为处分意识的认识内容，也是顺理成章的思路。不过行文至此，民法理论已然无法提供关于处分意识实体内容的参考，盖因民事法律行为类型的复杂性导致了其标的多样性，在长期以来民法都无法就“标的本质特征”形成一个统一概念的情况下，民法中的性质错误在很大程度上是一个需要结合法官价值判断，并允许保留相当自由裁量空间的要素。① 换言之，意思表示理论为处分意识提供了一种分析框架，但具体标准仍有赖于刑法自身的价值取向和财产犯罪的特点。

四、意思表示视角下处分意识的判断进路

如前所述，处分意识的认识偏差实际上属于意思表示瑕疵中的性质错误，本文由此为处分意识的认识内容划定了大致的范围，即被骗人应当认识到和“财产的本质”相一致的事物。前文在方法论部分已经提及，探究处分意识“是什么”在很大程度上是一个存在论的分析，即处分意识作为意思表示，其本身的构造能够对规范评价活动产生约束和指导作用。与此同时，处分意识是诈骗罪的一个要素，其具体内容仍然有赖于刑法的价值取向。因此，在构建处分意识的判断进路时，一方面应当考虑处分意识作为意思表示这一存在论事实提供的方法框架；另一方面也要在框架之内填充相应的刑法自身价值取向。由此可见，两者结合所形成的判断进路才会充分体现刑民融合的分析思路。

（一）以意思表示解释原理构建外部框架

在具体案件中判断被骗人是否认识到了特定内容，实际上就是对其意思表示的内容进行评价。不过严格来说，想在事后重现被骗人实施处分行为时的真实想法已经不可能，因此毋宁说我们是在人为地构建关于处分意识的“观念”以便对其作出评价。② 显然，为了实现从“案发时的表意人心理”到“事后评

---

① 参见［德］维尔纳·弗卢梅：《法律行为论》，迟颖译，法律出版社 2013 年版，第 569 页。

② 参见［德］马克斯·韦伯：《社会科学方法论文集》，阎克文、姚燕译，阎克文校，上海人民出版社 2022 年版，第 55—56 页。

价的司法者观念”的语境转换，为了使刑法规范能够准确评价严格意义上已经不复存在的表意人之心理事实，我们只能求助于特定的文字、称谓和表达——也就是构建处分意识这一意思表示的解释规则。[①] 因此解释处分意识的一方面，是要设法以文字和文本的形式重构被骗人处分意识中的内容。

民法通说对意思表示的解释持一种兼具意思主义和表示主义的二元立场：前者要求将法官“设身处地代入一般理性受领人”的立场，其偏重保障表意人的真意；后者着重考察意思表示的外部特征，依据社会利益的需要解释意思表示内容。[②] 不过在处分意识的语境下，只需要采意思主义立场，将一般理性人置于被骗人的角度考虑其被骗后产生何种认识瑕疵即可。理由在于，此处借用意思表示解释原理作为框架，最终目的是对行为人的行为性质作出精确的刑法评价结论。原本在民法上，针对欺诈、胁迫等意志表达不自由的情形，并不需要对意思表示进行解释，单纯为表意人提供“无效”或“可撤销”的保护措施即可，因为自由意志的形成和表达，在民法视角下应当受到最优先的保护。[③] 刑法则要在保护表意人的基础上，进一步衡量对行为人作出何种消极的有罪评价，故原本在表意不自由情形中不需要使用的意思表示解释原理，在诈骗罪处分意识要素的判断中“重获新生”。因此解释处分意识的另一方面，是要采意思主义的解释立场，分析被骗人处分意识中的内容。

具体来说，采意思主义的解释立场，需要以一般理性人的视角分别代入案发时产生表意瑕疵的被骗人和事后已经获知案情信息全貌的司法者，分别以语言文字的形式重构“被骗人主观上认识到自己处分的是什么”以及“被骗人实际处分的是什么”。这样就借助意思表示解释原理的外部框架，形成了两份评价素材。

（二）以刑法自身价值取向补足内在标准

如前所述，意思表示理论完成了对处分意识的概念厘清，提供了判断的方法框架并形成了评价素材。而评价活动本身则需要由刑法最终完成，在评价中

① 参见朱庆育：《意思表示解释：通过游戏而实现》，载《清华法学》2002 年第 1 期，第 121—122 页。

② 参见杨代雄：《意思表示解释的原则》，载《法学》2020 年第 7 期，第 42—43 页。

③ 参见朱庆育：《民法总论》（第 2 版），北京大学出版社 2016 年版，第 273—274 页。

体现出的价值判断，恰恰是最彰显部门法特色之处。

刑法通常被理解成保障法，也就是用最严厉的法律效果规制其他部门法力所不能及的、最严重的法益侵害行为，这也被称为刑法的补充性和片段性。①因此，其一，诈骗罪中对处分意识认识内容的标准应当低于民法中的相应标准。因为刑法不能、也不需要提供民法那般周延的意思自治保护，这是补充性和片段性的体现。其二，刑法作为严厉的制裁法，应当具备更强的安定性并满足可预测性需求。故处分意识认识内容的判断标准应当是统一的，应避免像民法中性质错误的认定那样，出现高度依赖个案和法官个人观念的情形。其三，既然处分意识是诈骗罪的构成要素之一，则相应的标准应当契合财产犯罪的现行体系。以上三点是构建处分意识判断标准时需要遵循的基本要求。

1. 应将财产的交换价值作为处分意识的具体内容

要避免处分意识因重大的意思表示瑕疵而失效，则需要被骗人认识到所处分财产的“本质特征”，这是处分意识偏差作为性质错误这种意思表示瑕疵的推论。而谈及刑法视角下的“财产本质特征”，就不得不关注一个基本问题：刑法为什么要保护财产？针对财产法益的命题已经有诸多论述，但恐怕无论如何讨论，刑法保护财产的主要原因都在于：财产是保障和促进个人自由发展的工具。能够控制特定的有体物，并免于外人对自己和他人之间有益关系的非法干预，是个体在文明社会的经济生活中能够主张的基本要求。② 借由可转让性体现出的工具理性价值，是财产能够最终服务于个人自由发展的基础。③

财产服务于个人自由发展的工具价值，可以被进一步区分为使用价值和交换价值：前者意味着财产通过其固有属性满足人们生产消费方面的需要，后者意味着财产通过在市场上的流通来满足人们维持和扩大既有资产的需要。④ 而在“数额犯”的立法背景之下，财产的交换价值而非使用价值，才是刑法保护

① 参见［日］山口厚：《刑法总论》（第3版），付立庆译，中国人民大学出版社2018年版，第3—4页。

② 参见［美］罗斯科·庞德：《法哲学导论》，于柏华译，商务印书馆2019年版，第88—89页。

③ 参见车浩：《重构财产犯罪的法益与体系》，载《中国法律评论》2023年第4期，第67页。

④ 参见［美］约翰·R. 康芒斯：《资本主义的法律基础》，寿勉成译，商务印书馆2017年版，第26—28页。

的重点。

数额影响定罪和量刑，是我国刑法富有特色的财产犯罪立法体例。这里的数额，一般是指其在正常市场中的交易价格。那些具备使用价值而几乎没有交换价值的物品（例如有特殊纪念意义的老照片）通常被用于论证它们“并非没有价值”，这恰恰说明了此类财产处于刑法保护的边缘地带。① 对此，张明楷教授也委婉地总结道：不具有交换价值但具有使用价值的财物，至少能成为抢劫罪、盗窃罪的行为对象。② 因为抢劫罪和多次盗窃、入室盗窃等情形的盗窃罪，并没有数额要求。当然，这并不意味着使用价值是不重要的，被骗人完全可能产生对处分对象的认识错误，而误处分了自己宝贵的日记本或者老照片。但此种情形相较于对交换价值的侵害，数量上比较稀少。而且在我国财产犯罪多以数额作为罪量要素的情况下，对单纯诈骗老照片、老日记本的行为也较难启动刑事追诉程序。再者，法律作为社会规制的手段之一，相较于家庭教育或者宗教，其功能本身就十分有限。

此外在诈骗罪的场合，被害人之所以实施特定的行为，要么是因为“认为这样是对的”，要么是因为“认为这样合目的”，总之能够达到一个“在他看来正确的目标”。③ 这里的“目标”，就是被骗人在综合考虑各种情形后意欲通过意思表示实现的自治状态。在大多数情况下，被骗人都是认可了所欲处分对象和行为人所提供对价间得相当关系后才实施处分行为的，这种“交换”的过程也契合经济活动的发展规律。在现代市场经济活动中，支配财产的作用更多的是不再体现为支配本身，而是通过债权契约这一中间渠道实现对人的支配，进而实现资本获利。我妻荣教授将此种变化总结为所有权本来职能的淡薄和与之相结合债权色彩的逐渐浓厚。④ 刑法理论也大抵认可这一经济发展趋势，承认经济价值的本质在于事实上的可交易性与可获利益性。⑤ 因此可以大抵得出结论，交换价值相较使用价值更加能够表征财产在刑法价值取向下的本质特征。

---

① 参见周光权：《刑法各论》（第 4 版），中国人民大学出版社 2021 年版，第 106 页。

② 参见张明楷：《刑法学·下册》（第 6 版），法律出版社 2021 年版，第 1215 页。

③ 参见［德］英格博格·普珀：《德国刑法总论——以判例为鉴》（第 4 版），徐凌波、喻浩东译，北京大学出版社 2023 年版，第 32 页。

④ 参见［日］我妻荣：《债权在近代法中的优越地位》，王书江、张雷译，中国大百科全书出版社 1999 年版，第 15 页。

⑤ 参见黑静洁：《刑法上的占有论》，北京大学出版社 2023 年版，第 28—29 页。

2. “价格”与“交换价值”的不可相互替代要求

紧接而来的问题是，倘若将财产的交换价值作为处分意识的主要认识内容，司法实践中应当如何进行操作？事实上，价值是一个颇为抽象和模糊的概念，但法教义学要求对规范的解释最终应当能够“降低法官适用法律的难度”。依据人们的日常经验，某种财产（书本、画作、食品、电子设备等）的价值取决于其品种、型号、新旧程度等诸多属性。主体对任何财产都难以具备十分准确、深入的认知，故对财产各项属性的罗列也不可能周延，此时我们会自然联想到“价格”概念：其不仅契合财产犯罪中的数额要素，还提供了一种相当简明的判断标准。但在本文看来，不应用“价格”代替“交换价值”来进行处分意识的判断。

尽管法学需要在经验世界中分析财产，且正是价格这一经验性的要素，使得一切财物和财产权利都能被广义上的财产法所涵盖。① 但将价格作为处分意识的认识内容确实不合适：一方面，人们在日常生活中难以确切知晓，通常也不会特地查询所处分财产在当下市场的流通价格；另一方面，价格虽然是价值最直接的表现形式，但它只是价值概念的外延之一。当财产脱离了价格这一自由流通市场所赋予的评价，它本身并不会出现变化或者贬损。在此意义上，价格是市场机制附加给财产的评价结论，而非其固有属性。② 因此价格和价值这两个概念应当尽可能避免混用。

在民法中，对价格的认识错误恰恰属于典型的、不重要的动机错误，它不影响意思表示的效力。故有学者指出，成立处分意识不要求认识到财产价值。例如，行为人通过编写虚假交易软件的方式，使得被骗人对自己所持有的10枚比特币的实时价格产生了错误认识。在真实价格为2万美元/枚的情况下，被骗人将其以1.5万美元/枚的价格全部出售给了行为人。③ 本案中，被骗人对比特币这样一种数字货币的种类和数量有清晰无误的认知，肯定处分意识是明显的

① 参见张淞纶：《财产权的价格要素：作为激励的财产法》，载肖厚国主编：《民法哲学》（第5辑），法律出版社2014年版，第57—58页。

② 参见张天一：《对财产犯罪中“财产概念”之再建构（上）——以“支配关系”所形成之财产概念》，载《月旦法学杂志》2009年第1期，第269—271页。

③ 参见袁国何：《诈骗罪中的处分意识：必要性及判别》，载《法学研究》2021年第3期，第146页。

结论。但这里就出现了价值和价格的混淆：尽管被骗人需要认识到和财产本质特征相一致的东西，但比特币在脱离了价格的评价之后，依然是一种特定的、由算法产出的数字货币，其本身并未出现变化。因此，尽管价格在很多情况下都是价值的重要表现形式，但不能够要求被骗人“越过本质看现象”。

（三）具体构建“三步走”的判断标准

事实上，如果考虑到对处分意识这一意思表示的解释总是建立在“以文本和文字重构被骗人的意思表示”的基础上，就不难联想到，或许可以从语言文字本身的结构入手来分析处分意识的认识内容。

虽然难以认识到财产的价格，但人们一定能够在日常语境下认识和理解自己所处分的财产“是什么”，这种描述天然地包含了财产的交换价值特征，并进一步决定财产的流通价格。这一存在于个人内心的认知直接表达了“社会一般观念”的内容，因为我们对某一财产的全部理解实际上都来源于社会环境中其他公民对它的描述。这也是一种“语言游戏”，正如我们将一种身体上的感受描述成“疼痛”，进而其他的对话者也能理解该语词所指的含义一样。因为在日常生活的语境中，源自概念这一语法的独特本性能够为所有参加日常语境“语言游戏”的参加者所理解。① 如果主体对财产的描述已经包含了其主要的交换价值特征，就可以表明主体具备了处分意识。考夫曼同样指出，在法律生活共同体中，对事物的称谓过程就已经赋予了其意义。② 且如前文所述，评判和解释意思表示的第一步，也是将其转化为特定的语言文本。故基于语言文本自身的结构，本文尝试提炼出一种“三步走”判断方法，以更好地服务于司法实践。

第一步，从事后司法者的角度，评价实际处分财产的交换价值特征。具体而言，就是按照一般国民的日常语言习惯将这些特征归纳为带有修饰词和中心语的偏正结构短语，它也是处分行为的直接宾语，其结构是：修饰词+中心词（名词或者代词）。考虑到案件中被实际处分的财产总是确定的，这样的归纳描

---

① 参见［英］M. 麦金：《维特根斯坦与〈哲学研究〉》，李国山译，广西师范大学出版社2007年版，第166—167页。

② 参见［德］阿图尔·考夫曼：《法律哲学》（第2版），刘幸义译，法律出版社2011年版，第131—135页。

述并不存在太大障碍。

第二步，从事中被骗人的角度，评价其所欲处分财产的交换价值特征。也就是假想一位一般理性人产生了和具体案件中被骗人一样的认识错误后的认识内容，并将其同样按照一般国民的日常语言习惯归纳为上述的偏正结构短语。

第三步，比较实际处分财产和被骗人所欲处分财产的交换价值特征偏离程度。如果中心词或者修饰语中的任意一项发生了偏差，即可肯定被骗人没有认识到处分对象的交换价值特征，进而否定处分意识。

该种判断方法的合理性，能够通过诸多案例得以验证，并体现出随时代发展的灵活性。首先，我们回到张明楷教授提出的那组案例（见表 1）。①

表 1　案例中处分对象的修饰词和中心语

客观处分对象	主观认识内容	认识错误	处分意识成立否
（特定型号 A）相机	（特定型号 B）相机	型号（修饰语）	否
（一台）相机	（两台）相机	数量（修饰语）	否
（一台）相机	（一箱）方便面	种类（中心词）	否
（一张）邮票	（一本）书	种类（中心词）	否

对于一部相机而言，品牌、型号、配置、数量、新旧程度等因素都会显著影响其交换价值，且这些要素的组合符合日常用语的表达习惯，例如“一台××型号的二手相机”。因此，无论是对型号、数量的修饰词产生了认识错误，还是对相机这一中心词产生认识错误，都足以说明被骗人没有认识到处分对象的交换价值，应当否认处分意识成立。不同种类的财产在作为中心词时，源自日常语境、表征其交换价值特征的修饰词自然也有所差别。考虑到财产具有多项表征交换价值的特征，在对比过程中只需要罗列客观处分对象和主观认识内容中发生偏离的部分，以减轻思考负担。例如表 1 第一行中，未发生偏离的数量要素就不需要进行对比。

此外，考虑到交换价值特征以日常语言的形式体现，因此具体的交易情景也是重要的考量因素。例如由平野龙一教授提出的，至今仍无定论的“卖鱼案”，就是典例。

---

① 参见张明楷：《诈骗犯罪论》，法律出版社 2021 年版，第 234 页。

［案例 3］A 在市场上卖鱼，将同种类的鱼等分装在若干泡沫箱中，按箱出售。行为人 B 趁 A 不注意时从甲箱中取出几条鱼放到乙箱中，不知情的 A 仍然按照原先的价格将乙箱出售给 B。①

按照上述思路，则本案的症结实际上在于：在案件所描述的交易情形下，中心语“鱼”的修饰词是“一箱”更好，还是“数量”或者是“重量”更好？对于多出的鱼，适用前者将肯定处分意识，适用后者则反之。考虑到 A 在将鱼均等分放在箱子中时，必然事先计算过鱼的重量或者数量，才能告知购买者价格。此时，“一箱鱼”和“若干条/若干重量的鱼”的表述看上去都是妥当的。然而，日常语言易于理解的特征本就建立在具体生活的语境中。既然已经给定了具体的交易场合及条件，那么就应当基于当时的交易情境再现被骗人和行为人的用语。在“按箱卖鱼”的场合下，箱子的数量直接表征了鱼的交换价值，因此选用“箱”作为修饰词更加直接、合适。既然被骗人已经认识到了自己处分的是“一箱鱼”，那么本案应当被定性为诈骗罪。

使用基于语言结构原理的“三步法”标准，也能较好地回应文章开篇提及的司法实践困惑。对于“以少充多”型案件，其实各地行政司法机关基于日常经验的判断都具有合理性：早些年由于技术的限制，被骗人需要亲自读数、计算和收款，在这样的交易场景中，“数量”和“重量”是更合适的修饰词，则被骗人确实没有认识到处分财产的交换价值；而考虑到如今称重、计费和收费的流程多由智能化的计算机系统直接完成，被骗人不需要亲自过问具体的重量，因此“一车”的修饰词相较于具体的重量可能更加合适。这也说明了为什么这种案件在早些年被认定为盗窃，而如今却被认定为诈骗。事物的发展决定了日常语言的变化，而日常语言的内容在潜移默化中改变着人们的思维方式。

需再次强调的是，价格（数额）不能反过来制约交换价值的范围，不能因为实际处分对象和被骗人认识对象之间的价格相差较小而否认交换价值特征的意义。例如，行为人将型号 A 相机放在型号 B 相机的包装盒中予以购买，但 B 相机仅仅比 A 相机便宜 1000 元，这一数额尚未达到成立诈骗罪的标准。相机的型号无疑属于影响处分意识的交换价值特征。即使实际处分对象和主观上以为的对象之间只有微小的价格差距，也不能说明两者之间“质”的关系，正如一

① 参见张明楷：《外国刑法纲要》（第 3 版），法律出版社 2020 年版，第 538 页。

支笔和一个苹果的价格可能相同，但显然不能等而视之。

上述“三步法”标准对处分意识的认识要求应当说是比较严格、具体的，因此本文的立场可谓严格的处分意识必要说。其实，“缓和说”与“严格说”的出发点都是一致的，即要求被骗人认识到表征财产交换价值的诸特征，在这个意义上两者的对立确实呈现出“表面化”。只不过在具体落实的过程中，“缓和说”最终需要求助于法官个人的价值判断，而“严格说”则或多或少提供了一种操作性较强的适用方法。当然，任何方法都不会是完美的。本文提出的处分意识认识内容的标准也不能完全消除法官的判断负担，因为尽管日常用语富有弹性、情境适应能力强，但毕竟不如专业领域内用语那般精确。

（四）更加严格的认识要求：论财产性利益作为处分对象

上述的讨论均建立在抽象的“财产”概念上，也是对“侵犯财产罪”这一章罪名的回应。但依据通说，诈骗罪的对象，乃至整个财产犯罪的行为对象，都应当被分为两类进行讨论：有形的财物和无形的财产性利益。这里就可能出现问题：通常表现为财产权利的财产性利益，其“交换价值特征”是什么？事实上，我们难以设想出一个能够描述权利交换价值特征的偏正结构，因为对一项财产性利益的完整描述势必会包含主体、客体、期限、履行方式及可能的违约责任等多个方面，它们都会深刻影响财产性利益的价值。

财产性利益的本质是财产权利，只有通过当事人之间的权利义务关系才能体现其经济价值。[①] 本文赞成这一命题，并初步认为，财产性利益本身的权利内容就直接表征出其交换价值，因为财产权利的一大特征就是能够在市场上进行交易并变现（少数具有人身专属性的除外）。而权利的全部内容均应当属于财产性利益的“交换价值特征”，故处分者也应当认识到财产性利益的全部内容。换言之，在诈骗罪中不存在对财产性利益的认识错误，此种情形全部应当纳入盗窃财产性利益的范畴。当然，这是一个比较极端的推论：在被害人基于对财产性利益产生错误认识并处分的情况下，盗窃罪的范围显著扩张，而几乎不会有诈骗罪的成立余地。

---

① 参见黎宏、陈少青：《论财产犯中的财产性利益》，载《交大法学》2022年第5期，第30页。

但是，这一推论并非空穴来风。首先，德日刑法明文规定了诈骗财产性利益，是因为其盗窃罪的对象仅限于有体财物，为了避免对侵害财产性利益行为产生处罚漏洞，而有意识地扩大了诈骗财产性利益的范围。相较之下，我国刑法一来没有区分狭义财物和财产性利益，而是统一以“公私财物”称之；二来也在借鉴域外理论的过程中实际上使用“占有”概念统一指代对财物和财产性利益的支配状态。① 因此盗窃财产性利益的行为不仅值得处罚，在我国刑法对财产进行一元化规定的背景之下，表现出相对扩张的趋势也完全可以理解。

其次，前述案例1也体现出司法实践在面对处分财产性利益的案件时，对处分意识较为严格的要求：被告人制作的表面上“付款1元”，实际内容却是支付30.5万元的虚假购物链接，使得被害人对自己处分的财产性利益的数额产生了交换价值上的认识错误，因而法院否认了处分意识。也就是说，被骗人单纯认识到“自己在支付转账”的事实，并不足以构成处分意识，而应当具体认识到财产性利益的数额。如果将该案稍加改动：将虚假链接的内容改为“付款30万元”，实际支付30.5万元，那么对其中的5000元依然应当定性为盗窃。这就是“处分意识应当认识到财产性利益的全部内容”的题中之义，数额大小不会直接影响处分意识的定性判断。最后，处分意识存疑仅仅是诈骗罪中的一种类型，对处分意识的严格要求不会在诈骗罪的整体处罚范围上产生过于明显的影响。在被骗人对处分动机产生认识错误而就处分对象没有产生错误时，诈骗财产性利益的命题依然可以成立。

不过，对于刑事政策是否可以接受这样的变动，司法实践对其的接受程度如何这两个问题，依然要画上一个问号，盖因其进一步涉及侵害财产性利益的合理处罚范围问题，值得进一步深入研究。由于篇幅所限，本文只能就财产性利益作为处分对象给出初步的观点，关于其深入论证，只能留待后续思考。

五、结　语

以是否要求处分意识为界，“必要说”和“不要说”分别代表了两种处理

① 参见李强：《财产犯罪法律规定的比较分析——以日本、德国、中国刑法为对象》，载《法学评论》2019年第6期，第82—83页。

盗窃罪与诈骗罪之间关系的基本立场。前者试图通过寻找处分意识的内容来明确划定两罪的界限，后者则在一定程度上主张消解两罪之间的界限。“必要说”提出的“质的认识错误和量的认识错误”为分析处分意识提供了框架，只是需要进一步填充具体的判断标准；“不要说”则面临由竞合导致的问题复杂化，未能考虑到诈骗罪相较盗窃罪的较低类型化不法和以实然决定性地取代应然等问题。以“必要说”为基本立场，本文论证了处分意识和民法中的意思表示具有同一性，诈骗罪中的处分行为也属于民法上广义的处分行为。两者的本质均在于“处分权”，即权利人有权变动既有的法律关系，而不关注法律关系变动的具体内容。要使处分意识这种意思表示生效，被骗人的认识偏差便不能涉及所处分财产的“本质特征”，也就是所处分财产的交换价值。

结合意思表示的解释原理和刑法自身的价值取向，本文提出了基于日常语言称谓具体的“三步走”的处分意识判断进路：将实际处分对象和被骗人所欲处分对象均描述为日常语境下“修饰词+中心语”式的偏正结构短语，只有在修饰词和中心语均不发生偏差时才成立处分意识。本文的立场也可谓严格的处分意识必要说，因为依据该方法，对处分意识认识内容的要求比较严格。在财产性利益作为处分对象的场合，本文初步认为，一旦产生对财产性利益的认识错误，处分意识便无法成立，因为财产性利益的全部内容都应当构成其交换价值的本质特征。当然这还有待进一步研究。

（初审：王海容；校对：宋姝雅）

论私力行使债权行为的出罪路径和判断标准

蔡超凡*

摘　要：私力行使债权行为的评价体系的建立仰赖评价客体、出罪路径、出罪标准的确定。对于可出罪的行使债权行为，须从索债对象、债的数额、债的期限、债的原因四个方面进行限定。同时，根据债权性质的不同，行使债权行为可分为行使合法债权行为和行使“狭义的非法债权”行为两类。在出罪路径层面，存在“违法阻却事由说”和“构成要件要素排除说”的分野。从民刑关系、财产犯罪的出罪范围、针对私力救济的态度三个方面考虑，将“构成要件要素排除说”作为私力行使债权行为的出罪路径更为可取，而“违法阻却事由说”的范式适合于实现“取回所有物”行为的出罪化。在“构成要件要素排除说”的路径下，应当采取“财产损失否定”的标准：在行使合法债权的场合，类推适用《刑法》第238条第3款对该行为进行评价，由于不存在财产损失，行为人不成立财产犯罪，但其手段行为可能构成其他犯罪。在行使“狭义的非法债权”的场合，当事人之间存在事先约定的权利基础，从功能性的财产法益出发，被害人不存在财产损失，故行为人不成立财产犯罪，但可能构成催收非法债务罪与其他犯罪的竞合。此外，在罪数上，私力行使债权的行为排斥寻衅滋事罪的适用。

关键词：私力救济；自救行为；财产损失；非法占有目的；构成要件要素排除说

一、问题的提出

刑法上的“权利行使”，主要是指“行为人基于某种客观原因认为自己有

* 蔡超凡，中国政法大学刑法学硕士研究生。

取得对方占有之财产的权利，因而采用盗窃、抢劫、诈骗、敲诈勒索等非法手段取得了财产”[①] 的行为，其囊括“取回所有物”和“实现债权”两种子类型,[②] 本文仅就后者展开讨论。受司法解释的影响,[③] 实务界已经普遍认识到，满足特定条件的行使债权行为能够排斥财产犯罪的成立，但由于出罪根据、出罪的具体条件的不明确，相关判决仍呈现出差异化：例如，在强力实现债权的场合，“袁某、王某抢劫案”[④] 成立抢劫罪，而在“岳某抢劫罪案”[⑤]、“谭某、曹某抢劫案”[⑥] 中，二审法院却否认了一审法院的抢劫罪结论，将其改判为人身或秩序类犯罪。再如，在催收合法债务的场合，“曹某诈骗案”[⑦] 成立诈骗罪，而“梁某非法拘禁案”[⑧]、“康某生非法拘禁案”[⑨] 却被认定为非法拘禁罪。这些判决体现了实务中财产犯罪的出罪思路歧异：其中，“岳某抢劫罪案”“谭某、曹某某抢劫案”体现的是以“行为人不具有‘非法占有目的’”出罪的通行做法，而在“康某生非法拘禁案”与“梁某非法拘禁案”中，法院

---

① 刘明祥：《财产罪比较研究》，中国政法大学出版社2001年版，第82页。

② 参见杨绪峰：《权利行使在财产犯罪中的类型化解读——以取回所有物和实现债权二分为视角》，载《政治与法律》2014年第11期。

③ 根据《最高人民法院关于对为索取法律不予保护的债务非法拘禁他人行为如何定罪问题的解释》，《刑法》第238条第3款中的“索取债务”包括索取赌债、高利贷等法律不予保护的债务，据此，只要行为人与被害人之间存在债务（无论何种性质），而行为人是以索取债务为目的实施拘禁行为的，均可否定绑架罪、抢劫罪的成立，而仅成立非法拘禁罪。《最高人民法院、最高人民检察院、公安部、司法部关于办理非法放贷刑事案件若干问题的意见》亦延续了不将行为人的行使债权行为认定为财产犯罪，仅将其手段行为认定为人身、秩序类犯罪的思路。

④ 参见袁某、王某抢劫案，贵州省贵阳市中级人民法院（2017）黔01刑终200号刑事判决书。

⑤ 参见岳某抢劫案，陕西省渭南市中级人民法院（2019）陕05刑终223号刑事判决书。

⑥ 参见谭某、曹某抢劫案，辽宁省大连市中级人民法院（2016）辽02刑终60号刑事判决书。

⑦ 参见曹某诈骗案，天津市第一中级人民法院（2020）津01刑终319号刑事判决书。

⑧ 参见梁某非法拘禁案，广东省深圳市中级人民法院（2011）深中法刑一终字第841号刑事判决书。

⑨ 参见康某生非法拘禁案，广东省潮州市中级人民法院（2019）粤51刑终75号刑事判决书。

却采纳了以“行使债权未造成‘财产损失’”为由而出罪的见解。此外，亦有少数判决对“以‘自救行为’的违法阻却事由进行出罪的可行性”展开了讨论。①

上述实务判决的分歧可被解构为三个理论问题，即（1）行使债权行为的限定条件为何？（2）行使债权的出罪路径为何？（3）行使债权的出罪标准为何？对于行使债权行为的限定决定了满足何种条件的行使债权行为能够排斥财产犯罪的成立。在此基础上，出罪路径则需回答行使债权行为属于哪一犯罪构成阶层出罪的问题，其中，“构成要件要素排除说”以排除财产犯罪的具体构成要件要素达成出罪目的，与之相左的“违法阻却事由说”则认为，在私力实现债权的情形，行为人原则上构成财产犯罪，仅在法律有特殊规定之际，才作例外评价。② 在出罪路径之下，还需明确具体的出罪标准：“违法阻却事由说”与“自救行为”的适用紧密绑定，而在“构成要件要素排除说”中，有见解主张通过“非法占有目的欠缺”的标准来达到出罪效果，③ 也有观点认为，主张权利的行为不会给对方造成实质的财产损害，从而在违法性判断之前就否定行为的犯罪性。④

上述实务和理论的聚讼根源或许在于并未充分挖掘债权救济的特性，没有廓清与行使债权行为相贴合的出罪路径与出罪标准，进而无法形成统一的评价体系。有鉴于此，本文欲对行使债权的行为予以限定，并对私力行使债权行为的出罪路径进行反思，在证成“构成要件要素排除说”的前提下，采用“财产损失否定”的标准实现行使债权行为的出罪化，最终建构私力行使债权行为的评价体系。

---

① 参见何某、李某职务侵占案，浙江省宁波市北仑区人民法院（2012）甬仑刑初字第401号刑事判决书；田某、柏某破坏生产经营、寻衅滋事案，贵州省长顺县人民法院（2019）黔2729刑初95号刑事判决书。

② 参见简爱：《过度维权的罪与罚——兼评李海峰天价索赔今麦郎获刑案》，载《法学》2017年第2期；王昭武：《比较法视野下的权利行使与财产犯罪》，载《中国法律评论》2023年第4期，第100页。

③ 参见徐凌波：《债权行使与非法占有目的的非法性认定》，载《中外法学》2023年第3期，第711页。

④ 参见［日］曾根威彦：《刑法学基础》，黎宏译，法律出版社2005年版，第160页；［日］西田典之著、桥爪隆补订：《日本刑法各论》（第7版），王昭武、刘明祥译，法律出版社2020年版，第269页。

二、可出罪行使债权行为的限定

如前所述，实务中的通行做法是将行为人的手段行为和目的行为进行二分看待，并予以逐个评价，而目的行为是否具有正当性则会直接影响财产犯罪的成立。其实，目的行为的正当性仰赖于债权行使行为的正当性，故而建构私力行使债权行为的评价体系的逻辑前提，即是对可出罪的行使债权行为展开限定。毋庸讳言，在本质上，债之关系呈现为一种“请求他人给付”的结构，因而对于可出罪的行使债权行为的确定，需要同时考虑到债的发生原因、债的性质（相对性）以及债权实现的条件，① 这些内容能够进一步被细化为关于（1）索债对象、（2）债的数额、（3）债的期限、（4）债的原因四个方面的讨论。②

首先，索债对象须为债务人。根据“债的相对性”，行为人行使债权的对象应当是债务人，针对其他人索要债务的，符合构成要件的应成立财产犯罪。

[案例1] 被告人黄某为谋取高额利息，多次借钱给他人，并要求借款人签订超出实际借款数额的欠条来虚增债务，同时要求借款人作出不得再向其他人借款的承诺，如借款人不遵守承诺即为违约，要求借款人按照欠条来偿还债务或签订巨额的虚假债务的借款合同。此后，被告人黄某与被告人唐某合谋假借他人名义再次借款给借款人，制造借款人违约情形，迫使借款人重新打下巨额借条，并雇用被告人唐某、郝某等人对借款人采用殴打、上门喷漆等手段催要借款。2017年11—12月，被告人黄某、唐某等人对蔡某丁及其家人多次催收欠款。③

在本案中，被告人黄某、唐某、郝某、陈某、陈某通过喷漆等方式向蔡某丁的家人索要“套路贷”，这一行为不符合“债的相对性”原理，因而不具备财产犯罪的出罪效果，应当构成敲诈勒索罪而非寻衅滋事罪。与之相关的，则

---

① 参见王泽鉴：《债法原理》，北京大学出版社2022年版，第5、8、16页。

② 也有学者认为，应当从索债对象、债的额度、债的期限以及手段相当性的角度展开限定。参见李婕：《债权请求权对财产犯罪成立的影响》，载《苏州大学学报（法学版）》2018年第3期，第90页。

③ 参见黄某、唐某等寻衅滋事案，江苏省盐城经济技术开发区人民法院（2018）苏0991刑初117号刑事判决书。

是行为人就“索债对象”产生错误认识的问题，在此场合下，须以事前或事中视角，而非事后视角对行为人的主观方面进行分析：只要行为人尽到一定的注意义务，即便造成被害人（非债务人）的财产损失，也应当认为其因缺乏主观层面的故意而不构成财产犯罪，这一点也得到了实务判决的认可。

［案例 2］被告人丁某、夏某与王某 1 存在借贷关系。2016 年 7 月 7 日，丁某、夏某通过翻墙砸玻璃门的方式进入王某 1 曾带丁某指认并进入的家中（实际为王某 1 前妻任某家），欲带走室内的两台电视机及一块手表以作抵债，后二被告人在离开时被返回家中的任某、王某 2 发现并报警抓获。①

对于本案，公诉机关认为，被告人基于抵债目的、未经审慎调查进入王某 1 指认的实则是被害人任某的家中，属事实认识错误，实际侵犯了任某的财产所有权，应当构成盗窃罪。对此，法院却认为，“该事实认识错误不影响本案的定性，二被告人已尽到社会常识上的一般调查核实义务，对其不应过分苛责，故本院对公诉机关的该公诉意见不予采纳”。

其次，债的数额须具体确定。行为人须严格按照享有的债权数额行使权利，对于行为人尚未确定债权数额就随意索要超额债权的，其超额部分满足特定财产犯罪的数额要求的，应当成立相应的财产犯罪。

［案例 3］被告人吴某、王某煜等人因自己或亲友网购由包某等人操盘的“次元链”虚拟货币致投资款被骗受损，经商议将包某进行拘禁，期间张某、吴某、王某煜等人采取威胁、殴打的方式，逼迫包某写下 560 万元的欠条，并向张某等人转账支付 139 万元。②

针对本案，法院判决的瑕疵在于并未明确被害人包某与各行为人及其亲友之间的债务数额，那么，就无法进一步说明各行为人采用威胁、殴打等手段威逼包某写下的欠条数额与原有的债务数额之间的符合性。因此，对于债权的超额部分，各行为人主观上至少具有间接故意，最终应就行使的债权的超额部分成立抢劫罪，而不单是非法拘禁罪。

［案例 4］被告人谭某在得知丈夫与被害人张某有不正当男女关系后，遂纠

① 参见丁某等非法侵入住宅案，浙江省宁波市鄞州区人民法院（2016）浙 0212 刑初 1766 号刑事判决书。

② 参见王某煜、王某非法拘禁案，河南省南阳市中级人民法院（2019）豫 13 刑终 771 号刑事判决书。

集曹某将被害人张某予以拘禁。在拘禁过程中，被告人谭某询问被害人其丈夫是否给予过被害人以财物，当得到被害人肯定答复及确切的数额为1500元后，被告人谭某临时起意，要求被害人张某返还该款项。①

与前述案例3不同的是，在本案中，被告人谭某索要的债权存在一定的法理根据（夫妻共同财产制），况且，被告人谭某是在特定的债权数额内向被害人索要钱款的，故该行为应当排斥财产犯罪的成立，仅由于其手段行为构成非法拘禁罪。可以说，对于本案，法院的定性是完全正确的。

再次，债的履行期限须届满。行为人行使的必须是履行期届满的债权，对于已约定期限但未到期的债务，债务人尚未具有履行义务，债权人又谈何行权救济？对于未约定具体履行期限的债务，按照《民法典》第675条的规定，只有在给予债务人必要的准备期限后，债权人方可通过私力救济实现债权。

［案例5］侯某1、侯某2为向被害人李某索要未到期债务，找到被告人赵某、邵某等人帮其要账，在要账过程中，被告人赵某伙同邵某通过恐吓、威胁等方式逼迫李某还账，使李某产生心理强制，同时还有其他人员到李某家中留滞吃住，严重影响李某的家庭生活。②

在本案中，在明知侯某1、侯某2与李某之间的债权并未到期的情况下，被告人赵某伙同邵某通过威胁迫使其偿还债务的行为不具有行权的正当性，因而无法产生财产犯罪出罪的效果，其应当构成敲诈勒索罪，而非寻衅滋事罪。

最后，债的原因须真实确定且具备一定法理根据。③ 在民刑关系问题上，无论采取“刑法从属性说”还是“刑法独立性说”，都应承认的是，刑法中的财产犯罪对象的确定绕不开民法划定的财产权利范围，故而对债权属性的认定

---

① 参见谭某、曹某非法拘禁案，辽宁省大连市中级人民法院（2016）辽02刑终60号刑事判决书。

② 参见蔡某、赵某寻衅滋事案，山东省济宁市任城区人民法院（2019）鲁0811刑初2059号刑事判决书。

③ 正当的债权基础应当从权利种类和权利归属两方面进行判断。从权利种类上看，法定性权利能够成为正当权利基础，对习惯性权利则需要进行区分，只有与法律规定不抵触的习惯性权利才可以成为权利基础，而道德权利因其自身的模糊性，不能当然排除索财行为的违法性。而从权利归属上看，应当是归属于行为人的权利，即请求权是侵害行为人自身权利形成的。参见王志祥、李昊天：《维权行为与敲诈勒索行为的区分——以女辅警敲诈勒索案判决为切入的思考》，载《法律适用》2022年第8期，第139页。

须坚持以民法为导向。遵循这一逻辑，按照《民法典》第 143 条的规定，债权可分为具有完整法律效力的“合法债权”以及效力存在缺损的“广义的非法债权”。[①] 之所以采取“广义的非法债务”这一表述，其实是统筹民刑基础理论、具体条文以及民刑衔接的结果：此处的“非法”一词并非“违法性”的同义反复，而意在表明债权效力并未得到民法的全面肯认，因而存在不同程度的瑕疵甚至缺憾。在双方均为合格民事主体的情况下，“广义的非法债权”的形成要么是因为双方意思表示不真实，要么是因为债权的建立本身违反了法律、行政法规的强制性规定。而在“广义的非法债权”的内部，可以根据效力缺损的原因及其程度分为“狭义的非法债权”[②] 和虚假债权两类。

由于“狭义的非法债权”的债因是真实的，其能够得到民法的部分保护。“狭义的非法债务”的表述及其指涉对象与催收非法债务罪中的“非法债务”的表述相呼应，该罪在罪状表述中明确将“高利贷”作为非法债务的典型，这说明在民法中属于自然债务的“高利贷”，在刑法语境中却被囊括在“非法债务”的概念之下。依此，“狭义的非法债务”的表述有其合理性。相反，虚假债权因不具备真实债因的缘故，故而无法受到民法的保护。根据《民法典》第 146 条的规定，行为人与相对人以虚假的意思表示实施的民事法律行为自始无效，“虚假债权”不存在任何法理根据，私力行使虚假债权的行为与私力救济无涉，行为符合具体构成要件的，成立相应的财产犯罪。于是可知，在债因不明的情况下，不应认为行为人后续的索财行为当然属于行使债权行为。

[案例 6] 被告人王某因怀疑 2015 年与被害人陈某等人打麻将时被陈某诈骗人民币 3 万余元，遂找到王某 2、衣某等人，请求帮助索回其已输的赌资。此后，王某找到陈某，对陈某拳打脚踢并阻止陈某离开。随后，王某 2 纠集冯某、卢某、刘某 1 等人赶到，继续殴打陈某并索要赌资。在此期间，王某 2 等人逼

---

① 相似的债权分类方式，可参见徐凌波：《债权行使与非法占有目的的非法性认定》，载《中外法学》2023 年第 3 期，第 709 页。

② 由于《索取非法债务的解释》将高利贷、赌博等债务称为“法律不予保护的债务”，这便需要明确“广义的非法债务”与“法律不予保护的债务”的内涵与外延。其实，“广义的非法债务”是以法律评价角度展开的，其能囊括合法债务以外的所有债务，而“法律不予保护的债务”是从事后救济角度对债务的定性，可是在法律上不予保护不等于债权人不能私力实现债权。可见，“法律不予保护的债务”只是“广义的非法债务”中的一类，即“狭义的非法债务”。

陈某交出随身携带的人民币1750元，并用刀架在陈某脖子逼其写3万元借条及房屋抵押条。①

[案例7] 被告人傅某在胡某甲等人开设的赌场内赌博输钱，后赌场宝官作假被赌客当场发现，赌场承诺予以赔偿，但双方协商未果。2013年1月2日晚，被告人傅某以索取所输赌债为由，纠集十几人将胡某乙（胡某甲的弟弟，负责赌场管理）劫持，逼迫胡某甲通过银行转账的形式缴纳赎金23.5万元。2013年1月3日中午，被告人傅某将胡某乙释放。②

同样是在索回所输赌债的场合，在案例6中，被告人王某只是怀疑打麻将时被陈某诈骗人民币3万余元，就纠集他人拘禁、殴打陈某，向其索要债务，应当认为，王某实施的并非行使债权行为，其理当构成财产犯罪。而在案例7中，被告人傅某已经查明赌场宝官的作弊行为，赌场也承诺赔偿，只是双方协商未果。因此，如果傅某仅是索回所输赌债的，其后续行为应被评价为行使债权的行为。此外，也不应认可全无法理依据的“索债行为”，以讨要“青春损失费”为例。在恋爱分手后，一方索要法律上没有根据的“青春损失费”，该行为不属于行使债权的行为，③ 行为人理应成立相应的财产犯罪。但是，若双方就“青春损失费”进行事前约定，一方事后按照约定索要的，似乎可以被评价为行使债权的行为，④ 故行为人不应构成财产犯罪。

按照上述内容，具备财产犯罪的出罪效果的行使债权行为被划分为行使合法债权以及行使“狭义的非法债权”两类。在明确这一评价客体后，借此反推，能够进一步明晰我国语境下的行使债权行为的出罪路径与出罪标准。

---

① 参见王某非法拘禁案，山东省即墨区人民法院（2017）鲁0282刑初479号刑事判决书。

② 参见傅某非法拘禁、敲诈勒索、绑架案，湖北省鄂州市中级人民法院（2014）鄂鄂州中刑终字第00018号刑事判决书。

③ 参见上海市第一中级人民法院（2009）沪一中刑初175号刑事判决书。转引自徐光华：《索债型非法拘禁罪扩张适用下对绑架罪的再认识》，载《中国法学》2020年第3期，第262页。

④ 在民事实务中，双方当事人关于“青春损失费”约定的定性较为复杂，主要存在无效说、赠与合同说、自然债务说等，在认定债权有效的前提下，索要“青春损失费”的行为属于行使债权的行为。

三、私力行使债权的出罪路径及标准

在阶层式犯罪论体系中，刑法中的私力救济共有两个落点：一为构成要件阶层，一为违法性阶层。关于私力行使债权行为出罪的讨论，学界同样围绕构成要件和违法阻却事由展开，在各自的路径下，存在着不同的出罪标准。

（一）行使债权行为的出罪路径比较

所谓“违法阻却事由说”，是将私力行使债权行为的出罪化依托于刑事自救行为的见解，而自救行为是指“法益受到侵害的人，在通过法律程序、依靠国家机关不可能或者明显难以恢复的情况下，依靠自己的力量救济法益的行为”①。反之，“构成要件要素排除说”主张通过否定财产犯罪的具体构成要件要素实现对私力行使债权行为的评价。两种学说在民刑关系问题、财产犯罪的出罪范围以及针对私力救济的态度这三个层面存在不同程度的交锋。

1. 民刑关系问题

在民刑关系层面，“违法阻却事由说”彰显了“刑法从属性说”的立场，这是因为该说所主张的“自救行为”属于一种超法规的违法阻却事由，而超法规的违法阻却事由的实质根据是“法秩序统一原理”。对此，德国学者指出，“法秩序仅仅承认统一的违法性概念”②。这意味着一个行为在一个法领域是违法的，就不可能在另一个法领域是合法的，只不过违法后果不同而已。③ 正因如此，“自救行为”在适用上无不体现出依附于民法的特点，学界在研究自救行为时，常以《民法典》第1177条关于自助行为的规定对“自救行为”展开阐释。

与之相左的是，主张“构成要件要素排除说”的学者则是“刑法独立性说”立场的拥趸，该说认为，对行使债权行为的评价应以特定财产犯罪的构成要件为根本，“民法理论并非直接作用于刑事构成要件的解释，而是在确认民法

---

① 张明楷：《刑法学·上册》（第6版），法律出版社2021年版，第312页。

② ［德］汉斯·海因里希·耶塞克、托马斯·魏根特：《德国刑法教科书》（上），徐久生译，中国法制出版社2017年版，第438页。

③ 参见陈兴良：《教义刑法学》（第3版），中国人民大学出版社2017年版，第402页。

上的解释对于刑法独立的法益保护目标而言同样妥当之后才得到刑法的认可与接受。刑事构成要件的规范保护目的亦即其所保护的法益才是指导构成要件解释的根本标准"①。持该见解的周光权教授认为，对于利用恐吓等不法方式主张债权是否具有实质违法性的问题，从民法规定中完全无法得出这一结论，② 民刑的规范保护目的存在差异，"民法并不承认，债权人可以通过暴力、胁迫以强制债务人履行债务的权利，因而这种催讨行为超出了行使权利的范围"③。

2. 财产犯罪的出罪范围

"违法阻却事由说"主张以"自救行为"对行使债权行为出罪，由于自救行为的适用限制以及违法阻却事由的固定范式，导致财产犯罪的出罪范围较窄。一方面，自救行为在外观上与正当防卫、紧急避险相似，后者因其法定地位挤占了原属于自救行为的适用空间；④ 另一方面，刑事自救的要件较为严格，⑤ 其中，"请求权要件"否认对于赌债、高利贷等非法债务的私力救济，而"紧迫性要件"要求行为人必须在求助公力救济无门时才能采取私力救济。不仅如此，处于违法阻却事由阶层的出罪路径还具有单一性，无法根据不同性质的权利进行变通。刑法中私力救济的对象主要包括财产权利、人身权利（例如名誉权、荣誉权）以及民主权利（例如选举权）等，自救行为的条件是贯彻"短板效应"的违法阻却事由的类型化结果，其是根据最难救济的权利类型来设置适用条件的。

---

① 徐凌波：《虚拟财产犯罪的教义学展开》，载《法学家》2017年第4期，第49页。

② 参见周光权：《权利行使与财产犯罪：实践分析和逻辑展开》，载《现代法学》2023年第2期，第159页。

③ ［日］松宫孝明：《刑法各论讲义》，王昭武、张小宁译，中国人民大学出版社2018年版，第221页。

④ 《关于依法适用正当防卫制度的指导意见》第6条规定，"在财产犯罪中，不法侵害人虽已取得财物，但通过追赶、阻击等措施能够追回财物的，可以视为不法侵害仍在进行"。上述情况原属于自救行为的适用空间，而该意见的制定机关考虑到自救行为在概念与条件上的模糊性，因而放宽正当防卫的时间条件，将这一部分的自助行为作为正当防卫加以对待。

⑤ 根据通说，自救行为的成立须符合以下条件：（1）法益已经受到了违法侵害；（2）行为人具有需要实现的请求权（请求权要件）；（3）通过法律程序、依靠国家机关不可能或者明显难以恢复受侵害的法益，或者说不能及时获得公权力的救助（紧迫性要件）；（4）救济行为的手段具有适当性。参见张明楷：《刑法学·上册》（第6版），法律出版社2021年版，第312页。

反观“构成要件要素排除说”，其对于行使债权行为的评价不是像“违法阻却事由说”那样对违法性作全有或全无的判断，而是将手段行为和目的行为二分看待，行为人可能仅因手段行为构成其他犯罪，因而导致财产犯罪的出罪范围较广。“私力救济手段选择的欠妥（行为无价值）加之损害结果的不可接受（结果无价值）就成了判断私力救济合法与非法的关键，随之就有了考察个罪构成要件与具体事实情节的必要”①：当手段行为和目的行为同时符合法律规范的要求时，应在构成要件的审查中排除整体行为的违法性；而当行为人的手段行为不符合法律规范要求而目的行为符合法律规范的要求时，应当排除财产犯罪的适用，对于行为人，按照其手段行为触犯的罪名处罚即可。

3. 针对私力救济的态度

上述两说在财产犯罪的出罪范围存在差异，根源或许在于其对于私力救济的态度不同。私力救济的正当性，归根结底是通过自然权利证成的：在未创立国家之前，人类时刻身处弱肉强食的“原始丛林”或由自然激情所引发的“战争状态”，② 为了保全自身，自然法赋予人人享有惩罚罪犯和充当自然法的执行人的权利。③ 但自国家建立以来，私力救济就被长期视为一种落后和不文明的现象，推行法制的重要目的之一就是抑制私力救济，将冲突与矛盾引入秩序中加以解决。

毋庸置疑，“违法阻却事由说”映射了“禁止私力救济”的传统观念，其认为，如果轻易地广泛肯定自救行为，不仅会招致轻视国家机关救济，容允私人使用实力的结果，而且会因为自救行为人的实力不同而造成救济上的不平等，④ 故而，应当严格限制行使权利行为的出罪范围。与之不同的是，“构成要件要素排除说”则认为，私力救济和公力救济之间不存在实质冲突，基于法益保护原则，倘若采取私力救济能更有效地保护法益，此时，就不需要公力救济的硬性介入，而且，对于财产权利的救济与社会秩序无涉，应允许个体享有更

① 郑超：《论刑法中的私力救济》，载《清华法学》2023 年第 6 期，第 73 页。

② 参见［英］霍布斯：《利维坦》，黎思复、黎廷弼译，商务印书馆 1985 年版，第 128 页。

③ 参见［英］约翰·洛克：《政府论》（下篇），丰俊功、张玉梅译，北京大学出版社 2014 年版，第 11—14 页。

④ ［日］大谷实：《刑法总论讲义》（新版第 5 版），黎宏、姚培培译，中国人民大学出版社 2023 年版，第 270 页。

大的行权自由。

（二）应当采取“构成要件要素排除说”

然而，需要注意的是，两种出罪路径之间并不存在替代关系，针对不同性质的财产权利的私力救济，完全可能采用不同的出罪路径。对于行使债权行为的出罪化，采取“构成要件要素排除说”更为稳妥。

首先，在民刑关系问题上，“构成要件要素排除说”倡导的“刑法独立性说”对于行使债权行为的定性更为合理。“刑法从属性说”认为，“民法上的自救行为与刑法上的自救行为在性质上是相同的，只不过程度不同而已”①。可是，“在不同的立法理念下，民事自助行为与刑事自救行为在制度定位、正当性判断标准以及构成要件等方面势必存在差异，民事自助行为制度的逻辑起点在于权利的自我实现，刑事自救行为则强调刑事责任的阻却与免除”②。具体而言，民事自助在性质上属于保全措施，当事人在实行自助行为后须及时请求国家机关予以处置，否则造成损害的可能要对受害人承担侵权损害赔偿责任。③换言之，民事自助与公力救济存在必然的先后适用关系，在一个完整的权利实现流程中，需要二者的共同参与。但在刑事领域中，刑事自救和公力救济之间是替代关系。囿于民刑的规范目的差异，在权利实现的民事逻辑中，权利的正当性应是被聚焦的关键，而在行为定性的刑事逻辑中，手段行为的正当性才是重点考察的内容。这一点具体表现为：刑事自救的时点必须在犯罪既遂后，且国家机关后续救济不会影响行为人的行为定性，因此，刑法对于刑事自救的认定较民事自助更窄。④ 上述贯彻“刑法从属性说”的见解只关注民事自助与刑事自救隶属同源的外相，却忽视了不同部门法之间早已预设的逻辑差异，将我国刑事自救制度直接嵌套《民法典》第1177条的做法破坏了刑法逻辑的完整性，为本文所不取。

其次，对于财产犯罪的出罪范围，结合刑事立法与相关理论，“构成要件要

---

① 陈兴良：《教义刑法学》（第3版），中国人民大学出版社2017年版，第405页。

② 沃耘：《民事自助行为研究》，法律出版社2012年版，第70页。

③ 参见郑冠宇：《民法总则》，台北，新学林出版股份有限公司2019年版，第256页。

④ 参见［日］佐伯仁志、道垣内弘人：《刑法与民法的对话》，于改之、张小宁译，北京大学出版社2012年版，第259页。

素排除说”更贴合行使债权行为的出罪特点。一方面，在立法上，对于行使债权的行为采取“构成要件要素排除说”存在相当之理由：我国刑法分则中存在针对私力行使债权行为的提示规定，例如，《刑法》第238条第3款规定：“为索取债务非法扣押、拘禁他人的，依照前两款的规定处罚。”通说认为，本款在性质上属于注意规定（且并未限制债务性质），故在私力实现非法债权的场合，由于行为人欠缺自救行为中的“请求权要件”，对该行为排斥适用绑架罪、抢劫罪的结论无疑是根据“构成要件要素排除说”得出的。此外，《刑法修正案（十一）》增设的催收非法债务罪所规制的是以非法手段催收高利放贷等非法债务的行为，该罪不属于财产犯罪，适用该罪只是对手段行为的评价，这变相说明了立法者承认对于非法债务的私力救济。另一方面，即便同样是财产权利，也可能因为财产权利的性质差异而适用不同的出罪模式，“构成要件要素排除说”的模式适合于行使债权行为的出罪，而“违法阻却事由说”模式似乎与取回所有物行为的出罪更加适配。“物权与债权之对于法律世界本身……前者是静止的，后者则是动态的因素”。① 考虑到物权的“形式意义”和固态属性，刑法需要从“占有”“支配”等秩序维护的角度出发为其提供圆满的保护。因此，对于侵害物权的行为仅需从形式层面予以界定即可。可以说，刑法对于物权保护的周延性决定了对于物权的私力救济必须被严格限制。而与物权不同的是，债权所突出的是流动属性，债权并非人类交易的目的，而是交易的手段，债权只有在流转中方能实现其客观价值。由于私力行使债权的行为不会直接妨害财产秩序的稳定性，故而对于侵害债权的行为需要进行实质判断，对于形式上侵害债权的行为没有成立财产犯罪的必要，同时，这也彰显了刑法对于债权救济保有更大的宽容度。

最后，“构成要件要素排除说”所倡导的针对私力救济的缓和态度更为可取。其实，在现代社会，私力救济与公力救济之间更多的是呈现出一种交错关系而非对抗关系。“法律规则影响着人们的行动，私力救济总是在法律阴影之下的救济，无论如何，它无法也无意摆脱国家的影子，尽管有时也会超出法律之外”，②

---

① ［德］拉德布鲁赫：《法学导论》，米健、朱林译，中国大百科全书出版社1997年版，第64页。

② 徐昕：《论私力救济》，中国政法大学出版社2005年版，第299—300页。

“与其把私力救济看作对法律的超越，毋宁将其视为恢恢法网的一部分”。[①] 根据福柯的微观权力理论，“可见而无法确知”的权力并非一种中心化的控制机制，而是存在于社会各层面和角落的复杂网络。[②] 故而，对公力救济的宣扬并非只有适用法律才能达成，通过私力救济也能实现这一效果。例如，在债权人以起诉、强制执行警告甚至胁迫债务人偿还债务的场合，就能够说明两种救济之间的非矛盾性。更何况，私力救济之所以难以杜绝，很大程度上是因为其能有效弥补公力救济的不足，人类社会“有两种抗争的方式：一种用法律，另一种用武力。第一种适合人类，第二种适合野兽。可是在许多情况下，第一种方式不足以应付，因此有必要求助于第二种方式”。[③] 公力救济始终存在效率低、费用高、周期长等特点。过于严格地限制私力救济，无异于是对国民财产权利救济的漠视。考虑到我国当下的社会背景，将财产权利的不当行使一律作为财产犯罪处理，实为社会公众难以接受，故而理论和实务在结论上都倾向于不成立财产犯罪。[④]

（三）应当采取“财产损失否定”标准

在确定私力行使债权行为的出罪路径后，针对私力行使债权行为的评价体系的建构还仰赖统一的判断标准。在“构成要件要素排除说”的路径下，关于行使债权行为评价的标准，存在“非法占有目的欠缺”标准和“财产损失否定”标准的分野，相比较之下，“财产损失否定”的标准更为妥帖。

在实务中，我国法院多以“非法占有目的欠缺”的标准来实现财产犯罪的出罪化，但是，适用这一标准的做法存在明显疏漏。

第一，“非法占有目的欠缺”的判断标准不具有终局性和贯穿性。在实务

---

① CeliaR. Taylor，“Self-HelpinContractlaw：AnExplorationandProposal”，33 *WakeForest-Law Review* 839，841-907（1998）.

② 参见［法］福柯：《规训与惩罚》（修订译本），刘北成、杨远婴译，生活·读书·新知三联书店2020年版，第225页。

③ ［意］马基雅维利：《君主论》，吕健忠译，上海文化出版社2019年版，第102页。

④ 参见吕小红：《财产权利不当行使的刑法评价》，载《东岳论丛》2024年第4期，第174页。

中，“非法占有目的”的判断需要仰赖“索债数额”的确定，[①] 而行为人的“索债数额”很大程度上对应的就是被害人的“财产损失数额”，这说明“财产损失”才是行为人是否具有“非法占有目的”的判断依据，故而根源性问题在于“财产是否遭受损失”而非“行为人是否欠缺非法占有目的”。

第二，实务中常常以对“索债目的”的审查替代“非法占有目的”的判断。可是，行为人主观层面的“索债目的”与“非法占有目的”并非排斥关系，完全有可能同时存在。正因没有及时纠正这一谬误，这才导致了实务中一些“事出有因”的判断，法院一旦认为行为人具有“索债目的”（即使债权并无根据），行为人实施的就是“有因”的索债行为。但是，何谓“有因”？是法律上的“因”还是事实上的“因”？在没有明确债因的情况下，法院往往都认为属于“事出有因”[②]，这从根本上架空了“非法占有目的”的判断。

［案例 8］被告人胡某的 A 物业公司与被害人李某的 B 公司因《前期物业管理服务合同》存在债务争议，双方未就赔偿、还款达成一致意见。2016 年 10 月 10 日晚，胡某纠集被告人赵某军、赵某辉驾车将正欲回家的李某拦下，并将其带至赵某辉在某县梯门镇的养殖场。期间胡某对李某进行言语恐吓、殴打，将李某固定在养殖场一石墩上，向其索要赔偿金等 200 万元。10 月 11 日，李某安排 B 公司会计分两次向 A 物业转账 200 万元，后胡某等将李某释放。[③]

在本案中，法院认为，“在无法查清是否存在债权债务的情况下，认定行为人的行为性质，依据犯罪构成理论，应综合行为人的主观犯罪故意和客观犯罪行为两个方面来进行判定，如果行为人主观上确为索债，即使债务关系难以查清或根本不存在，系行为人认识错误，行为人主观上仍是出于‘索债’的目的而实施拘禁他人的行为，应定性为非法拘禁罪”。法院的这一观点所贯彻的，即为将“索债目的”的审查取代“非法占有目的”的判断，从而出现了遗漏评价。

---

① 参见侯晓焱、马瑜馨、侯丽：《索债型非法拘禁犯罪的大数据研究》，载《中国应用法学》2018 年第 1 期，第 114 页。

② 参见徐光华：《索债型非法拘禁罪扩张适用下对绑架罪的再认识》，载《中国法学》2020 年第 3 期，第 262—263 页。

③ 参见胡某、赵某军非法拘禁案，山东省东平县人民法院（2017）鲁 0923 刑初 66 号刑事判决书。

第三，“非法占有目的欠缺”标准难以处理以不可分割的对象财物实现债权的情形。关于“非法占有目的”的判断常常具有整体性、全局性，在以不可分割的对象财物实现债权的场合，“倘若认为不构成财产犯罪，就等同于认为就超出部分也不存在非法占有的目的；倘若认为应构成财产犯罪，又等同于承认对于权利部分也存在非法占有的目的，这无异于对自己观点的直接否定”,① 这意味着在前述场合，“非法占有目的欠缺”标准无法实现内部的精细化。在索取超额债务的场合，即使面对可分债权，“非法占有目的欠缺”标准也并非能够始终得出妥当结论。例如，在债权人享有 3 万元债权而向债务人索要 6 万元的案件中，日本最高裁判所认为“以胁迫的言辞行使权利，作为行使权利的手段，在社会一般观念上，在脱离了社会一般人所能容允的程度的时候，不管债权额度大小，就向对方所索要的金钱的全部，都成立敲诈勒索罪”。② 而在我国，索要明显超出权利依据的数额的财物被认定为敲诈勒索罪也呈现增多趋势。③ 然而，行为人主观上对于债权实际数额的“索债目的”与债权数额以外财产的“非法占有目的”之间难道不是并行不悖的吗？这样的一体式判断不无疑问。

正是意识到“非法占有目的欠缺”标准的缺憾，一些学者才转而主张“财产损失否定”标准，这一学说能够实现判断标准的终局性、明确性以及合理性。

第一，“财产损失”要素属于我国财产犯罪中共通且不成文的构成要件要素，“既然属于财产犯罪，就应该以发生了值得刑法保护的财产性损失为要件”④。财产犯罪是以具有价值的“财产”遭受侵害的样态为底层逻辑构建的，如果在规范层面行为人没有导致“财产损失”，就不构成财产犯罪。我国财产犯罪立法中广泛存在的关于构罪数额的规定大体上能够佐证这一点。⑤

---

① 参见王昭武：《以非法手段私力实现债权行为的刑法定性》，载《政治与法律》2023 年第 9 期，第 75 页。

② 参见［日］曾根威彦：《刑法学基础》，黎宏译，法律出版社 2005 年版，第 159 页。

③ 参见徐光华：《消费领域过度维权与敲诈勒索罪的界限：实务考察与理论再塑》，载《政治与法律》2022 年第 10 期，第 74 页。

④ ［日］西田典之著、桥爪隆补订：《日本刑法各论》（第 7 版），王昭武、刘明祥译，法律出版社 2020 年版，第 155 页。

⑤ 参见王骏：《财产罪中“损失”要素的体系性定位》，载《政治与法律》2019 年第 1 期，第 35 页。

第二，该说贯彻从客观到主观的审查顺序，能够合理划分私力行使债权的出罪范围。“刑法客观主义的基本要求是在承认犯罪认定是一个复杂过程的前提下，重视客观要素，确保对客观要素的判断优先于主观要素的地位，借助于阶层的犯罪成立理论，通过递进式检验，实现刑法思维的客观性。”① 如果行为人在债权范围内行使正当债权，则被害人不存在实质财产损失，其主观上自然不具有“非法占有目的”。这种以“财产损失”判断先行的做法能够实现对于行为人行使的债权的正当性的限定与审查，如果行为人行使的债权不符合要求，就应当认为被害人存在财产损失，同时，这一方法也避免了对于“非法占有目的”判断的主观恣意性，使“非法占有目的”的判断具备可视化标准。

第三，“财产损失”要素在整体财产犯罪与个别财产犯罪中的意义不同。在整体财产犯罪中，“财产损失”对于犯罪成立以及犯罪数额起到独立的限定作用；而在个别财产犯罪中，“财产损失”要素实则隐含于“财物”要素内。有学者认为，“对于财产损失的计算而言，重要的不是犯罪类型本身，而是被侵害的财物的规范意义”②，故对于财产损失的计算应以财物本身的损失为准。依此，只要债权人的索债行为并未导致债务人的实质财产损失，就不满足“财产损失”要件的要求。而对于不可分割的对象财物，按照“财产损失否定”的标准，亦能将其按照价值分为债权数额内和债权数额外两部分，考虑到我国财产犯罪的刑罚整体偏重的特点，定罪数额的确定只需考虑被害人的实质财产损失即可，最终，行为人仅需对超额部分构成财产犯罪。

综观之，考虑到“违法阻却事由说”和“构成要件要素排除说”在民刑关系问题、财产犯罪的出罪范围以及针对私力救济的态度三个层面的参差，通过“构成要件要素排除说”的路径来实现行使债权行为的出罪化更为合适。在该出罪路径之下，应当采取“财产损失否定”的标准进行评价，该标准能够合理划分处罚范围。对于这一标准的具体适用，待下文予以揭示。

---

① 周光权：《刑法客观主义与方法论》，法律出版社2013年版，第24页。

② 于改之：《自力实现债权行为的刑法教义学分析——以我国〈刑法〉第238条第3款的性质为基础》，载《政治与法律》2017年第11期，第98页。

四、出罪路径及标准的分类适用

如前所述，行使债权的行为应当分为“行使合法债权”以及“行使‘狭义的非法债权’”两类情况进行评价，只有同时满足评价客体、评价路径和评价标准的要求，才能最终实现财产犯罪的出罪化。需要注意的是，传统观点认为，无论行为人通过非法拘禁索取何种性质的债权都应适用《刑法》第238条第3款的规定。但随着刑事立法的推进，这一观点应当得到改变。《刑法修正案（十一）》增设的催收非法债务罪是针对私力行使非法债权的专有罪名，该罪在构成要件层面囊括了非法拘禁罪的基本内容，况且，两罪的法定刑大体相同，如果认为两者是想象竞合关系，非但不具有实践意义，反而容易导致刑法条文的适用混乱。应当将《刑法》第238条第3款和《刑法》第293条之一的催收非法债务罪认定为“排斥关系”，并以债权债务的性质作为二者的区分标准：针对“合法债权”的私力救济，应以《刑法》第238条第3款为模板进行评价，而就“狭义的非法债权”的私力救济，应以催收非法债务罪进行评价。

（一）针对私力行使合法债权的评价

针对行使合法债权行为的评价自然会关涉到《刑法》第238条第3款的性质和适用问题。在理论上，对于《刑法》第238条第3款的性质认定存在“注意规定说”和“法律拟制说”的对立。如果遵循“财产损失否定”标准，其实是在这一问题上采取“注意规定说”（通说）的见解，即“债务人就其债务，原则上应以其财产全部负其责任，此项责任财产为债权的一般担保”①，债权人通过自力救济的方式实现债权不过是就其责任财产担保债权实现的一种方式。②因此，行为人行使债权的行为未给被害人造成实质财产损失，只能根据其手段行为成立非法拘禁罪，而非绑架罪或抢劫罪。反之，“法律拟制说”则认为，“刑法典设置该条的缘由很大程度上是为了应付过去立法中绑架罪法定刑过高的权宜之计……应当认为第238条第3款拟制的必要性已不复存在，对于以扣押、

---

① 王泽鉴：《债法原理》（第2版），北京大学出版社2013年版，第76页。

② 于改之：《自力实现债权行为的刑法教义学分析——以我国〈刑法〉第238条第3款的性质为基础》，载《政治与法律》2017年第11期，第96页。

拘禁他人方式行使权利的，完全有被重新评价为绑架罪的空间”①。可是，采用这一逻辑来理解《刑法》第238条第3款存在无法克服的缺陷。

第一，“法律拟制说”的逻辑是先对构成要件进行形式解读，再通过违法阻却事由阶层进行违法的二次认定。可是在司法实践中，若不将私力行使债权行为在构成要件阶层加以明确，就容易出现“同案不同判”的现象，同时这也与我国实务中早已确立的“构成要件中心主义”相违背，有损法的安定性。

第二，从反面来看，区分注意规定和法律拟制时应考虑是否存在作出法律拟制的理由，如果不具有拟制的理由，宜解释为注意规定。②“法律拟制说”难以解释为什么立法者仅就私力实现债权进行特殊规定，而不就私力“取回所有物”的情况作出特殊规定，毕竟二者都属于权利实现的子类型。

第三，“法律拟制说”与相关司法解释存在矛盾。以往的司法解释均对刑法中债的类型、内容、主体等进行适当的扩大解读，这不仅符合当下“宽严相济”的刑事政策理念，同时也与我国社会的私力救济观念相呼应。

其实，前文将《刑法》第238条第3款解读为“注意规定”，这必然导致在评价其他财产犯罪时对这一条款的类推适用。在行为人通过非法拘禁以外的手段私力实现合法债权的场合，完全能够通过一以贯之的“财产损失否定”标准来排斥财产犯罪的适用，而仅评价其手段行为。正是受到法治国思想的影响，从类推及“事物本质”产生的论证也遭到最极端的不信任。③ 不过，罪刑法定原则并非一律禁止类推解释，只是禁止不利于被告人的类推解释，而对《刑法》第238条第3款的类推适用在性质上有利于被告人，故能为罪刑法定原则所接纳。根据该款，在行为人行使合法债权时，刑法只能就行为人的手段行为进行独立评价，因而行为人同样不会构成财产犯罪。正因如此，有学者主张，“通过盗窃、诈骗、抢夺、侵占等方式实现债权的行为，因债务人欠缺法律上的

① 简爱：《权利行使行为的刑法评价——以违法相对论为立场的分析》，载《政治与法律》2017年第6期，第64页。

② 参见张明楷：《刑法学·下册》（第6版），法律出版社2021年版，第867页。

③ 参见［德］亚图·考夫曼：《类推与“事物本质”——兼论类型理论》，吴从周译，台北，学林文化事业有限公司1999年版，第15页。

财产损失要件而不构成相应的财产犯罪，只能就其手段行为单独评价”①，这一观点实质上就是对《刑法》第238条第3款的类推适用。

此外，由于我国刑事立法层面不存在德日刑法中的暴行罪、强制罪，行为人实现合法债权时通常具有较大的私力救济空间。此处仅讨论几个司法认定难点。

其一，在行为人以拘禁手段实现合法债权的场合，对于被害人自由的妨害必须达到“剥夺”程度而非“限制”程度。非法剥夺人身自由包括三类：第一类是监禁（拘禁）；第二类是控制被害人的身体移动；第三类是使被害人丧失四肢活动自由的行为。② 其中，第一类和第三类是容易判断的，对于第二类的判断则要考虑行为人对被害人身体的控制程度。

[案例9] 2015年5月7日，被害人孙某在汤某的担保下向被告人帅某借款80万元，后因担保人汤某突然失联，被告人帅某担心孙某无法偿还自己的借款，遂邀集被告人王某、陈某对受害人孙某进行“看牛”。2015年5月7日17时至2015年5月10日，被告人帅某安排王某和陈某一直采取同吃、同住、同行的“看牛”方式，非法限制受害人孙某人身自由达50余小时。③

在本案中，行为人虽未直接采取监禁的手段，但这种“看牛”方式对受害人自由的限制同样达到剥夺程度。反之，若行为人仅采取“跟踪”方式催收合法债务，由于被害人的身体移动、活动是自由的，故其行为不能被评价为非法拘禁罪。

其二，行为人通过胁迫索取正当债务的，不应认定为敲诈勒索罪。在消费者维权场合，消费者与商家之间关于赔偿数额只是一种磋商，即使消费者提出天价索赔，其行为至多对商家的财产损失造成抽象危险，商家并不存在实质财产损失。刑法理论的通说认为敲诈勒索罪是侵害犯，单纯的危险不应被评价为构成要件的实现，因此，消费者索要天价补偿的行为不应被认定为敲诈勒索罪。

其三，行为人私力实现合法债权的行为不应被评价为寻衅滋事罪。寻衅滋

---

① 于改之：《自力实现债权行为的刑法教义学分析——以我国〈刑法〉第238条第3款的性质为基础》，载《政治与法律》2017年第11期，第98页。

② 参见张明楷：《刑法学·下册》（第6版），法律出版社2021年版，第1154页。

③ 参见帅某等非法拘禁案，湖南省益阳市中级人民法院（2016）湘09刑终30号刑事判决书。

事罪在客观上表现为“在公共场所寻求刺激、发泄情绪、起哄捣乱、逞强耍横等，无事生非，破坏社会秩序，情节严重的行为”[①]。也就是说，该罪的特征在于“无因无故”，其构成要件中的“随意”“任意”等表述均能佐证此点。在实践中，仍有法院将债权人行使合法债权的行为认定为寻衅滋事罪。[②] 可是，从寻衅滋事罪的客观构成要件来说，这些案件中虽然大多有殴打、辱骂、恐吓等行为，但这些行为不具有扰乱公共秩序的性质。[③] 况且，在这些案件中，行为人享有正当的债权请求权，换言之，行使债权的行为不符合寻衅滋事罪“无因无故”的特点，理应对这些判决观点予以纠偏。

（二）针对私力实现“狭义的非法债权”的评价

1. 行使“狭义的非法债权”行为的出罪标准及其根据

在行使合法债权的场合，行为人的行为不会给被害人造成实质财产损失的观点，或许是易于被接受的。但是，能否将“财产损失否定”标准在行使“狭义的非法债权”的场合予以贯彻则是理论上争议的焦点。《刑法》第293条之一规定的催收非法债务罪是针对私力行使“狭义的非法债权”的专有罪名，在采取通说观点的前提下，结合这一罪名，[④] 在行为人行使“狭义的非法债权”的场合，同样也不存在财产损失，具体理由如下：

其一，狭义的非法债权债务关系的建立是以双方真实意愿为权利根基的。以自然债务、赌债等为代表的“狭义的非法债务”建立在双方当事人真实意愿的基础上，具有真实债因，但因其违反民法中的强制性规定而受到否定评价。然而，民法亦承认在此场合下债权人对于债务人的给付享有受有保领权，这说明债权人虽不具有法律上完整的请求权，但享有事实上的请求权。因而，在私

---

① 周光权：《刑法各论》（第4版），中国人民大学出版社2021年版，第422页。

② 参见乔某、董某、易某等非法拘禁案，四川省广元市中级人民法院（2020）川08刑终143号刑事判决书。

③ 参见张明楷：《妥善对待维权行为 避免助长违法犯罪》，载《中国刑事法杂志》2020年第5期，第9页。

④ 通说观点认为本罪的保护法益是公共秩序与公民的人身权利。参见张明楷：《催收非法债务罪的另类解释》，载《政法论坛》2022年第2期，第3—4页。

力行使“狭义的非法债权”的场合，由于双方存在“事先约定的权利基础”①，行为人行使“狭义的非法债权”其实是出于事实上的请求权，此时，可以认为行为人这一使权利恢复圆满的行为没有造成被害人的财产损失，若其手段行为符合相应构成要件的，应当“按其手段行为所构成的犯罪如非法拘禁、故意伤害等其他犯罪处理，而不是按抢劫、绑架、敲诈勒索等财产犯罪处理”②。

其二，有观点认为，如果认为行使“狭义的非法债权”的场合不存在财产损失，则会混淆物权和债权的差异。③ 可是，财产犯罪中共通的“财产损失”要件所反映的仅是被害人的财产状况变化，而非具体的财产形式变化。进一步而言，由于物权和债权完全可以在相同财产数额内实现等值互换，将客观的财产损失数额作为衡量“财产损失”的标准是妥帖的，而在考量财物的主观价值的例外场合，则需要司法者通过“情节”要素来衡量财产损失状况。其实，这种以排除实质财产损失要素出罪的逻辑还与财产犯罪法益息息相关。晚近以来，传统上将财产法益视为支配对象的“分离模式”遭到清算，而将财产法益视为支配关系的“一体模式”逐渐抬头，有学者将法益理解为法益主体与法益客体（存在）之间的关系，既考虑作为法益事实性基础的“存在”，也重视人从中享受的“利益”，只有同时侵害两者才构成针对财产法益的侵害。④ 此外，更有学者从“功能的财产法益”出发，认为债权人行使到期债权的行为虽从形式上看是对于财产主体纯粹形式上的、源于民法的法律地位的侵犯，但从实质上看，则是对一种对刑法上不予保护的占有状态的损害，而这种损害会被归入不值得惩罚的范围之中。⑤ 质言之，“财产损失”要素的出罪功能契合晚近以来财产法益的实质化、功能化倾向。

① 周光权：《权利行使与财产犯罪：实践分析和逻辑展开》，载《现代法学》2023年第2期，第173页。

② 周光权：《权利行使与财产犯罪：实践分析和逻辑展开》，载《现代法学》2023年第2期，第173页。

③ 参见王昭武：《以非法手段私力实现债权行为的刑法定性》，载《政治与法律》2023年第9期，第76页。

④ 参见［日］松原芳博：《刑法总论重要问题》，王昭武译，中国政法大学出版社2014年版，第94页。

⑤ 参见车浩：《重构财产犯罪的法益与体系》，载《中国法律评论》2023年第4期，第70页。

其三，行使“狭义的非法债权”的场合不存在“财产损失”的见解亦为现行刑事立法所肯认。将催收非法债务罪与敲诈勒索罪进行对照，不难发现，后者的行为方式几乎均为前者所囊括。如果认为催收高利贷等“狭义的非法债权”的场合存在财产损失，那么，通过原本的敲诈勒索罪对该行为进行评价即告完备，根本无须在立法上增设催收非法债务罪。考虑到两罪在行为手段上的重合以及催收非法债务罪的体系定位，催收非法债务罪只是对行为人的手段行为的评价，通过该罪评价私力行使“狭义的非法债权”的行为，表明在此场合下，被害人不存在财产损失。① 而支持该观点的另一解释理由还在于，根据“法律—经济财产说”（通说），只有具有经济价值且为整体法秩序所认可的债权才能作为财产犯罪中的财产进行保护。按照这一逻辑，由于“狭义的非法债权”在各部门法中的认可程度不一，故不能作为财产犯罪中的“财产”予以对待。那么，行为人行使“狭义的非法债权”的行为自然无法造成财产损失，行为人亦不构成财产犯罪。此外，由于敲诈勒索罪与催收非法债务罪重合的仅是“暴力”“胁迫”手段，根据体系解释的要求，应认为行为人以“暴力”“胁迫”之外的行为行使“狭义的非法债权”时，被害人亦不存在财产损失，方能实现该罪的内部协调。

正因如此，不应通过财产犯罪评价催收“狭义的非法债务”的行为。其实，以催收非法债务罪评价行为人催收“狭义的非法债务”的行为有其应然性：一方面，“狭义的非法债务”存在真实债因，行为人催收“狭义的非法债务”并非“无因无故”，而是“事出有因”，对此不应适用寻衅滋事罪，而应适用催收非法债务罪。然而，实务中普遍将催收非法债务罪作为寻衅滋事罪的特别法条，② 催收非法债务罪极有可能继承寻衅滋事罪的“口袋罪”属性。就2021年1—9月全国检察机关主要办案数据来看，《刑法修正案（十一）》新增

---

① 参见付立庆：《再论刑法中的财产概念：梳理与回应》，载《政治与法律》2021年第8期，第48—49页。

② 在“蔡某等寻衅滋事、开设赌场案”与“黄某等组织、领导、参加黑社会性质组织、寻衅滋事、非法拘禁、非法侵入住宅、敲诈勒索、伪造国家机关证件案”中，法院根据“从旧兼从轻”的原则认定各上诉人及原审被告人的前述行为构成催收非法债务罪。参见蔡某等寻衅滋事案，福建省泉州市中级人民法院（2021）闽05刑终327号刑事判决书；黄某、林某春、林某河等组织、领导、参加黑社会性质组织案，福建省泉州市中级人民法院（2021）闽05刑终266号刑事判决书。

的17个罪名中，以“催收非法债务罪”提起公诉的人数排在第2位，高达613人①；而就2022年前3季度全国检察机关主要办案数据来看，全国检察院共起诉催收非法债务罪428人②。虑及此处，必须强调催收非法债务罪与寻衅滋事罪在适用层面的排斥关系。另一方面，尽管同样具有财产犯罪的出罪效果，但行使合法债权行为的正当性高于行使“狭义的非法债权”的正当性，考虑到罪刑相适应原则，在刑法上，对于行使“狭义的非法债权”行为的评价理当更为严格。如果依照传统观点，将《刑法》第238条第3款一律用于行使债权行为（不区分债权性质）的评价，那么，就无法体现出刑法对于行使不同性质债权的行为的态度差异。对于催收“狭义的非法债务”的行为，通过催收非法债务罪进行评价，被告人无疑会面临更重的法定刑，同时该罪也在手段行为上放宽了入罪要求。综合而言，催收非法债务罪更加符合行使“狭义的非法债权”的刑法评价要求。

2. 行使“狭义的非法债权”行为的典例分析

鉴于行使“狭义的非法债权”行为在理论和实务层面具有复杂性，为证成上文提出的出罪路径及其判断标准的实践性与操作性，下文将对较为典型的“狭义的非法债权”的行使行为展开分析。

理论上对于自然债务的理解偏差催生了实务中对于催收自然债务行为的定性疑难。在民法理论中，自然债务分为“法定的自然债务”与“意定的自然债务”。前者或经由法律规则直接产生，或由实体法赋予一方民事主体以特定的权利从而对民事债务的强制力加以去除。在自然债务的形成过程中，法律并未预留当事人自由协商的空间，其在内容上包括“无主体意思参与的法定责任限制形成的自然债务”（包括但不限于“高利贷”）以及“有主体意思参与的法定责任限制形成的自然债务”（时效经过的债权）；③ 而后者的要义在于双方当事人自主创设但履行完全依赖于当事人自愿的最低限度的债务。下文分别以“高利贷”与“时效经过的债权”“赌债”为例进行论述。

对于“高利贷”，有学者认为，由于其不受民法保护，这意味着被害人不

① 参见《2021年1至9月全国检察机关主要办案数据》，载最高人民检察院网。

② 参见《最高检案管办负责人就2022年1至9月全国检察机关主要办案数据答记者问》，载最高人民检察院网。

③ 参见施鸿鹏：《自然债务的体系构成：形成、性质与效力》，载《法学家》2015年第3期，第112页。

负有清偿该部分债务的义务，行为人没有催收的权利。要想使刑法第293条之一具有正当化根据，只能将催收非法债务罪的行为解释为行为人以暴力、胁迫等手段催收基于非法行为所产生的合法本息，如果行为人以暴力、胁迫等手段催收合法本息之外的高额利息，则成立抢劫、敲诈勒索等财产犯罪。[①] 但该观点存在疑问：

其一，在解释层面，既然催收非法债务罪将“高利贷”这一整体作为犯罪对象，那么将“高利贷”划分出合法本息与非法高息两部分的做法并不可取。“高利贷”的违法性完全来源于非法高息，在非法高息以外根本不存在值得刑法评价的非法行为，更何谈将“高利贷”中的合法本息作为非法债务进行评价？

其二，在法益层面，将“高利贷”进行内部划分的做法是从财产犯罪出发的结论，即将催收非法债务罪作为财产犯罪的补充罪名看待，只有不构成财产犯罪的行为才能降格评价为催收非法债务罪。可是，通说认为，该罪的保护法益是公共秩序与公民的人身权利，因此只需从整体上判断“高利贷”是否侵害公共秩序和公民的人身权利即可，对“高利贷”进行内部划分的做法并无实益。

其三，在民刑层面，该观点可以浓缩为作为前置法的民法不保护的债务若在刑法中得到保护，则会颠覆“法秩序统一原理”，使得国民无所适从。可是，民法并未全面肯定“高利贷”的违法性，而只是强调借款利率不得违反国家有关规定。[②] 可以说，“高利贷”兼具本金及合法利息内的权利行使属性以及超过限度的利息的违法属性，合法本金及利息不可能成为本罪的违法评价对象，故“高利贷”与具有全面违法性的财产犯罪对象仍有差异。对此，立法者以催收非法债务罪（轻罪）而非财产犯罪来评价催收“高利贷”的行为能够达到罪刑相适应的效果，这一论证并未悖逆“法秩序统一原理”的根本逻辑。

对于“经过时效的债务”，其为自然债务中的传统内容，此类债务在债因上没有缺陷，但在履行上丧失法律保护的必要性。民法对于“非法债务”的讨

① 参见张明楷：《催收非法债务罪的另类解释》，载《政法论坛》2022年第2期，第7、11页；张明楷：《增设新罪的原则——对〈刑法修正案十一（草案）〉的修改意见》，载《政法论丛》2020年第6期。

② 参见周光权：《刑法各论》（第4版），中国人民大学出版社2021年版，第422页。

论局限于债因，故在理论上未将“经过时效的债务”称作非法债务，而认为其属于效力减弱的债务。但在刑事畛域中，只要债的效力层面存在缺损就可称为“非法债务”，这是因为刑法关注事实层面、终局意义上的债的完整履行问题，此时或许将“非法”理解为“欠缺完整效力”更为合适。由于在民法上“经过时效的债务”的偿还依赖于债务人的自愿履行，故刑法不允许债权人通过干扰债务人自由意志的方式达到实现债权的目的，否则刑法将会僭越相应的民事制度，债的效力制度以及民事时效制度就失去意义。因此，行为人采取相应手段催收“经过时效的债务”的，可能构成催收非法债务罪与其他人身、秩序类犯罪的竞合。

此外，对于“赌债”的定性则更为复杂，其在性质上到底属于自然债务还是非债，理论上并无统一见解。一种观点认为“赌债”非债，① 但更普遍的观点认为，“赌债”属于自然债务中的一种类型，本文亦采此观点。《最高人民法院关于审理抢劫、抢夺刑事案件适用法律若干问题的意见》（以下简称《两抢意见》）第7条第1款指出：“以毒品、假币、淫秽物品等违禁品为对象，实施抢劫的，以抢劫罪定罪；抢劫的违禁品数量作为量刑情节予以考虑。抢劫违禁品后又以违禁品实施其他犯罪的，应以抢劫罪与具体实施的其他犯罪实行数罪并罚。”而其第2款指出：“抢劫赌资、犯罪所得的赃款赃物的，以抢劫罪定罪，但行为人仅以其所输赌资或所赢赌债为抢劫对象，一般不以抢劫罪定罪处罚。构成其他犯罪的，依照刑法的相关规定处罚。”这一司法解释存在一定的质疑空间，毕竟，单纯的“刑法独立性说”不能解释为何抢劫毒品的构成抢劫罪，而抢劫赌债的却不构成抢劫罪。两者虽然在性质上分属于“违禁品”与“不法原因给付”，但均具有违法属性，在民刑关系问题上，两者之间的比对具有检视意义。

司法解释对此作出不同处理的原因在于两者的前置法基底不同：毒品的所有权虽并未在民法中得到承认，而“赌债”虽不完全受民法保护，但享有债权的一方事实上有权向对方索取（事实上的请求权），已履行债务的一方同样不得请求返还债务。其实，“将赌博所发生的债定义为自然债务，就已经对这种行

① 例如，王泽鉴教授就认为，赌博系违反公序良俗因而无效的法律行为，既属无效，则根本上未产生债务。参见王泽鉴著：《民法学说与判例研究》（第2册），中国政法大学出版社2005年版，第155—156页。

为的违法性作出了调和性惩罚：赢者不得请求对方主动履行；对方履行的，不得请求返还。这种办法反倒比绝对无效的效果好”。[①] 贯彻这一惩罚性逻辑的前提是承认债权人对于“赌债”的事实请求权，进而将“赌债”分为“所输赌债”和“所赢赌债”，债务人抢劫“所输赌债”的应构成抢劫罪；债权人抢劫“所赢赌债”的不应成立抢劫罪，而可能构成催收非法债务罪或其他犯罪。可见，《两抢意见》不区分赌债性质的做法不仅背离民刑基本原理，还在事实上形成了参赌群体在同一笔赌资之上无论输赢均可放手争抢，而任意一方均不构成财产犯罪的法外空间，[②] 这导致实务中广泛存在对抢回赌债行为错误定性的判决，[③] 应当予以纠偏。

总而言之，在“构成要件要素排除说”的出罪路径之下，应当贯彻“财产损失否定”的标准：在行使合法债权的场合，由于合法债权具有充分的法律基础，债务人应以其全部财产就债务进行负责，因而行为人的行权行为不会造成被害人的实质财产损失；而在行使“狭义的非法债权”的场合，狭义的非法债权债务建立在双方自愿的权利基础上，考虑到理论上“功能的财产法益”导向，行为人的行使债权行为同样未给被害人造成实质财产损失，在行使“狭义的非法债权”的评价上，催收非法债务罪有其适用的应然性。需要注意的是，催收自然债务的行为属于行使“狭义的非法债权”的行为，该行为不会造成实质财产损失，行为人一般会构成催收非法债务罪与其他手段行为触犯的犯罪的竞合。但是，对于债务人催收“所输赌债”的，其行为理当构成相应的财产犯罪。

---

① 李永军：《论自然之债在我国未来民法典债法体系中的地位》，载《比较法研究》2017 年第 1 期，第 12 页。

② 参见徐凌波：《债权行使与非法占有目的的非法性认定》，载《中外法学》2023 年第 3 期，第 720 页。

③ 参见王某非法拘禁案，山东省即墨区人民法院（2017）鲁 0282 刑初 479 号刑事判决书；林某波、林某宣非法拘禁案，广东省潮州市枫溪人民法院（2018）粤 5191 刑初 132 号刑事判决书；卢某非法拘禁案，广西壮族自治区南宁市西乡塘区人民法院（2019）桂 0107 刑初 1155 号刑事判决书。

五、结 语

结合债法的相关原理，通过对索债对象、债的数额、债的期限、债的原因四个方面的限定，“可出罪的行使债权行为”这一客体得以明确。对于行使债权行为的出罪化，应通过“构成要件要素排除说”的出罪路径和“财产损失否定”的出罪标准来实现。要而论之，本文得出几点结论。

第一，在出罪路径层面，“违法阻却事由说”与“构成要件要素排除说”在民刑关系问题、财产犯罪的出罪范围以及针对私力救济的态度三个方面存在差异，且各有其特点。鉴于“构成要件要素排除说”的“刑法独立性说”立场，较为广泛的财产犯罪的出罪范围以及针对私力救济的缓和态度，以该说将私力行使债权行为进行出罪更为妥帖。但是，这并不意味着“构成要件要素排除说”对“违法阻却事由说”的全面取代，在财产权利的私力救济中，“违法阻却事由说”更适用于“取回所有物”行为的出罪化。

第二，在“构成要件要素排除说”的出罪路径之下，存在“非法占有目的的欠缺”标准和“财产损失否定”标准的聚讼。但是，“非法占有目的的欠缺”的标准不具备终局性和根源性，实务中常常以对“索债目的”的审查代替“非法占有目的”的判断。同时，“非法占有目的的欠缺”标准也难以应对以不可分割的对象财物实现债权的情形。考虑到评价标准的终局性、明确性以及合理性要求，遵从客观到主观的审查顺序，“财产损失否定”标准能够合理划分私力行使债权的出罪范围，应当将这一标准作为行使债权行为的出罪标准。

第三，根据债权的性质差异，可出罪的行使债权行为可分为“行使合法债权行为”和“行使‘狭义的非法债权’行为”两类。对于行使合法债权的，债权人私力行使债权是就债务人的责任财产担保债权实现的一种方式，不会给债务人造成实质财产损失。对此，应当一律类推适用我国《刑法》第 238 条第 3 款（注意规定），行为人仅就其手段行为构成犯罪。对于行使“狭义的非法债权”的，考虑到事先约定的权利基础，从功能性的财产法益出发，行为人行使“狭义的非法债权”的行为亦未给被害人造成实质财产损失，故不构成财产犯罪，仅就其手段行为构成催收非法债务罪或其他侵犯人身或扰乱秩序类犯罪的竞合。在罪数上，催收非法债务罪与寻衅滋事罪之间是排斥关系。对于行使

“狭义的非法债权”的典型问题，行为人催收自然债务的，一般构成催收非法债务罪与其他人身、秩序类犯罪的想象竞合，须择一重罪处罚。其中，对于催收赌债的，应将“赌债”分为“所输赌债”和“所赢赌债”：对于债务人催收“所输赌债”的，应当成立财产犯罪；而债权人催收“所赢赌债”的，不应成立财产犯罪，而可能构成催收非法债务罪或其他人身、秩序类犯罪的想象竞合，择一重罪处罚。

对于私力行使债权的行为，在“构成要件要素排除说”的出罪路径之下，贯彻“财产损失否定”标准是一个兼顾客观可视化与处罚合理性的理论方案。以此为起点，在司法实践中，如何确保“财产损失否定”标准始终具有清晰边界，力保其不泛化，以及能否在该标准之下，进一步设定辅助判断的子原则，则是本文的未竟之意。

（初审：王昊禄；校对：李宝诚）

学理新论

数字游戏规则的可版权性研究

曲　政*

摘　要：司法实践中对游戏规则能否受著作权法保护存在较大分歧。由于立法目的、适用情形不同，反不正当竞争法无法替代著作权法规制游戏规则的抄袭行为。拆分保护模式和视听作品保护模式均局限于法定作品类型，无法涵盖具有独创性的游戏规则。应当摆脱法定作品类型的桎梏，认定数字游戏属于其他类型智力成果，并将游戏规则纳入保护范围。游戏规则不同于操作方法和程序性要求，也并非抽象的思想，而是以可感知的交互体验为核心的可供性系统。应当以可被客观感知、符合有限表达原则为标准划分游戏规则的思想与表达界限，运用整体观感法和抽象分离法，分别判断游戏模式与游戏系统是否构成实质性相似。

关键词：著作权；游戏规则；思想表达二分；独创性；实质性相似

一、问题的提出

随着游戏产业规模不断扩大，游戏作品抄袭，尤其是“换皮游戏”业已成为游戏行业和社会深恶痛绝的现象。① 由于《著作权法》并未明确规定数字游戏为著作权法保护的作品类型，司法实践中对于数字游戏属于何种类型作品有着较大分歧，存在三类不同的裁判思路：拆分保护模式、视听作品保护模式以及其他类型智力成果。拆分保护模式即否定数字游戏的著作权客体地位，将组

---

* 曲政，北京师范大学法学院博士研究生。

① 参见中国游戏产业研究院、广悦律师事务所：《2021 年中国网络游戏行业侵权诉讼白皮书》，载游戏产业网。

成数字游戏的文字、美术、音乐等元素认定为独立的作品，予以分别保护。① 视听作品保护模式则将数字游戏整体认定为视听作品或类电作品，并将能够通过画面呈现的游戏规则纳入保护范围。② 亦有法院创设性地认定数字游戏为《著作权法》第3条第9项规定的其他类型智力成果，明确将数字游戏规则纳入著作权法的保护范围。③ 除适用《著作权法》外，也有法院援引《反不正当竞争法》以规制数字游戏抄袭行为。④

作为一种新兴的综合性媒介，数字游戏在融合了文字、美术、音乐等传统作品的同时，又具备了超出传统作品的交互性特征，即游戏规则。有学者将数字游戏描述为：由作为核心的游戏玩法（core：gameplay）与作为外壳的再现（shell：representation）组成的二元结构。⑤ 对于游戏制作者、游戏玩家而言，不同美术素材可以组成玩法与操作完全相同的游戏，相同的美术素材也可能由于具有独特的玩法设计，给玩家带来全新的体验。无论是拆分保护，还是将数字游戏认定为视听作品或其他类型智力成果，组成数字游戏的文字、美术、音乐均能够受到一定程度的保护。然而，游戏规则是否应受著作权法保护尚无定论，产生上述裁判分歧的原因也在于此。否定观点认为，再详细的规则也不可能脱

---

① 参见广州创娱网络科技有限公司与上海邑世网络科技有限公司、广东趣炫网络股份有限公司著作权权属、侵权纠纷、商业贿赂不正当竞争纠纷案，广州市天河区人民法院（2017）粤0106民初10491号民事判决书；相似判决另参见广州网易计算机系统有限公司诉广州华多网络科技有限公司著作权侵权及不正当竞争案，广东省高级人民法院（2018）粤民终137号民事判决书。

② 参见苏州仙峰网络科技股份有限公司、浙江盛和网络科技有限公司著作权权属、侵权纠纷案，浙江省高级人民法院（2019）浙民终709号民事判决书；相似判决另参见广州硕星信息科技股份有限公司、广州维动网络科技有限公司与上海壮游信息科技有限公司、上海哈网信息技术有限公司著作权权属、侵权纠纷案，上海知识产权法院（2016）沪73民终190号民事判决书。

③ 参见杭州网易雷火科技有限公司与广州简悦信息科技有限公司著作权侵权及不正当竞争纠纷案，广州互联网法院（2021）粤0192民初7434号民事判决书。

④ 参见暴雪娱乐有限公司、上海网之易网络科技发展有限公司与上海游易网络科技有限公司不正当竞争纠纷案，上海市第一中级人民法院（2014）沪一中民五（知）初字第22号民事判决书。

⑤ See Frans Mäyrä, *An Introduction to Game Studies: Games in Culture*, Sage Publications Ltd., 2008, p. 17.

离思想范畴。[①] 绝大多数的网络游戏规则旨在增强游戏的可玩性这一技术功能性特征，受著作权法“有限表达原则”制约。[②] 无论在该作品中以何种形式被描述、解释、说明或体现，规则与操作方法也不会成为表达。[③] 部分学者持相对缓和的态度，认为游戏规则本身属于不受保护的思想，如果游戏规则能以一定形式附着在载体之上，那么该表现形式可以受著作权法保护。[④] 赞同将游戏规则纳入著作权法保护范围的观点认为，游戏规则对于游戏有重要价值，凝聚了游戏开发者的智力劳动，具有较强的独创性。[⑤] 具有独创性的游戏规则只需要具体到一定程度，便可以受著作权法保护。[⑥]

解决上述争议，需要进一步明确以下问题：其一，现有各保护路径存在的不足，以及将数字游戏认定为“其他类型智力成果”并将游戏规则纳入著作权法保护范围的必要性；其二，数字游戏规则是抽象的思想，还是应受著作权法保护的表达；其三，如果数字游戏规则应受著作权法保护，如何确定其思想与表达的界限；其四，在比较游戏规则是否构成实质性相似时，应采取何种方法与标准。基于此，本文旨在对数字游戏规则的可版权性进行探析。首先，本文从司法实践入手，指出现有数字游戏规则保护路径的局限性。其次，分析游戏规则的独创性特征且认为其能够以一定形式表现，应当受著作权法保护，而不应拘泥于其是否符合法定作品类型的形式特征。最后，明确游戏规则的思想与

---

① 参见王迁、郑涵睿：《“游戏作品”著作权保护之商榷——评〈率土之滨〉诉〈三国志·战略版〉案》，载微信公众号“知产财经”；郭壬癸：《论著作权视域下网络游戏内容之知识产权保护》，载《西部法学评论》2018年第4期，第64—65页。

② 参见李忠诚：《论网络游戏规则不具有可版权性》，载《苏州大学学报（法学版）》2020年第1期，第101页；BJ Ard, “Creativity Without IP? Vindication and Challenges in the Videogame Industry”, *Washington and Lee Law Review*, Vol. 79: 1285, p. 1375 (2022)。

③ 参见王迁：《电子游戏规则著作权保护之否定》，载《法学》2024年第3期，第124页。

④ 参见谢永江、王云云：《网络游戏的著作权侵权分析》，载《北京工业大学学报（社会科学版）》2018年第4期，第77页。

⑤ 参见朱艺浩：《论网络游戏规则的著作权法保护》，载《知识产权》2018年第2期，第68页。

⑥ 参见卢海君：《网络游戏规则的著作权法地位》，载《经贸法律评论》2020年第1期，第137—138页；Drew Dean, “Hitting Reset: Devising A New Video Game Copyright Regime”, *University of Pennsylvania Law Review*, Vol. 164: 1239, pp. 1278-1280 (2016)。

表达界限，并提出可行的实质性相似判断方式，以期为游戏规则的著作权保护提供参考。

二、现有保护模式的局限

为了调和新生事物与著作权法稳定性之间的矛盾，法院尝试在现行法中寻找可以类推适用或扩张适用的裁判依据，最终出现了截然不同的裁判思路。针对现有分歧，其一，应明确《反不正当竞争法》与《著作权法》在立法目的、适用情形等方面的不同，厘清二者在规制数字游戏规则抄袭行为时的差异；其二，作品的类型划分与权利内容、受保护范围以及实质性相似判断标准直接相关，需要分析具有独创性的数字游戏规则是否为拆分保护模式、视听作品保护模式所涵盖。如果现有路径确实存在不足，则有必要将数字游戏认定为其他类型智力成果，并将游戏规则纳入著作权法的保护范围。

（一）反不正当竞争法保护无法替代著作权法保护

由于数字游戏规则是否受著作权法保护尚不明确，法院常常将反不正当竞争法作为著作权法的兜底或扩展。2014 年《炉石传说》诉《卧龙传说》抄袭案中，法院认为原告所提出的“独创性最高、非常重要的卡牌和套牌的组合规则”不属于著作权法保护的范围，但游戏开发团队在游戏规则设计中投入了大量的时间和精力，游戏规则也是玩家最为关注的部分，直接决定了数字游戏的感知体验。对游戏规则的模仿和抄袭背离了平等、公平、诚实信用的原则和公认的商业道德，超出了游戏行业竞争者之间正当的借鉴和模仿，具备了不正当竞争的性质。① 持“补充保护说”的学者认为，在法院明确权利人所主张的权利无法得到著作权法、专利法等法律救济时，反不正当竞争法是对权利人予以

① 参见暴雪娱乐有限公司、上海网之易网络科技发展有限公司与上海游易网络科技有限公司不正当竞争纠纷案，上海市第一中级人民法院（2014）沪一中民五（知）初字第22号民事判决书。

救济的补充手段,[①] 是游戏作品维权的“万金油”。[②] 一旦具备权利的保护条件或者就纳入权利保护形成共识，就应脱离反不正当竞争法的保护轨道而进入知识产权保护范畴之中。[③]

采用反不正当竞争法规制数字游戏抄袭行为，反映了数字游戏应受著作权法保护但无法较好融入现行著作权法框架的应然与实然冲突。诚然，援引反不正当竞争法能够在一定程度上实现对游戏规则的保护，但其并非著作权法的“补充手段”,[④] 上述“补充保护说”有待商榷。

竞争自由、模仿自由是反不正当竞争法的基本原则，抄袭或模仿行为并非必然属于不正当竞争行为。德国等多个国家亦有模仿自由原则，允许在知识产权领域以外的模仿行为，除非这些行为达到了“足以产生混淆”的标准。[⑤]《迷你世界》案中，法院认定被告构成不正当竞争，其核心理由在于被告模仿行为利用了原告游戏产品的影响力、产生了实质替代后果，而非直接将模仿行为与不正当竞争行为画等号。[⑥] 类似案件中，法院也均以“涉案游戏是否具有一定影响或知名度”“是否对竞争优势和利益格局产生影响”以及“是否足以使玩家对两款游戏产生关联，造成混淆”作为认定不正当竞争行为的重要依据，可

① 参见郝敏：《网络游戏要素的知识产权保护》，载《知识产权》2016 年第 1 期，第 76 页；韦之：《论不正当竞争法与知识产权法的关系》，载《北京大学学报（哲学社会科学版）》1999 年第 6 期，第 29 页；李明德：《关于反不正当竞争法的几点思考》，载《知识产权》2015 年第 10 期，第 40—41 页。

② 参见刘丹：《电子游戏著作权法保护的路径与范围——以电子游戏维权诉讼案由叠加为视角》，载《人民司法》2019 年第 4 期，第 58 页。

③ 参见孔祥俊：《论反不正当竞争法的二元法益保护谱系——基于新业态新模式新成果的观察》，载《政法论丛》2021 年第 2 期，第 6 页。

④ 参见谢晓尧：《超越荆棘的丛林：也论反不正当竞争法之适用》，载《知识产权》2023 年第 8 期，第 9—10 页。

⑤ 参见陈学宇：《全球视野下的反不正当竞争法修订——基于模仿自由原则的探讨》，载《苏州大学学报（法学版）》2018 年第 1 期，第 116—117 页；孔祥俊：《反不正当竞争法补充保护知识产权的有限性》，载《中国法律评论》2023 年第 3 期，第 30—31 页。

⑥ 参见网易公司诉迷你玩公司著作权侵权及不正当竞争纠纷案，广东省高级人民法院（2021）粤民终 1035 号民事判决书；相同裁判理由另参见娱美德有限公司、株式会社传奇 IP 等与广州三七互娱科技有限公司等著作权权属、侵权纠纷、商业贿赂不正当竞争纠纷案，广州互联网法院（2019）粤 0192 民初 38509 号民事判决书。

见，仅游戏规则相似并不必然构成不正当竞争行为。① 就立法目的与保障方式而言，《反不正当竞争法》旨在维护公平竞争秩序，秉持正当行为主义，以行为是否造成破坏市场竞争秩序的后果为基点，采用个案分析与规制的方式。《著作权法》则采用事前设权的立法模式，赋予作者相关权利，并直接规制相关侵权行为。

著作权法与反不正当竞争法的立法目的、权利保障方式、适用情形都不同，二者并非替代关系或补充关系。因此，不能以反不正当竞争法保护替代或排除著作权法对数字游戏的保护。

（二）拆分保护模式忽视数字游戏整体性

拆分保护模式即否认游戏规则应受著作权法保护，将组成数字游戏的各项元素予以拆分，对其中能够成为作品的元素给予单独保护。② 支持拆分保护模式的学者往往将数字游戏分为作为载体的计算机软件和作为内容的文字、图像、音乐、动态画面。③

通说认为，计算机软件受著作权法保护的范围包括计算机程序和相应的文档，以及可能构成表达的结构、顺序与组织等非文字内容，不包含软件运行产生的画面等可视结果。④ 对于直接复制数字游戏代码的抄袭行为，法院往往可以直接对比涉诉游戏代码的相似程度，判断侵权主张是否成立。⑤ 但是，计算机程序代码与其目标程序并非一一对应关系，数字游戏即便呈现出完全相同的

---

① 参见杭州网易雷火科技有限公司、广州尚游网络科技有限公司等著作权权属、侵权纠纷案，广州知识产权法院（2020）粤73民终805号民事判决书；北京银河聚阵网络技术有限公司与广州爱九游信息技术有限公司等著作权权属纠纷，北京互联网法院（2021）京0491民初23561号民事判决书。

② 参见郭壬癸：《论著作权视域下网络游戏内容之知识产权保护》，载《西部法学评论》2018年第4期，第61页。

③ 参见崔国斌：《认真对待游戏著作权》，载《知识产权》2016年第2期，第8页。

④ 参见邓恒：《我国计算机软件著作权侵权判定之“实质性近似”再审视——以美国司法判例演变为研究对象》，载《法学杂志》2014年第9期，第129页；智乐软件（北京）有限公司与重庆梦呓科技有限公司侵害计算机软件著作权纠纷案，重庆市第五中级人民法院（2015）渝五中法民初字第00046号民事判决书。

⑤ 参见蓝港在线（北京）诉九合天下公司（北京）侵害计算机软件著作权案，北京市第二中级人民法院（2013）二中民初字第9903号民事判决书。

内容，也可能源于不同计算机程序。[1] 近几年，数字游戏相关的著作权纠纷多为内容层面的抄袭，直接抄袭游戏程序代码的情形较少出现。实践中往往以法定作品类型为标准，将能够构成作品的元素从数字游戏中拆分出来，予以独立保护。游戏图标、美术场景等通常被认定为美术作品，文字表述的游戏背景、故事剧情、人物对白、活动详情、技能效果等内容属于文字作品，游戏中的连续动态画面则被归为视听作品范畴。[2]

拆分保护模式虽然在一定程度上间接实现了对数字游戏著作权的保护，但实质上是将游戏认定为由其他元素堆砌而成的无机组合，无法涵盖各个元素之间具有独创性的组织与编排。随着技术的不断发展，作品创作不再局限于单一表达，多种表达手段的组合运用越发重要。对于一个综合性的作品，其独创性不仅在于各个组成元素自身的独创性，亦体现为不同组成元素之间的组合与编排，呈现出整体远大于部分的整体性特征。[3] 例如，舞蹈作品包含了动作设计、动作演绎以及音乐、服装与舞台设计等多个方面，[4] 各项元素共同形塑舞蹈的整体效果，提供了不同于单一元素的整体感知体验。电影虽由海量静态帧组合而成，但是其作为一个整体，有着静态画面所不具有的剧情表达和画面编排逻辑。数字游戏更是如此，其独创性不仅体现在单一视听元素中，更体现为不同视听元素的组合与编排方式，以及通过组织编排形成的整体架构。

数字游戏是由游戏规则与视听元素组合而成的整体，除了对视听元素的编排外，如何设计游戏规则以带来更好的交互体验，是其区别于传统作品类型的全新独创性维度。拆分保护模式以美术、文字、视听作品等法定作品类型为限，

---

① 参见智乐软件（北京）有限公司与重庆梦呓科技有限公司侵害计算机软件著作权纠纷案，重庆市第五中级人民法院（2015）渝五中法民初字第00046号民事判决书。

② 参见广州网易计算机系统有限公司诉广州华多网络科技有限公司著作权侵权及不正当竞争案，广东省高级人民法院（2018）粤民终137号民事判决书；广州创娱网络科技有限公司与上海邑世网络科技有限公司、广东趣炫网络股份有限公司著作权权属、侵权纠纷、商业贿赂不正当竞争纠纷案，广州市天河区人民法院（2017）粤0106民初10491号民事判决书。

③ 参见卢海君：《“作品类型法定原则”批判》，载《社会科学》2020年第9期，第97页。

④ 参见吴汉东：《知识产权法》，法律出版社2021年版，第158页；张云：《舞蹈作品的版权保护》，载《知识产权》2007年第3期，第85页。

每一类法定作品均有其对应的受保护范围，即其独创性所在。文字作品与书法作品均以书面形式呈现，但前者的独创性体现在对语言、词句的独具个性、富有情感的组合，后者则源于对文字结构、书写力度、笔画等具有美感的表达。因此，书法作品与文字作品被认定为不同的作品类型，二者受保护范围也有所不同。拆分保护模式是协调立法稳定性与科技发展的权宜之计，是对于某类作品应受保护但难以融入现行法框架的妥协性处理方案。拆分保护模式根据法定作品类型逐个归类的适用逻辑，决定了其无法为超越已有作品独创性维度的新型智力成果提供周延保护。此外，拆分保护在一定程度上架空了改编权，甚至与现有权利归属规则冲突。① 采用拆分保护模式，也意味着在诉讼过程中需要分别列举作品中各个可能成为作品的组成元素，并分别对案涉作品进行对比，对比过程较为烦琐，诉讼成本较高。总之，由于存在上述诸多缺陷，特别是拆分保护模式无法涵盖对游戏规则的保护，数字游戏抄袭行为无法被有效规制。

（三）视听作品保护模式不兼容数字游戏规则

除前述拆分保护外，实践中亦有观点认为，数字游戏的情节、人物、场景等内容与电影剧本极为相似，且数字游戏以动态连续画面呈现，应被认定为视听作品。② 视听作品保护模式则在一定程度上考虑了数字游戏规则蕴含的独创性，认为游戏规则是游戏画面的编排方式，并将能够直接呈现在游戏画面中的游戏规则纳入受保护范围。③ 然而，这一保护模式同样存在很多不足。

1. 视听画面与行为反馈的感知差异

2020 年，我国《著作权法》修订，该法将“电影作品和以类似摄制电影的

---

① 参见朱冬：《作品类型限定表达范围之反思与超越》，载《中外法学》2023 年第 4 期，第 1045—1050 页。

② 参见苏州仙峰网络科技股份有限公司、浙江盛和网络科技有限公司著作权权属、侵权纠纷案，浙江省高级人民法院（2019）浙民终 709 号民事判决书；广州硕星信息科技股份有限公司、广州维动网络科技有限公司与上海壮游信息科技有限公司、上海哈网信息技术有限公司著作权权属、侵权纠纷案，上海知识产权法院（2016）沪 73 民终 190 号民事判决书。

③ 参见苏州蜗牛数字科技股份有限公司诉成都天象互动科技有限公司、北京爱奇艺科技有限公司著作权侵权纠纷案，苏州市中级人民法院（2018）苏民终 1054 号民事判决书。

方法创作的作品”合并为“视听作品”，但并未阐明视听作品的概念。《著作权法实施条例》第4条第11项规定：“电影作品和以类似摄制电影的方法创作的作品，是指摄制在一定介质上，由一系列有伴音或者无伴音的画面组成，并且借助适当装置放映或者以其他方式传播的作品。”《视听作品国际注册条约》规定：“视听作品指由一系列连续的固定图像组成的作品”。美国《1976年版权法》规定，视听作品是指包含了一系列有伴音或无伴音的相关图片的作品。结合我国及其他国家和地区关于视听作品的规定，不难发现，构成视听作品的关键在于连续的可视画面。

在日常用语中，欣赏文字作品、视听作品、摄影作品、美术作品等一系列视听作品的人被称为观众，玩游戏的人则被称为玩家。“观”与“玩”用词的不同恰恰体现出数字游戏区别于传统作品的交互性。“观”是对于他人创作的被动接受，而“玩”则突出玩家的主动性。一静一动，蕴含着对时间和空间的不同解读，视听作品着重时间概念，剧情、人物附着在时间中，随时间变动；游戏侧重对空间的理解，以行动推进空间变换和游戏内容变化。① 所谓“玩游戏”，就是“自愿去克服非必要的障碍”，② 而非观摩角色的人生。

在欣赏视听作品时，我们侧重于画面美感、前后画面逻辑等直观视觉体验。但是，对玩家而言，一款游戏的好坏，重点在于“玩”而非“看”。在游戏过程中，画面居于次要地位，玩家真正体验的是画面背后的“行为—反馈”规则，即实施了某一行为后会获得何种互动反馈。对于游戏开发人员而言，游戏规则设计是整个开发过程中最重要的一环，文字、图像资源需服务于规则设计。因此，一款数字游戏作品的创造性并不局限于其包含的文字、美术、音乐等要素以及其呈现出的动态画面，更重要的是其中蕴含的游戏资源组织方式和新颖的玩法规则设计。

将数字游戏认定为视听作品，往往是因为数字游戏同样具有连续动态画面。实际上，是否具有画面并非数字游戏的必要特征。专为视障人士设计的游戏并不存在画面，玩家仅通过声音进行游戏。游戏之所以为游戏，关键在于其交互

① 参见刘梦霏：《叙事VS互动：影游融合的叙事问题》，载《当代电影》2020年第10期，第52—53页。

② 参见［美］伯尔纳德·舒兹：《蚱蜢——游戏、生命与乌托邦》，胡天玫、周育萍译，台北，心灵工坊文化事业股份有限公司2016年版，第9页。

体验的规则构建，不具有画面的游戏依然能够被视为游戏。但是，视听作品由连续动态画面构成，仅具有声音则无法被认定为视听作品。著作权法对视听作品的保护围绕着动态画面展开，若采用视听作品保护模式，具有动态画面将成为数字游戏受保护的前提，游戏规则也需要能够在画面中呈现方可受保护，有本末倒置之嫌。

2. 预设叙事与生成叙事的呈现差异

如果数字游戏能够构成视听作品，其必然存在“一系列有伴音或者无伴音的画面”，且这些画面应当是在创作时便确定的。但是，游戏中的动态画面呈现并非一成不变。以《博德之门》系列游戏而言，玩家拥有极其广阔的选择范围和操作空间，每个玩家都会遭遇截然不同的游戏内容，因此画面也完全不同。

有观点认为，数字游戏与视听作品并无本质区别，因为玩家操作不会超出已经预设好的游戏画面，因此不会对数字游戏造成实质改变。① 这一观点有失偏颇。随着游戏交互性的加强，数字游戏不再拘泥于电影作品的预设叙事，生成叙事在交互性空间中得以实现。② 在 MMORPG（大型多人在线角色扮演游戏）中，数字游戏甚至可以彻底摆脱预设叙事，转而通过玩家间的互动生成全新的画面与叙事。设计师不设计固定的故事情节或固定的画面呈现，而是给予玩家可供游玩的素材，供玩家自行创造画面与叙事。在《城市：天际线》中，游戏设计师赋予了玩家更大的自由度，每个玩家都可以运用游戏提供的元素设计自己的都市。游戏还提供了创意工坊，玩家甚至可以在其中自主设计建筑物和构筑物样式。这类游戏如同给玩家提供了一个画板和颜料，供玩家恣意创作。由于玩家的创作已经脱离游戏设计师的掌控，游戏中的动态画面是事后生成的，而非在游戏设计与开发时就确定下来。试问，在此情境下，游戏开发者所享有的视听作品著作权究竟指向哪一段动态画面？游戏开发者何以对一段自己从未意识到的画面享有著作权？将游戏认定为视听作品实在难以令人信服。

---

① 参见吴真文、杜牧真：《网络游戏直播平台相关行为的合法性分析》，载《电子知识产权》2019 年第 3 期，第 34—35 页。

② 参见［美］Ernest Adams，Joris Dormans：《游戏机制——高级游戏设计技术》，石曦译，人民邮电出版社 2014 年版，第 22—23 页。

三、游戏规则不受著作权法保护的理论误区

无论是拆分保护模式还是视听作品保护模式，均是根据表现形式的相近或相似，削足适履地将数字游戏认定为《著作权法》明确规定的几类作品，并适用相应的保护范围，仅保护了数字游戏中的文字、美术与动态画面，忽视了数字游戏规则所具有的独创性。因此，应当回归《著作权法》的立法目的，以作品所蕴含的独创性为基点，围绕作品独创性提供保护。此外，理论界与实践中均有观点认为游戏规则属于不受著作权法保护的抽象思想，从而拒绝将游戏规则纳入著作权法保护范围。① 有必要详细阐述数字游戏规则的概念与内涵，明确游戏规则不同于操作方法和程序性要求，而是以审美体验为核心的具体表达，应当受著作权法保护。

（一）摆脱形式桎梏：回归对作品独创性的保护

《著作权法》第3条规定了文字作品、口述作品、视听作品等作品类型，但并未对其划分依据作出说明。有学者认为，作品类型划分标准在于表现形式的不同。② 单就《著作权法实施条例》给出的定义而言，该说法确有一定道理，如舞蹈作品指“通过连续的动作、姿势、表情等表现思想情感的作品”，电影作品指“由一系列有伴音或者无伴音的画面组成的作品”。司法实践中亦不乏相似观点，认为作品的分类主要考虑的是作品的表现形式和作品的传播利用方式两个因素。③

① 参见王迁：《电子游戏规则著作权保护之否定》，载《法学》2024年第3期，第124页；暴雪娱乐有限公司、上海网之易网络科技发展有限公司与上海游易网络科技有限公司不正当竞争纠纷案，上海市第一中级人民法院（2014）沪一中民五（知）初字第22号民事判决书；广州创娱网络科技有限公司与上海邑世网络科技有限公司、广东趣炫网络股份有限公司著作权权属、侵权纠纷、商业贿赂不正当竞争纠纷案，广州市天河区人民法院（2017）粤0106民初10491号民事判决书。

② 参见王迁：《知识产权法教程》（第7版），中国人民大学出版社2021年版，第103页。

③ 参见杭州网易雷火科技有限公司与广州简悦信息科技有限公司著作权侵权及不正当竞争纠纷案，广州互联网法院（2021）粤0192民初7434号民事判决书。

以表现形式划分作品类型，是对作品外延的描述和归类，是基于司法实践之便利作出的分类。依据表现形式划分作品类型确有助于缩短抽象与具象之间的鸿沟，提高法律适用的便捷性。但是，这也导致了实践和理论中的误区，致使著作权法缺少对于新作品的解释力与兼容性。一方面，面对新的作品时，法官往往过分强调作品的表现形式，仅以新作品与法定作品在表现形式上具有相似性为由，将其认定为某一法定作品类型。① 另一方面，学界和实务界常将作品类型与作品受保护范围一一对应，抹杀掉新作品的独创性，以便适应法定作品类型的表现形式和保护范围要求。拆分保护模式便是囿于这一错误观念，对数字游戏中具有独创性且能够成为表达的规则视而不见，分别保护美术、音乐等内容。视听作品保护模式亦是如此，虽认识到数字游戏的整体性以及游戏规则的独创性，但仍然固守连续动态画面的外在表现形式。上述保护路径完全背离了著作权法保护作品独创性的基本理念。

《伯尔尼公约》第 2 条第 1 款明确规定："'文学和艺术作品'包括文学、科学和艺术领域内的一切成果，不论其表现形式或方式如何。"表现形式相近的作品，可能因为具有不同的独创性维度，从而被划为不同的作品类型。电影作品与戏剧作品以及连续的摄影作品在表现形式上具有相似之处。但是相较于摄影作品，电影创作者尤其需要在剧本设计、拍摄脚本设计等方面下一番功夫；相较于戏剧作品，镜头语言表达、画面选取等方面揭示了电影对于独创性的不同要求。

"类型是那些在立法者与法律形成之前便存在的事物，立法者的任务是去描述各种类型"，② 而非机械地固守已有类型划分，排斥将新事物纳入现有法律体系。独创性是著作权法的核心概念，不仅体现为鼓励创作、促进文化和科学事业繁荣的立法目标，也体现在作品构成要件对独创性的要求中。独创性有双重含义，既是智力成果跻身作品之门槛，也是作品受保护范围之界限。独创性维度是具有广阔创作空间、能够体现创作个性、反映创作者巧思的角度。独创性维度的不同，实质上决定了作品受保护范围的不同。作品类型的划分和列举具

① 参见杭州派娱科技有限公司诉上海幻萌网络科技有限公司计算机软件著作权权属纠纷案，上海知识产权法院（2015）沪知民初字第 633 号民事判决书。

② 参见［德］亚图·考夫曼：《类推与"事物本质"——兼论类型理论》，吴从周译，台北，新学林出版股份有限公司 2016 年版，第 111 页。

有示例作用，是“作品独创性逻辑的自然展开”,① 应服务于作品独创性判定；而非喧宾夺主，以表现形式取代对于独创性的保护。

对典型作品而言，采用以表现形式归类的思路尚可勉强为之。关键在于，这一归类方式是否具有足够的解释力和兼容性，以应对新作品的出现。② Brian Arthur 提到，新技术往往源于对已有技术的全新组合。③ 新的媒介兼容了之前媒介的叙事要素，④ 高维度的媒介必然包含了传统媒介的外在表达特征，并具备了超越以往的独创性维度和表现形式特征。电影便兼容了戏剧的文本、场景布置、表演、音效以及摄影作品的镜头设计、场景选择、拍摄角度。数字游戏等更高维度的综合性作品虽兼容传统媒介独创性与已有的表现形式，但其背后往往具有不同于既有作品的全新的独创性。这一全新独创性维度可能源自新的设计元素，也可能是对已有元素独具匠心的组织与搭配方式。

忽视新作品的不同独创性维度和表现形式特征，类推套用现有作品类型提供保护的做法并不可取。面对数字游戏等新的作品类型，不能因为其在表现形式方面与某一法定作品相似，就直接认定为该类型作品。应当以作品独创性为基础划分作品受保护范围，而非简单对比双方在表现形式上的相同特征。考虑到游戏规则无法为文字、视听、美术等法定作品类型涵盖，应当认定数字游戏为其他类型智力成果，并将游戏规则纳入著作权法的保护范围。

（二）“著作权法不保护规则”之辩

学界关于游戏规则能否受著作权法保护的争论，部分是由对“规则”一词的不同理解导致的。反对游戏规则应受著作权法保护的观点倾向于将游戏规则

① 参见王国柱：《著作权法中作品独创性的作品类型逻辑》，载《法商研究》2024 年第 1 期，第 192 页。

② 参见梁志文：《作品类型法定缓和化的理据与路径》，载《中外法学》2021 年第 3 期，第 686 页。

③ See William Brian Arthur, *The Nature of Technology: What it is and How it Evolves*, Free Press, 2009, p. 22.

④ 参见刘梦霏：《叙事 VS 互动：影游融合的叙事问题》，载《当代电影》2020 年第 10 期，第 52 页。

解释为“游戏的过程中必须遵守的基础性规定和程序性要求”,① 认为游戏规则与“借书规则”“交通规则”类似，属不受著作权法保护的程序和操作方法。②

1. 游戏规则不同于操作方法和程序性要求

事实上，游戏规则并非狭义的“程序性要求”。日常语境下的“规则”一词与“游戏规则”并不相同，前者指运行、运作、行为所遵循的一套法则，后者则是一套在虚拟世界中的“可供性体系”。③ 制定游戏规则的目的并非迫使玩家遵守相应的程序和流程，而是如同构建虚拟世界的物理法则一样，搭建起一个允许玩家作出一定行为的自主性空间，并允许玩家通过“行为—反馈”模式感知规则存在。

广义的游戏规则包含游戏目标、障碍、资源等抽象元素，技能、装备、属性相生相克、资源采集等系统，串联各系统的机制，以及各系统中的详细游戏数值设计。有学者将规则划分为组件、步骤、环境、主题、界面五个类别，组件指游戏中的物质资源的数量、状态、价值等设计，步骤指玩家可以在游戏中采取的行动，环境则是游戏得以展开的物理空间，主题意指游戏所欲表达的主旨思想和采用的核心游戏玩法，界面则是游戏呈现的窗口。④ Pearce 认为游戏规则是由目标（Goal）、障碍（Obstacles）、资源（Resources）、奖赏（Rewards）、惩罚（Penalties）、信息（Information）组成的结构化框架。⑤ 《率土之滨》案中，法官同样采用了广义的游戏规则概念，认为游戏规则包含“游戏结构框架、系统策划、数值设定、操作步骤、地图布局、情节内容、角色特征、人物关系等内容”。⑥ 以《王者荣耀》为例，其规则包含了摧毁水晶即可获胜的终极目

---

① 参见王迁、郑涵睿:《“游戏作品”著作权保护之商榷——评〈率土之滨〉诉〈三国志·战略版〉案》，载微信公众号“知产财经”。

② 参见王迁:《电子游戏规则著作权保护之否定》，载《法学》2024 年第 3 期，第 124 页。

③ See James Jerome Gibson, *The Ecological Approach To Visual Perception*, Psychology Press, 2014, p. 119.

④ See Aki Järvinen, *Theory as Game: Designing the Game*, Digital Games Research Association Conference, 2005, p. 2.

⑤ See Celia Pearce, “Story as play space: Narrative in games”, in Lucien King ed., *Game on: The History and Culture of Video Games*, Universe Publishing, 2002, p. 113.

⑥ 参见杭州网易雷火科技有限公司与广州简悦信息科技有限公司著作权侵权及不正当竞争纠纷案，广州互联网法院（2021）粤 0192 民初 7434 号民事判决书。

标，也涵盖击杀获得经验、复活时间等障碍与奖惩机制，战斗、装备、货币系统，以及各系统中关于角色技能、属性、地图、装备效果等具体设计。

游戏规则是一个客观实在，不会因学者坚持作狭义解释而消失。无论采用何种概念，我们总归要面对这个广义的数字游戏规则，并解决游戏规则是否受著作权法保护的问题。为了方便后续论证，避免产生概念上的混淆，本文所说“游戏规则”一词，均是上述的广义规则，而非狭义的“游戏中的基础性规定和程序要求”。

2. 游戏规则并非基于实用性目的

著作权法不保护规则、思想、程序、工序、系统、操作方法、概念、原则或发现，这已成为世界范围内具有普适性的规范或原则。虽然对于数字游戏规则定义的澄清已经足以说明游戏规则与“著作权法不保护的规则、操作方法”并不相同，但仍有必要分析规则与操作方法不受保护背后的法律原理，以便彻底撇清游戏规则的嫌疑。

有学者认为，操作方法与规则是为了实现某项实际功能，不具有精神功能，因此不受著作权法保护。① 其中，精神功能包括信息功能和审美功能，实用功能则侧重解决实际问题。有学者将不受保护的思想归纳为三种类型：作为观念的思想（ideas as concepts）、作为解决问题方法的思想（ideas as solutions）和作为创作基石的思想（ideas as building blocks），操作方法与规则则属于解决问题方法的思想。② 综合上述观点，可以得出结论，区分实用性目的的本意在于，将解决某些实际问题的方法与规则排除在著作权法保护范围之外。规则与操作方法之所以不受著作权法保护，原因在于其是为了解决实际问题。游戏规则并非针对实际问题的解决方法，而是为了满足玩家对游戏的娱乐和审美需求。因此，虽然游戏规则也被称为“规则”，但与“作为解决问题方法的思想”有着显著不同。

有学者认为，大多数游戏规则旨在增强游戏的可玩性这一技术功能性特征，

---

① 参见王坤：《论著作权保护的范围》，载《知识产权》2013 年第 8 期，第 21—23 页。

② See Paul Goldstein, *Goldstein On Copyright*, Aspen Publishers, 2005, p. 32.

受著作权法“功能性原则”制约。[①] 与解决实际问题的客观方法不同，“好玩”是难以被客观判断的多元审美感受，并非出于实用性考量。即便是以解决现实社会和行业问题为主要目的的“功能游戏”[②]，也仍是以艺术审美作为核心地位，即艺术审美为第一性，功能为第二性。同一主题或情感能够借由不同的游戏规则设计，呈现出具有不同审美感受的表达，展现了游戏制作者的创新思想和艺术构思。

可见，游戏规则不是基于实用性目的的设计，而是以审美感知体验为核心的艺术创作。因此，不能将以实用为目的的操作方法与数字游戏规则混为一谈，应保护能以一定形式表现的游戏规则。

四、游戏规则思想与表达界限的厘清

思想与表达的临界点往往源于主观的价值判断，而非具体的、精细化的可执行标准。[③] 既然游戏规则不同于操作方法和程序性要求，并非必然属于不受保护的思想。需要在一定程度上明确游戏规则的思想与表达界限，以提供相对一致的保护标准。

（一）游戏规则可被客观感知

赫尔德在《论语言的起源》中提到：“（语言）就像是通过一条无形的链带，将火花传递给一颗遥远的心，让它为一个并未看到的生物产生感情。”[④] 知识产权信息论认为知识产权是“民事主体支配其智力成果、商业标志和其他具

---

① 参见李忠诚：《论网络游戏规则不具有可版权性》，载《苏州大学学报（法学版）》2020 年第 1 期，第 101 页。

② 功能游戏是指，专为解决现实社会和行业问题为主要目的而制作，在学习知识、激发创意、拓展教学、模拟管理、训练技能、调整行为、养成良好品质等方面具有明显作用的游戏品类。

③ 参见张玲玲、张传磊：《改编权相关问题及其侵权判定方法》，载《知识产权》2015 年第 8 期，第 35 页。

④ 参见［德］J. G. 赫尔德：《论语言的起源》，姚小平译，商务印书馆 2009 年版，第 9 页。

有商业价值的信息的权利”。[①] 可见，表达需要以一种客观、公共、不致产生歧义的符号化形式展现。《著作权法》第3条要求作品能够以一定形式表达，本质上是要求智力成果呈现为可被接收者感知的符号化形式，将作者所欲表达的思想、灵感予以固化。

有学者提出需区分高级感官和低级感官，现有的作品应属能够为视觉、听觉等高级感官所感知的表达，依赖嗅觉、味觉等低级感官的表现形式则不受著作权法保护。[②] 高级感官与低级感官的区分实质上也是出于对客观性的要求。公众对于嗅觉、味觉的敏感程度较低，难以分辨气味中的细微差别。因此，对于气味的认知较为主观，对同一气味也会产生不同的认知，难以形成普遍共识。因此，表达应当以可被感知形式出现，且对于同一表达所传递的信息，社会公众能够形成相对普遍、一致的认知。

反对游戏规则能够进入表达范畴的观点认为，画面、设计文档等属于游戏规则的具体呈现方式，对设计文档的保护范畴限于文字表达本身，不延及其后的思想。[③] 该观点以专利说明书和其背后的操作方案为例，认为书面文字能够构成表达，其所表达的操作方案则不受著作权法保护。[④] 这一举例存在两处谬误，一是操作方法之所以不受保护，是因为其以实用性为目的，为了解决实际问题。而游戏规则并非如此，二者不可混为一谈。二是其机械、僵化地将表达限定为文字、画面等最为直观、可视的部分。对于思想表达界限的划分，需要以客观性为基础，但绝非局限于最为直接的文字和画面本身，而应当以能够为社会一般公众产生共同认知为限度，向抽象层面延伸。例如，文字作品的表达，不仅局限在文字排列，也包括其背后具体到一定程度的故事内容和情节。[⑤] 虽然有些表达未在文字中直接体现，但其如果能够通过文字被社会公众普遍感知

---

① 参见张玉敏：《知识产权的概念和法律特征》，载《现代法学》2001年第5期，第105页；郑成思：《知识产权法》（第2版），法律出版社2004年版，第10页。

② 参见张守莲：《作品类型开放主义的放开限度研究》，载《电子知识产权》2023年第12期，第73页。

③ 参见刘鹏、王迁：《网络游戏规则可版权性问题分析》，载中国法院网。

④ 参见张伟君：《呈现于视听作品中的游戏规则依然是思想而并非表达——对若干游戏著作权侵权纠纷案判决的评述》，载《电子知识产权》2021年第5期，第69页。

⑤ 参见马润艺、赵大利：《浅析思想表达二分法在文学作品侵权纠纷中的运用——以琼瑶诉于正案为视角》，载《甘肃政法学院学报》2017年第5期，第153页。

并产生共识，则能够被划入表达范畴。因此，游戏规则中能够表现于外部的具象存在应当获得著作权法的保护。①

游戏规则的感知方式可以分为三类：第一，游戏规则能够通过游戏设计文档、游戏介绍与新手指引等文字、画面或听觉形式直接呈现给玩家，如对某项技能、某个道具功效的文字描述或视频展示。第二，游戏规则蕴含在数字游戏整体的画面呈现、素材衔接中，与剧本对于电影作品画面呈现的作用一样。玩家在游玩时，能够通过画面、音效等外在表现建立起对游戏规则的客观性认知，提炼出其背后的规则体系。第三，数字游戏规则借助“行为—反馈”模式得以呈现。例如在《塞尔达传说：旷野之息》中，游戏未曾给玩家提供明确的文字和画面指引，但玩家如果实施了靠近树木、点击树木的行为，则会获得浆果或木柴；将浆果与其他材料融合，可以获得不同的食物。在游戏过程中，玩家行为获得的反馈是确定的、客观的、可被感知的。因此，这些可以被客观感知并产生普遍认识的规则，应当被划入表达范畴。

在《三重小镇》与《雪人小镇》案中，两款游戏的行为反馈模式是：连接三个或三个以上图片可以转化为高级图片，并获得金币用于资源和道具。法院认为，两款游戏的差异仅在于选用的图片不同，但是玩家采取相同行为所获得的反馈完全一致，两款游戏的资源设计与道具设计也存在较大相似之处，因此认定被告侵犯了原告的著作权。②

一般而言，作者的思想、情感可以表现为文字、声音、画面、造型等能够被感知的符号，但这并不意味着只有能够被视觉、听觉感官感知的内容才属于表达。随着科技的发展，VR 等新兴技术不断出现，人对外界的感知能力不断加强，新的感知形式并非不可能出现。数字游戏规则的“行为—反馈”模式，能够使玩家建立起行为与结果之间的客观性关联，并借此感受到数字游戏的规则设计。此类能够被客观感知的游戏规则属于表达范畴，应受著作权法保护。

---

① 参见丛立先：《网络游戏直播画面的可版权性与版权归属》，载《法学杂志》2020 年第 6 期，第 12 页；卢海君：《论思想表达两分法的法律地位》，载《知识产权》2017 年第 9 期，第 24 页。

② See Spry Fox, LLC v. Lolapps, Inc. No. 2：12-cv-00147（2012）.

（二）有限表达原则检验

除了能够被客观感知外，还需要通过有限表达原则，对数字游戏规则进行检验。对于不以实用性为目的、具有广阔表达空间的游戏规则，应当认定为受著作权法保护的表达。

在琼瑶诉于正案中，一审法院认为，区分思想与表达要看这些情节仅属于概括的、一般性的叙事模式，还是具体到了一定程度足以产生感知特定作品来源的特有欣赏体验。① 如果具体到了这一程度，则可以作为表达。究其本质，“感知特定作品来源”的欣赏体验，正是对于广阔创作空间的要求。只有在广阔的创作空间中，创作者才能够完成具有独创性的表达，使公众感知其创作成果蕴含的个性特征。如果对于同一内容仅有有限的表达形式，公众将无法感知其中所蕴含的个性编排。有学者主张独创性可通过作品要素集合中元素排列组合数与各元素的表达方式连续相乘的积来实现,② 恰恰也说明了对于创作空间的要求。如果创作者对同一内容的表达，不会或仅有极低可能性发生“撞车”，则足以认定该创作能够提供具有独创性的欣赏体验。

如双升、老鹰捉小鸡、跳格子等传统游戏规则不应受著作权法保护已经成为普遍共识，但对数字游戏规则的思想表达划分却争议不断。原因在于，传统游戏规则的表达往往是有限的，受有限表达原则制约。不同个体所形成的创作成果可能是近似或一致的。正如，“越简短的句子就越难体现出作者的想象或创造性选择，也越难与其所要表达的思想相区分”③。老鹰捉小鸡同样可以在数字设备互联网运行，但若未对其规则加以调整、细化、丰富到足以展现开发者的个性特征，则其仍属于思想范畴。也有部分数字游戏，如《跳一跳》《羊了个羊》，规则结构过于简单，以至于由不同开发者制作相同主题游戏，所设计出的内容也难免相同。因此，此类不具有广阔表达空间的游戏规则属于思想范畴。

---

① 参见陈某与余某、湖南经视文化传播有限公司、东阳欢娱影视文化有限公司、万达影视传媒有限公司、东阳星瑞影视文化传媒有限公司侵害著作权纠纷案，北京市第三中级人民法院（2014）三中民初字第 07916 号民事判决书。

② 参见杨敏锋：《论作品独创性的数学计算模型》，载《知识产权》2018 年第 8 期，第 30 页。

③ 参见梁志文：《作品类型法定缓和化的理据与路径》，载《中外法学》2021 年第 3 期，第 686 页。

得益于数字设备和计算机技术的发展，数字游戏能够架设起极为复杂的规则结构，包括数字游戏的主题、各项机制设计、机制之间的搭配与协调，以及更加具体的数值设计。有学者认为，对于规则的表达是有限的，如果加以保护，将导致对创作的垄断。① 这一论述并不成立。在 Atari 案中，法院认为《吃豆人》（PAC-MAN）中吃豆人与幽灵的行走路线，会给玩家带来特定的追逐体验和游戏感受，据此认定被告采用相同的设计构成侵权。② 在《俄罗斯方块》与《米诺方块》案当中，法院认为《米诺方块》的开发公司完全可以采用不同的宽度、长度，而非直接复制《俄罗斯方块》游戏的尺寸设计，由于《米诺方块》在各个方面均与《俄罗斯方块》一致，构成对原作品著作权的侵犯。③

因此，应当以游戏规则是否具有广阔的创作空间以及是否能被客观感知为标准，划分游戏规则的思想与表达界限。当然，上述标准仍然较为宽泛，还需要从游戏设计与玩家体验的角度，对数字游戏规则作进一步划分，以构建更为明确的实质性相似判断标准。

五、游戏规则的实质性相似判断

《著作权法》的立法目的在于保护创新与鼓励创作，需要容许一定程度的借鉴，以便为新作品提供可滋生长的土壤。过于严格的保护标准可能导致垄断，过于宽松的保护标准则可能纵容抄袭。④ 平衡数字游戏规则的合理借鉴和抄袭，需要从对比对象、对比方法两个维度，构建合理的实质性相似标准。

（一）实质性相似判断的对象

理论界常引用游戏研究领域经典著作 Rules of Play 中的标准，将游戏规则划分为基础规则（Operational Rules）、具体规则（Constitutive Rules）和隐性规

---

① 参见王迁：《知识产权法教程》（第 7 版），中国人民大学出版社 2021 年版，第 91 页。

② See Atari, Inc. v. North American Philips Consumer Electronics Corp, 672 F. 2d 607 (1982).

③ See Tetris Holding, LLC et al. v. Xio Interactive, 863 F. Supp. 2d 394 (2012).

④ 参见许波：《著作权保护范围的确定及实质性相似的判断——以历史剧本类文字作品为视角》，载《知识产权》2012 年第 2 期，第 30 页。

则（Implicit Rules/Unwritten Rules），认为基础规则是诸如“击中目标即为成功”“打怪升级”等，在宏观层面决定了游戏类型的抽象思想；具体规则是诸如“具体卡牌功能”“相互克制关系”“数值设计”等，在游戏中能够通过画面表达的具体机制设计。① 此种划分方式实际上是对作者观点的错误理解。Operational Rules 应译为操作规则，意指那些可供玩家直接参照的操作行为指南，如点击鼠标右键使用 A 技能攻击敌方可以造成 3000 伤害；Constitutive Rules 为构建规则，即隐含在操作规则之下逻辑构建，如 A 技能伤害设定，以及该设计与其他技能、人物属性、敌人属性的设计的关联。② 可以看到，Operational Rules 和 Constitutive Rules 的分类与思想表达二分法中的抽象与具体的划分并不相同。

即便不讨论该表述是否曲解原文，以抽象规则和具体规则为标准，或采用“涉数值策划”③ 等标准划分游戏规则的思想与表达，本身也存在极大问题。这一划分方法错误地将“思想表达二分”曲解为了“宏观与微观二分”。并非只要具体到一定程度的规则便能够受著作权法保护。例如，英雄联盟中英雄 Ezeal 的 E 技能，向指定方向闪烁突进一定距离。诸多 MOBA 类游戏，乃至其他类型的游戏中均有与该技能相似的设计，但不会被玩家认为构成抄袭。如同歌词中某个字或某个词语无法传递足够信息，无法被视为文字作品。④ 单一游戏规则无论细致到何种程度，同样不具有广泛的创作空间。游戏规则的独创性体现在多个规则组合而成的有机整体。在整体之中，单一规则选取以及规则之间的串联组合，均有着广泛的创作空间，具有独创性。

游戏规则是目标（Goal）、障碍（Obstacles）、资源（Resources）、奖赏

---

① 参见曾晰、关永红：《网络游戏规则的著作权保护及其路径探微》，载《知识产权》2017 年第 6 期，第 70 页；朱艺浩：《论网络游戏规则的著作权法保护》，载《知识产权》2018 年第 2 期，第 70—71 页。

② See Katie Salen & Eric Zimmerman, *Rules of Play: Game Design Fundamentals*, The MIT Press, 2003, p. 119. *Rules of Play* 中对于三种规则的举例是关于传统游戏井字棋的，有关数字游戏的举例可以参考 Gábor Zoltán Kiss, “Changing Rules While Playing: On the Affective Potential of In-Game Rule Changes”, *Hungarian Journal of English and American Studies*, Vol. 29: 401, p. 403 (2023)。

③ 参见谢嘉图：《整体保护论下游戏规则的著作权保护研究》，载梁慧星主编：《民商法论丛》（第 75 卷），社会科学文献出版社 2023 年版，第 275—276 页。

④ 参见梁志文：《作品类型法定缓和化的理据与路径》，载《中外法学》2021 年第 3 期，第 686 页。

（Rewards）、惩罚（Penalties）、信息（Information）组成的结构化框架。① 基于这一横向划分，我们可以将数字游戏切分为一个由多个层次组成的、由抽象到具体的体系。

最顶层——终极目标。终极目标决定了游戏的开始和结束，是游戏最为基础的内容，其他层次的规则设计和剧情展开都将围绕这个终极目标。不同的游戏往往共享同一个终极目标，如击败敌人、生存、解救、逃脱。因此，终极目标是游戏中最为抽象的内容，虽然能够为玩家所明确感知，但受限于其有限的创作空间，属于不受保护的思想范畴。

第二层——核心玩法。游戏的核心玩法围绕终极目标展开，根据终极目标设置多个子目标，并对障碍和资源进行初步设计。障碍包含了游戏中的敌人、陷阱等需要玩家通过行动战胜的内容。克服障碍则需要调用相关资源，包括前进、攻击、闪避、技能等可以供玩家采取的行动，以及道具、物品、人物属性。不同的障碍和资源，直接决定了游戏的玩法。核心玩法层的设计依然停留在抽象设计的层次，障碍、资源等内容的细节还有待填充，不同资源和障碍之间的关联还需要不断地细化。对于同一游戏类型，在核心玩法层面的设计有极大相似性。因此，核心玩法规则不具有广阔的创作空间，无法承载设计师独具个性的创作，属于抽象的思想。

第三层——玩法框架。相较于核心玩法，玩法框架层次增加了奖赏与惩罚两个部分。具体而言，奖赏与惩罚指在战胜障碍或未能完成子目标时，资源的增加或减少。获得了更强的资源意味着障碍的难度会随之产生变化。例如，击杀强盗可以获得经验、提升人物等级和属性等资源，从而可以更加轻松克服后续的障碍。因此，通过增加奖赏与惩罚，最终数字游戏各个组成部分连接成一个整体。相较于核心玩法，这一层次仅起到连接横向连接作用，并未进一步细化游戏规则。虽然存在一定的创作空间，但绝大多数内容均与游戏类型相关联。同一类型游戏往往必然包含其中的部分设计，因此受有限表达原则制约，仍属思想范畴。

第四层——系统。通过对玩法框架的不断细化，数字游戏规则最终呈现为

---

① See Celia Pearce, "Story as Play Space: Narrative in Games", in Lucien King ed., *Game on: The History and Culture of Video Games*, Universe Publishing, 2002, p. 113.

一个个不同的系统。例如，装备打造系统允许玩家利用已有的资源制造武器与装备，道具系统为玩家提供各种道具。在这一层次，每个系统中的内容将会以较为详细的程度展现。以游戏《卧龙：苍天陨落》为例，玩家可以使用关刀、锤、单刀、剑等数十种武器，不同种类武器具备不同的攻击速度、攻击效果、攻击力等基础属性以及不同的附加属性，搭配截然不同的技能组。系统应当属于著作权法保护的对象。对于游戏创作者而言，一款三国题材游戏难免会出现关刀、狼牙棒等武器，但是每种武器的具体属性、攻击效果、攻击力、附带技能、附加属性不可能完全相同。例如《真三国无双 5》中的武器同样具有附加属性，但与《卧龙》中的附加效果从类型到数值均有较大差异。因此，对于单个系统而言，其中的规则设计具有广阔的创作空间，且通过文本描述、实际行动反馈以及画面效果，相关的设计可以被玩家直接客观感知，因此能够受著作权法保护。但是，构成表达的是具有独创性的系统，而非其中的单一规则设计。独立的单一汉字不具有美感，通过独具匠心的组合才能够成为具有独创性的文字作品，游戏规则也是如此。

第五层——游戏模式。游戏模式是指将游戏各个系统串联到一起构成的整体。以战斗模式为例，其涉及了人物属性、技能、装备、敌人、道具等多个系统。对于不同游戏，每个系统的些许差异累积起来会使游戏模式产生极大差异，最终提供给玩家截然不同的游戏体验。在进行游戏模式构建时，对于游戏系统的选取，系统之间的组合方式，创作者具有极大的发挥空间。其同样属于受著作权法保护的表达。

（二）实质性相似判断方法

“接触+实质性相似”是判断能否构成著作权侵权的重要标准。对于能否构成“接触”，司法实践中常采用较为宽松的标准，依据社会一般情况，有阅读或听闻作品的可能性便可以构成接触。① 在互联网时代，由于作品可以通过网络得到广泛传播，接触作品的可能性不断扩大，“接触”要求逐渐被架空，“实

---

① 参见刘琳：《我国版权侵权“接触”要件的检讨与重构》，载《知识产权》2021 年第 11 期，第 79—80 页。

质性相似”对于构成著作权侵权起着决定性作用。① 判断实质性相似，主要有“整体观感法”和“抽象测试法”两种方法，前者侧重对作品整体进行宏观把控，后者则强调对作品细微之处的逐个对比。数字游戏作为一个综合性作品，其受保护范围涵盖了规则系统、游戏模式以及视听呈现等多项内容，需要结合两种对比方法及比较对象的特点进行综合运用。

1. 整体观感法判断游戏模式相似性

游戏模式是数字游戏规则中最为核心的部分，是游戏设计的关键，直接决定了玩家的游戏体验。对游戏模式相似性的判断既可以体现数字游戏规则的整体相似程度，也能够涵盖各个系统的相似程度以及其串联组织方式。判断游戏模式相似性应采用整体观感法，即对比作品整体的内在感受来确定两部作品之间是否构成实质性相似。②

有观点认为，整体观感法没有明确刻度、具有抽象性，应首先对比各元素的相似程度，只有相似元素的数量达到了足以产生质变的程度，才能够适用整体观感法。③ 数字游戏规则是一个整体性结构，其中的单一规则如同文字作品中的某一具体汉字，单一规则或单一汉字的相同并不必然意味着作品整体相似；单一规则内容不同，但经过相同的组织与编排，仍可能形成相同的整体结构。对单一规则是否相似的判断，应当置于整体判断之后。

如今的数字游戏在规则设计上越发多样，一款游戏可能同时具有多个游戏模式，成为复合型游戏。例如，《英雄联盟》包含了5v5对战模式和自走棋模式，《剑侠情缘网络版叁》有常规的动作类武侠角色扮演模式，也有有趣的家园建造，可供玩家自主设计和搭建房屋。在适用整体观感法进行判断时，应将复合型游戏拆分成不同的游戏模式，分别判断两个模式下的交互体验是否相似。

游戏是一个强交互性媒介，只有处在行为反馈循环之中，才能够意识到不

① 参见周小舟：《论接触要件在剽窃案中的程序和实质意义——从〈小站〉案切入》，载《华东政法大学学报》2016年第2期，第109—110页。

② 参见许波：《著作权保护范围的确定及实质性相似的判断——以历史剧本类文字作品为视角》，载《知识产权》2012年第2期，第33—34页。

③ 参见张国安、刘汉青：《新〈著作权法〉视阈下网络游戏实质性相似的判定困境与出路》，载《电子知识产权》2023年第7期，第72页；田辉：《整体保护模式下的计算机游戏作品著作权侵权判定研究》，载《大连理工大学学报（社会科学版）》2019年第6期，第88页。

同游戏之间的差异，因此非玩家的一般公众意见难免失之偏颇。数字游戏固然是开发者的主观意愿宣告，但其以符号形式呈现，转化为公众性的结构性解读，消解了作者的存在，最终走向“作者之死”。① 因此，适用整体观感法时应参考游戏玩家而非专业开发者的意见。

整体观感法有较强的主观性，游戏玩家视角也可能因缺乏相应的法律知识，从而不适当地扩大对数字游戏的保护范围，给予作品过度保护。为弥补上述缺陷，应当明确，游戏玩家意见仅用于为法官提供裁判参考，而非法官所须遵从的指令。在适用整体观感法时，也应设置较高的实质性相似门槛，只有两款游戏的游玩体验达到了完全或几乎一致的程度，才可以认定其构成实质性相似。

除了对游戏整体规则的判断外，如果两个游戏的游戏资源存在整体上的实质性相似，也应当认为构成了数字游戏整体的实质性相似，即采取资源与规则双轨制模式。二者中的任意一个在整体呈现上达到实质性相似的程度，在符合其他侵权要件的情况下，即可认定构成著作权侵权。

2. 抽象分离法判断各系统相似性

如果两个游戏的整体交互体验与整体的视觉、听觉呈现不构成实质性相似，则需要进一步借助抽象分离法，针对游戏系统与最小独立运行单元进行逐个对比。“抽象分离法”最初由汉德法官提出，② 指将作品中的思想、事实、通用元素等不受保护部分逐个抽离，将剩下应受保护的部分进行比对，从而判定两部作品是否构成实质性相似。③

与能够被感知的整体性游戏模式不同，游戏系统往往难以从游戏整体中抽离出，也难以由玩家独立感知。游戏系统切分、游戏规则筛选与对比是一项需要充足的理论知识与游戏设计经验方可胜任的专业性工作，应当引入游戏开发者的意见作为参考。

单一的游戏规则设计缺乏广阔的创作和表达空间，因而无法成为具有独创性的表达。对于单一规则的选取和组合有极大的创作空间，能够展现开发者的

---

① See Roland Barthes, *Image Music Text*, translated by Stephen Heath, Hill and Wang, p. 148 (1977).

② See Nichols v. Universal Pictures Co, 45 F. 2d 119 (1930).

③ 参见许波：《著作权保护范围的确定及实质性相似的判断——以历史剧本类文字作品为视角》，载《知识产权》2012 年第 2 期，第 33—34 页。

独创性，因此，由单一规则组成的规则系统属于受著作权法保护的表达。适用抽象分离法分别对比单一游戏规则，最终需要以游戏系统为单位。可以设定一定比例，以同一系统中的相似规则比例为判断标准。但是，比例高度相似与实质性相似之间并非充分必要关系。数字游戏规则对游戏体验的影响并不相同，单以同一系统中相似规则比例作为判断标准无法体现不同游戏规则的重要程度差异，还需要借助专家群体的意见，综合分析相似规则在该系统中的作用与效果，最终作出判断。

六、结　语

数字游戏规则是否能受著作权法保护，以何种形式受著作权法保护，一直是游戏产业和理论界持续关注的话题。除了美术、音乐、动态画面等内容，数字游戏的独创性还源于游戏的交互设计，即游戏规则。实践中常常以表现形式的相似，将数字游戏认定为视听作品，或拆分认定为音乐、美术等几类不同的作品。作品类型划分的实质是独创性维度的不同，现有作品类型无法兼容数字游戏规则的独创性。此外，游戏规则不同于“实验操作规则”“借书规则”“交通规则”等操作方法和程序性要求，而是以审美感知体验为核心的艺术创作。应当适用《著作权法》第3条的规定，将数字游戏认定为“符合作品特征的其他智力成果”，并将游戏规则纳入著作权法保护范围。

表达需要以一种客观、公共、不致产生歧义的符号化形式展现，无论是通过画面，还是通过“行为—反馈”模式，作为表达的游戏规则，必须能被客观、清晰地感知。只有在广阔的创作空间中，创作者才能够完成具有独创性的表达，属于表达的游戏规则需要具有广阔的创作空间，使公众感知其蕴含的个性特征。应当以具有广阔表达空间和能够被客观感知为标准，划分游戏规则的思想与表达界限。

在判断游戏规则是否实质性相似时，应首先适用整体观感法判断数字游戏规则的整体交互体验是否相似，再以抽象分离法逐一判断游戏规则系统与最小独立运行单元是否构成相似。

（初审：张宏宇；校对：段浩飞）

粤港澳大湾区背景下 RCEP 投资协定公平公正待遇条款：争议、重识与本土方案

林沛玟*

摘　要：RCEP 的全面生效带来新的发展契机，也对粤港澳大湾区如何利用好 RCEP 带来的发展机遇以更好地融入新发展格局提出了新要求。投资规则是 RCEP 框架的核心，而公平公正待遇条款更是 RCEP 在投资保护方面的重要组成。但是，RCEP 中公平公正待遇尚存争议有待理顺。通过对争议的反思以及重识 RCEP 具有的开放包容制度共性以及其自身个性，将助力其成为粤港澳大湾区构筑国际投资领域竞争新优势的有效工具。对此，粤港澳大湾区应坚持积极主动的立场，坚持静态上细化补充标准，动态上结合国际投资新趋势和产业新动向及时调整，做好与国内法的衔接，结合粤港澳大湾区优势利用国际仲裁和投资争端解决机制维护我国利益，统筹推进国内法治和涉外法治，促进我国投资领域高质量发展。

关键词：粤港澳大湾区；国际投资法；公平公正待遇；RCEP

一、问题的提出

2023 年是我国坚持高水平对外开放并取得累累硕果的一年。2023 年 6 月《区域全面经济伙伴关系协定》（以下简称 RCEP）对 15 个成员国全面生效，这一事件标志着全球最大的自贸区迎来了新的发展契机。党的二十大报告明确提出统筹推进国内法治和涉外法治，RCEP 的签署背景也正是各国为了共同应对

* 林沛玟，中央财经大学法学院硕士研究生。

疫情之后经济下行的压力，响应国际投资的现实需求，力求为全球经济的复苏增加内生动能。同时，香港特区政府也已在 2022 年 1 月中旬正式提交了加入 RCEP 的申请。2023 年 12 月召开的粤港澳大湾区全球招商大会据初步统计，共达成投资贸易项目 859 个，总金额超 2.24 万亿元。① 粤港澳大湾区作为双循环新发展格局的关键部分，已然成为全球投资新热土，而粤港澳大湾区应如何利用好 RCEP 带来的发展机遇更好地融入新发展格局也亟须理论和实践进一步探索。

RCEP 既体现了国际投资协定共有的一脉相承、开放包容的制度逻辑，也极具 RCEP 成员国特色，因此成了构筑国际投资领域竞争新优势的有效工具和新生引擎。其中，公平公正待遇作为投资保护方面的核心规定，在近年来新生效的多数投资协议之中基本都会设置相关条款，在颇具发展潜力的 RCEP 中自然也不例外。作为 RCEP 框架的特色制度设计之一，公平公正待遇条款获得了国际社会的共同关注，极有潜力成为带动 RCEP 框架落地的内生引擎，对国际投资的发展发挥强有力的引导促进作用。

但是，应当认识到 RCEP 中公平公正待遇条款目前尚存理论与实践上的争议有待理顺。首先，目前在公平公正待遇条款相关理论和实践中，公平公正待遇条款与合理期待、最低待遇原则、习惯国际法之间仍存在较大争议。例如，RCEP 虽已在形式上认可公平公正待遇条款的义务应当包含合理期待，但对于"合理期待"的概念界定并不明确且限制较多。其次，由于 RCEP 的参与人口多，成员国结构多元、经济发展水平差异较大，且 RCEP 本身就具有尝试应对单边主义和投资保护主义、争夺国际规则制定权的底色，RCEP 中公平公正待遇在成员国与投资者之间的适用问题上可能尚需进一步理顺，以应对与其他国际投资协议的国际化接轨需要。最后，具体到粤港澳大湾区区域适用过程中，作为粤港澳大湾区本身赖以发展的现实基础——"一个国家、两种制度、三个关税区"这一特点，在提供发展助力的同时也要求进一步加强粤港澳三地间的制度协同。②

为此，本文将基于粤港澳大湾区协同发展背景与 RCEP 投资协定中公平公正待遇的现状，分析其优越和有待完善之处。在第二部分中首先总结分析公平

① 参见张建军：《粤港澳大湾区成全球投资热土》，载中国经济网。

② 参见马飒、张二震：《RCEP 下粤港澳大湾区一体化发展思路》，载《开放导报》2021 年第 5 期，第 58—65 页。

公正待遇条款与合理期待、最低待遇原则、习惯国际法之间的理论与实践争议，结合相关案例尝试作出相应解答，以期为粤港澳大湾区的实践提供借鉴。继而在第三部分中，尝试对争议进行溯源，对 RCEP 下公平公正待遇条款共性的制度逻辑、制度价值进行阐述，并从横向、纵向两个维度比较 RCEP 下的公平公正待遇条款与国际治理格局，分析 RCEP 下公平公正待遇条款的独特个性。最后，在第四部分中提出粤港澳大湾区因应，本文认为粤港澳大湾区应当坚持积极主动的立场，坚持静态上细化并补充公平公正待遇条款标准，动态上密切结合国际投资新趋势和产业新动向及时调整，同时修改老旧双边投资保护协定（以下简称 BITs），做好与国内法的衔接，并利用粤港澳大湾区优势通过国际仲裁和投资争端解决机制维护本国利益，以期更好地促进我国国际投资领域的高质量发展。

二、RCEP 公平公正待遇条款的争议与厘清

在 RCEP 的独特签署背景下，其公平公正待遇条款的制度设计上也具有较强的特色。首先，RCEP 投资规则主要可分为文本规则、负面清单两处，前者主体被规定于 RCEP 的第十章“投资”及两个附件“习惯国际法和征收”之中，部分则散见于第一章、第十七章、第十九章之中。① 而作为 RCEP 投资规则中“投资保护”代表性规定的公平公正待遇条款则主要被规定于第十章“投资”的第 5 条“投资待遇”之中。其内容为“每一缔约方应当依照习惯国际法外国人最低待遇标准给予涵盖投资公平公正待遇以及充分保护和安全……公平公正待遇要求每一缔约方不得在任何司法程序或行政程序中拒绝司法”②。相较于其他投资协议文本中的规定方式，可以看到，RCEP 对于公平公正待遇的规

① 参见《〈区域全面经济伙伴关系协定〉（RCEP）投资规则释疑》，载中国服务贸易指南网。

② RCEP 第十章第 5 条规定：“一、每一缔约方应当依照习惯国际法外国人最低待遇标准给予涵盖投资公平公正待遇以及充分保护和安全。二、为进一步明确：（一）公平公正待遇要求每一缔约方不得在任何司法程序或行政程序中拒绝司法；（二）充分保护和安全要求每一缔约方采取合理的必要措施确保涵盖投资的有形保护与安全；以及（三）公平公正待遇和充分保护和安全的概念不要求给予涵盖投资在习惯国际法关于外国人最低待遇标准之外或超出该标准的待遇，也不创造额外的实质性权利。三、认定一项措施违反本协定其他条款或另一单独的国际协定并不能证明该措施构成对本条的违反。”

定，一方面明确了应当依照习惯国际法外国人最低待遇的标准，另一方面将公平公正待遇严格限制为“拒绝司法”的情形之中。这种颇具特色的条款设计方式，既为各成员国提供了充分的条款适用空间，又使条款的适用被限制在特定范围内，顺应了维护国家主权和对外合作发展的双重需要。

不过，RCEP对公平公正待遇条款的特殊设计在与国际接轨上难以避免地存在争议。目前，公平公正待遇条款在近年来多数国际投资协定中都有所体现，无论是以美国为代表的部分国家，还是以欧盟为代表的一些国家，将公平公正待遇条款纳入国际投资协定相关法律框架都已然成了国际投资领域新的趋势。但是公平公正待遇条款不可避免地存在内容和形式上的差异，由于不同国际投资协定的成员国自身的国家性质、经济发展水平、法治保护程度等差异，各国对于公平公正待遇条款内容的理解并不完全相同，同时，公平公正待遇条款在不同国际投资协定之中所呈现的具体形式也有所差异，也进一步引发争议。

RCEP作为参与人口最多，成员国结构多元的投资协定框架，成员国之间的差异本就较大，而具体到我国的粤港澳大湾区，其区域内部发展程度也明显存在分别。RCEP本身就具有尝试积极应对单边主义和投资保护主义，争夺国际规则制定权的底色，因此对于在国际社会和内部适用上争议主动予以厘清、尝试弥合分歧，以期与国际社会接轨，具有较强的实践价值。目前，在理论和实践中，存在较大争议的部分主要是公平公正待遇条款与合理期待、最低待遇原则、习惯国际法之间的关系等问题，对此，本部分尝试对公平公正待遇条款与其相关争议作出梳理并厘清关系。

（一）公平公正待遇条款应审慎包含合理期待

有部分学者的观点认为公平公正待遇条款的义务应当包含合理期待，对此，国际投资争端解决中心（下文简称ICSID）的部分仲裁庭也将之落实于实践之中。① 同时，在“Saluka案”中，其甚至更进一步地将善意、正当程序、非歧视等内容也纳入了投资者合理期待的范畴。② 本文认为，公平公正待遇条

① 参见左海聪、闫旭：《论国际投资协定中公平公正待遇的义务要素》，载《中国高校社会科学》2022年第1期，第70—82、158—159页。

② See UNCITRAL, “UNCITRAL Arbitral Award: Saluka Investment B. V. v. Czech Republic”, *World Trade and Arbitration Materials*, Vol: 18: 3, pp. 169-276 (2006).

款应当包含合理期待，但对于“合理期待”的理解，应当加以限缩，不得宽泛理解。

对于“合理预期”的理解，此处本文将结合“Invesmart B. V. v. Czech Republic”一案进行说明。① 虽然“Invesmart B. V. v. Czech Republic”一案是在捷克与荷兰的双边投资协定下进行的，适用的是联合国国际贸易法委员会的仲裁规则，即UNCITRAL仲裁规则，但本案中仲裁庭对于公平公正待遇原则与合理预期的理解，仍是值得我们借鉴与思考的。在本案中，仲裁庭对于“合理预期”采用的是较为客观的角度，即“期望应当是合理的，而不是纯粹主观的”。② 具体来说，可以结合以下几个方面对于“合理期待”进行理解与认定：

第一，“合理期待”应当符合东道国现行的法律制度，即“合理期待”应当符合东道国的监管要求和客观实际。对此，则要求投资者不应当脱离客观实际盲目提出主观期待，否则可能面临违反当地法律的困境。投资者应当对于东道国的监管要求和客观实际有所了解，在相应的监管要求和客观实际边界范围内再结合自身谋求合法利益的主观需要提出适当的主观期待。

第二，“合理期待”应当至少存在寻求司法解决途径的可行性，也即“合理期待”应当有获得司法救济的可能性。比如，在一些涉及网络服务业务的国际投资上，由于跨境数据传输可能涉及国家安全和公民个人信息的保护需要，如果东道国基于维护国家安全的需要拒绝承认某些事项的可诉性，则投资者显然没有具备获得司法救济合理期待的依据。③ 同时，由于“拒绝司法”的前提是存在寻求司法解决途径的可能性，如果有关投资内容本身就没有寻求司法解决的可能性，那么投资者本身是否可以存在合理期待就已存疑。特别是如果有证据可以证明，投资者在进行相应的投资行为之前已然明知根据东道国相关法律或政策要求，有关投资内容本身就没有寻求司法解决的可能性，那么如果投资者仍坚持主张其具有合理期待就值得怀疑。

第三，“合理期待”不仅应当考虑主观标准，还应当考虑客观标准，即不

① Invesmart v. Czech Republic, Ad hoc Arbitration, Award, 26 June 2009.

②《中国贸促会法律事务部投资仲裁案例课题成果选登（一百四十二）| 荷兰Invesmart有限责任公司诉捷克共和国仲裁案》，载搜狐网。

③ 参见赵海乐：《网络服务国家安全审查的国际投资法规制研究》，载《经贸法律评论》2022年第3期，第38—53页。

能单纯偏向投资者保护立场，必须结合个案的客观事实进行裁量。正如上文所述，“合理期待”具有较强的主观属性，因此为了避免投资者基于维护自身利益而肆意扩张作出对自己有利的解释，在认定“合理期待”不仅需要考虑主观标准，还必须紧密围绕客观标准。即使投资者主张的内容可能有所类似，但应当紧密结合个案的客观事实，结合东道国具体的政策法规等进行裁量。同时，仲裁庭也不应一味地偏袒投资者，过度倾斜于投资者保护立场对各方相关的权利义务进行解释。

第四，对于“合理期待”的举证问题，应当充分考虑形式要件可能产生的合理信赖问题。如果在一个个案中投资者满足了形式要件，比如，如果一个东道国明确采用了合同或者作出了保证，那么投资者据此产生合理期待是具有说服力的。①

总而言之，对于合理期待的理解不应当过于宽泛，而应当加以限缩。目前 RCEP 投资协定采取的正是这种态度。正如上文所述，由于 RCEP 的成员国构成较为多元，部分成员国国内法律框架不够完备成熟，国内的法治水平可能无法轻易达到保护水平，在面对国际投资中可能面临的风险时整体的风险能力预防、抵御和化解的能力都明显较弱。同样，在粤港澳大湾区的发展合作中，也面临着发展程度差异较大的特点，因此将公平公正待遇条款限定在一定范围之内有利于防范风险，于国际上有利于避免东道国轻易陷入被诉的困境之中，于国内则避免粤港澳大湾区区域间发展程度越拉越大、加剧悬殊。因此，目前 RCEP 投资协定采取的这种态度，也具有一定的合理性。

（二）公平公正待遇条款与最低待遇原则相关联具有显著优势

有部分学者认为，公平公正待遇与最低待遇之间由于在标准上具有相似性，二者在适用的关系上也存在一些争议，具体体现为公平公正待遇条款在适用上是否需要参照最低待遇标准条款。②

由于在作为最低待遇原则开创性的“Neer 案”中，该案聚焦的是人身权益

---

① 参见朱鹏飞：《论界定外资公平和公正待遇的要素——以若干国际投资仲裁案例为视角》，载《东南大学学报（哲学社会科学版）》2013 年第 3 期，第 49—53、135 页。

② 参见闫旭：《论公平公正待遇与最低待遇标准的关系——兼评 RCEP 投资待遇规则》，载《西部法学评论》2022 年第 1 期，第 121—133 页。

而不是财产权益,① 因此《北美自由贸易协定》(以下简称NAFTA)对“Neer案”的吸收解释引起了国际社会在理论和实务中的较多争议，援引其作为最低限度待遇其实并不具有充分的说服力。因此，国际投资领域在援引“最低待遇”标准时，其底层逻辑实质上是存疑的。同时，由于后续的案例，比如“Mondev v. USA”中,② 已然承认了在认定“最低待遇”时，仲裁庭的任务应当被限制在审查投资者是否有诉诸东道国法院和获得公正审判的程序权利上，此外，最低待遇的标准是动态发展的这一观点也得到了国际社会越来越多的承认。③ 因此，对于公平公正待遇条款与最低待遇原则的关系在争议中也逐渐走向明朗化。

目前，在RCEP中，已经明确将公平公正待遇条款与最低待遇标准相关联，并同时明确将其限制在“不得拒绝司法”的单向义务中。④ 本文认为，RCEP中将公平公正待遇条款与最低待遇标准相关联的做法主要有三个明显的优势，具体论述如下：

第一，有相关类案可循，增强了RCEP成员国的可预见性。由于NAFTA等既有国际投资协议已经将公平公正待遇条款与最低待遇相关联，并且已经在长期国际投资实践中产生较多涉及公平公正待遇条款判例，RCEP将公平公正待遇条款与最低待遇相关联的做法，便于RCEP成员国通过援引或参考类案以寻求维护成员国自身的合法权益。同时，由于有相关类案可循，一方面增加了RCEP成员国对于潜在纠纷的可预见性；另一方面即使不可避免地产生了纠纷，也能在极大程度上增加RCEP成员国对于裁判结果、仲裁结果的主观能动性，便于RCEP成员国主动寻求类案证明自身没有违反公平公正待遇条款项下的东道国义务。

---

① See L. F. H. Neer & Pauline E. Neer (United States) v. United Mexico States, Report of International Arbitral Awards, Ⅳ, UnitedNations, 1926, p. 61-62.

② Mondev v. USA, ICSID Case No. ARB (AF) /99/2, Notice of Arbitration, 01 September 1998.

③ 参见贸法通:《中国贸促会法律事务部投资仲裁案例课题成果选登（六十七）| 蒙德夫国际有限公司诉美国仲裁案》,载贸法通网。

④ RCEP规定:“每一缔约方应当依照习惯国际法外国人最低待遇标准给予涵盖投资公平公正待遇……公平公正待遇要求每一缔约方不得在任何司法程序或行政程序中拒绝司法。”

第二，有利于保护东道国国家利益，避免一再让步。可以看到，在20世纪末期，发展中国家在谋求融入国际合作的既有框架中的过程中由于经济发展格局中的地位悬殊，不得不在其他国际投资协议中作出妥协与让步，对此这一阶段发展中国家基本将公平公正待遇条款纳入投资协议框架体系中。实际上，这在一定程度上限制了发展中国家的发展潜力，是被迫作出的让步。同时，发达国家通过公平公正待遇条款，可能力图将其保护标准拉到一定的程度，但这有违提供普适性保护的协定制定意旨，不利于发展中国家的自我保护，也有违和平发展的时代潮流。因此，RCEP成员国可以通过最低待遇将提供的保护水平限定在一定范围之内，避免对于国家规制权一再作出让步。这是成员国充分发挥自由度和灵活度订立国际协议的勇敢尝试，同时，也是在对外进行国际投资的过程中，充分发挥主观能动性，作出有利于自身主权、安全、发展利益的制度设计进行大胆的尝试。这与粤港澳大湾区的建设发展主旨是相通的，都是出于维护本国的生存发展利益所作出的积极尝试。

第三，有利于防止仲裁庭和法庭过度扩张解释，挤压东道国规制权。随着国际投资的深入发展和主权利益的争夺，国际仲裁对于违反公平公正待遇的认定可能在类型上渐趋多样化、在范围上渐趋宽松化，进而导致违反公平公正待遇义务的过度扩张解释。而相对应地，作为东道国一方，则极有可能较为轻易地就被认定为违反了公平公正待遇条款的义务而承担赔偿责任，并由此被挤压合法的规制权，并被侵犯国家主权、安全和发展利益。为此，东道国可以通过最低待遇原则合理地限定保护水平以及仲裁庭和法庭的解释权，以寻求得以维护自身的规制权，保障国内社会管理秩序和法律权威。

应当承认，目前RCEP对于公平公正待遇条款和最低待遇条款的规定，可能面临限制过度的问题，有违开放包容的国际合作精神。显然，“最低待遇条款”突出的是“最低”程度。一方面，“最低”背后意味着兜底性的保护，是一旦发生严重违反习惯国际法的“拒绝司法”的情形时，投资者理论上一定有途径可以寻求救济。但是另一方面，“最低”也意味着东道国消极保护的态度，可能对投资者的合法权利造成不当的剥夺，使得双方本就悬殊的地位更加悬殊。而此种消极的态度显然是有悖于各个国家地区在制定国际投资协议时积极对外、寻求合作共赢的态度初衷的。

诚然，RCEP将公平公正待遇条款和最低待遇条款相关联的规定也存在着一定的不足之处。但是，应当承认，将公平公正待遇条款和最低待遇条款相关联的规定存在不足并不能当然证明这一做法就缺乏合理性。通过上面的对比可以看出，将公平公正待遇条款和最低待遇条款相关联的做法确实是当下符合 RCEP 各个成员国经济发展程度和具体国情的最优解，也符合 RCEP 各成员国长远以来对于保障本国规制权，充分发挥主观能动性的合理期盼。同样，这一做法也符合粤港澳大湾区的发展需求，鉴于粤港澳大湾区内部各区域经济发展水平存在一定差异，因此，在双循环新发展格局的构建中，粤港澳大湾区为了在保障自由度、参与度的情况下寻求合作，离不开 RCEP 与最低待遇条款的关联。①

（三）公平公正待遇条款要求严格解释习惯国际法范围

RCEP 在“投资”一章的文本中对于公平公正待遇条款作出了与习惯国际法相关联的表述——“每一缔约方应当依照习惯国际法外国人最低待遇标准给予涵盖投资公平公正待遇以及充分保护和安全”。有学者认为，部分国家在条约设计中选择将公平公正待遇条款限定在习惯国际法最低待遇标准范畴内，是旨在将公平公正待遇条款的核心义务内容限定在不得拒绝司法的有限范围内，以避免仲裁庭对此作出过度宽泛解释。② 但是，即使明确了将公平公正待遇与习惯国际法相关联，在公平公正待遇条款与习惯国际法之间，对于习惯国际法的范畴应当如何理解仍然存在较大的争议。由于习惯国际法的确定主要是基于法律确信和实践，但是法律确信和实践作为习惯的法律渊源，又确有其模糊之处。因此，对于习惯国际法的范围也是长期以来被广泛争议和讨论的热点。RCEP 中虽然在第十章的附件一中明确规定了习惯国际法源于“各国对法律义务的遵循而产生的普遍和一致的实践”，③ 但是具体到实践之中，究竟什么是“普遍和

① 参见符正平、刘金玲：《新时代粤港澳大湾区协同发展研究》，载《区域经济评论》2021 年第 3 期，第 51—57 页。

② 参见王彦志：《公平与公正待遇条款改革的困境与出路——RDC v. Guatemala 案裁决引起的反思》，载《国际经济法学刊》2014 年第 1 期，第 51—79 页。

③ RCEP 第十章“附件一”规定：“习惯国际法缔约方确认以下共同理解，即一般意义上的‘习惯国际法’和第十章第 5 条（投资待遇）中特别提及的‘习惯国际法’，包括与外国人待遇有关的习惯国际法最低待遇标准，是源于各国对法律义务的遵循而产生的普遍和一致的实践。”

一致的实践”还有待于进一步确定。同时，对于习惯国际法的争议，本身就一直存在着“国家实践+法律确信”的两要件说和“国家实践”的单一要件说这两种观点。目前基于RCEP附件的说明，RCEP采取的是“国家实践”这一观点，但是一旦进入仲裁或者国际法院相关程序中，这一观点能否得到支持还存有一定争议，同时对于“国家实践”的认定评估也尚存模糊之处。① 此外，由于伴随着时间的发展，习惯国际法的内容可能既有被淘汰的落后部分，也有逐渐成为国际共识的新增部分，因此，对于习惯国际法的评估和认定也需要秉持着动态发展的目光。② 故而，公平公正待遇条款与习惯国际法之间的疑问之处，仍有待得到理论界和实务界的进一步回应。基于香港特区的特殊法律背景，习惯国际法对于香港特区的影响尤甚，因此粤港澳大湾区对于RCEP的实践中，面对公平公正待遇条款与习惯国际法的问题，态度应当保持谨慎。对此，本文认为，应当保持对于习惯国际法的审慎态度，一方面，谨防仲裁庭肆意援引既往对公平公正待遇作出扩张解释的仲裁裁决使得条款解释被反复扩张；另一方面，要妥善利用香港特区的仲裁优势，主动利用RCEP第十章投资引导附件中对习惯国际法证明方式“国家实践”说的认可。

三、制度重识：RCEP公平公正待遇条款的共性与个性

公平公正待遇条款基于其适用场景的广泛、内涵的丰富以及对开放普惠属性的充分彰显，已然成为近年来国际投资条约的必备条款。但是基于国家与地区间经济发展程度、法律传统和国家安全观念的差异等诸多原因，公平公正待遇条款在不同的国际投资条约中所呈现的形式并不完全相同，所受到的限制也并不完全一致，这也导致在本条款“继承”过程中争议的出现。RCEP公平公正待遇条款在理论与实践中所面临的争议，实质上是源于RCEP对于公平公正待遇条款的继承和改造。在前文已厘清争议的基础上要进一步缩小争议带来的

① 参见沈勍：《习惯国际法构成要素中的“法律确信”问题研究》，载《东南大学学报（哲学社会科学版）》2021年第1期，第61—65页。

② 参见余劲松：《外资的公平与公正待遇问题研究——由NAFTA的实践产生的几点思考》，载《法商研究》2005年第6期，第43—50页。

负面影响，弥合差异，首先需要认识到争议的根源——为什么 RCEP 不选择与发达国家投资协定作出一致的制度设计，而是加以改造，对于公平公正待遇条款作出这些具有特色的制度安排？即需要全面重识争议条款的“根”与“变”，以便更好地解决公平公正待遇条款在适用与衔接上的问题。因此，本部分将结合 RCEP 的公平公正待遇条款规定，与其他投资协议文本中的规定方式进行对比，简要分析其与其他国际投资条约中的公平公正待遇条款的共性与个性。以共性和个性为抓手，立足共性制度的共通性与个性制度的特色性两个角度，重新认识并解读 RCEP 中的公平公正待遇条款，以期更好地寻求解决该条款相关争议的路径，彰显其对于粤港澳大湾区发展的制度价值和实践意义。

（一）共性：一脉相承的制度逻辑和制度价值

RCEP 的公平公正待遇条款规定与其他国际投资条约中的公平公正待遇条款规定具有共同之处，主要表现为一脉相承的制度逻辑和制度价值。具体来说主要包括：开放包容的国际合作态度、动态安全观、构筑国际竞争新优势的有效治理工具三项。

1. 开放包容的国际合作态度

对于公平公正待遇条款的义务应否包含合理期待的争议，RCEP 认可公平公正待遇条款可以有条件地包含合理期待这一态度的出发点就是彰显开放包容的国际合作态度。公平公正待遇条款早期的设计意图之一就是保护投资者的合法权益。《北美自由贸易协定》《美国双边投资保护协定范本》等协定都将公平公正待遇条款纳入了框架体系内。① 其初衷就在于，通过将公平公正待遇条款纳入投资协议和相关仲裁规定，防止因投资者与东道国力量的悬殊造成投资者合法权益受到侵害时可能无法救济自身的合法权益的情况。相较于以国家综合实力作为支撑的东道国，投资者一方缺乏相应的人力、物力、财力，且承受国际投资风险的能力较弱，因此基于价值衡平、弥合双方差异以及增强投资者信心的需要，应当赋予法院和仲裁庭自由裁量权，从维护公平公正的目的价值出

① 《北美自由贸易协定》第 1105 条规定了公平与公正待遇，即每一缔约方得依据国际法给予缔约他方投资者以待遇，包括公平与公正待遇以及全面的保护与安全。《美国双边投资保护协定范本》不同版本之间的规定又与其有所差异，但三者都体现了公平与公正待遇条款。

发，救济投资者的合法权利。“Saluka 案”对于“合理预期”的解释虽然引起了广泛争议，但仍然被大多数国家所逐渐吸收借鉴，也是各国基于开放包容的考量。

现阶段，RCEP 将公平公正待遇条款纳入投资协定框架之中，同样是充分展示自身对于国际合作诚意、释放善意的体现，也是 RCEP 成员国主动融入国际经济秩序、参与共商共建共享的主动尝试与探索，彰显了开放包容的态度。RCEP 纳入公平公正待遇条款也是对投资者合法权利和地位的充分尊重和认可，是对国际投资积极主动的邀请。

同样，对于粤港澳大湾区而言，拥抱 RCEP 也是粤港澳大湾区对于对外开放积极态度的彰显。以香港特区为例，通过加入 RCEP，各成员经济体会更着重香港特区的投资优势和主动积极的态度，各地企业亦需要香港特区自由、开放、稳定的金融市场，RCEP 为香港特区带来的机遇将是继续巩固深化“超级联系人”的身份。①

2. 动态安全观

RCEP 对于公平公正待遇条款的规定体现了一种动态的安全观。动态安全是指秉持动态调整的安全观，是以承认、维护和促进国际投资必要性为前提，通过规范国际投资活动，合理控制风险，维持合理限度和相对安全。② 公平公正待遇条款的义务应否包含合理期待这一争议的争锋，就是东道国、投资者及其母国、仲裁庭等多方力量角逐的集中体现，同理，也是动态安全观的体现。RCEP 审慎认可公平公正待遇条款包含合理期待就是动态安全观下平衡价值冲突和化解风险、促进合作的体现。

动态安全观的合理性主要有二。第一是有利于合理平衡价值冲突。由于国际投资活动中经济发展的需要和国家利益保护之间隐含了天然的冲突，资本输出、输入的过程中交织着企业利益、国家安全、国家利益等多元的价值判断，因此，在国际投资的过程中如何平衡好安全与发展的价值冲突，妥善协调好个人、社会、国家甚至是国际社会之间的利益关系都值得不断地思考和探索。而 RCEP 投资协议的公平公正待遇条款就赋予了东道国和投资者这一尽量避免冲

---

① 参见刘馨蔚：《香港期早日加入 RCEP，为地区经济带来多重效益》，载《中国对外贸易》2022 年第 4 期，第 64—65 页。

② 参见周学峰：《从动态安全视角理解数据安全制度》，载中国社会科学网。

突、谋求合作共赢的机会。

第二是在于防范和化解相关风险。成员国通过在RCEP中承诺给予投资者公平公正待遇，使得国家和投资者个人两方都对风险具有可预见性，也增强了其抵御、防范、应对风险的能力，实现了双方作为防范和化解风险需要的“同盟”关系。《风险社会》中曾提到如何以公共和私人的方式“克服”风险，仍是一个悬而未决的问题。[①] 出于对维护国家主权与利益的需要，维护安全、风险控制是国家参与国际投资活动的重要考量因素。一禁了之自然是行政成本最低的管制方式，但是相应地对经济发展和国际影响力提升造成的不利影响也是明显的，同时也与包括我国在内众多主权国家的对外制度相违背，与和平发展的时代主题相违背。因此，应当明确不能为了规避风险而“一禁了之”。从国家角度而言，应当追求的是一种旨在“控制风险”型的动态管控。这在法律系统层面表现为立法者不再追求风险结果的不可发生，而是将风险控制在可接受范围内。[②] 而在RCEP中承诺给予投资者公平公正待遇，就是将风险控制在可接受范围内的尝试。应当承认这里的成员国之间、成员国与投资者之间各方所追求的利益之间是一种博弈。但更重要的是，应当认识到各方的关系并非一种零和博弈，而是出于防范和化解风险需要的“同盟”。因此，需要维持成员国之间、成员国与投资者之间博弈的均衡。

由于国际协议涉及多个主权国家，如何在维护国家主权、安全、利益的基础上推进国际合作，是制度设计的重要考量因素。RCEP对于公平公正待遇条款的规定所体现的这种动态的安全观，就是对于各国的经济发展需求和维护本国主权、安全需要的积极回应，是对于谋求各方共同发展的积极尝试。粤港澳大湾区的提出和实践，本身就是为了应对市场分割、市场和要素流动受阻等发展问题的有益尝试，是对于国家安全、发展利益、国际竞争与合作的探索，因此，在动态安全观的观点下，更应当以RCEP推动粤港澳大湾区的建设和发展。

---

① 参见［德］乌尔里希·贝克：《风险社会》，何博闻译，译林出版社2004年版，第146页。

② 参见赵精武：《数据跨境传输中标准化合同的构建基础与监管转型》，载《法律科学（西北政法大学学报）》2022年第2期，第148—161页。

3. 构筑国际竞争新优势的有效治理工具

RCEP 的生效落地本质上意味着我国国际投资领域有了新的治理工具选择。①例如，在公平公正待遇条款与最低待遇原则相关联的争议上，RCEP 将二者相关联的做法既保证了投资者理论上一定有途径可以寻求救济，又保证了东道国安全、避免仲裁庭扩张解读东道国义务。这种做法是基于主权利益争夺的背景下保障国内社会管理秩序和法律权威的目的，是构筑新优势工具价值的重要体现。RCEP 的公平公正待遇条款具有实现的可行性以及必要性，可以成为 RCEP 成员国构筑国际投资领域竞争新优势的有效治理工具。按照韦伯的理解，人们的理性活动分为价值理性与工具理性，前者解决行为目的的选择，后者解决行为手段的选择。而手段的选择往往是出于一定理性的驱使。② 包括公平公正待遇条款在内的国际投资协议搭建并提供了一个开放包容、稳定有序的国际投资平台，使得成员国之间、东道国和投资者之间有机会得以尝试，获得彼此的信任，促成国际投资的顺利进行。这不仅降低了跨国企业的交易成本，还有效降低了国际投资的进入门槛，使得更多的中小企业有机会参与到国际市场中。“面对各种替代工具，作出怎样的选择取决于实践者对于工具的期待和标准。”③ RCEP 框架作为我国国际投资领域治理工具理性选择的结果，其功能的多样性与治理手段的柔性将有效弥补我国原有的国际投资协议的不足，对于粤港澳大湾区等我国双循环新发展格局中的重要组成具有极为明显的制度意义，能够帮助我国更好地应对错综复杂的国际竞争环境，构筑我国的国际竞争新优势。同时，RCEP 及其相关国际协议文本作为我国涉外法治的一部分，彰显了法治作为促进国家全面发展工具的重要价值，有利于粤港澳大湾区实现法治合作，为其发展创新提供法治保障，真正体现了在法治轨道上推进国际交流、合作、发展，也是贯彻落实统筹推进国内法治和涉外法治的重要实践体现。

---

① 对于治理工具的讨论，多见于公共管理领域。参见张康之：《基于契约的社会治理及其超越》，载《江苏社会科学》2006 年第 3 期，第 101—107 页。

② 参见张璋：《理性与制度——政府治理工具的选择》，国家行政学院出版社 2006 年版，第 76—82 页。

③ ［美］E. S. 萨瓦斯：《民营化与公私部门的伙伴关系》，周志忍等译，中国人民大学出版社 2002 年版，转引自王丛虎：《合同式治理：一个治理工具的概念性探索》，载《公共管理与政策评论》2016 年第 1 期，第 72—78 页。

（二）个性：条款规定的保守性和具体化

RCEP 的公平公正待遇条款具有其强烈的自身特色，可以说 RCEP 投资协定公平公正待遇条款所面临的理论与实践上的争议很大程度上就是自身特色在与国际既往规则的衔接中产生的摩擦。对此，本文主要从横向以及纵向两个维度对其进行说明，首先，从横向与其他国际投资协议进行对比，RCEP 的公平公正待遇条款体现了兼具开放性和保守性的特色。其次，从纵向与既往的国际投资协议进行对比，RCEP 的公平公正待遇条款体现了顺应条款规定具体化的新趋势。

在进行对比之前，可以将各种国际投资协议对于公平公正待遇条款的限制规定简要归纳为开放式列举和封闭式列举两种情形。开放式列举主要以美国为代表，典型的国际投资协议有《全面与进步跨太平洋伙伴关系协定》（以下简称 CPTPP）。开放式列举的一般形式为列举某项义务内容，同时允许仲裁庭根据习惯国际法具体认定是否违反公平公正待遇的义务内容。开放式列举重视对于弱小投资者一方的利益保护。由于授予了仲裁庭根据习惯国际法具体认定是否违反公平公正待遇义务的权限，仲裁庭因此拥有了更大的解释自由，这样的规定方式使得仲裁庭能够充分发挥自主性维护投资者的合法权利，但同时，这也导致难以避免地可能会出现仲裁庭解释权的过度扩大，过度扩张解释的不利后果。

对于公平公正待遇条款的另一种限制规定则是封闭式列举。封闭式列举主要以欧盟为代表，典型的国际投资协议有《综合性经济贸易协议》（以下简称 CETA）。不同于开放式列举的个别项规定方式，封闭式列举一般明确规定了公平公正待遇的所有义务内容，但也在一定程度上允许仲裁庭根据投资者合理期待具体认定是否违反公平公正待遇的义务内容。① 封闭式列举并未对于投资者权利作出明显倾斜性保护，而是立足东道国立场，考量了东道国的权益，对于仲裁庭的解释权作出了一定的限制，力图避免仲裁庭对于认定是否违反公平公正待遇义务的解释权过度扩大。

不同于开放式列举和封闭式列举的简单分类，RCEP 投资协定下的公平公正待遇条款并不是简单在开放式列举和封闭式列举二者中进行择一选择，而是

---

① 参见王彦志：《RCEP 投资章节：亚洲特色与全球意蕴》，载《当代法学》2021 年第 2 期，第 44—58 页。

尝试着作出崭新的制度设计，真正地做到在吸收原有的良性制度框架下紧密结合成员国自身特色进行探索发展。对此，以下本文将从横向与其他国际投资协议进行对比，纵向与既往国际投资协议进行对比，从横向、纵向两个维度对此展开详细说明。

1. 横向对比：兼具开放性和保守性的特色

RCEP下的公平公正待遇条款兼具了开放性和保守性的特色。一方面，成员国承诺将公平公正待遇条款纳入投资协定框架之中，是各成员国充分释放善意的体现，也是RCEP成员国主动融入国际经济秩序，力图在法律框架下共同参与共商共建共享的主动尝试与探索，彰显了各主权国家开放包容合作的积极态度。例如对于公平公正待遇条款的义务应否包含合理期待的问题，逐渐趋向包容，认可审慎包含合理期待。但另一方面，相较于NAFTA、CETA、CPTPP、USMCA（即《美墨加三国协议》）等国际投资协议，RCEP对于公平公正待遇条款的限制条件又比较多，一者RCEP明确了应当依照习惯国际法外国人最低待遇的标准，二者RCEP将公平公正待遇严格限制为"拒绝司法"的情形之中。因此，这也体现了RCEP下公平公正待遇条款的保守性。

公平公正待遇条款从诞生之日起，就伴随着国际社会上在学理和实践中的一定分歧与讨论。公平公正待遇条款本身并不同于国民待遇等含义明确的条款规定，公平公正待遇条款其本身具有一定的模糊性、抽象性。公平公正待遇所包含的"公平""公正"两个词本身就带有较强的抽象性。何为"公平"公正"？具体的情形难以尽数列举，"公平""公正"更多的是需要对几组互相冲突的利益进行调整排序，是一种带有法理色彩的价值考量比较。因此，本文认为何为"公平""公正"应当结合具体国情进行具体解读。

前文已述，公平公正待遇条款与最低待遇原则间的关系是RCEP公平公正待遇条款所面临的主要争议之一。对于公平公正待遇条款在适用上是否需要参照最低待遇标准条款的问题，各协定的处理态度不尽相同。以NAFTA为例，NAFTA对于公平公正待遇条款的限制较少。而将公平公正待遇条款与最低限度保护视为一体的态度受到部分发达国家认同的原因就在于，发达国家的国内法治水平较高，整体的法律体系较为完善，法律框架较为成熟，相较于其他发展中国家而言，面对国际投资中可能面临的风险，这些发达国家明显具有更强的风险能力预防、抵御和化解的能力。一方面，这些发达国家在资本输出中可以利用公平公正待遇条款为本国投资者提供充分的保护；另一方面，这些发达国家在接受资本输入时也可以援引最低限度保护，人为地抬高公平公正待遇条款的适用门槛，以实现对本国利益的保护，避免使自己轻易地陷入违反公平公正待遇条款义务的纠纷之中。

但是，由于 RCEP 的成员国构成较为多元，成员国之间经济发展的水平差异化较大，综合国力参差明显，部分成员国国内法律框架不够完备成熟，或者国内法治与国际法治之间的制度衔接有待完善，国内的法治水平可能无法轻易达到保护水平，相较于发达国家而言，面对国际投资中可能面临的风险，整体的风险能力预防、抵御和化解的能力都明显较弱。比如，在粤港澳大湾区中，也存在大湾区内部发展水平参差，营商环境差异等问题。因此，将公平公正待遇条款限定在一定范围之内有利于防范风险，避免东道国轻易陷入被诉的困境之中。基于这一考量，RCEP 的公平公正待遇条款不可避免地具有一定保守性色彩。应当承认，虽然 RCEP 的公平公正待遇条款具有一定的保守性，但这也是充分立足 RCEP 的成员国特点后所作出的价值选择。甚至可以说，就算面临争议、承受被认为过于保守的压力，RCEP 对于公平公正待遇条款仍会坚持严格解释合理期待与习惯国际法范围，坚持限制为外国人最低待遇的标准与“拒绝司法”的情形。如果一味地模仿发达国家将公平公正待遇条款与最低限度保护视为一体的态度，对于 RCEP 下公平公正待遇条款不作任何的限制性规定，虽然一定程度上能够有利于鼓励投资者的积极参与，但是代价就是东道国需要因此让渡一部分的自主权，长此以往很可能侵害到成员国的国家主权、安全和发展利益，并不是可持续发展的长久之策。同样地，这也不利于粤港澳大湾区对于市场一体化建设的探索。

综上所述，RCEP 下的公平公正待遇条款具有开放性的底色，拥抱 RCEP 是粤港澳大湾区主动融入国际经济秩序、参加国际合作的积极尝试，也是粤港澳大湾区基于大湾区特点所作出的带有保守性的价值选择。RCEP 下的公平公正待遇条款充分彰显了兼具开放性和保守性的特色。

2. 纵向对比：顺应条款规定具体化的新趋势

相较于以往的国际投资协议，RCEP 下的公平公正待遇条款顺应了国际投资协议的条款规定具体化新趋势。无论是限缩合理期待、限缩最低待遇原则，还是限缩习惯国际法，RCEP 的公平公正待遇条款面临的争议核心实质上就是被国际社会指摘“过于限缩”，也就是过度具体化的体现。但是，这样的具体化趋势是RCEP主动选择的结果。一方面，这是基于避免仲裁庭扩大解释，过度挤压东道国权利的需要。正如上文中对于开放式列举弊端的阐述，由于在开放式列举中，仲裁庭对于东道国是否违背公平公正待遇义务具有较大的解释权且一般会偏向于投资者保护的立场，这可能导致过度扩张公平公正待遇的东道国义务内容，形成对于东道国不利的仲裁结果，导致国家的主权和合法利益受到侵害。因此，RCEP结合了既往案例中的仲裁意见，预设性地对公平公正待遇的义务内容作出了限缩式列举，① 是RCEP充分吸收并利用既往的国际投资协议经验的智慧体现。另一方面，这是成员国充分发挥自由度和灵活度订立国际协议的勇敢尝试。此前由于经济发展格局中的地位悬殊，RCEP部分成员国为了谋求合作发展的机会而不得不在其他国际投资协议中作出妥协与让步，一定程度上限制了本国利益的发展潜力。而随着近年来RCEP成员国国家实力的发展与国际地位的提升，RCEP成员国的国际话语权也得到了显著提升。因此，在对RCEP的公平公正待遇条款进行设计时，RCEP成员国就拥有了更多的自由度和灵活度，在对外进行国际投资的过程中，也能够充分发挥主观能动性，作出有利于自身主权、安全、发展利益的制度设计。

因此，简而言之，RCEP吸收既往的其他国际投资协议优点与不足，并结合成员国特点作出改进，通过对公平公正待遇条款加以限缩的方式，对于公平公正待遇条款进行了封闭式列举，体现了公平公正待遇条款规定具体化的新趋势。当然，这在一定程度上也便利了粤港澳大湾区在实践中对于RCEP进行理解与适用。

四、RCEP公平公正待遇条款的粤港澳大湾区本土方案

（一）核心立场：以主动态度抢占发展先机

粤港澳大湾区为进一步深化改革和对外开放带来良机，与此同时，RCEP

① 参见翟仲：《国际投资法中公平公正待遇的嬗变及其对中国的启示》，载《广西政法管理干部学院学报》2020年第5期，第104—109页。

投资协定的签署标志着全球最大的自贸区迎来了新的发展契机。而我国也应当充分利用这一发展机遇，转变态度抢占先机，积极应对挑战与机遇。在以往的国际投资中，我国更多的是作为既有规则框架的适应者，扮演着被动融入接受的角色，但随着国家实力和国际话语权的显著提升，我国应当转变被动接受的立场，抢占先机，勇于提出具有中国特色的中国主张。一方面，这是维护我国国家主权、安全、发展利益的必然要求；另一方面，这也是为其他发展中国家发声，谋求共同利益，为经济全球化和国际投资领域的合作共赢贡献中国智慧的重要保证。对此，立足粤港澳大湾区的发展契机，我国要坚持转变态度，积极提出倡议，倡导多边投资规则的谈判。

正如上文所述，RCEP 作为我国推进国际合作发展的重要工具，极有潜力成为带动我国国际投资领域新发展的内生引擎，对我国在国际投资领域的发展发挥强有力的引导和促进作用。对此，我国更应当贯彻落实党的二十大报告明确提出的统筹推进国内法治和涉外法治要求，在粤港澳大湾区的投资实践中采取更加积极主动的态度，主动应对机遇和挑战，统筹运用 RCEP 区域一体化，推动区域产业链、供应链、价值链深度融合，在双循环新发展格局的构建中，打造开放经济格局。①

（二）静态应对：厘清条款内涵，完善法律框架

1. 完善顶层设计，细化法律框架

应当认识到“一个国家、两种制度、三个关税区”是粤港澳大湾区发展的现实基础。② 如何进一步理顺、衔接相关制度，对于 RCEP 下粤港澳大湾区的市场一体化以及协同发展具有重要意义。同时，诚如上文所述，由于公平公正待遇条款自身具有一定的抽象性、模糊性和法理色彩，因此，公平公正待遇条款在内涵和标准上都仍有部分争议，有待进一步地厘清其内涵、细化其标准。③理论界和实务界对于 RCEP 尚存一些争论，比如，目前 RCEP“拒绝司法”的

---

① 参见《建设国际消费中心城市担当 RCEP 桥头堡》，载搜狐网。

② 参见马飒，张二震：《RCEP 下粤港澳大湾区一体化发展思路》，载《开放导报》2021 年第 5 期，第 58—65 页。

③ 参见余劲松、梁丹妮：《公平公正待遇的最新发展动向及我国的对策》，载《法学家》2007 年第 6 期，第 151—156 页。

封闭性列举方式存在是否过窄、限制过严的问题？是否需要参照其他国家或地区的国际投资协议对于公平公正待遇条款的规定方式，尝试在 RCEP 中引入正当程序和不得专断等相关标准，进一步细化东道国义务范畴？① 以上问题均还有待我国和 RCEP 其他成员国在实践中进一步检验。

虽然 RCEP 已经生效，但是我国仍有进一步补充完善相关投资待遇条款的机会。在具体方式上，一方面，我国可以通过附件、法律解释文件等途径对 RCEP 的投资待遇条款进行补充。另一方面，对于我国与其他 RCEP 成员国，比如东盟等国家之间，若两国之间既有生效的投资协定，或者已经达成了双边投资保护协定（即 BITs），同时又同属于 RCEP 投资规则签署国，则这些既有投资协定与 RCEP 投资规则是并行的，我国可以基于这些投资协定补充完善投资待遇相关规定。

概括而言，本文认为，厘清 RCEP 中公平公正待遇的内涵应遵循“三步走”：首先，应当立足于 RCEP 文本中对于公平公正待遇的明确规定，也即一方面坚持依照习惯国际法外国人最低待遇的标准；另一方面将公平公正待遇严格限制为“拒绝司法”的情形之中这一基本内涵。其次，结合我国实践中的具体情况，通过附件、法律解释文件或者投资协定拓展丰富公平公正待遇的内涵。最后，进一步结合粤港澳大湾区的具体背景，作出特殊的设计安排，例如在争议解决上可以推广鼓励适用仲裁等安排。对于粤港澳大湾区而言，要加快推进与 RCEP 的投资规则的顺畅接轨，多途径加强 RCEP 的宣传推广力度，统筹推进 RCEP 区域一体化，促进区域产业链、供应链、价值链的深度融合，统筹推进国内法治和涉外法治。②

当然，除了对于公平公正待遇条款作出直接补充规定，也可以通过例外条款和公共秩序保留制度来应对后续可能产生的投资纠纷。不过，类比国际私法中公共秩序保留制度和国家豁免制度进行理解，一个国家如果不审慎地运用公共秩序保留制度，难免会对其国家形象造成负面影响。进而，可能影响他国投资者对于该国的投资信心和投资意愿，长此以往，不利于充分发挥 RCEP 所倡导的国际投资合作目的。因此，粤港澳大湾区在国际投资中，也应当对于以例

---

① 参见闫旭：《论公平公正待遇与最低待遇标准的关系——兼评 RCEP 投资待遇规则》，载《西部法学评论》2022 年第 1 期，第 121—133 页。

② 参见《建设国际消费中心城市担当 RCEP 桥头堡》，载搜狐网。

外条款和公共秩序保留制度排除公平公正待遇条款的适用保持审慎克制的态度，而不是作为“挡箭牌”频繁地进行利用。

2. 深化大湾区法治合作衔接机制

在 RCEP 背景下，粤港澳大湾区要打造一流的营商环境就要把拓展执法司法合作纳入双边多边关系建设的重要议题，提升涉外执法司法效能，综合利用立法、执法、司法等手段开展工作。[①] 粤港澳大湾区应对标 RCEP 规则，加强粤港澳三地间的制度协同，为此，应当深化大湾区法治合作衔接机制。[②] 粤港澳大湾区中已有不少优秀的法治合作示例，其试点经验值得进一步提炼和推广。例如，深圳市司法机关利用“先行先试”的政策优势，进行了大量有益的司法合作创新实践探索。我国应当坚持协调粤港澳三地法律衔接，梳理三地司法机关权责，推动我国司法体制与国际相互认可，细化现有司法合作协议，成立区际司法合作协调机构，深化粤港澳大湾区法治一体化建设。[③]

（三）动态调整：对外关注动向，对内更新衔接

伴随着科学技术的发展升级和互联网的广泛应用，各国迎来了传统产业的转型升级和新兴产业的出现与发展，知识产权、数据跨境等新产业也逐步进入国际投资的视野，成为国际投资法新的关注对象。例如，知识产权相关国际投资中，《与贸易有关的知识产权协定》（以下简称 TRIPS）是对知识产权与公平公正待遇作出的特别条款设计，[④] 若仲裁庭适用 TRIPS 则很可能增加东道国知识产权保护的国际义务，一定程度上可能导致挤压东道国的规制权。[⑤] 对于这些新的变化，如果国家没有预先做好相应的防患化解风险的措施，既有可能在

① 参见张鸣起：《重磅文章 | 张鸣起：坚持统筹推进国内法治和涉外法治 推动全球治理体系变革》，载武清政法。

② 参见刘璟：《RCEP 下粤港澳大湾区开放型经济高质量发展研究》，载《广西社会科学》2023 年第 4 期，第 80—87 页。

③ 参见张晏玱、李硕：《探索司法创新合作机制，推动大湾区市场一体化》，载新浪网。

④ 参见沈伟、张焱：《国际投资协定中知识产权保护的“TRIPS-plus”难题及中国应对”》，载《东岳论丛》2021 年第 8 期，第 173—182 页。

⑤ 参见贾丽娜：《知识产权投资争端问题探究——以“Eli Lilly v. Canada 案”为视角”》，载《武大国际法评论》2017 年第 4 期，第 31—45 页。

发展的机遇期出现明显滞后，也有可能在面对这些新的挑战时明显力不从心、遭受打击，进而极大影响国家的发展潜力。因此，对于国际发展新动向，我国应当秉持动态调整的积极态度，预先做好相应的防患化解风险的措施，利用粤港澳大湾区处于我国对外开放前沿的信息枢纽和创新发展平台的优势地位，密切关注新兴科学技术的运用和国际发展新动态，坚持从对内、对外两个方面，做好法律框架的及时更新与调整，以便随时响应国际投资领域新的发展机遇和挑战。

对外方面，国际投资实践的深入发展同时带来了新的机遇与挑战，粤港澳大湾区也更应该抢占先机，展现担当，结合我国科技创新的相关产业政策，密切结合国际投资新趋势和产业新动向及时调整，率先在知识产权、数据跨境传输等新业态领域提出新的主张，发挥积极的引导作用，做到在引领科技创新的同时也引领作为科技创新辅助支撑的相关法律框架同步更新，完善知识产权保护体系等，更好地发挥主观能动性，以期更好地为粤港澳大湾区相关产业技术“走出去”提供坚实的法律保障和制度支持，向世界传达属于中国的法治之声。粤港澳大湾区应当坚持创新，建设一流的创新环境和创新平台，汇聚吸引区域乃至全球的创新资源。① 比如在加强与成员国之间的合作上，江门抓住机遇签署《中国—东盟商务理事会 江门市人民政府战略合作备忘录》并揭牌 RCEP 经贸科技文化合作交流中心，在智能家电、生物医药、高端装备制造、数字经济等科技密集型领域开展深入合作，提供了优秀的江门示范。②

对内方面，我国应当结合国际新动向新发展理顺本国国际投资治理格局，评估并修改原有 BITs 中陈旧过时的部分，同时，也要实现与《外商投资法》等其他国内其他法律法规、政策、投资规则的良性互动与流畅衔接。③ 例如，RCEP 相较于《外商投资法》，对于外商投资的定义和投资范围都更宽泛，对于知识产权和商誉等内容更是作出明确列举。目前《外商投资法》所设置的 5 年过渡期即将届满，在《公司法》修改赋予公司治理更多灵活和自由的背景下，

---

① 参见马飒、张二震：《RCEP 下粤港澳大湾区一体化发展思路》，载《开放导报》2021 年第 5 期，第 58—65 页。

② 参见《如何加强与 RCEP 成员国合作？“江门范本”将提供可借鉴经验》，载澎湃网。

③ 参见《从 RCEP 看国际贸易和投资规则中的中国智慧》，载文汇报。

投资自由化的趋向也要求《外商投资法》进一步完善外商投资的定义和投资范围等内容，缩小并弥合与 RCEP 相应规定之间的差异。要通过优化包括粤港澳大湾区在内的我国国内法治环境，做好规则的更新与衔接，以求真正做到贯彻落实统筹推进国内法治和涉外法治要求，坚持完善中国特色社会主义法治体系框架。

（四）展望：主动推进投资争端解决机制

对于投资争端解决机制，目前 RCEP 只规定了 SSDS（即“国家间争端解决机制”）而暂未明确 ISDS（即“投资者——国家争端解决”），而一旦涉及违反公平公正待遇条款，将有可能使东道国面临相关的法律风险。若能正确掌握仲裁庭在类案中对投资规则的精神和理解，将能够为东道国赢得主动权，获得先机，比如在上文所述的 Invesmart B. V. v. Czech Republic 一案中就展示了投资争端解决机制的重要性。同时，如果有相关案例可循，也将极大地增加我国对于裁判结果、仲裁结果的可预见性。因此，基于对本国国家利益的保护需要，在粤港澳大湾区的实践中应当妥善利用国际仲裁和正确适用投资争端解决机制，理解仲裁庭在类案中对投资规则的精神，通过主动学习援引类案，谋求维护本国的合法权益。以香港特区为例，其作为全球唯一拥有中英双语普通法体系的司法管辖区，在国际法律和争议解决服务方面，应当充分发挥积极作用，为企业跨境投资提供支持，甚至发展成为 RCEP 的国际仲裁中心。[①] 同时我国还应当立足新时代涉外法治的需求，加强粤港澳大湾区对于新时代涉外法治人才的培养，培养一批包括熟悉国际仲裁规则在内的优秀法治人才，以便更好地利用投资争端解决机制，在面临相关法律纠纷时能够从容应对、防范和化解风险。

五、结　语

RCEP 的全面生效为 RCEP 各成员国乃至世界带来了发展的全新机遇，而公

① 参见刘馨蔚：《香港期早日加入 RCEP，为地区经济带来多重效益》，载《中国对外贸易》2022 年第 4 期，第 64—65 页。

平公正待遇条款作为其中投资保护的重要组成部分以及 RCEP 框架的特色制度设计之一，极有潜力成为带动 RCEP 框架落地的内生引擎，对粤港澳大湾区国际投资的发展发挥强有力的引导和促进作用。我国作为 RCEP 成员国之一，更应当充分利用粤港澳大湾区的优势条件，利用 RCEP 法律框架以及公平公正待遇条款作为我国涉外法治框架体系中的重要组成，在法治轨道上维护我国的国家利益，推进国际交流与密切合作。

诚然，本文尚存对于公平公正待遇条款与最低待遇原则标准、公平公正待遇的国际治理视野探索上的局限性。但是，粤港澳大湾区在 RCEP 实践中作出的“江门示范”等探索已经逐步为解答这些问题提供了新的思路。我们在认识 RCEP 的公平公正待遇条款时，既要基于我国国情和粤港澳大湾区特色充分认识其独具的优越之处，也要承认其在对外合作上尚存的限制与不足。继续研究 RCEP 中的公平公正待遇条款与粤港澳大湾区因应有助于有效解决这些问题，为 RCEP 相关法律框架的全面落地带来理论和实践上更强有力的支持。只有通过加强理论构建，完善 RCEP 相关法律框架，响应国际投资的现实需求，才能更好地贯彻落实统筹推进国内法治和涉外法治要求，才能更好地发挥 RCEP 对于粤港澳大湾区发展的促进作用，深入推动粤港澳大湾区一体化建设和发展，贯彻落实统筹推进国内法治和涉外法治要求，充分展现我国的大国担当，推进全球化趋势和世界经济繁荣发展。以法治保驾护航平稳推进我国经济建设，维护我国国家主权、安全、发展利益，充分展现我国的大国担当，促进我国国际投资领域的高质量发展。

（初审：马健淇；校对：高雯雯）

政府数据开放行为不当的内涵构造与救济路径

李世伟*

摘　要：政府数据开放行为不当指的是背离适当行政行为标准的行为，包括一切违法行为和不符合合理性原则的行为。政府数据开放行为不同于传统行政行为，不仅面临着行政法上对行政行为的法治约束也需要契合民法、个人信息保护法和数据安全法；不当的认定还可结合数据生命周期来具体设计。将政府数据开放行为分为数据收集、数据转换、数据存储、数据开放四个阶段，对不同阶段的不当性作出相适应的分析。在此前提下，对政府数据开放行为不当救济中的特殊性情况展开说明。除通过政府内部的层级监督等方式予以约束外，还可以通过行政复议、行政诉讼以及国家赔偿等方式强化对政府数据开放行为的监督。此外，需要构建政府数据开放行为不当豁免机制，为相对人的实体性权利提供救济渠道。

关键词：政府数据开放；行政行为；数据生命周期；个人信息保护；救济路径

一、问题的提出

随着数据成为新生产要素，政府数据开放对数字经济发展和数字政府建设至关重要。2015年，国务院把推进大数据发展作为“主要任务”之一，提出了“加速推进政府数据开放与分享、统筹管理、提高政务服务水平”的要求。在此背景下，政府数据开放制度应运而生。但政府数据开放所带来的价值与可能产生的侵害和风险并存。“中国政府数据开放实践正处于发展变化之中，中国政

---

* 李世伟，中央财经大学法学院博士研究生。

府数据开放法制也处于形成过程之中。”① 从我国地方立法的实践和趋势看，政府数据开放救济法存在缺位。目前，国内学术界对政府数据开放的研究尚停留在对政府数据的开放利用②以及开放利用风险防范的制度构建研究上，多从“事先”的角度切入，对政府数据开放开展“预防”而非“约束”。③ 鲜有涉及政府数据开放行为不当的认定及其救济的“事后”环节。当出现公共机构怠于履行、不合理履行甚至违法履行开放义务，以及开放政府数据造成损失的情形时，利益相关者缺乏有效的救济保障手段与之对抗，此时对公权力的监督、评价和问责在事实上难以落地。因此有必要在厘清政府数据开放行为法律性质的基础上，针对政府数据开放行为的不同阶段设立不当的具体标准，明确界定什么是政府数据开放不当行为。从而进一步构建政府数据开放行为不当监督与权利救济机制，将政府数据开放行为纳入法律的调整框架。

二、政府数据开放行为不当分析的理论基础

辨析政府数据开放行为不当的法律性质是构建政府数据开放行为不当监督与权利救济机制的基础。需要在规范范畴内科学界定和认识“政府数据开放行为不当”，从而将其置于法律框架内审视。

---

① 宋华琳：《中国政府数据开放法制的发展与建构》，载《行政法学研究》2018 年第 2 期，第 35 页。

② 针对数据的开放利用，学者主要研究集中于应当提升政府数据开放的立法配置、解决实践难以利用问题。参见周汉华：《打造升级版政务公开制度——论〈政府信息公开条例〉修改的基本定位》，载《行政法学研究》2016 年第 3 期，第 11 页；肖卫兵：《论我国政府数据开放的立法模式》，载《当代法学》2017 年第 3 期，第 47—48 页；何渊：《政府数据开放的整体法律框架》，载《行政法学研究》2017 年第 6 期，第 60 页；王万华：《论政府数据开放与政府信息公开的关系》，载《财经法学》2020 年第 1 期，第 14 页；刘权：《政府数据开放的立法路径》，载《暨南学报（哲学社会科学版）》2021 年第 1 期，第 92 页；齐英程：《作为公物的公共数据资源之使用规则构建》，载《行政法学研究》2021 年第 5 期，第 138—147 页；石庆波、黄其松：《我国政府数据聚通用的难点与优化路径——以贵阳市为例》，载《电子政务》2022 年第 3 期，第 88—100 页。

③ 参见龙卫球：《再论企业数据保护的财产权化路径》，载《东方法学》2018 年第 3 期，第 61—63 页；黄尹旭：《论国家与公共数据的法律关系》，载《北京航空航天大学学报（社会科学版）》2021 年第 3 期，第 29—30 页；张新宝：《论个人信息权益的构造》，载《中外法学》2021 年第 5 期，第 1156—1159 页。

（一）“不当”从字面含义到法律释义的转换

辨析“不当”是理解政府数据开放行为不当的关键。“不当”作为政府数据开放行为的审查根据，首先是一个词语使用策略的问题。同时，“不当”与“违法”“不合理”等表述的使用是词语使用习惯以及理论周延的问题。政府数据开放是行政机关行使行政权力的方式，需要在规范层面运行。本文选用“行为不当”来概括行政机关在政府数据开放过程中的违法、不合理等行为有两方面考虑。一是从合法性内涵考虑，宜用“不当”代替“不合法”。就合法性而言，有形式合法性与实质合法性之辨。换言之，也就是实证法上的合法性与超实证法上的合法性抑或是合理性问题。如今，司法审查日趋深入，合法性与合理性之间存在着紧张的张力。在我国，合法性与合理性是以是否有明确法律规定，也就是以是否存在立法为界限。政府数据开放未在组织法、行为法、救济法方面加以规定之时，在合法性的范畴下讨论政府数据开放尚缥缈。二是作为数字行政时代的新型行政行为，往往会面临正当性的诘问。不仅需要考虑是否符合规范层面的要求，也需要解决行政权力运行的正当性问题，正当性虽然包括了合法性，但不能将正当性萎缩成合法性。[①] 因此，在正当性层面讨论政府数据开放则更加切合当下实际。

我国法律尚未对“不当”作出明确定义。在行政系统自我规制的场域中，对“不当”的认定主要有“一般不当”与“明显不当”两种情形。“不当”是1991年实施的《行政复议条例》中首次出现的规范用语，明确提及了“不当”和“明显不当”的具体行政行为。1999年10月1日施行的《行政复议法》也出现了“不当”和“明显不当”的具体行政行为的规定。在《行政复议法》经过3次修改后，依然延续着“不当”和“明显不当”的表述。因此，行政系统自我监督和保障职权依法行使的场域下，对于政府数据开放“不当”理应包括“一般不当”和“明显不当”。相较于行政系统的自我规制，在司法场域下，“不当”作为独立概念并未出现在1990年10月1日起施行的《行政诉讼法》。自2015年《行政诉讼法》修改后，仅有“明显不当”的概念。因此，与行政

① 参见大卫·戴岑豪斯：《合法性与正当性——魏玛时代的施密特、凯尔森与海勒》，刘毅译，商务印书馆2013年版，第131页。

自制不同，在对行政行为的司法审查中，仅针对“明显不当”展开审查，而并不对“一般不当”进行审查，且其审查重点往往聚焦于合法性问题上。至于行政行为“不当”的内涵，行政法学界存在不同的见解，大致存在三种观点：一是不合法的行政行为，① 二是不合理但合法的行政行为，三是不合理但合法的行政行为与明显不当的行政行为②。实际上，对于不当行政行为的定性，应当以区分合理性与合法性为前提。同时不可忽略的是，合理性与合法性的界限是相对动态的，二者之间可能出现转化。

法律上明确禁止的政府数据开放行为，以及那些违背行政伦理道德和公共政策原则的政府数据开放行为，都是不当的政府数据开放行为。这种不当性可能体现为对公民权利的侵犯、缺乏透明度和公众参与，抑或与既定法律法规相抵触。总之，所有这些特征都指向了一个核心：任何偏离了适当行政行为轨道的政府数据开放行为，都应被视为政府数据开放不当行为。

（二）政府数据开放行为不当阶段性分析的分析框架

1. 政府数据开放行为主要受行政法治约束

一个正当的行政行为，在司法审查和学理研究中都必须满足一系列条件。“大体而言，它包括主体合法、权限合法、内容合法、程序合法、形式合法等。”③ 这些要件构成了行政行为正当性的基本标准，应以此搭建政府数据开放的正当性分析框架。然而，对政府数据开放的正当性评估需要考虑多重逻辑因素的耦合。首先，政府数据开放在法律上被视为一种行政行为，受到行政法的约束。其次，政府数据开放在某种程度上属于行政机关处理个人信息的行为，也涉及《个人信息保护法》规定的个人信息处理活动。在此基础上，政府数据开放也需要受到《民法典》和《个人信息保护法》等法律中关于个人信息保护的原则和规则的约束。再次，政府数据中可能包含有涉及国家安全的数据以及

---

① 参见汪燕：《行政合理性原则与失当行政行为》，载《法学评论》2014第5期，第65页。

② 参见张峰振：《一般不当行政行为救济制度的完善》，载《江西社会科学》2020年第8期，第138页。

③ 何海波：《行政行为的合法要件——兼议行政行为司法审查根据的重构》，载《中国法学》2009年第4期，第60页。

国家禁止开放的数据，还需要受到《数据安全法》等规范中关于数据安全法益的调整。最后，政府数据开放相较于传统行政行为而言，是一种数字化、智能化的行政方式，其开放客体为非实体性的政府数据，也需要结合数据的特点展开具体分析。

2. “数据生命周期”理论的引入

从宏观的角度来看，政府数据开放并不是一个单一的行政行为，它涉及一个复杂而多维的系统性操作。数据科学领域的学者采用了“数据生命周期”这一理论来更好地理解和把握数据开放的过程。从原始的二进制比特（bit）到实现客户端现实使用价值的转化，并且关注在这链状过程中每一个阶段的数据安全、数据隐私以及数据伦理。① “数据生命周期”理论旨在提供一种系统化的框架，帮助项目或组织内的数据管理活动得以有序展开。② 这一理论超越了传统的数据存储与备份范畴，它扩展至从数据产生到最终销毁的整个过程，包括数据的收集、处理、存储、共享、保护以及分析等多个阶段。当一个新的数据被创建时，它就进入了一个新的周期，而归档或删除旧数据则标志着该周期的结束。这样一个概念对于政府数据开放而言至关重要，因为它提供了一种方法来考虑和规划数据所涉及的一系列复杂操作。③

数据的生命周期不是一成不变的，可以根据数据的使用目的和方式来确定数据的生命周期。例如，在自动化行政当中，数据的采集的目的仅是出于记录、归档以及分析，从而帮助自动化行政进行相应的决策，数据的生命周期止于数据的归档或分析。在政府数据共享中，数据则在归档和分析之后需要经过数据的传输形成相应的数据化信息。当我们用数据生命周期模型对一个数据行为进行解构时，我们需要在模型的普遍性与特殊性之间进行权衡。当构建的数据生命周期模型解构越发复杂，模型的针对性便越强，对处理特殊个案的描述性越高，但该模型或许不能普遍解释其他数据行为。为了全面理解政府数据开放的

① See P. Ravi Kumar, “Exploring Data Security Issues and Solutions in Cloud Computing”, *Procedia Computer Science*, 125, 693 (2018).

② See Line Pouchard, “Revisiting the Data Lifecycle with Big Data Curation”, 10 *International Journal of Digital Curation* 176, 180 (2015).

③ 参见张涛：《政府数据开放中个人信息保护的范式转变》，载《现代法学》2022年第1期，第127页。

过程，并在此基础上权衡其普遍性与特殊性，可以参照现有研究成果，细致划分政府数据开放的生命周期。这一生命周期可细分为 4 个关键阶段，分别是：（1）政府数据收集阶段，该阶段涉及对政府各个部门产生的数据进行收集、整理和归档；（2）政府数据转换阶段，这是一个将原始数据转化为更易于公众获取、使用和分析的形式的阶段，它包括了从文本到图表等多种形式的数据转换；（3）政府数据存储阶段，在这一阶段，数据被安全地存储起来，以便于未来的访问和查询；（4）政府数据公开阶段，当数据准备好并经过适当处理后，就进入了公开阶段，此时数据的可用性和可访问性得到了极大提高，公众可以自由地通过各种渠道访问这些数据。

三、政府数据开放行为不当的阶段性判断

在政府数据开放行为中，从数据收集到开放，因行政权专业化和分工的需要，往往由不同的主体在不同阶段负责不同的事项，各阶段存在一定的特殊性。因此，需要对不同阶段的不当性作出相适应的分析。

（一）数据收集阶段

在政府数据开放的背景下，“收集”是政府数据整个生命周期的起始环节。本文在广义层面上使用“收集”一词，它涵盖了从接受、提取到获取数据的所有活动。

在这个数字化时代，数据的存在方式和传播速度远远超出了我们的想象，它们以一种隐秘而又不自觉的方式渗透进我们日常的生活之中。技术的进步正在不断改变着数据的产生途径、收集方法。[①] 政府在收集这些数据时，考虑到行政决策的目标和需求，数据收集工作呈现多元化特征。[②] 具体而言，一是政

---

① See Barbara L. Cohn, “Data Governance: A Quality Imperative in the Era of Big Data, Open Data and Beyond”, *A Journal of Law and Policy for the Information Society* 10, 811 (2015).

② 参见张涛：《政府数据开放中个人信息保护的范式转变》，载《现代法学》2022 年第 1 期，第 128 页。

府数据收集的主体呈现出多样化的趋势。根据行政部门的职能分工，各个行政部门可收集部门职能范围内的数据。例如，自然资源、地理环境、经济、文化、教育、科技、民生、安全等不同领域的数据。除此之外，包括事业单位等在内的广义上的行政主体在进行公共服务与社会管理的过程中也能够收集到相关领域的数据。二是数据类型的多样化。除了传统的汇聚型数据外，政府向自然人提供公共服务与公共产品时，大量涉及自然人个人身份、学历、地址、民族、宗教信仰、财务、信用、医疗、活动轨迹、生物识别信息等主题性数据也囊括在收集范围之内。三是收集方式的隐蔽性和快捷性。不同于依靠传统线下的纸笔记录与收集数据的方式，技术变革带来的自动化也深深影响和改变着行政机关的数据收集方式。随着各类线上行政服务平台的出现，业务办理等数据都通过自动化的方式记录在云端。同时，生物识别、电子警察等技术的广泛使用，使得数据的收集更加方便快捷，也呈现出更为隐蔽的趋势。四是行政机关的收集渠道更为多元化。他们不仅可以在履行其法定职责的过程中直接获取所需数据，还能够通过多种渠道来实现这一目的。这些渠道包括但不限于：与第三方专业数据中介组织建立合作关系；利用网络和信息技术手段，从互联网、数据库等公开资源中检索所需数据；以及从其他政府机构那里获得相关数据。

基于以上特征，在政府数据收集阶段应当以以下具体标准进行判断：

在数据收集权限方面，应当判断行政机关是否严格遵守法律规定的权限范围。这些数据的收集和使用应当基于明确的权限，正当的政府数据收集行为不得超越政府数据权属范围以及合法授权的边界。一是数据收集主体需要按照“知情—同意”的要求收集涉及个人信息的数据。“知情—同意”作为一项处理个人信息原则的同时，也作为一项程序性要求，在个人信息保护中起着基石性作用。政府数据开放是一个动态的系统性过程，数据在各个阶段都可能对个人信息权益产生侵害。全面的、动态的“知情—同意”原则的实行有着现实的必要。二是需要以诚信的方式手段收集政府数据。这意味着以欺诈、诱骗、误导等方式收集个人信息将构成政府数据收集阶段的不当。除了以主动、故意的不诚信的方式收集数据，也不得通过隐瞒或者是默许的方式收集数据。例如在各类政务服务平台中，如果用户的数据会被记录或者留下痕迹，数据收集的主体则不得隐瞒该项功能。①

收集数据的过程应遵循既定的法定程序。一方面，《民法典》《个人信息保护法》《数据安全法》等法律为行政机关收集政府数据规定了一定的程序。另一方面，政府数据开放的地方性立法也对相应问题进行了重申或者补充。任何试图绕过正常法律程序或采取其他非法手段获取个人敏感信息的行为，都是被明确禁止的。这不仅违反了国家关于保护个人信息的法律法规，也有可能对公共安全造成威胁。因此，行政机关在进行数据收集时必须严守法律底线，确保所收集的信息符合相关法律的要求。从第三方数据中介组织收集数据，行政机关有义务要求数据提供方说明数据来源，审核交易双方的身份，并留存审核、交易记录。

在数据收集的内容方面，需要认定是否秉持数据收集的“最小必要”原则。数源主体应根据政府数据资源目录编制数据采集清单，并严格按照法定程序和统一标准采集数据。个人信息处理的必要性原则是《个人信息保护法》确立的一项重要原则。至于数据收集的主体在收集涉及个人信息的数据时，必须考虑是否必要。在探讨最小必要的判断标准时，我们必须认识到数据收集者在进行相关信息收集活动时所涉及的个人信息种类。这些个人信息应当是与行政机关的法定职责或向公众提供公共服务这一核心业务目标直接相关的。所谓的直接相关，意味着如果没有了这些个人信息的投入，那么完成其职责或执行服务功能将会变得不可能。这种关联性要求数据收集行为不仅要符合法律规定，而且还必须确保信息处理的目的与方式都能直接促使这些功能的有效运行。

（二）数据转换阶段

数据转换是将原本只适用于特定格式或状态的数据，转换成能够满足其他用途或者目标的格式和状态的流程。② 数据转换的主要目标在于确保数据的可用性和可操作性。同时，满足当前行业内所采用的数据治理规范。在这个过程中，数据的质量得到了保证，因为它已经符合了相关的治理准则，并经过了适

① 参见申佳平：《35 款 APP 存在个人信息收集问题“鄂汇办”等多个政务平台被通报》，载人民网。

② 参见朱东妹：《数据仓库与数据挖掘概念、方法及图书馆应用》，安徽师范大学出版社 2017 年版，第 38—39 页。

当的标准化和规范化。[①] “收集的大数据集合虽体量大、类型多，但通过不同收集方式形成的异质多样的数据无法直接用于分析，而必须进行……数据转换等技术加工步骤。”[②] 数据转换的过程通常涵盖过滤、排序，或者对其进行聚合处理，以提取出所需信息。

在探讨数据处理的各个环节时，我们往往会将重点放在数据收集或者开放阶段，这是因为它直接触及数据主体的权利和权益。数据转换作为一个连续的过程，尽管它并不与数据主体产生直接联系，但其潜在的不当性不容忽视。尤其是当数据转换中违反准确性原则时，个人信息保护风险显得尤为突出。准确性原则是个人信息保护领域中的一个核心原则，它要求信息传递或处理必须准确无误，不得出现误差。在国内外的个人信息保护立法中，这一点得到了普遍的重视和强调。实际操作中，许多与涉及数据相关的个体都认识到，数据转换有可能被用来扭曲事实，误导决策。

综上，在数据转换阶段，经过转换后的政府数据的真实性、准确性和完整性是判断该阶段行为正当性的关键标准。政府数据不得受到未经授权的访问、篡改、变更和删除。数据的质量不仅会直接影响其经济价值，也会对数据利用的后果产生重要影响。政府数据开放要求政府承担起数据质量管理的重任，主要包括对数据准确性、完整性等方面的管理。“公权力的参与为政府数据的准确性提供了天然保障，各界主体都可能运用这些信息指导生产实践，这也是政府数据发挥价值的重要途径，例如交通、天气等数据可能是某些相关行业进行决策的重要依据，而由数据质量引发的问题可能会危及数据利用，数据无法发挥其效用本身也是对数据安全的威胁。”[③]

（三）数据存储阶段

数据存储是一个涵盖了从数据创建到最终归档的周期过程。在这个过程中，

---

① 参见罗会兰：《数据提取、转换和装载技术研究》，载《计算机工程与设计》2004年第5期，第764—765页。

② 张素华：《数据产权结构性分置的法律实现》，载《东方法学》2023年第2期，第76页。

③ 梅傲、陈子文：《政府数据开放中的数据安全隐忧及其纾解》，载《情报杂志》2023年第5期，第79页。

数据被转化为数字形式进行记录，随后被妥善保存以确保其安全、易访问和可追溯性。这种存储方式对于大数据技术的运作至关重要，因为大数据本身就是通过大量复杂数据的汇聚来实现价值的挖掘与利用。① 得益于数据存储技术的飞速发展，政府数据存储在计算环境中呈现出几个显著的特征：第一，政府可以安全且完整地存储所有数据，不再受到物理空间和维护成本的制约；第二，数据的复制变得轻而易举，备份和恢复过程更加高效；第三，数据的可访问性得到了极大提升，客户端能快速访问所需信息。②

尽管政府数据存储为后续的数据公开和使用奠定了基础，但仍可能涉及行为不当，主要包括以下考量因素：

一是在数据存储行为的内容与程序方面，违反安全义务可能导致数据泄露将构成不当。无论是在国内还是国际层面，数据保护的法律法规都越来越注重对数据泄露问题的规制。各国纷纷出台相关法律，旨在通过强化数据安全义务来保护个人隐私和企业信息不被非法利用。从我国的《数据安全法》规定来看，其强调了数据安全管理的基本义务与机制，禁止个人信息等数据非法跨境流动。如需跨境流动则需遵循该法第三章的跨境流动规则，如不通过相应程序向境外开放政府数据，则将构成不当。

二是在政府数据存储的权限方面，各国立法往往依据不同的司法管辖权来界定政府机构的数据存取权。通常情况下，政府只有在其管辖区域内才有权调取、存储或使用相关数据。在中央与地方之间以及地方之间存在一定程度的“地方主义”现象。政府是否有权存取位于管辖区域外的数据成为数据存储阶段下行为正当性的标准之一。另外，无限期存储数据可能会违反存储限制。我国在《个人信息保护法》规定：“除非法律、行政法规有其他规定，否则个人信息的保存期限应控制在实现处理目的所需的最短时间内。”这一规定的目的在于确保个人数据不会无限期地储存，以免产生安全隐患或被非法访问。同时，强调了数据处理的效率与个人信息保护之间的平衡，要求信息处理者在采集、存储个人信息时要有明确的时间限制，并严格遵守这一时限。实际操作中，随

① 参见［美］道恩·E. 霍尔姆斯：《大数据》，李德俊、洪艳青译，译林出版社2019年版，第14页。

② 参见［美］拉塞尔·沃克：《从大数据到巨额利润》，王正林译，广东人民出版社2019年版，第8页。

着数据库类型的不断增多，对它们所需的保存期限也应该有所区分。在大数据驱动的时代背景下，预测性技术日益成为推动经济和社会发展的重要力量。[①]然而，这种思维模式往往基于过去的数据分析来预测未来趋势。这可能会导致一些个人信息的保存期限被有意或者无意地延长，从而可能违反存储权限的限制而构成不当。

（四）数据开放阶段

数据开放阶段作为政府数据开放的重要组成部分。在这个阶段中，我们可以将其视作一个独立的、相对狭义的阶段，以突出其在数据开放进程中的独特地位和作用。这也是研究政府数据开放的学者最为关注的阶段，诸如开放程度、数据质量、数据安全等问题都与政府数据开放行为的正当性有关。就数据开放阶段而言，不当的认定标准主要有以下几项：

1. 政府数据开放给付义务的履行标准

政府承担着一项重要的政府数据给付义务，即确保政府数据以公共资源的形式供公民自由而有效地使用。在这一过程中，政府必须首先明确自己的责任界限。作为政府数据的主要管理者和支配者，政府负有双重责任。首先，它必须确保数据的质量，保证公民的自由使用权利，并积极推动数据被最广泛的民众所利用。其次，政府在赋予数据运营权利时，必须遵循社会公平的原则，确保全体公民都能享有自由和平等的使用权，避免“数据资源向呼声更高的人员倾斜，形成数据寡头和数据垄断”[②]。以欧盟为例，2021 年通过的《欧盟数据监理法》规定，公共管理和服务机构在向公民提供政府数据时，应坚持“利他数据服务”的原则。该原则要求以最大化公共利益为目标，同时维护数据中介者的独立地位不受侵犯。此外，该法律还提出了一个平等且非营利的服务模式，旨在促进政府数据的共享和开放，让更多人能够从这些资源中获益。

公民对于政府数据的访问和使用，是基于对公共物品行政给付概念的深刻理解。这个理念强调的是一种普遍性的服务，即每个人都能平等地获取政府提

① 参见［英］维克托·迈尔-舍恩伯格、肯尼思·库克耶：《大数据时代——生活、工作与思维的大变革》，盛杨燕、周涛译，浙江人民出版社 2013 年版，第 16 页。

② 王锡锌、黄智杰：《公平利用权：公共数据开放制度建构的权利基础》，载《华东政法大学学报》2022 年第 2 期，第 61 页。

供的各种公共产品和服务。从全球来看，近一两年欧盟的立法者更多地意识到了这一问题。在2019年修改的《开放数据指令》中，欧盟提升了数据获取的公平性。《开放数据指令》第四章的第11条和第12条分别对数据开放的“非歧视性”与“排他性协议”进行了规定。其中第11条规定，对于“同样类别文件”的使用，政府所提出的条件应当相同；第12条规定：“文件的重复使用应向市场上所有潜在的参与者开放，即使一个或多个市场参与者基于这些文件开发了增值产品”。只有在“为公共利益提供服务”的前提下，政府数据开放才可以签订排他性协议，为某个企业设置获取数据的专有权。但在这种情形中，此类排他性协议应当公开透明，而且必须每3年就复审1次。不过，虽然欧盟的《开放数据指令》关注到企业获取数据的公平性问题，但是对于普通用户获取政府数据的问题仍然关注不够。在企业与普通用户获取数据存在流量竞争的情形中，应当首先保证普通用户获取数据的权利，① 因为普通公民获取政府数据的权利既是政府数据开放的基石，也是政府数据开放公平性的最基本要求。

2. 政府数据质量标准

政府数据的质量不仅在政府数据的转换阶段需要得到保障，在开放阶段需要再次受到检视，如不提供质量合乎标准的政府数据将构成政府数据开放行为的不当。政府数据的质量标准它代表了对开放数据资源的基本要求，确保这些数据资源能够被有效且公正地再利用。开放政府工作组在其报告中提出了一个全面的质量评估体系：完整性、原始性、及时性以及机器可处理性。这个标准旨在确保所开放的数据在可访问性、准确性和时效性上都达到一定的标准，从而便于数据分析、数据挖掘和科学研究等多种用途的实现。一般来说，对数据质量的评判标准主要包括以下几个方面。

第一，机器可读性。它不仅是一项基本原则，而且是确保政府数据结构合理、易于计算机处理和读取的关键。这种能力对于政府数据的开放共享至关重要。根据美国的《开放政府数据法》，机器可读性被描述为一种数据格式，它允许在没有人工干预的前提下，计算机能够高效地对信息或数据进行处理，同时保持这些数据本身所固有的语义意义不受损害。机器可读格式在技术上确保

① 参见丁晓东：《网络中立与平台中立——中立性视野下的网络架构与平台责任》，载《法制与社会发展》2021年第4期，第140页。

了政府数据的开放性，并为数据的自由利用提供了基础和条件。

第二，准确性。准确性要求政府数据应是真实的，被准确收集、储存的。“大数据的重要功能在于其预测能力”①，因而，数据的准确性对其在实际应用中发挥效用至关重要，它直接关系到数据利用的效能和价值能否得到有效的释放。当一项数据分析是基于不真实或错误的数据之上时，得出的结论可能是误导性的。为此，政府应当承担起责任，在采集数据时严格执行标准程序，确保所收集信息的真实性；同时，在制作和获取数据时，也应采取措施，防止数据失真，从而保障数据使用的有效性和决策的科学性。这样，政府才能够在数字时代中展现出其应有的领导力和影响力。

第三，完整性。对于政府而言，在考虑向公众开放数据时，必须确保开放的不仅是原始数据，而且还应该包含派生数据以及聚合数据。所谓派生数据指的是从原始数据中衍生出来的、可能包含了额外的细节和背景信息的数据。而聚合数据则是对原始数据进行汇总、提炼或标准化后形成的更高层次的数据集合。原始数据的开放要求数据源要保证其准确性和可靠性，数据采集时不应受到人为干预，也不得经过任何形式的修改或添加。这种高粒度的开放方式，有助于数据使用者获得全面且真实的信息。《开放数据宪章》中明确指出，数据应当尽可能地以原始状态呈现，并且保持其未被修改的完整性。

第四，及时性。在现代社会，数据成为信息时代的黄金，它不仅是决策制定和政策评估不可或缺的工具，也是推动创新和发展的关键动力。政府作为公共服务的提供者，有责任确保其收集到的数据能够及时得到有效利用。这意味着在收集到数据之后，政府不应拖延时间，而应迅速将其公开发布，并不断地进行更新，以保证数据的准确性和时效性。然而，随着时间的流逝，数据的价值可能会发生变化，尤其是当数据经过一段时间的使用后变得陈旧过时时，其所蕴含的价值也会相应降低。因此，数据的及时开放不仅仅是一种道德义务，更是对数据价值最大化追求的体现。②

---

① 章安邦：《人工智能时代的司法权嬗变》，载《浙江工商大学学报》2020 年第 4 期，第 158 页。

② 参见徐伟：《企业数据获取“三重授权原则”反思及类型化构建》，载《交大法学》2019 年第 4 期，第 25 页。

3. 数据安全可控标准

政府数据在开放前应当经过保密审查和安全风险评估，对于未经保密审查和安全风险评估的政府数据开放将构成不当，政府承担过错责任。

政府数据包含着关于国家安全、企业经营状况以及个人生活轨迹等至关重要且敏感的信息。正因如此，确保政府数据的安全性成了一个不容忽视的问题。在此背景下，保密审查这一程序显得尤为重要。保密审查是指在数据正式向公众开放前，对其内容进行严格审查的程序。它要求相关数据开放的主体以及负责监管的政府部门必须遵守法律规定。对于那些可能涉及国家秘密、商业秘密甚至个人隐私的数据，采取必要的保护措施，将这些数据排除在公开范围之外。在这个过程中，脱敏处理起到了关键作用。脱敏处理指的是对那些敏感数据进行技术处理，以降低它们暴露于不安全环境中的风险。这样做可以使这些数据保持其原始的保密性，避免未经授权的访问和不当使用。

值得注意的是，即便是一些看似普通的数据，也可能会对国家安全、公共安全、经济安全乃至社会稳定造成潜在影响。因此，出于公共利益的考虑，也需要经过周密的保密审查，以确保所有开放的数据都符合法律法规，不会给国家或社会带来不必要的风险。例如，欧盟在 2013 年通过的修正案就明确规定了哪些类型的数据应当被排除在政府数据开放的范围之外。这些数据包括但不限于国家安全、知识产权、统计和商业秘密，以及个人信息保护等方面的内容。这些规定体现了欧盟在促进数据开放和保护个人隐私之间寻求平衡的努力。同样，日本在 2018 年颁布的《推动数据交易之契约指引》进一步强化了对政府数据管理的规范。该指引引入了“限定提供数据制度”，旨在通过设定限制来保护公民的隐私权，防止违反知识产权的行为发生。它也明确禁止通过违法手段间接获取政府数据的行为。[①] 这些措施有助于建立一个更加透明和公正的数据开放机制，让公众能够在享受数据开放带来的便利的同时，也能得到充分的保护。在我国，贵州等地的相关法规中，对数据开放主体的数据管理提出了明确的要求。具体而言，这些要求旨在确保向公众或其他相关方开放政府部门所收集的海量数据之前，必须采取相应措施以保护那些具有高敏感度的信息。这包

① 参见刘影、眭纪刚：《日本大数据立法增设“限定提供数据”条款及其对我国的启示》，载《知识产权》2019 年第 4 期，第 93—96 页。

括但不限于国家机密、商业机密、个人隐私以及个人健康等方面的敏感内容。通过实施脱敏处理，相关行政机关可以有效地预防因不当公开而可能导致的泄密事件，从而维护数据安全和个人权益。这项规定体现了行政透明度与数据保护之间的平衡，同时也凸显了法律对于公共利益和个人权利保护的重视。

在涉及个人信息的数据方面，以政府数据是否去标识化作为评判不当的标准。《个人信息保护法》制定了特别规定。“在实践中，国家机关和事业单位非法使用个人信息的侵权责任极难追究，受害人几乎无法依据法律寻求法律救济。”① 在考虑数据的开放问题时，必须遵循严格的个人信息保护规则。这意味着，在数据准备开放的过程中，首先需要对所涉及的每一个人信息进行彻底地去标识化处理。这一步骤是至关重要的，因为它可以去除任何可能识别个人身份的数据。一旦完成了这一处理，开放主体应该对处理后的信息进行分级，以确保它们不会被重新识别或泄露给未经授权的第三方。其次，基于去标识化处理的结果和分级结果，开放主体需要决定哪些数据将被允许向公众公开。②值得注意的是，任何未经去标识化处理的数据都不得轻易地向社会公布。此外，为了进一步确保个人信息的安全，开放主体还需要对将要开放的个人信息进行一系列的风险评估。“个人信息风险评估的意义主要在于在使用数据前对使用行为的合法性、合理性进行判断，这也是事后认定是否构成正当使用的重要依据。”③

4. 政府数据开放的程序标准

政府数据开放主体未主动或依申请采取相关程序，可能产生不作为层面的政府数据开放不当。

第一，数据的事前核实是基础且必要的。行政机关在将数据向统一开放平台提供之前，必须有一个独立的部门专门负责对所提供的数据进行仔细核实。只有当核实过程确认无误后，相关数据才能被开放给公众。此外，为了保证核

① 陈希：《大数据时代公民个人信息民法保护的制度构建——兼评〈民法总则〉第111条》，载《河南师范大学学报（哲学社会科学版）》2019年第3期，第62页。

② 参见王立梅：《健康医疗大数据的积极利用主义》，载《浙江工商大学学报》2020第3期，第32—40页。

③ 江波、张亚男：《大数据语境下的个人信息合理使用原则》，载《交大法学》2018年第3期，第118页。

实的有效性，立法机构应当制定明确的标准，这些标准应当详尽到足以指导行政机关如何正确执行这一程序。

第二，数据的出处必须清晰标明。数据提供机关在上传数据时，必须注明数据的来源。这意味着每条信息都应该有一个明确的出处，这样公众才能知道信息的来源，从而判断其可信度。同时，数据提供机关也应对数据的准确性负有责任，一旦发现任何数据错误，就应当及时更正。这不仅体现了政府的诚信原则，也增强了公众对开放平台的信任。

第三，定期更新数据是维持数据质量的关键。政府数据提供机关必须按照既定的时间间隔来更新数据。这不仅是一个简单的任务，而是一项持续的责任。确定合理的更新时间间隔需要综合考虑多方面因素，如数据的时效性、可能的更新频率以及数据存储的成本等。通过这样的持续性努力，可以确保数据始终保持最新状态，并为公众提供准确、及时的信息。

第四，定期进行检查与评估对于保障政府数据的长期可用性至关重要。一旦政府数据向公众开放，便需要由专门负责的部门来定期评估数据的准确性和完整性。这些检查包括但不限于数据是否符合规定的格式、是否存在过时或已失效的数据，以及是否所有数据均已经过适当的处理以确保“机器可读性”。“‘机器可读性’不仅意味着政府需要对开放数据进行标准化分类、质量控制、生命周期管理还意味着需要提供稳定而安全的开放平台。”① 评估还应包括评估政府数据的可访问性，即用户能否轻松获取并使用这些数据。通过这样的检查与评估，可以不断地改善政府数据的质量，使之更加符合公众的需求。另外，数据安全评估为政府数据开放的必经程序，未经评估可构成数据开放行为在程序上的不当。为了确保政府数据开放在促进数据自由流通的同时，不会因为不当管理而带来潜在的安全威胁和隐私泄露问题，必须建立一套完善的风险评估机制。这一机制应当成为政府数据开放过程中的一项重要程序。具体而言，安全风险评估应全面覆盖数据开放的各个环节，包括但不限于数据开放范围的合理界定、海量数据的有效汇聚与保护、数据使用中可能出现的风险点分析以及开放平台本身的安全检测等多个层面。在进行这些评估工作时，相关的开放主

---

① 胡敏洁：《自动化行政的法律控制》，载《行政法学研究》2019 年第 2 期，第 61 页。

体应当制定严格的评估周期，并根据实际情况定期组织专业团队或邀请行业专家进行深入分析和评估。我国各地的立法实践已经开始意识到政府数据开放前安全风险评估的重要性。例如，《浙江省政府数据开放办法与安全管理暂行办法》规定了开放主体及其主管部门需要按照数据的分类级别，依照严格的评估标准对将要开放的政府数据进行仔细的审查和评估。同时，在某些特定情况下，还需要执行更为复杂的程序规定，如合法性审查、专家论证和保密审查等，以确保数据开放不仅符合法律法规的要求，而且能够最大限度地减少安全隐患。

第五，及时更正和删除数据是维护数据质量的另一个重要方面。由于政府数据可能会出现错误或遗漏，相关行政主体必须在规定的时间内进行相应的更正和删除工作。这一过程需要行政机关内部的协作以及与公众之间的有效沟通，以便快速纠正和消除数据中的不准确或错误。这样做有助于保持整个行政体系的高效运作，并且能够在第一时间回应公众关切，避免潜在的误解或混淆。

四、政府数据开放行为不当的救济路径补强

通过对政府数据开放行为不当的阶段性判断可知，政府数据开放过程中数据开放主体不履行数据开放义务、损害个人信息权益以及开放数据瑕疵带来的损害是贯穿政府数据开放过程中主要的不当类型。切实可行的监督以及救济是保障权利实现的前提。规范和约束行政权力，保障相对方权益的一般事项救济可以通过行政内部的救济（问责）等一般方式进行。但大数据、云技术、算法技术带来了大规模、整体性的数字政府需求。在构建数字政府时，“新型政府与市场主体、社会主体之间关系的变化，如何应对风险社会、人工智能的监管、大数据时代个人隐私的保护，如何随着科技的发展提供更高效的公共服务等问题，无不与行政行为有关。”① 特别是在给付行政领域，作为服务行政的政府数据开放的数字行政的数据化路线不断明晰。这在给传统的行政行为理论带来一定挑战的同时，亦对行政行为的监督带来了一定的复杂性和特殊性。在明确政府数据开放中行为不当具体标准的前提下，除通过政府内部的层级监督等方式

① 罗智敏：《行政法法典化背景下我国行政行为理论研究的挑战与应对》，载《行政法学研究》2022年第5期，第35页。

予以约束外，可以通过行政复议、行政诉讼以及国家赔偿等方式强化对政府数据开放行为的监督，并为相对人的实体性权利提供救济渠道。

（一）政府数据开放行为不当的复议前置范围厘定

2023 年修订的《行政复议法》采取了列举加排除的方式说明行政复议的受案范围。《行政复议法》第 11 条正面列举了 14 项可以申请行政复议的情形，外加“其他行政行为侵犯其合法权益”的兜底性条款。第 13 条将虽抽象行政行为纳入行政复议的范围，但只能附带提起。依据前文对政府数据开放行为性质的论述，政府数据开放属于行政行为，理应在行政复议的范围之内。此外，在《行政复议法》正面列举的 14 项可以申请行政复议的具体类型中，政府信息公开被包括在内，对于前文所述，政府数据开放与政府信息公开的关系属于“继承但不替代”，政府数据开放也具有一定程度的政府信息公开的功能面向。也应当被纳入行政复议的范围之内。因此，政府数据开放行为不当具有可复议性是复议制度功能的题中之义。

在政府数据开放行为不当的复议与诉讼的衔接当中，复议前置程序的设计需要根据权益受侵犯类型区分开来。其中，政府数据开放侵害个人信息权益的司法救济不应当将行政复议作为前置程序。虽然需要考虑到诉讼的经济效益和纠纷解决的效率，虽然将行政复议作为前置程序可以减少诉讼案件数量，为法院缓解审判压力的同时，提升获得相应救济的效率。但是，根据个人信息侵权案件的特点来看，个人信息需要获得保护的需求显得较为急迫，同时在面对与行政机关处理个人信息的情形时，信息主体显然处于弱势地位，个人信息权益易遭受侵害。因此，面对此种情况，应由公民进行自由选择救济途径，也即应当将行政复议与行政诉讼作为平行的救济渠道供受侵害主体进行选择。在确定依申请后不履行政府数据开放义务的行为、开放数据瑕疵可诉的前提下，可以考虑采取行政复议前置。依申请后不履行政府数据开放义务的行为与开放数据瑕疵造成的经济损失与个人信息保护不同。首先，财产性损失的救济迫切性往往比个人信息权益损失的救济迫切性更低。其次，“基于数据开放领域行政机构处理的专业性与效率性，可以考虑设置行政救济前置程序”。在大数据的背景下，数字政府建设脚步不断加快，社会公众对于数字化技术运用也越发熟练，与政府的互动越来越密切，可能造成的纠纷数量不断增加。为避免出现滥诉情况的产生、减轻法院的负担，考虑到政府数据开放领域行政主体对数据相关问题处理的专业性与高效性，在此种情况下，将行政复议作为行政诉讼的前置程序是合理的。

（二）政府数据开放行为不当的可诉类型分析

1. 依申请后不履行政府数据开放义务的行为具有可诉性

不履行政府数据开放的义务是指政府数据开放主体不开放政府数据开放目录等规定的应当开放或者可以开放的政府数据。

政府数据开放的方式可分为主动开放和依申请开放两种。在主动开放政府数据的情形下，政府为了实现公共利益，"允许公众免费自由地获取本地公共数据，满足知情权和创新的需求。"① 这种做法在客观上为数据使用者带来了某种利益，而这些利益可以被视为一种反射利益。它并不直接体现为具体、可量化的权利，而是一种非具体的利益诉求。耶利内克在《主观公法权利体系》中如此定义反射利益："为了共同利益，公法的法律规范要求国家机关为特定的作为或不作为。这种作为或不作为的结果可能会有利于特定个人，尽管法制并无扩大个人权利领域的意图。这种情形可以被称为客观法的反射作用。"② 当这种反射利益受到侵害时，根据现行的法律框架和制度安排，政府数据利用者并不能仅仅因为自己的利益受到侵犯而提起行政诉讼。不属于政府数据开放行为不当的情况，也不具有可诉性。

依申请开放也是政府数据开放的重要方式。这种方式往往对数据申请人设定了一定标准。依申请开放的方式需要公众以申请为前提，并且符合一定标准才予以开放。此时与主动开放的情形不同，在经过依申请的程序后，履行开放数据将成为行政机关的一种法定职责。如无正当理由而拒绝、怠于或者未完全开放政府数据，将构成不当。比照政府信息公开制度，可以发现，对于那些基于申请的开放数据请求，数据开放主体在同等条件下选择拒绝公开或在规定的时间内不予回应，将构成行政不履责。在行政机关怠于履行政府数据开放义务

---

① 胡凌：《论地方立法中公共数据开放的法律性质》，载《地方立法研究》2019年第3期，第1页。

② ［德］格奥格·耶利内克：《主观公法权利体系》，曾韬、赵天书译，中国政法大学出版社2012年版，第64页。

的情况下，公民和企业有权通过行政复议或行政诉讼判令数据开放主体履行政府数据给付义务。

2. 开放数据侵害个人信息权益的行为具有可诉性

政府数据开放过程中侵害了个人信息权益的行为具有可诉性。根据《个人信息保护法》，对于个人信息或个人数据的处理需要遵循“知情—同意”原则。即当数据开放主体未征求个人信息主体的同意便将数据予以开放，个人信息主体有权向法院提请诉讼，请求确认其数据开放行为违法或撤销其开放决定。

个人信息保护预防性行政诉讼在政府数据开放领域具有可行性。所谓预防性行政诉讼是相较于一般情况下的事后的行政救济而言的，“二者最直观的区别是权利救济的时间阶段不同。现行行政诉讼法规定的行政诉讼，针对的主要是已经完成的行政行为或事实行为，是一种事后救济”①。预防性行政诉讼制度在许多国家得以确立，德国的预防性行政诉讼可以算是大陆法系国家中的代表，确立了预防性确认诉讼与预防性给付诉讼两种具有预防性功能的诉讼。而英美法系国家，预防性诉讼的代表为英国，主要通过令状和确认判决的方式提供预防性功能的救济。我国在规范层面尚未将预防性行政诉讼确立下来，但学界已经展开了对预防性行政诉讼的必要性和可行性的讨论。在现行法无相关规定的前提下，早前也有部分学者探讨建构此项制度的必要性和可行性的同时，尝试在特定的行政活动领域建立起相应的预防性诉讼制度。② 预防性行政诉讼的原告资格应当是被行政行为侵害合法权益的相对人或第三人，而其诉讼范围包括了“需要特别救济”的行政行为与行政机关事实行为。而此处的需要特别救济是指存在一个或多个行政行为会对相对人或其他利害关系人的合法权益产生实质性威胁的情况。从预防性行政诉讼的案件类型来看，多出现在房屋拆迁、收益性行政许可等领域，诉讼类型主要表现为停止作为之诉和预防性停止作为之诉。停止作为之诉是指相对人对行政机关曾经作出过的行为，要求将来不再作出相同行为的诉，预防性停止作为之诉是指要求行政机关自始不得作出不利于

---

① 解志勇：《预防性行政诉讼》，载《法学研究》2010年第4期，第172页。

② 虽然建构预防性行政诉讼制度的认可度不高，但有关此制度的研究也已产生了一些成果，大致可分为从比较法视角考察此类诉讼、从实证角度探讨我国某一特定行政管理领域建构此类诉讼的必要性和可行性、对建构预防性行政公益诉讼的讨论等三种。

相对人的行为的诉。[①] 实质上，预防性行政诉讼是对将要产生的侵权风险予以预防的一种手段，使权利在有可能受到侵害之时，提供事前的保证。“在现代风险社会中，行政的治理目标已从传统的秩序维护和修复，逐步转向风险预防和调控。”[②] 政府数据开放中行为不当的出现完全有可能导致个人信息的保护存在“特别救济需要”的情形。德国法上有“特别救济需要”的行政行为具体包括四类：第一类是行政机关已经实施并对相对人产生妨害的行政行为；第二类是将导致无法恢复、无法弥补的损害的行政行为；第三类是将导致既成事实的行政行为；第四类是带有制裁性的行政处罚、强制行为。[③] 在个人信息保护的语境下，政府数据开放行为不当对公民个人信息产生实质性威胁之时，应当考虑纳入预防性行政诉讼的范围。

3. 开放数据瑕疵造成经济损失的行为具有可诉性

政府数据开放主体开放的数据存在瑕疵，由此对行政相对人造成经济损失的情形可诉。行政诉讼的受案范围采取的是“行政行为”+“合法权益”的形式，对于合法权益的解释应当是“人身权和财产权等合法权益”。政府数据开放行为是行政行为毋庸置疑，开放数据瑕疵造成的损失应当归属于财产权这一合法权益。进一步来讲，在政府数据开放的情景中，行政相对人通过政府数据开放平台等公共基础设施获得的政府数据是公物。根据大陆法系的公物理论，在行政机关在设立公物时享有对该公物的物上管理权，这一权利不仅代表行政机关对该公物享有管理、维护的职责，还应当负有排除妨碍等义务，从而保障公物的公共功能，达成公共使用之目的。[④] 无论行政机关采取何种手段或方式展开对公物的管理与维护，作为公物的管理机关都是承担公物管理、维护职责的主体。由此，当公物在设立时存在瑕疵和缺陷或在运营的过程中产生了瑕疵或缺陷，公物所属的行政机关都是责任承担的主体。因此，在政府数据开放中，开放的政府数据开放在格式、内容等方面存在瑕疵并造成了行政相对人损失的

---

① 参见蔡志方：《行政救济法新论》，台北，元照出版有限公司2000年版，第238页。

② 王锡锌：《数字法治政府建设的底层逻辑及展开路径》，载《数字法治》2023年第2期，第7页。

③ 参见林腾鹞：《行政诉讼法》，台北，三民书局2014年版，第190—191页；张宁：《行政诉讼中情况判决的适用条件》，载《南大法学》2021年第6期，第74页。

④ 参见肖泽晟：《公物法研究》，法律出版社2009年版，第8页。

情况下，可以将相关诉求以行政诉讼的方式提出。在责任的认定上，开放数据瑕疵（如数据在匿名化处理不完整，或导致数据失真）造成财产损失而进行责任认定时，则应按照过错推定原则，政府数据开放主体以承担补充责任为主。但数据开放主体若能证明自身在政府数据开放过程中按照法律法规规定的标准，即完成了数据处理注意义务与相关程序，则不需要承担相应的法律责任。

（三）政府数据开放行为不当的行政公益诉讼

在政府数据开放行为不当的救济中引入行政公益讼制度是可行的。行政公益诉讼渠道的选择主要有两方面的考虑。一方面，从诉讼的成本和难度出发，个人维权的可能无法得到有效的法律救济；另一方面，从公共利益的角度出发，公共利益的损害需要救济渠道的畅通。① 具体到政府数据开放行为不当的情境下，将政府数据开放行为不当纳入行政公益诉讼主要有以下原因：首先，政府在开放其数据资源的过程中，由于缺乏明确的法律规定和监管机制，导致了政府数据开放行为的违法性界定不够清晰。这种模糊性使得受害者在面对侵权行为时难以准确识别违法行为的性质。尤其是当涉及多种权利的混合，比如个人隐私权、数据保护权与其他相关权益，同时还包括数据处理者所付出的“汗水”（即人力成本）时，受害者在辨识自己的权益是否受到侵害方面就显得尤为复杂。其次，由于单一受害者维权的成本过大，这不仅增加了个体的负担，也严重损害了司法系统的权威和效率。传统的私法救济途径要求每个受害者必须通过单独诉讼来寻求补偿，这限制了保护范围，使得没有足够的动力去广泛地揭露或制止侵权行为。如果一个人不幸受到同一个数据处理行为的侵害，而他选择单独起诉，那么不仅会给法院带来巨大的案件堆积压力，而且这种做法也可能会拖累整体社会的法治进程和社会效益。

至于个人信息保护领域，《个人信息保护法》是否确立了个人信息保护领域的行政公益诉讼制度学界有不同意见。② 一种观点认为，个人信息保护公益

---

① 参见尹少成、路禹臻：《政府数据开放中个人信息删除权的构建》，载《北京行政学院学报》2023 年第 5 期，第 30 页。

② 《个人信息保护法》第 70 条规定：“个人信息处理者违反本法规定处理个人信息，侵害众多个人的权益的，人民检察院、法律规定的消费者组织和由国家网信部门确定的组织可以依法向人民法院提起诉讼。”

诉讼制度通过该条得到了确立，但应为民事诉讼而非行政诉讼。[①] 另一种观点则认为，该条文使得行政公益诉讼在个人信息保护领域得到了确立。[②] 在司法实践中，个人信息保护的行政公益诉讼得到了回应。2021 年在最高人民检察院公布的典型案例中个人信息保护的行政公益诉讼案件占比超过了 50%。[③] 其中，不乏与政府数据开放相似的典型案例。[④] 在后续的政府数据开放立法中，可将政府数据开放中的个人信息保护纳入行政公益诉讼的范围。在政府数据开放行为不当的情形下，侵害个人信息的对象往往是不特定的，往往数量是较为庞大，甚至可能上升为社会公共利益的高度。同时，政府数据开放在缺乏绝对化的权利与义务关系的基础上，需要依靠上级行政机关和检察机关对其进行监督。从行政机关内部来看，上级与下级行政机关在治理目的与需求上具有统一性。[⑤] 在监督上，会产生“同体”监督的弊端，因而可能对下级侵权行政机关“睁一只眼闭一只眼”。从而不能实现个人信息进行切实的保护。因此，笔者觉得有必要通过立法和司法解释的方式，将政府数据开放行为不当对个人信息权益侵害的情形纳入公益诉讼之中，通过行政公益诉讼制度对个人信息给予更为坚实的监督与保护。

（四）政府数据开放行为不当侵权的国家赔偿

政府数据开放行为不当主要是由国家机关及其工作人员在数据开放过程中侵犯相对人的合法权益的行为。因此，本文中所提及的国家赔偿主要指行政赔偿，不包括刑事赔偿。

《国家赔偿法》第 3 条规定了行政机关及其工作人员在行使行政职权时侵犯

---

① 参见张新宝、赖成宇：《个人信息保护公益诉讼制度的理解与适用》，载《国家检察官学院学报》2021 年第 5 期，第 67—68 页。

② 参见蒋红珍：《个人信息保护的行政公益诉讼》，载《上海交通大学学报（哲学社会科学版）》2022 年第 5 期，第 28 页。

③ 参见宁中平、黄挺、匡凌：《个人信息保护公益诉讼典型案例解读》，载《人民检察》2021 年第 24 期，第 17 页。

④ 江西省检察机关针对农业农村部门在履行政府信息公开职能时泄露不应公开的公民个人信息的情形，督促该部门及时撤回泄露公民个人信息内容的政府信息。

⑤ 参见尹少成、王海：《个人信息保护行政公益诉讼制度的逻辑生成与制度建构》，载《经贸法律评论》2022 年第 6 期，第 60 页。

人身权的，受害人有取得赔偿的权利，该人身损害仅限于公民身体伤害或者死亡等严重人身伤害情形；第 4 条规定了行政机关及其工作人员在行使行政职权时侵犯财产权的，受害人有取得赔偿的权利。赔偿的范围应当是人身权益和财产权益遭到了损害。政府数据开放的行为，造成公民身体伤害或者死亡的可能性微乎其微。政府数据开放申请人对于不履行政府数据开放义务，造成行政相对人权益减损的不得申请赔偿。政府数据开放多被认为是政府参与市场的一种模式，其保障的是行政相对人的一种发展权，发展权被认为是一种反射性利益，不得直接要求行政机关为或不为。① 因此，面对行政相对人的申请，行政机关不履行政府数据开放义务不负有相应的赔偿责任。

如果行政机关数据开放行为本身违法，抑或数据存在重大瑕疵和严重失真，导致的行政相对人财产权益的减损，行政相对人可提请行政赔偿。作为公物的政府数据，行政机关负有保证政府数据给付、保障公民平等且安全有效地使用政府数据的义务。公物管理本身就是一种行政行为。“公物管理机关与相对人属于高权关系下不平等的双方主体，因而不满足民事主体的基本要求。同时在企事业单位无法履行赔偿责任的情况下，行政机关应当履行法定职责，承担赔偿义务，否则即构成‘遁入私法’的危局之中。”② 相对应的，当数据使用者在使用开放的政府数据过程中，因作为公物的政府数据在收集、处理、开放等情形下遭受侵害，在一定范围内应有权要求国家和政府给予赔偿。

那么，在政府数据开放中造成的个人信息侵权而导致的人格权的损害能否申请赔偿？《国家赔偿法》第 3、17 条规定的侵犯人身自由权、生命健康权情形之一的，赔偿请求人可依法申请精神损害赔偿。但公民不能提出独立的精神损害赔偿请求。③ 在政府数据开放造成精神损害能否申请赔偿的问题上，《国家赔偿法》第 35 条的规定一般指的是公民生命、健康权等遭受了侵犯为由申请赔偿的同时一并提起精神损害赔偿请求，且需要承担举证责任。但并未将人格权受

① 参见邢会强：《政府数据开放的法律责任与救济机制》，载《行政法学研究》2021 年第 4 期，第 51 页。

② 周密：《公物致害责任与建筑物危险责任比较研究》，载《财经法学》2020 年第 1 期，第 112 页。

③ 参见徐丽枝：《政府信息公开中的个人隐私保护问题研究》，法律出版社 2019 年版，第 206 页。

到侵犯或者说独立的精神损害纳入赔偿的范围内。然而，我国国家赔偿的直接依据来源于《宪法》第 41 条第 3 款的规定："由于国家机关和国家工作人员侵犯公民权利而受到损失的人，有依照法律规定取得赔偿的权利。"该条使用"权利"一词，而并未明确表明公民的何种权利。从宪法规范的角度来看，该条并未明确将人格权损害从国家赔偿的范围中排除。从宪法的落实以及公民基本权利的保障角度来看，立法应当在国家机关或者国家工作人员侵犯公民人格权而受损失时，为公民取得国家赔偿设立程序和实体上的依据。随着时代的发展，在今后的赔偿范围调整过程中，对人格权损害的人文关怀逐渐被重视，进行相应的精神赔偿也是应有之义。

（五）政府数据开放行为不当的责任豁免

构建政府数据开放行为不当的豁免机制具有必要性。现实情况表明，许多部门对于开放本部门的政府数据心存疑虑，主要是因为他们担心数据开放后可能引发的法律风险和隐私侵犯等后果。出于数据安全和个人信息保护以及数据开放成本等方面的考虑，一些部门可能缩小数据开放的范围。面对这样的情况，我们应当展现出更加宽容的政策态度，给公共部门一定的"数据开放不当责任豁免权"，这将有助于缓解现有数据管理模式所带来的保守倾向。

"数据开放不当责任豁免权"实际上是一个介于相对人权利保护与政府数据保护之间的桥梁。其实，政府数据开放行为不当的评价实际上是一个以结果为导向的评判标准。现阶段，政府所承担的行政事务纷繁复杂，情况多变，在决策或管理的行动中，往往充斥着大量的裁量活动。裁量权的正确行使可能并不导致正确的行政结果发生。责任豁免机制则是以裁量时的实际情况为标准，对行政主体是否承担责任作出判断。以保护尽责而仅因为不利后果需要承担责任的行政主体。该机制主要在两种情形下发挥作用：一是在政府数据开放行为的决策过程；二是在法律规定不明确或具有裁量空间的数据开放决定领域。①

我国的政府数据开放还处于实践探索和发展阶段，政府数据开放的法律体系也在不断构建和完善之中。由于缺乏足够经验和正确的方法论指导，有些地

---

① 参见汤磊：《善意履职的责任豁免——以政府信息公开立法为例》，载《政治与法律》2014 年第 7 期，第 70 页。

方在推动数据开放改革时可能会犯下错误，甚至走入误区。要把“善意履责”作为豁免条件的认定标准，具体可分为三个要素：一是善意。这是指“主体对于值得信任的事实表象与现实不符情况的不知情”①。二是数据开放数据尽到勤勉义务，仍不可避免失误情况的产生，则无须担责。三是此举是出于公共利益考虑。这种情况下，第一，要把由于技术问题、执行不当导致的失误和错误，同主观上知道数据开放违法却故意视而不见的行为区分开来。而不是简单地将其归咎于改革者的主观意图。第二，要把法律法规尚未明确规定的探索性实验中的失误和错误，同法律法规明令禁止后依然不当开放政府数据的违法行为区分开来。第三，要把为推动政府数据开放的无意过失，同为懒政怠政、谋取私利的行为区分开来。

五、结　语

对政府数据开放的行为不当研究，本质上是对政府在处理这些庞大数据时应遵循的规则和界限所进行的探讨。通过法制约束与数据生命周期的分析，建立政府数据开放行为不当的阶段性判断标准，能够明确界定什么是不当行为，给负责相关机关的救济和公民的权利保障以清晰地指导。将政府数据开放的研究从风险预防的“事前”阶段向不当认定及其救济的“事后”阶段延伸。进一步来讲，法律制度必须建立起一套合理的框架，以确保在促进数据开放的同时，不会牺牲数据安全和个人权益。这要求政府在开放数据的时候，不仅要考虑到数据本身的重要性，还要充分评估开放数据的风险，并通过法律手段来保障这些风险得到妥善管理，实现“事前环节—事后环节”的闭环。只有当法律能够为政府数据开放提供一个稳定可靠的环境时，才能真正实现数据的价值最大化，从而推动社会进步与发展。

（初审：王昊禄；校对：陶虹任）

---

① 石一峰：《私法中善意认定的规则体系》，载《法学研究》2020年第4期，第131—149页。

论劳动者个人信息处理规则中的“必需”

2024年国家级优秀大学生创新训练项目课题组 *

摘　要：劳动关系从属性与劳资双方地位事实上的不平等，会导致平衡协调劳动者个人信息保护与处理二者关系的法律规则面临更多挑战。作为知情同意规则之例外的《个人信息保护法》第13条第1款第2项的“必需”事由规则，可以在劳动者个人信息处理中发挥更大的作用。但是，由于“必需”事由规则概念具有不确定性，导致其在实践中的可操作性较差，影响规则适用的相对确定性和可预见性。因此，有必要结合个案的实际情况，在具体适用劳动者个人信息处理规则时进行场景化探讨，以合法、正当、必要原则为基础，以比例原则为核心，对用人单位信息处理行为的目的之正当性、手段之必要性进行综合分析与评估。同时，应当注重考量信息处理活动可能带来的利益与风险，辅以合比例性的利益权衡，以此来纾解用人单位信息利用与劳动者个人权益维护之间的冲突。

关键词：劳动者个人信息；个人信息处理；“必需”事由规则；比例原则

个人信息兼具人格利益与财产利益属性，具有个人性和社会性等诸多利益面向①，国家对于重大突发公共事件的处理离不开对自然人信息的收集、整理和分析；与此同时，企业基于用工管理和市场营销的需要，有时也会陷入不当收集和处理个人信息的泥淖。因此，需要将平衡处理个人信息作为维护资源的正常利用和个人信息安全的纽带，既要满足信息处理者的合理需求，又要防止

---

* 课题名称：劳动者个人信息处理规则中的“必需”问题研究；课题主持人：霍怡然，中央财经大学法学院2021级本科生；成员：石佳启、廖嘉雯、刘钰佳、赖宇萱，中央财经大学法学院2021级本科生；指导老师：朱晓峰，中央财经大学法学院教授。

① 参见刘忠炫：《个人信息处理的合理限度——基于必要性原则的场景化分析》，载《上海政法学院学报（法治论丛）》2021年第5期，第153页。

对信息主体造成不当的权益侵害。

近年来，个人信息保护在我国法治社会建设中的地位日益凸显，2021 年《个人信息保护法》的出台更是在立法意义上确认了个人信息保护的重要性，该法明确了个人信息保护应遵循的原则和具体规则，为个人信息的保护与利用提供了规范基础。① 但即便如此，劳动者个人信息保护依然存在现实困境。其中，最突出的问题是，虽然《个人信息保护法》承认知情同意规则是个人信息处理的合法性基础，② 但劳动关系的性质和雇主雇员实力的悬殊却意味着以同意为核心的个人信息处理规则难以周延保护劳动者的合法权益，其在实践中甚至可能沦为用人单位处理劳动者个人信息的“避风港”而难以有效保护劳动者的合法权益。

在此背景下，《个人信息保护法》第 13 条第 1 款第 2、3 项规定的“必需”事由规则为知情同意规则之缺陷的填补提供了解释空间。但在实践中，由于该条款中所使用的“必需”属于不确定概念，因此极易出现用人单位对“必需”事由的滥用而无须承担相应责任的情况，如用人单位过度收集劳动者婚育信息，对劳动者进行人脸识别与指纹打卡泛化等③，忽视劳动者个人信息保护的需求。但是，如果对“必需”事由的界定过于狭隘，可能又会导致对用人单位用工管理权被不当限缩，影响个人信息处理的效率。因此，如何把握“必需”的限度，并在劳动者个人信息的保护和利用之间实现必要的平衡，构成学理与实务上关注的焦点。下文即以“必需”内涵及其限度的厘清为目的展开研究，以期为《个人信息保护法》第 13 条第 1 款的准确理解与适用提供理论支持。

一、问题检视：“必需”事由的理解偏狭与适用异化

（一）“必需”事由的概念模糊

《个人信息保护法》第 13 条第 1 款第 1 项规定的知情同意规则及第 2—4 项

① 参见程啸：《个人信息保护法理解与适用》，中国法制出版社 2021 年版，第 296 页。

② 参见高富平：《个人信息使用的合法性基础——数据上利益分析视角》，载《上海法学研究》集刊（2019 年第 13 卷·总第 13 卷），第 55 页。

③ 参见张珍星：《〈民法典〉背景下雇员个人信息保护的劳动法进路》，载《西安交通大学学报（社会科学版）》2021 年第 6 期，第 146 页。

规定的“必需”事由规则，是用人单位处理劳动者个人信息的合法性基石，在实践中发挥着重要作用。但囿于“必需”事由规则的固有局限，使前述规则在实践中往往因用人单位与劳动者二者之间的事实不平等问题而难以发挥保护劳动者合法权益的功能。

依据法律规定，当满足“为订立或履行合同所必需”“为履行法定义务所必需”“为实施人力资源管理所必需”“为应对突发公共卫生事件，或者紧急情况下为保护自然人的生命健康和财产安全所必需”的条件时，用人单位可以不取得劳动者同意而处理其个人信息。

“必需”作为不确定的法律概念，为了作为个人信息处理的合法处理事由加以适用，需要通过法律解释，使不确定的内涵和外延得以明晰，这要求裁判者适用相关法律时在个案中加以具体判断，并且需要结合人力管理实践予以价值判断。① 基于文义解释，“必需”为用人单位处理劳动者个人信息规定了“最小”的限度标准。当实施“必需”的信息处理行为时，在文义上包含两种意思，第一，需要与“订立或履行合同”“履行法定义务”“实施人力资源管理”“为应对突发公共卫生事件，或者紧急情况下为保护自然人的生命健康和财产安全所必需”的目的直接相关。第二，要求用人单位的处理行为对劳动者个人信息权益的影响降至最小，无论在信息处理的方式上还是在信息处理的范围和数量上。基于体系解释，“必需”的界定会受到其他合法性事由的影响，可能存在交叉适用的问题，如用人单位处理劳动者的敏感个人信息时应当取得劳动者的单独同意，甚至基于相关法律、法规要取得劳动者的书面同意。此外，通过审视第13条，立法者实际上是采取了利益平衡的方式设计出“必需”的合法性事由，因此需要配套一定的原则和标准来加以解释，但《个人信息保护法》本身并未明确说明如何界定信息处理行为是否“必需”，故本文引入比例原则作为判断用人单位的劳动者信息处理行为是否符合“必需”的原则和标准。

（二）“必需”事由适用存在实践偏离

用人单位在劳动关系中对劳动者个人信息的处理需求可谓是贯穿始终，劳

---

① 参见张耀文：《比例原则在雇员个人信息保护中的构造及适用》，载《交大法学》2023年第6期，第168页。

动者个人信息在此全过程中都面临着被侵害的现实的危险。而基于“必需”事由规则文义的模糊性与规范的开放性，这些具体的场景均在一定程度上可以纳入“必需”事由的免责范围。

根据我国《劳动合同法》第8条可知，用人单位为与劳动者缔结劳动关系而签订劳动合同之时，依法可知晓劳动者的基本情况。除特殊职位外，与劳动合同直接相关的“必需”信息主要包括劳动者的准入信息和部分身份认证信息。为保证缔约过程的顺利进行，用人单位需要对包含劳动者的一般身份信息、资历资质等适格信息的个人简历进行收集，特殊职业还涉及健康信息、犯罪前科信息等。在订约过程中的个人信息处理可以纳入“为订立、履行合同所必需”的规制范围。

在履约过程中，劳动者在工作过程涉及以及产生的各种个人信息往往因为其与用人单位之间的管理与被管理关系而被用人单位所获取。具体到用工场景中，如用人单位需要处理劳动者的指纹、人脸等生物信息，进行必要的身份认证以确保履约主体的特定性和适格性；处理银行卡号信息以履行支付工资的义务；处理姓名、电话、住址等基本信息建立公司内部通讯录以保障合同的顺利履行。这亦符合了“实施人力资源管理所必需”的要求，为用人单位提供了充分的免责基础。

当劳动关系结束后，虽然用人单位不再具备控制劳动者信息的合法性基础，但其依法可以对已经解除或者终止的劳动合同的文本至少保存两年备查，劳动者个人信息依然存在被泄露和非法利用的风险。用人单位仍可能以“为了维护用人单位的自身财产以及经营管理事务等合法权益，防范劳动者违背诚实信用原则”[①] 为由，为履行举证责任的“法定职责或法定义务所必需”原因处理劳动者个人信息。

1. 用人单位不当适用“必需”事由规则

由于《个人信息保护法》第13条中规定的3项“必需”事由尚无明确的法律定义，难以清晰界定其内涵与外延。这导致用人单位在处理劳动者个人信息时往往不当使用“为订立合同所必需”或“为履行法定义务所必需”这一笼

① 参见姜某与上海怡乐食食品科技服务有限公司经济补偿金纠纷案，上海市第一中级人民法院（2020）沪01民终10935号民事判决书。

统的目的，而无须详细阐释和说明信息处理的具体用途即可处理劳动者个人信息。这使劳动者对后续信息处理行为的开展缺乏了解和预期，从而增加了其个人信息权益受到侵害的风险。

在实践中，对于“必需”这一不确定概念的界定主要从用人单位的视角和利益出发，往往缺乏对劳动者利益的充分考虑。此外，由于“必需”并不等同于必要，因此用人单位在处理劳动者个人信息时，往往不会考虑对劳动者影响的最小化，这可能导致后续处理行为超出必要的限度，甚至于滥用“必需”事由规则，从而侵害劳动者的合法权益。

第一，用人单位过限适用“必需”事由规则。用人单位虽起初基于法定“必需”事由处理劳动者个人信息，但在行为持续过程中逐渐超过必要限度，未建立在对劳动者合法权益影响最小的基础上，此时亦可能构成对劳动者个人信息权益的侵害。例如，用人单位以“为订立、履行合同所必需”为由收集劳动者的个人通信信息建立公司内部通讯录，但在非工作时间利用网络通信手段向劳动者下达工作指令，该行为显然超出了履约限度，造成了对劳动者私人生活安宁的不当干扰，其合法性也存在考量空间。①

第二，用人单位滥用“必需”事由规则。实施人力资源管理本是《个人信息保护法》明确规定的用人单位处理劳动者个人信息的合法情形之一，但在实务中，用人单位常常将这一事由无限扩大，据此为自己的各种隐私侵害行为披上合法性外衣②。而用人单位的这种做法也常被法院所认可。③“必需”事由规则保护劳动者合法权益的立法预期亦因此而经常落空。这一现象从侧面反映出“必需”事由内涵的不确定性，往往导致该项规则成为用人单位获取或处理劳动者个人信息的合法性基础，阻碍了劳动者合法权益的实现。

2. 法院裁判不当适用“必需”事由

由于“必需”事由文义的模糊性与范围的开放性，其难以切实发挥有效指

① 参见喻术红、葛家欣：《〈民法典〉时代的劳动者私生活安宁权：确立与实现》，载《中国劳动关系学院学报》2022 年第 4 期，第 43 页。

② 参见姚佳：《论个人信息处理者的民事责任》，载《清华法学》2021 年第 3 期，第 41—54 页。

③ 参见田思路：《智能化劳动管理与劳动者隐私权的法律保护》，载《湖湘论坛》2019 年第 2 期，第 16—27 页。

导司法实践的作用。在司法实践中，法院以《个人信息保护法》第13条第1款第2—4项为裁判依据作出的判决大多是驳回劳动者的诉讼请求，主要理由包括：用人单位行为是为人力资源管理或订立、履行合同所必需；① 用人单位已经在相关管理制度中有效告知或在劳动合同中取得劳动者的有效同意；② 用人单位的信息收集行为因不构成侵犯劳动者隐私权而具有合法性，包括不符合隐私权的四个构成要件以及秘密性，和劳动者在信息收集时处于所谓的工作状态而非私人状态；③ 为了维护用人单位的自身财产以及经营管理事务等合法权益，防范劳动者违背诚实信用原则的行为；④ 用人单位基于特殊情形（如公共卫生事件与用人单位自身性质等）利用内部规章制度严格管理的需要；⑤ 用人单位的处理行为满足比例原则要求⑥等。

法院在适用“必需”事由时，往往忽视了“必需”的限度，不能矫正雇员个人信息保护失衡状态。例如，在张某娟案中⑦，法院即指出：“领达公司安装监控摄像头的目的是为保证工作场所人、财、物的安全，且安装的区域是多人工作的公共场所，非劳动者的私人生活区域，且安装的位置也通常在墙角上方，领达公司安装监控摄像头属普遍公司正常行使用人单位监管权。”然而，即使本案中用人单位的行为确实有助于实施人力管理目的的达成，但其也并非对劳动者合法权益损害最小的手段，而为保证用人单位的安全牺牲劳动者个人的隐私安全，亦不具有充分的合法性基础。另外，在施某莱案中，法院认为被告公司

---

① 参见修某、B有限公司隐私权纠纷案，山东省烟台市中级人民法院（2019）鲁06民终7145号民事判决书。

② 参见邝某与珠海市千层纸品包装有限公司劳动合同纠纷案，广东省珠海市中级人民法院（2020）粤04民终850号民事判决书。

③ 参见夏某、龙能城市运营管理股份有限公司武汉分公司等隐私权纠纷案，湖北省武汉市中级人民法院（2022）鄂01民终18885号民事判决书。

④ 参见姜某与上海怡乐食食品科技服务有限公司经济补偿金纠纷案，上海市第一中级人民法院（2020）沪01民终10935号民事判决书。

⑤ 参见内蒙古伊利实业集团股份有限公司广州分公司、张某善劳动合同纠纷案，广东省广州市中级人民法院（2022）粤01民终8148号民事判决书。

⑥ 参见东莞鸿图金属压铸电器制造有限公司与黄某劳动争议案，广东省东莞市第二人民法院（2019）粤1972民初1914号民事判决书。

⑦ 参见张某娟、深圳市领达小额贷款有限公司劳动合同纠纷案，广东省高级人民法院（2020）粤民申8843号民事裁定书。

出于企业经营、管理、办理业务等工作需要而处理施某莱的个人信息与物品，并无主观上的过错；[①] 在周某海案中，法院认为用人单位取得证据并非用于传播或损害劳动者的名誉和人格，只是作为其严重违纪的证据交给审判机关。[②] 这更是以主观目的的正当性掩盖了客观侵权的事实，变相地不当扩大了“必需”事由的适用范围。不当适用“必需”事由，会造成立法者平衡用人单位管理利益和劳动者个人信息权益的立法目的的落空，不利于实现劳动者个人信息保护和利用的动态平衡。

二、寻本溯源：劳动场景中“必需”事由规则滥用的原因探析

（一）劳资双方地位失衡

劳资关系是一种具有从属性的特殊的人身财产关系的总和，虽然劳动者与用人单位在法律上是平等的，但这不能掩盖实然上“资强劳弱”的格局。劳动场景的这一固有的特点，构成了“必需”事由规则在相应实践中被滥用的内在原因。如针对《个人信息保护法》第 13 条第 1 款中为订立、履行合同所必需，劳动者对合同有关条款的充分知情与有效同意是其与用人单位达成合意，从而使合同得以成立的基础。而在非对称的劳资关系下，基于用工管理与追求高效的目标，用人单位在合同订立上往往采用无须与劳动者协商的格式条款，劳动者表达意思的范围仅限于同意与否。而在处理个人信息相关条款的设置上，用人单位也常通过烦琐冗长的告知形式或对实质性内容进行避重就轻的处理，进一步提高劳动者的知情门槛，刻意扩大双方间本就悬殊的信息差。在选择权空间被无限压缩的合同中，劳动者难以拥有真正的意思自由。更遑论用人单位单方制定的、以维护其利益为目的的劳动规章，抑或以基层工会集体合意概括地

① 参见施某莱诉合益管理咨询（上海）有限公司劳动合同纠纷案，上海市第一中级人民法院（2016）沪 01 民终 12182 号民事判决书。

② 参见无锡小天鹅股份有限公司与周某劳动合同纠纷案，江苏省无锡市新吴区人民法院（2018）苏 0214 民初 3508 号民事判决书。

取代劳动者个人同意的集体合同。① 再如，“实施人力资源管理所必需”的事由也往往在实践中因劳资双方认知水平的显著差异而现实侵害劳动者的合法权益。在万物互联的信息时代，具有雄厚财力与更高水平认识的用人单位会采用更多的高精尖的科技手段以更好满足自身的管理需要，这也导致实施人力资源管理的新方式层出不穷，如采用面部、指纹等各种生物信息识别。而这种无孔不入的信息工具不仅进一步现实地侵占了劳动者的个人隐私空间②，其获取方式的隐蔽性也更使得普通劳动者甚至无从得知其何种个人信息在何时何处被收集，从而实质上丧失了对个人信息的掌控力，自然也无从主张个人的合法权益。

（二）规则缺乏具体操作路径

“必需”事由规则的文义存在模糊性，使其在具体界定上存在困难，因而在实践中存在被过限解释与滥用的风险。

例如“为履行法定职责或法定义务所必需”事由中的“法定”一词典型的具有十分广泛的意涵。在劳动场景中，关于用人单位法定义务的规定散见于诸多法律文件和行政法规中，其中比较具有代表性的便是《劳动法》《劳动合同法》《社会保险法》和《工伤保险条例》等与劳动领域密切相关的法律法规，当然也有《国家安全法》《公共场所卫生管理条例》等与社会公共利益密切相关的法律文件，其中不少法定义务的履行会涉及劳动者个人信息的处理。由此可知，由于现行法中关于用人单位所履行的法定义务的规定并不体系，导致与之相关的“必需”更多地需要在个案中把握。

再如，“依法在合理范围内处理个人自行公开或者其他已经合法公开的个人信息”的事由在规范中只是一概而论地同等对待所有的个人信息，而并未具体区分一般个人信息与敏感个人信息。然而，一般个人信息与敏感个人信息在泄露时对劳动者的损害程度显著不同，对于敏感个人信息应当采取相较一般个人信息更为严格的保护措施。不同于欧盟《通用数据保护条例》（GDPR）第 9 条规定的原则禁止、例外许可，我国《个人信息保护法》为敏感个人信息作出了

① 参见王全兴：《劳动法》（第 4 版），法律出版社 2017 年版，第 255 页。

② 参见易江鹏：《个人信息保护中的知情同意原则：困境与出路》，载《上海法学研究》2021 年第 1 期，第 111—120 页。

“特定目的”和“单独同意”制度的特别保护,① 但由于“单独同意”也是在第 13 条第 1 款第 1 项的“同意”范畴之内，而本文所讨论的第 2、3 项是与“同意”并列的无须“同意”的情形。简而言之，用人单位不用再另外取得劳动者的单独同意便可以通过法定事由处理其敏感个人信息。如此一来，“必需”事由规则过于简略的规定不仅难以兼顾劳动者的一般个人信息保护，也存在将敏感个人信息的特殊保护制度置若罔闻的风险。

（三）信息侵权救济机制存在弊端

针对劳动者个人信息侵权相关案件的现行法律救济途径，由于其尚未纳入我国劳动争议仲裁制度的受理范围,② 故劳动者只能通过民事诉讼程序进行权利救济。根据民事诉讼“谁主张，谁举证”的原则，劳动者一方是举证责任的承担主体。而作为相对弱势的一方，劳动者一般难以对用人单位的侵权行为提出确切证据，抑或为此付出大量的时间与精力成本。而数字时代更强化了用人单位信息控制者的地位，层出不穷的新技术使用人单位与劳动者之间的信息不对等更加明显，使得劳动者的举证面临更大的困难。

在劳动者证明用人单位的信息侵权行为及其损害程度时，虽然《个人信息保护法》已经充分考虑包括劳资关系在内的信息主体与信息处理者的力量差异，将涉及个人信息侵权案件的归责原则规定为过错推定原则，改善了《民法典》人格权编与侵权责任编对此类案件的归责原则规范不明确的弊端，以及由此导致的司法实践中不同法院采用不同归责原则的情况,③ 但是仍然无法从根本上改变劳动者举证困难的现状。但是，对于劳动者而言，个人信息权益损害与涉嫌侵害人的关联、侵害个人信息权益导致的间接损害与涉嫌侵害人的因果关系也难以证明。④ 而在司法实践中，法院亦有时可能忽略用人单位与劳动者之间

① 参见王利明：《敏感个人信息保护的基本问题——以〈民法典〉和〈个人信息保护法〉的解释为背景》，载《当代法学》2022 年第 1 期，第 9 页。

② 参见李伶俐：《用人单位对劳动者个人信息义务性保护缺失的分析》，载《学术交流》2014 年第 4 期，第 61—64 页。

③ 参见庞某与北京趣拿信息技术有限公司等隐私权纠纷案，北京市第一中级人民法院（2017）京 01 民终 509 号民事判决书。

④ 参见刘俊宜、钟邓鹏、李毅：《公法视域下的劳动者个人信息保护——以保障劳动者知情同意权为研究视角》，载《中国劳动关系学院学报》2023 年第 5 期，第 62 页。

的实质不平等关系，导致劳动者的举证责任畸重。①

最后，在民事诉讼中用人单位的责任承担方式也相对轻微，其往往无须承担经济上的不利后果。劳动者只能通过请求用人单位排除妨碍、消除危险等方式救济自身合法权益。比如，如果个人信息权益的侵害给劳动者带来生活上的不利影响，则用人单位应当赔礼道歉，而对于精神抚慰金，则不仅需要劳动者提出切实证据证明，数额也很难确定，同时法院在很多情况下亦不一定支持此类请求。②

综上所述，在可选择的权利救济途径范围中，劳动者维权付出的成本与收益十分不成比例。

三、理据进路：劳动者个人信息处理中比例原则的引入与适用

《个人信息保护法》第 5 条规定了信息主体处理他人个人信息时应当遵循的合法、正当、必要这几个最基本的原则，然而，在劳动者个人信息处理的场景，想要准确贯彻这 3 个原则的要义，实属不易。其中最核心的问题是，如何判定用人单位在处理劳动者个人信息时是否同时满足合法性和合理性的要求？对这一问题的结论直接关系到用人单位处理手段合“必需”性的判定。实际上，合法性和合理性在劳动者个人信息处理场景中的适用并非全有全无，尤其在合理性层面，会牵涉到用人单位的效益与劳动者个人信息权益，甚至社会公共利益与私人利益的权衡问题。因此，“必需”事由规则的认定标准中体现了比例原则的应有之义，讨论劳动者个人信息处理中比例原则的引入与适用，不仅能够为准确适用个人信息处理的基本原则提供基准，同时能够达到平衡劳资双方合法权益的最终目的，在劳动者个人信息保护场景中具有独特价值。

---

① 参见韦杰：《劳动争议案件引入举证责任减轻制度研究》，载《广西民族大学学报（哲学社会科学版）》2020 年第 2 期，第 176 页。

② 参见杨立新：《私法保护个人信息存在的问题及对策》，载《社会科学战线》2021 年第 1 期，第 193 页。

（一）在劳动场景中引入比例原则的必要性

较之其他个人信息保护场景，劳动者个人信息保护的特殊之处在于劳动关系从属性的显著特征。劳动关系，指劳动者和用人单位之间在实现社会化的劳动过程中所产生的社会关系，其主体为劳动者和用人单位，同时具有人身关系和财产关系的双重属性。劳动关系的从属性具体体现为职责上的隶属性、权利上的不对等性和劳动者对用人单位的依赖性，这在根本上来自用人单位掌握生产资料优势的经济基础。[①] 而这一特征在个人信息处理的语境下，也意味着在用人单位收集处理劳动者个人信息时，即便劳动者已经预知到了个人信息存在被侵犯的风险，仍会选择服从管理的“非理性选择”。这种事实和法律上的弱势地位使得劳动者在实际上难以真正实现自由、自愿地进行选择。此外，劳动者个人信息的处理还具有阶段性的特点。其他主体的个人信息处理一般只发生在某一固定阶段，例如对消费者个人信息的收集处理就只发生在消费过程这一固定阶段中，与之不同，劳动者个人信息的收集处理始终贯穿求职、正式入职以及劳动关系终止过程中的方方面面，从而容易对法益造成更持续深刻的损害。

处理个人信息应当遵循的合法、正当、必要原则，也同样适用于劳动者个人信息的处理场景。如上所述，劳动关系存在显著的从属性特征，在劳动者个人信息处理中，用人单位往往拥有更多的控制权和决定权，而劳动者的知情权、选择权等相关合法权利可能受到限制。因而，有必要结合劳动场景对个人信息处理的基本原则进行特殊化分析，在此基础上引入比例原则，探寻一条对劳动者个人信息处理的合“必需”性作出完整、准确判断的路径。具体而言，首先，比例原则的适用，为用人单位判断自身信息处理行为的必需性程度提供审查方式，为用人单位的自我审查提供指导，从而有助于从源头上阻断不当信息处理行为对劳动者合法权益的干扰。用人单位在缔约、履约等多个环节，都需要对劳动者的金融、健康以及学历、通信等信息作出处理，其中不乏对个人信息权益干预最大的敏感个人信息。适用比例原则的目的就在于为用人单位判断

---

① 参见肖竹：《劳动关系从属性认定标准的理论解释与体系构成》，载《法学》2021年第2期，第169页。

其信息处理行为是否具备合法性基础、是否满足最小必要的要求提供指导，通过用人单位的自我审查，起到有效限缩用人单位权利不当扩张的作用。其次，比例原则在审查涉及劳动者与用人单位隐私权限纠纷类案件中，也以其提供的审查体系和步骤框架而为法院指明进路，在利益权衡的基础上作出公正合理的审判。因此，在劳动场景中引入比例原则具有充分的必要性。

（二）在劳动场景中适用比例原则的正当性

比例原则的概念最早被应用于行政法领域，力求实现行政行为所维护的公共利益与公民的私人利益之间的平衡，确保行政职能目标的达成和行政相对人合法权益的正当维护。此后，比例原则以其具有的倾斜保护私人权益的独特价值而在个人信息保护领域也展现出了重要的作用。聚焦于劳动者个人信息处理场景中，用人单位与劳动者双方利益衡量的过程需要依赖于比例原则的四阶审查方法，相较于较为笼统和泛化的《个人信息保护法》中确立的处理个人信息时需要遵循的基本原则，比例原则的适用也有助于维护劳动者个人信息权益和用人单位合法权益的平衡状态，确保无明显不合理的失衡现象发生。

1. 比例原则在个人信息保护中的适用空间

《个人信息保护法》在第5—9条指明了个人信息处理活动的基本遵循，其中，第5条规定的原则为总体原则，为后面几条原则的展开提供了必要前提。但值得一提的是，作为总体遵循的合法、正当和必要原则在《个人信息保护法》中并未明确阐释，无法仅通过法条文义推断出审理个人信息侵权案件时的审查标准，在个人信息保护领域的具体适用存在一定的难度。第6—9条为具体原则，其中第6条要求在进行个人信息处理活动时需要满足目的明确、手段必要、最小侵害范围的条件，不难发现，这些细致要求不仅是对第5条中总体原则的具体展开，还处处呼应了比例原则的四阶审查步骤。① 由此可见，比例原则作为发轫于公法领域的基本原则，虽未在《个人信息保护法》中明确体现，但《个人信息保护法》第5、6条的原则性规定能被视为是对比例原则精神的表达，在个人信息保护领域引入比例原则也因其对个人信息所有者的独特保护价

① 参见崔梦豪：《比例原则在行政诉讼中的适用——以28个典型案例为分析对象》，载《财经法学》2019年第2期，第130页。

值而具有适用意义和正当性。①

2. 比例原则以限制权利不当扩张为目的

归因于劳资双方地位从属性和用工管理权限的荫蔽，劳动者个人信息处理场景与其他个人信息处理场景相比具有明显的特殊性，比例原则在劳动者个人信息保护领域的适用价值被充分彰显。依据比例原则的审查程序和标准解决劳动者与用人单位的信息权益纠纷，在比较法领域中也有广泛体现。在最早应用于公法领域之时，比例原则的主要目的是防止国家权力的不当、无序扩张侵犯公民合法权益的主张，为规范国家权力的合法合理行使提供标准与尺度；② 在劳动者个人信息处理场景中，比例原则的目的就在于限缩用人单位用工管理权的不当行使，维护劳动者的合法信息权益，从而实现对劳资双方失衡地位的矫正和《个人信息保护法》基本理念的贯彻。

由于在劳动者个人信息处理领域，用人单位的处理目的包括履行保护义务和保障经营两大类，对于前者而言，基于保护公共利益和劳动者私人身体健康、工作场所安全利益等目的的保护义务而收集处理劳动者个人信息具有正当性基础，但保护义务的履行也需要严格遵守比例原则的要求，禁止以保护义务为幌子而作出的越界处理行为；对于后者而言，由于劳动者与用人单位的地位相差悬殊，因用工管理权限的行使而让渡劳动者个人信息权益的现象屡见不鲜，故比例原则的行使意图在于将劳动者的个人信息权限置于受到倾斜保护的框架之下，从而有效规制用人单位以人力资源管理为由实施的信息处理行为。

（三）比例原则在劳动场景中的多维展开

在劳动场景下，《个人信息保护法》中合法、正当、必要原则的应用需要遵循一定的位阶秩序：若用人单位的信息处理行为不符合在先位阶的基本原则的要求，则没有必要进一步探讨是否满足在后位阶的基本原则的要求。合法、正当、必要原则之间存在内在统一关系，不可截取式适用，也不可以淡化或甚

---

① 参见刘权：《适当性原则的适用困境与出路》，载《政治与法律》2016 年第 7 期，第 100 页。

② 参见蒋红珍：《论适当性原则——引入立法事实的类型化审查强度理论》，载《中国法学》2010 年第 3 期，第 66—75 页。

至放弃位阶秩序的方式抽象适用。[①] 应当认为，合法性原则属于判断用人单位实施的信息处理行为形式合法性的范畴，作为后续判定是否符合“必需”限度的前提，正当性原则和必要性原则则是实质合法层面的指导原则。具体而言，首先，合法性是正当性的应有之义，因此应当先判断用人单位实施的信息处理行为是否违反相关法律，否则无须进一步判定其是否符合正当性的标准。其次，必要性原则的判断，趋向于采取客观的目的取向，即着眼于达成采取手段所欲实现的目的。而均衡性原则，亦即合比例性原则，主要偏向于价值判断，其着眼于手段所保护或实现的利益是否超过造成的损失。

综上，可以将比例原则视为合法、正当和必要原则的统合，从而树立其在“必需”限度界定过程中的核心地位。利用比例原则的四阶分析法对“必需”的内涵进行深入阐释，有利于综合考量信息处理活动的目的、手段、范围等因素，进一步明确界定必需和非必需事由的标准，进而判定在具体的劳动场景中用人单位对劳动者个人信息的处理是否构成侵权。

1. 合法原则

合法原则主要起到规范指引的功能。[②] 用人单位处理劳动者个人信息时必须有合法性基础。具体而言，在法律法规有明确规定的情形下，首先，用人单位等信息处理者应当遵循其规定，例如《个人信息保护法》《民法典》《数据安全法》等。其次，用人单位必须履行相关法律法规设立的义务。有学者认为，个人信息的合法性原则包含着 3 个递进的要件，也即，首先为目的合法，在使用个人信息的目的不违法的前提下；其次需要有处理信息的合法性基础；最后处理行为的方式、手段需合法。例如，根据《个人信息保护法》第 5 条和《民法典》相关规定，处理个人信息不得通过诱导、欺诈、胁迫等方式，不得违反法律、行政法规的强制性规定，不违背公序良俗。[③] 若用人单位的信息处理行为满足上述条件，即可视为具有合法性。但在合法原则之外，还需要进一步具

① 参见刘权：《比例原则审查基准的构建与适用》，载《现代法学》2021 年第 1 期，第 150 页。

② 参见张新宝：《个人信息处理的基本原则》，载《中国法律评论》2021 年第 5 期，第 19 页。

③ 参见高富平：《同意≠授权——个人信息处理的核心问题辨析》，载《探索与争鸣》2021 年第 4 期，第 90 页。

体分析此种个人信息处理行为是否符合《个人信息保护法》的其他基本原则。

合法原则主要适用于界定“为实施人力资源管理所必需”以及“为履行法定职责所必需”的限度，主要包含内容合法和程序合法两方面的内涵。这意味着，一方面，在内容上，用人单位与劳动者制定的劳动规章制度和签订的集体合同应当符合《个人信息保护法》以及相关法律为处理者设定的处理个人信息规定的要求；另一方面，在程序上，应当充分听取劳动者的意见和建议，允许职工和工会参与到劳动规章制度的制定与集体合同的签订过程中。

2. 正当原则

正当原则要求用人单位实施信息处理的行为应建立在合法处理和保障人格尊严的基础之上，若行为欠缺合法性基础且违背人性尊严，正当原则便失去了其适用空间。①

正当原则的内涵集中体现在目的正当和手段正当两个方面，要求用人单位处理劳动者个人信息的行为应同时满足目的和手段的正向价值判断。目的正当总体上要求用人单位处理劳动者信息行为的目的是正当、明确和特定的，应为促进个人利益或者社会公共利益的实现而不是出于损害他人利益或者损害社会公共利益等不当目的。② 我国对用人单位的信息处理权限有部分法律条文规定，例如《劳动合同法》中，用人单位具有了解劳动者与签订劳动合同相关的个人信息的知情权，劳动者应当如实告知。其中，目的明确、特定是劳动者信息正当处理的前提，需要信息处理者在其目的表述中尽可能提供更多细节。与此同时，用人单位处理劳动者信息还必须合理，即需符合合法的私人利益和社会公共利益保护的需要。③《个人信息保护法》第 13 条第 1 款第 2—4 项为劳动关系场景下的信息处理行为提供了目的正当性基础。而具体而言，个案中的个人信息处理行为是否满足目的正当性的要求，需结合具体情形进行实质性判断。

用人单位可以基于劳动法律关系等赋予的管理权等权利在一定程度上限制

---

① 参见王丽洁：《个人信息处理中比例原则审查基准体系的建构》，载《法学》2022 年第 4 期，第 53 页。

② 参见张新宝：《个人信息处理的基本原则》，载《中国法律评论》2021 年第 5 期，第 20 页。

③ 参见刘权：《论个人信息处理的合法、正当、必要原则》，载《法学家》2021 年第 5 期，第 5—6 页。

劳动者个人信息权益，但必须受限于目的正当性的要求。信息主体承担的法定容忍义务不是无限度的，这个界限即为正当性的限度。① “目的正当性”中的“目的”应是用人单位的真实目的，而非其宣称的目的，这需要结合实际中的信息处理行为以及具体法律规定综合作出判断。② 然而，目的正当并不意味着用人单位可以因此随意处理劳动者信息，因为目的正当不是手段正当的充分必要条件。③ 目的的正当性对于与其直接相关的手段属于正向的激励，④ 手段正当性则要求用人单位处理劳动者个人信息时采取的手段应当符合公序良俗的要求，不得违背一般劳动者的合理期待。⑤

3. 必要原则

必要原则在个人信息处理中发挥着“阀门”的调节作用，能够平衡信息自由与人格利益之间的利益冲突。具体到劳动场景中，必要原则主要包含以下三点内涵：

首先是手段适当性，这要求用人单位处理劳动者个人信息的行为与追求的目的之间具有高度关联性。根据风险由高到低，要求的“目的—手段”的关联度也因此从严格到宽松。⑥ 对一般信息而言，应对“目的—手段”关联度作宽松理解，而在敏感信息的情形下，应对“目的—手段”关联度作严格解释。⑦

其次是最小必要性，这要求用人单位确保其实施的信息处理行为对劳动者造成的影响与可能的损害最小化。这种最小必要性意味着用人单位应当在同等

① 参见刘思婷：《侵权责任视角下个人信息处理合法性基础的认定》，载《互联网天地》2022 年第 2 期，第 26 页。

② 参见张耀文：《比例原则在雇员个人信息保护中的构造及适用》，载《交大法学》2023 年第 6 期，第 165 页。

③ 参见刘权：《论个人信息处理的合法、正当、必要原则》，载《法学家》2021 年第 5 期，第 8 页。

④ 参见金龙君、翟翌：《论个人信息处理中最小必要原则的审查》，载《北京理工大学学报（社会科学版）》2023 年第 4 期，第 141 页。

⑤ 参见张新宝：《个人信息处理的基本原则》，载《中国法律评论》2021 年第 5 期，第 20 页。

⑥ 参见王丽洁：《个人信息处理中比例原则审查基准体系的建构》，载《法学》2022 年第 4 期，第 49—54 页。

⑦ 参见申卫星、杨旭：《论订立合同作为个人信息处理合法性基础的限缩适用》，载《南京社会科学》2022 年第 4 期，第 86 页。

有效性的前提下选择产生最小损害的手段。出于降低个人信息风险的目的，用人单位应全面考量个人信息的类型、处理目的、处理范围、处理场景以及此种个人信息处理行为可能造成的风险和不利影响等多种因素，从而在其中挑选一个具有相对最小损害的处理手段。①

最后是合比例性，即适用利益衡量标准，要求用人单位实施的信息处理行为对劳动者造成的损害与为其自身带来的收益之间成比例。在劳动场景下，判断损害与收益是否成比例，需综合考量用人单位经济利益、劳动者个人信息权益所受损害、用人单位手段成本与公共利益等因素。

四、优化方案：劳动场景中符合“必需”限度的处理行为模式

如前所述，在厘定了劳动场景中“必需”事由规则的本体，阐释了劳动场景中引入比例原则的意义，从而明确劳动场景中“必需”事由的评估原则后，本文最终需要解决的是，在劳动场景下，如何处理劳动者个人信息才是符合“必需”限度的。在具体劳动场景中，我国《个人信息保护法》第5、6条规定了用人单位处理劳动者个人信息时应遵循的一般原则，其可为界定“必需”提供一个完整的、清晰的、体系化的衡量标准。而基于劳动关系所具有的从属性特征，劳动者个人信息的处理场景有别于一般的个人信息处理场景，需要运用动态系统的评价方法，在坚持合法、正当、必要和诚信原则的基础上，结合比例原则，在劳动场景中构建类型化的“必需”限度处理行为模式，以期在用人单位进行信息处理行为时为其提供参考，从而消解用人单位管理权与劳动者个人信息权益之间的僵持关系，平衡劳动者信息的利用与保护。

（一）界定“必需”限度应遵循的评价方法

对于某一具体的信息处理的必需性进行评估与认定时可以采纳的评价方法有综合考量论、动态系统论等选择，本文认为，动态系统论为更优选择。传统

---

① 参见刘权：《论个人信息处理的合法、正当、必要原则》，载《法学家》2021年第5期，第9页。

的审判方式下通常采取构成要件论的评价方法。构成要件论要求分解法律规范的构成要件，各个要件之间是互相孤立的，在认定是否产生某种法律效果时，需要对构成要件的完整性进行判断，只有构成要件全部满足时，结论才一定发生。反之，其中任何一个要件无法满足，结论就不会发生。[①] 构成要件模式能够将法律规范进行具体直观的分解，使其更清晰明确，但随着大数据时代的来临，劳动者个人信息收集与运用的方式更加多样化，导致劳动者个人信息的保护面临着更大的挑战，个人信息受到损害的可能性增大。在这种情况下，构成要件论过于僵化，难以有效地解决更为复杂的新型问题。综合考量论要求法官在具体案件中根据案涉的各种因素进行考量，从而进行综合比较和利益权衡，该评价方法更强调法官在司法实践中对于案情的灵活把握，但在这种评价方法下，案件的判断易受到法官的主观情感的影响，不确定因素较强。[②] 而动态系统论的观点认为，法律评价会根据不同的状况而具有不同的内容，对所有的状况进行预设是不切实际的，但可以对其提供一个评价的框架，法官可以在此框架内作出价值判断。这样既承认了法官的自由裁量权，突出法官的办案主体地位，又将法官的判断限定在规定框架内，增强了法律评价的可预见性。[③] 基于动态系统论的观点，在审理劳动者个人信息侵权类案件时，应当综合考量要件背后的关键因素，关注要件间的动态平衡，保证总体上能够达到与类案相似的裁判标准即可，无须要求其达到某个固定的要件标准才认定侵权责任成立。

在劳动者个人信息侵权类案件中，需由受到侵害的劳动者本人提供法律规定的能够证明用人单位侵权的证据，从而认定用人单位侵权责任，而依据动态系统论的视角，法官则会承担更高程度的判断义务，劳动者的证明责任将部分转移到法官的判决论理之中，减轻了劳动者的举证责任，更有助于维护司法公正。法官除了基础的目的正当性与合法性审查之外，还需要对诸如处理行为的

① 在构成要件模式下，判断用人单位对劳动者个人信息的侵权责任是否成立，需要看是否符合存在侵害行为、造成损害结果、行为和结果之间存在因果关系、行为人有过错四个构成要件。全部符合即构成侵权，倘若有一项构成要件不符合，就不构成侵权。

② 在综合考量论的观点下，判断用人单位对劳动者个人信息的侵权责任是否成立，主要依靠法官提取案涉的各个因素进行综合考量，从而作出判断。

③ 在动态系统模式下，可以建立劳动者个人信息侵权的评价框架，其中可包括个人信息处理行为的过错程度、受侵害个人信息的敏感程度、个人信息处理目的的紧迫程度等。

紧迫性、手段的有效性、利益与风险等因素进行审查，对各个因素存在的强度、影响以及它们在整体权重中的相互作用关系进行考量，注重发挥因素之间的协同和互补作用，作出综合的、动态的评价，从而在灵活性与确定性有机统一的基础上实现利益权衡效益的最大化。

在动态系统模式下，认定“必需”的各个因素被分解开来，根据各个因素是否满足来认定是否符合“必需”事由，根据各种因素发挥的不同作用及其影响程度的不同选择“必需”的认定标准。动态系统论认为，各因素之间具有互补性，某一因素的低满足度可以通过另一因素的高满足度而弥补。① 例如，用人单位出于维护产品或食品安全等与公共利益和人身利益密切相关的紧迫目的而处理劳动者个人信息时，可以对该行为的“必需”认定予以适当放宽，其维护社会公益的目的可以维护“必需”认定标准较低的状况，不应僵化适用手段最小必要性的要求。反之，在界定处理敏感个人信息行为的“必需”时应当采取比处理一般个人信息行为更为严苛的标准，法官在进行审查时也需要对其加以注意度更高的审查。在个人信息处理活动中，并不能够对不同主体作出绝对分明的利益取舍，而在这种情况下，动态系统论便能够提供一种更适合的选择，即尽可能地指出需要考虑的因素及其权衡，给予司法者一个统一的指导原则。这种动态系统的评价方法能够对比例原则进行更为合理地适用，通过全面考量有效兼顾双方利益，对相互冲突的利益予以权衡。在分析得出应当采用动态系统论的评价方法后，本文接下来讨论的是，用人单位采取何种信息处理行为才符合“必需”限度。

（二）用人单位实施信息处理行为时必须具备合法性基础

用人单位实施信息处理行为首先需要具备合法性基础。合法性主要体现在用人单位依据“实施人力资源管理所必需”而进行的信息处理行为，在具体的劳动场景中，用人单位对于劳动者信息处理行为的合法性主要体现在如下两个方面。

---

① 参见胡学军：《民法典“动态系统论”对传统民事裁判方法的冲击》，载《法学》2021 年第 10 期，第 140—153 页。

1. 信息处理行为必须具备内容合法性

在内容合法性方面，劳动规章制度和集体合同所涉及的内容十分广泛，因而用人单位一方面需要注意劳动规章制度和集体合同的内容是否遵循了《劳动法》《劳动合同法》以及相关法律规定，另一方面则应当注意其内容是否符合《个人信息保护法》以及其他法律中有关个人信息处理的相关规定。只有当用人单位信息处理行为的内容同时满足上述法律规定时，其内容才具备合法性。

2. 信息处理行为必须符合程序合法性

在程序合法性方面，用人单位需要保证其劳动规章制度的制定、修改和劳动合同的订立、变更、解除遵循《劳动合同法》的相关规定。用人单位应当注重民主程序在规章制度制定、修改和劳动合同的订立、变更、解除时的应用，充分听取职工的意见和建议，保障劳动者享有劳动权利和履行劳动义务。

合法性是用人单位进行个人信息处理行为的基础，只有当个人信息处理者的行为符合法律规范时，才需要考量其目的必需性、手段必要性以及进行利益权衡。

（三）用人单位实施信息处理行为时应具有必需目的

在合法性基础上，用人单位的信息处理行为需要具备目的之必需性。考虑到劳动法律关系的存在，用人单位可以基于财产权、管理权等理由给劳动者的部分个人信息施加一定程度的限制，但用人单位对劳动者个人信息权益的限制也应当受到一定的约束，[①] 这种约束要求用人单位实施信息处理行为时依据的理由应当符合“必需”要求，在劳动关系场景下体现为处理目的的存在与否及其合理性和必需性的强度。由此，目的的必需性边界，既是用人单位开展信息处理活动的边界，也是判断用人单位是否需要承担法律责任的边界，更是实现劳动者信息权益保护的边界。用人单位对劳动者个人信息实施的处理行为背后欲实现的目的“必需”内含以下三方面内容。

1. 信息处理行为的目的应当具有正向性的价值内核

信息处理行为的目的是用人单位处理劳动者个人信息背后的真实意图，而

---

① 参见张耀文：《比例原则在雇员个人信息保护中的构造及适用》，载《交大法学》2023年第6期，第161页。

非其对外宣称的处理目的。[①] 这种真实目的应具有正向的价值内核。依据《个人信息保护法》第 13 条，劳动关系场景下信息处理行为的正当性基础主要有“订立或履行合同之必需”“实施人力资源管理之必需”“履行法定义务之必需”3 种情形，当信息处理行为具备以上 3 种合法性来源时，其正当性相对较充分，[②] 必需性也更强。用人单位对劳动者个人信息实施的处理行为贯穿于劳动合同的订立、履行及终止阶段，[③] 具体涉及劳动者的准入信息、身份认证信息和企业管理信息几类，每一个阶段都对应着不同的信息处理目的。但值得注意的是，3 种合法性必需事由虽有其独立的适用空间，但在实践中不可避免地会出现彼此交叉重叠的情况，用人单位实施的某一项信息处理行为可能同时有多重目的。例如，在工作场合安装智能监控，用人单位的目的既可能是出于人力资源管理的需要而考察员工在工作时的尽职勤勉程度，也可能是出于履行法定义务的需要而确保员工在履职过程中的人身和财产安全。对于这种同时具备多重目的的信息处理行为，其中的每一项目的都应分别符合正当性要求，从而确保整体的信息处理行为所欲实现的所有利益均符合正向价值判断。

2. 信息处理行为的目的应当与正当性基础直接相关

目的的必需性还体现为目的与上述正当性基础直接相关，如果仅为间接相关，则不符合目的必需性的要求。[④] 在浙江贝纶丝线公司与钱某的劳动纠纷案[⑤]中，浙江贝纶丝线公司虽辩称其获取钱某微信聊天数据的目的是判断钱某是否存在泄露公司商业秘密的行动倾向，从而实现企业管理的目标，但公司并非基于与用工管理直接相关的原因而处理钱某的个人信息，而是仅仅以怀疑钱某泄露公司商业秘密为由擅自处理，公司行为背后的意图其实是为辞退钱某寻找借

---

① 参见王东方：《职场电子监控的法律规制——以比例原则为核心的分析》，载《东北大学学报（社会科学版）》2023 年第 3 期，第 116—123 页。

② 参见张继红、郑书康：《论劳动者个人信息处理的合法性基础》，载《上海大学学报（社会科学版）》2022 年第 1 期，第 1—17 页。

③ 参见杨勤法、程圆圆：《劳动者个人信息权益保护的法律困境与对策》，载《中国人力资源开发》2022 年第 6 期，第 97 页。

④ 参见丁国民、叶姝洁：《论个人信息处理中比例原则的适用》，载《北京邮电大学学报（社会科学版）》2023 年第 3 期，第 47—55 页。

⑤ 参见浙江贝纶丝线有限公司、钱某劳动合同纠纷案，浙江省海宁市人民法院 (2021) 浙 0481 民初 5360 号民事判决书。

口，其目的必需性自然无从谈起。

3. 信息处理行为的目的应当特定、明确

关于目的的要求，《通用数据保护条例》第5条用了3个限定词语，分别是“特定”“明确”和“合法”。对此，我国学理上有观点认为，“明确”包含两层含义：一是表达清晰、不模糊；二是范围要有限定。[①] 该观点值得赞同。这意味着“明确”实际上囊括了目的明确和特定两方面的具体要求。

首先，根据目的的明确性要求，用人单位不能仅仅依据“为订立或履行合同”“为实施人力资源管理”“为履行法定义务”这种笼统的目的而处理劳动者的个人信息。此类模糊的表达容易导致劳动者无法参透用人单位信息处理的真实目的，从而缺乏对后续信息处理行为的预期。尤其是随着人工智能和大数据分析技术的发展，自动化的信息收集与处理机制被频繁应用于用人单位的经营管理中。这种情况下，一旦用人单位对信息处理的目的表述模糊，极易导致劳动者对提供个人信息的后果没有清晰的认知，[②] 从而无法充分应对其个人信息可能面临的风险。因此，用人单位应当注重目的内容的明确性，即信息处理行为的目的应当要披露足够多的细节，并且具备明确、清晰、能够为劳动者所了解的指向性。

其次，信息处理行为的目的应当满足特定性的要求，特定既包括时间上的特定，也包括内容上的特定。具体而言，用人单位信息处理行为开始的时间和持续的时间跨度应当是特定的，也即时间范围必须要加以限定；再有是内容应当特定，即用人单位信息处理行为的内容应当要详细到能够确定何种信息处理行为在此目的下会被运行，并且不给劳动者的个人信息带来额外的风险。

（四）用人单位实施信息处理行为时应采取必要手段

针对个人信息处理机会与风险并存的特征，我国《个人信息保护法》从规范层面确立了用人单位实施劳动者个人信息处理行为时应当遵循的“手段—目

---

① 参见程啸：《论我国个人信息保护法的基本原则》，载《国家检察官学院学报》2021年第5期，第3—20页。

② 参见朱荣荣：《个人信息保护“目的限制原则”的反思与重构——以〈个人信息保护法〉第6条为中心》，载《财经法学》2022年第1期，第18—31页。

的”必要性标准①。而根据比例原则的逻辑，信息处理行为的“目的—手段”的必要性关系亦应当符合其中适当性的要求，即做到目的与手段相称。而在具体的劳动关系场景下，用人单位对劳动者信息处理行为的必要性体现在以下两方面。

1. 信息处理手段对目的的实现有直接助益

信息处理手段对目的的实现有直接助益是以手段目的的关联性与手段能有效达成目的作为具体内涵。

手段目的的关联性实际是比例原则中手段适当性的体现，即干预私权利所采取的手段必须适用于目的的达成，手段的选择不能与目的无关，其实施必须能够有效、绝对地达成处理目的。在用人单位对劳动者实施信息处理行为的场景下，需要对一般个人信息与敏感个人信息进行分别讨论。对一般个人信息而言，可以对目的关联性作相对宽松的理解，甚至允许在合理范围内对最初目的作适当调整。而对敏感个人信息而言，由于《个人信息保护法》第28条第2款明确要求“具有特定的目的”，故应对目的关联性作严格解释，原则上排除调整初始目的之可能性。②

除此之外，用人单位实施信息处理行为的手段应当有效达成目的。若不能，则拟采取的措施不但对目的的实现无法形成直接助益，还可能会增加劳动者个人信息权益被侵害的风险，不利于实现整体利益最大化。而在司法实践中，发生劳动纠纷时，若用人单位不能承担拟采取的信息处理措施绝对有效性的证明责任，则意味着该手段的实施不符合“必需”限度的要求。

2. 信息处理手段符合最小侵害的要求

这是因为即使用人单位处理劳动者个人信息的目的正当、手段有效，③ 但仍可能因对劳动者合法权益的影响过大而不符合必要性，从而不满足“必需”

---

① 参见王丽洁：《个人信息处理中比例原则审查基准体系的建构》，载《法学》2022年第4期，第60页。

② 参见申卫星、杨旭：《论订立合同作为个人信息处理合法性基础的限缩适用》，载《南京社会科学》2022年第4期，第78页。

③ 参见王倩：《作为劳动基准的个人信息保护》，载《中外法学》2022年第1期，第183—201页。

的要求。最小化信息处理手段对劳动者可能带来的侵扰与风险①，从整体上看，有以下几个方面的内容。

第一，用人单位实施信息处理行为的时间要限于特定目的的存续期限内。信息处理措施是一种手段，应当服务于信息处理行为所欲实现的目的。基于上述目的明确、特定的要求，目的本身也应具备存续期限，这意味用人单位处理信息的行为要符合时间限度，即限于特定目的的最短存续期间内。若目的已经实现，或存续期限已然失效而仍处理劳动者的个人信息，不仅与劳动者的合理期待背道而驰，还会将劳动者的个人信息置于被泄露或不正当使用的较高风险下，用人单位后续的信息处理行为也难以满足最小侵害的要求。在此意义上，用人单位在订立劳动合同时采集的劳动者的身份材料、联系方式等为实现特定缔约和履约目的的全部信息，在劳动者离职后应当及时予以删除，不能继续保管、处理。

第二，用人单位实施信息处理行为的地点要与依赖的法定“必需”事由相契合。例如，用人单位出于查看劳动者是否遵守公司规章制度的需要，在劳动场所安装监控，该监控运行的地点便只能是劳动者的工作场域，不能在非办公地点仍然对劳动者开展监控；当劳动者的工作区域和休息区域存在重叠和混同时，用人单位只能利用调整监控角度的方式来避免对休息区域的覆盖，确保监控视角下仅可看到劳动者的工作状态。

第三，用人单位实施信息处理行为的手段要建立在对劳动者的个人信息侵扰最小的基础上。这意味着，当用人单位可以利用多种手段处理劳动者的个人信息时，其应当选择对劳动者的个人信息干预最轻、侵害最小的手段，即禁止过度处理。用人单位在作出信息收集、存储、使用、提供、公开等处理行为的同时，应对信息处理方式进行审慎审查与评估，在此基础上采取最有利于规避劳动者个人信息被侵扰的处理手段，并辅以信息匿名化、分散化储存、信息查询机制等措施来尽可能降低对劳动者个人信息的影响。此外，这种侵害最小是一种客观标准，其特定内涵是站在一个客观理性人的角度，从普通公众的一般认知出发考量用人单位在同等情况下是否可选择具有替代性和更小损害性的信

① 参见王丽洁：《个人信息处理中比例原则审查基准体系的建构》，载《法学》2022年第4期，第61页。

息处理手段。[①]

第四，用人单位处理劳动者个人信息的范围要限缩于为实现特定目的所必要。劳动者个人信息受侵害的风险和信息被处理的范围呈正相关，这种必要性体现在司法实践中“限于实现处理目的的最少类型和最小数量”对个人信息处理的范围进行最小侵害性的限定的标准上。[②] 在陆某与广州弟诚商贸公司隐私侵权案[③]中，被告基于人力资源管理所需向陆某发送电子函件，但未有效遮蔽处理陆某个人隐私，这显然不符合最小必要性的要求。此外，出于减小劳动者个人信息受侵害的风险的最终目的，这种必要性不宜仅局限在“最少类型和最小数量”这一信息的形式外观上，而应对信息内容提出实质性要求。有学者认为，信息的内容决定了个人信息权益受影响的程度。[④] 而因我国《个人信息保护法》对敏感个人信息的区分保护程度要高于一般个人信息，因此最小范围标准要求满足“最小敏感度”。具体而言，如果处理一般个人信息即可达到目的便不能触及敏感个人信息，如果处理受保护程度较低的敏感个人信息即可达到目的便不能触及受保护程度较高的敏感个人信息。另外，在各种信息收集范围方案中所涉信息敏感程度相近且难以判断的情形下，还要满足最少类型的要求。而在涉及对同种类型的个人信息收集处理以完成法定“必需”事由的情形下，要进行最小数量的判断。例如，在员工出差期间，可告知其每隔一段时间上传一条位置信息，但要求员工用单位内部软件开启定位权限并共享实时位置信息，便可能波及较多无关个人信息，不符合最小范围的要求。

（五）用人单位的信息处理行为需符合损益均衡的价值判断

前述目的和手段的必需性审查仅具有“门槛”作用，若用人单位的信息处

---

① 参见丁晓东：《个人信息权利的反思与重塑——论个人信息保护的适用前提与法益基础》，载《中外法学》2020 年第 2 期，第 342—345 页。

② 参见闻某等侵犯公民个人信息案，上海市第二中级人民法院（2021）沪 02 刑终 1055 号刑事判决书；庞某与北京趣拿信息技术有限公司等隐私权纠纷案，北京市第一中级人民法院（2017）京 01 民终 509 号民事判决书。

③ 参见广州弟诚商贸有限公司劳动争议案，广东省广州市中级人民法院（2020）粤 01 民终 25888 号民事裁定书。

④ 参见冉克平、刘冰洋：《人力资源管理中个人信息保护的困境与出路》，载《华中科技大学学报（社会科学版）》2023 年第 4 期，第 69 页。

理行为未通过目的和手段的必需性审查，则意味着未到达实质审查的“门槛”。相反，若用人单位的信息处理行为通过目的和手段的必需性审查，则可以进入信息处理行为的实质审查阶段——损益均衡价值判断。这种审查手段通过法益衡量的方式，利用价值判断来发挥损益均衡的正向调和作用，实际上是比例原则中均衡性原则的具体应用。

1. 个人信息处理行为的法益衡量

信息利益的类型及其重要性程度关乎着法益衡量的结果，因此首先需根据信息应受保护的重要性的大小不同划分信息利益类型。概而言之，劳动场景下，用人单位处理劳动者个人信息时涉及的双方利益主要包括财产法益、人身法益与公共法益等。

公共法益分为积极社会公共法益和消极社会公共法益，积极公共法益主要基于社会发展的角度考量，例如政府和企业的数据开发、利用，消极公共法益则基于信息安全的方面考量，如信息监管利益等。因消极公共法益的受保护的紧迫程度高于积极公共法益，其重要性也明显高于后者。

人身法益包括一般个人信息法益和敏感个人信息法益，后者与人格利益的相关度更高，一旦遭受侵害，不仅危害劳动者的核心个人信息权益，还有可能损害公共利益，因此属于最重要的权益范畴。信息处理者仅在处理涉及数据主权、安全等最为重要的公共法益和信息权益人自身的生命健康时，才可对敏感个人信息权益进行限制。聚焦于劳动场景，只有在用人单位的信息处理行为所欲维护和实现的最终利益是公共卫生事业、工作场所安全等重大人身和公共法益时，其利益才优先于劳动者敏感个人信息权益。

此外，与劳动者人身相关的法益如隐私权、生活安宁权等相较公司财产、人力资源管理等财产法益显然更为重要。因此，法院判案时可以先找出纠纷所涉及的法益，并按重要性程度和受保护的紧迫程度依次排列，为接下来的损益均衡价值判断做好准备。概而言之，公共法益高于人身法益，人身法益中的敏感个人信息权益高于用人单位一般的财产法益。所以，若用人单位处理劳动者信息时为了更重要的法益损害次重要的法益，为了更紧迫受到保护的法益损害次紧迫受保护的法益，这种做法应该是符合劳动者信息处理的“必需”限度的。

2. 个人信息处理行为的价值判断符合“必需”限度的处理行为

在收集处理劳动者个人信息所获得的效益与该手段所造成的损害之间是合

比例的，这也意味着该信息处理目的值得追求，信息处理手段应当被采取。在劳动者个人信息处理活动中具体体现为协调不同主体的利益冲突时，依照比例原则不能过度侵害或限制劳动者的合法权益。在实践中可以通过赋值计算用人单位通过信息处理行为的获益与劳动者信息权益的损害，再将计算结果对比分析，客观评估个人信息处理行为的损益是否达到相对、基本平衡的状态，有无明显不合理的失衡现象。值得注意的是，在计算用人单位通过信息处理行为实现的利益时，应当审查用人单位所要维护的利益的重要性与紧迫程度，考量若不采取信息处理措施时何种利益可能被损害、损害的严重程度、损害发生的概率等因素。① 而在计算劳动者个人信息在处理活动中受到的损害时，需要将劳动者个人信息处理手段实施后权利受损的样态、信息处理行为的持续时间、用人单位是否采取了对等的信息保护措施等因素考虑在内。

除此之外，出于得到更合理的结果的目的，在计算“损失”和“利益”分数时，需保证参与损益计算的因素的数量一致，因此，需要把参与计算损益的因素分别归入公共法益、人身法益和财产法益。另外还应当区分劳动者的一般个人信息和敏感个人信息。一般个人信息可以采取宽松的均衡性审查基准。只要达到相对、基本平衡的状态，无明显不合理的失衡现象，则符合劳动者信息处理的“必需”限度。而敏感个人信息则应当要求用人单位所追求的价值利益绝对大于对劳动者个人信息权益的限制，“损失”和“获益”之间应达成绝对平衡的严格基准。特别的是，若用人单位在处理敏感信息时未采取必要保护措施，无论所要实现的利益有多么重要，均无法实现损益均衡。

五、结　语

现行法律规范对劳动者个人信息处理规则作出了一般性规定，但由于劳动关系的从属性特征，其部分规定并不能完全适用于劳动场景。现行法中将知情同意规则作为个人信息处理的合法性基础，但由于雇主雇员在实力、认知等方面的差距，劳动者难以基于知情同意规则作出理性正确的判断，以同意为核心

① 参见王丽洁：《个人信息处理中比例原则审查基准体系的建构》，载《法学》2022年第4期，第57页。

的个人信息处理规则难以有效地保护劳动者的合法权益。虽然“必需”事由规则在一定程度上补充了知情同意规则的缺陷，但由于其内涵的不确定性，在实践中容易被滥用导致劳动者权益受到损害。因此，宜确立比例原则的核心地位，丰富“合法、正当、必要、诚信”原则的适用内涵，在构建全面化、动态化、场景化审查体系的基础上，对如何界定劳动者个人信息处理规则中的“必需”限度进行细化解释与阐明，切实回应大数据时代下劳动者的信息保护诉求，实现劳动关系中个人信息保护与利用之间的平衡。

（初审：雷思棋、刘腾岳、段浩飞；校对：王沿懿）

佳译专苑

持续性债务关系*

[德] 奥托·冯·基尔克 著** 张焕然 张珂瑶 译***

摘 要：持续性债务关系的特征是给付需在一个时间段内被履行，租赁合同、雇佣合同、合伙合同等均为典型的继续性合同，承揽合同原则上属于一时性合同。不作为义务、连续的积极作为义务以及反复的给付义务是持续性债务关系的三个重要类型。履行不是持续性债务关系的消灭事由，其通常的消灭事由为期间届满，特殊的消灭事由为通知终止。通知终止与解除有本质区别，可附期限或不附期限。从持续性债务关系中产生的并非多个请求权，而是一个统一的整体请求权。持续性债务关系具有日耳曼法的起源，其加强了债法与物权法及人法之间的沟通，在生活中发挥着重要作用。

关键词：持续性债务关系；继续性合同；部分履行；终止；解除

一、前 言

这篇论文原本应该在埃米尔·施托哈尔①1914年12月31日70周岁的祝寿

---

* 原文出处：Otto von Gierke, Dauernde Schuldverhältnisse, JherJb 64 (1914), S. 355-411。摘要与关键词为译者添加。本文为教育部人文社会科学研究青年基金项目“《民法典》中‘视为’与‘推定’法条的规范性质识别研究”(23YJC820049)的阶段性成果。

** 奥托·冯·基尔克（Otto von Gierke, 1841—1921），德国著名法学家，日耳曼法学派代表人物，代表作有《德意志合作社法》《德意志私法》《私法的社会任务》等，在民法、商法、法律史、劳动法以及国家法领域均有重要影响。

*** 张焕然，中国政法大学民商经济法学院讲师，德国波恩大学法学博士。

张珂瑶，江苏省南京市中级人民法院二级法官助理。

① 埃米尔·施托哈尔（Emil Strohal, 1844—1914），奥地利法学家，1877年起任教于奥地利的格拉茨大学，1892年起作为耶林的教席继任者任教于德国的哥廷根大学，1894年起任教于德国的莱比锡大学直至去世，对奥地利的不动产登记法和德国的继承法有较大影响。——译者注

文集里发表，该文集是由其朋友、仰慕者和学生们敬献给他的。我已在今年初完成此文，并在复活节假期伊始将手稿寄给了哥廷根的梯策①教授，他和拉贝尔②教授共同策划此事并负责实施。

可是现在，这位高贵之人突如其来的死讯却使这项美好事业彻底搁浅！正当其影响如日中天之时，正当其即将走完70年幸福美满的人生道路之时，施托哈尔却毫无预兆地被死神召回。原本的庆祝只剩下了纪念。因此，我将这篇论文当作是对他的纪念，纪念的方式就是将其原封不动地发表在《耶林年刊》上——施托哈尔正是这份年刊的共同主编，他为此付出了爱和心血。③

谨以本文纪念这位忠诚且长年伴我左右的朋友。他的逝世给我的生命画上了一道无比疼痛且难以缝合的口子。同时，我还要以本文纪念这位民法教义学的大师。就在我得知这个噩耗的几天前，德意志法学家大会的代表团在埃尔斯特河畔的疗养浴场举办定期会晤。那时我还和施托哈尔在森林里散步，并以习惯的方式谈论法律方面的问题。当时，我很难不谈及论文里涉及的一些问题。我是多么希望在本文中采纳他的某些观点啊！毕竟他和其他少数人一样，具备从各个方面把握现代法律问题的能力。他有着极为敏锐的洞察力，为了找到合

---

① 海因里希·梯策（Heinrich Titze，1872—1945），德国法学家，在莱比锡大学就读时曾为施托哈尔的学生。主要著作有《民法典上的给付不能》（Die Unmöglichkeit der Leistung nach deutschem bürgerlichen Recht，1900）和《债务关系法》（Recht der Schuldvernältnisse，1923）。——译者注

② 恩斯特·拉贝尔（Ernst Rabel，1874—1955），奥地利著名法学家，研究领域遍及罗马法、比较法和国际私法，被誉为“比较法学之父”。关于其生平与著作，参见［德］斯蒂芬·格伦德曼、卡尔·里森胡贝尔主编：《20世纪私法学大师》，周万里译，商务印书馆2021年版，第23—42页。——译者注

③ 1857年，德国法学家耶林（Rudolf von Jhering，1818—1892）与好友格贝尔（Karl Friedrich Wilhelm Gerber，1823—1891）共同创办学术刊物《当代罗马与德意志私法教义学年刊》（Jahrbücher für die Dogmatik des heutigen römischen und deutschen Privatrechts）。1892年9月17日耶林去世后，刊物的主编们为了纪念耶林，从1893年的第32卷开始将该年刊更名为《当代罗马与德意志私法教义学耶林年刊》（Jherings Jahrbücher für die Dogmatik des heutigen römischen und deutschen Privatrechts），后人简称《耶林年刊》（Jherings Jahrbücher；JherJb）。该年刊于1942年发行完第90卷后停刊。在施托哈尔去世之前，他与德国商法学家、耶林的女婿维克多·埃伦贝克（Victor Ehrenberg，1851—1929）曾为该年刊的共同主编。——译者注

理的解决方案，他总是“上穷碧落下黄泉”，然而又不失整体的视野。此外，他尽管倾向于罗马法学者的基本立场，却依然倾听日耳曼学者的观点。为了不向他透露祝寿文集的事，当时我忍住了没告诉他。现在我终于说出了这些话，但遗憾的是，这一切都太迟了！我又怎会料到，这样一个与我共同前行的精力充沛之人，这样一个无私奉献其不竭精神财富之人，还没过完这个周末就再也不在了？如今，我再也没法听到他对我论文的评价了。

怀着深深的悲痛，我将这篇论文献给这位天才，以表明我对他永生不忘的爱和无尽的崇拜之情——他已经在德意志法学上留下了不可磨灭的足迹。

二、导　论

到目前为止，在债务关系的分类中，一时性债务关系（vorübergehende Schuldverhältnisse）与持续性债务关系（dauernde Schuldverhältnisse）的区别几乎没有受到关注。一般的债法学说通常将重点放在一时性债务关系上，而仅仅在涉及某些特殊类型的持续性债务关系时才讲授与前者不同的原理。因此，这两个债法制度在整体结构上的本质差别仍未被发现。本文试图阐明持续性债务关系的共同特征。首先要确定的是二者在概念上的区别。

三、概　念

二者概念上的区别就在于，债务的内容和构成债权的给付应当是在一个时间点（Zeitpunkt）还是在一个时间段内（Zeitraum）被履行。

如果所负的债务指向的是集中于某个特定时间点的给付，那么我们会称之为一时性债务关系。债务应当在到期的那一刻被履行，并且债务在履行之后即消灭。对于这样一种债务关系而言，履行①是其通常的终止原因。它的生命在

① “履行”的原文为“Erfüllung”，该词也可译为“清偿”，译者将根据语境采不同的译法。——译者注

它成功得到确认之时即耗尽。① 这样的情形总是出现在所负的债务是一次性行为的场合，例如支付一定数额的价款，交付某物，设立、让与或废止某种权利。然而，当每个具体的行为是作为每个单独的给付，每个行为的履行是作为部分履行以部分地消灭债务时，即使负担的债务是实施多次行为，其性质也同样是一时性的。例如，分期付款的债务就是其中的一种情形；再如，当出卖人的义务是在不同的时间点送交一定数量的可替代物时；又如，对于借款人的还款义务而言，若其需要通过连续偿还本金而被清偿，则也同样属于这种情形，而不论其中是否有一部分份额是用来抵充利息的。若需要履行的是由多个不同的给付所组成的总给付，则它同样是一时性债务，例如转移财产、遗产或整个企业的所有权。若某个债务关系本身是由多个个别的债务关系所组成的，那么对它而言，相应地、具备一时性特征的个别义务就会同时或随着时间的经过而产生。在下文我们将会看到，从持续性债务关系中同样会产生出内容各异的个别一时性债务关系。最后，债务内容改变的可能性（例如出现迟延、不履行或者瑕疵履行的情形）并不能减损一时性义务的特征，这是理所当然的。损害赔偿的给付义务或不当得利的返还义务等这类义务总是一时性的。

相反，当构成债务内容的是延展于某个时间段之内的给付义务时，我们就认为这是持续性债务关系。像这样的持续性债务不应是在某个特定的到期日，而应当是在整个债务存续期间内被履行。因此，持续性债务关系的关键就在于其所表现出的不间断的作用力。由此可以得出结论：持续性债务关系不会因履行而消灭。相反，它通常的终止原因是期限届满。

通常而言，具有持续性特征的债务首先是不作为（Unterlassung）义务。然而，同样也会出现一时性的不作为义务。② 例如，在投票表决时，每个人都负有不透露表决态度的义务；再如，在特定的拍卖日不得出价的义务；又如，对

① 债权的特征被索姆（Sohm）极端化地概括如下：“只要出现了给付结果，债权就完成了它的使命。债权被满足后即消灭。在被满足的那一刻，当它试图说出‘等等，你好美啊！’这句话时，它的存在就已经到了终点。债权的存在是为了在它的满足中而消灭。”然而，这仅仅适合于描述与一时性债务所对应的债权。对此参见索姆在《文化与当代》（Kultur der Gegenwart）这一刊物上发表的关于“民法”（Bürgerliches Recht）的论文，第35页。

② 参见 H. Lehmann, Die Unterlassungspflicht im bürgerlichen Recht, 1906, S. 59 ff。

他人行使去除权的容忍义务。尽管如此，不作为的给付（《德国民法典》第241条）通常都是在特定或不特定的时间段内被负担的。据此，这种类型的债务是通过每时每刻的不作为而被履行的，在期限届满之前不会因此而全部或部分消灭。只有当违反不作为义务时才会产生出一时性债务（例如损害赔偿义务或者支付违约金的义务），这种一时性债务会因履行而消灭，但不作为义务仍会继续存在而不因此改变。① 例如，由竞业禁止条款或者卡特尔协议创设的不得作出某种行为的义务就是典型的持续性不作为义务。此外，这一类不作为或容忍义务还出现在地役权或限制的人役权中，在这两种情况下，债务人都负担了持续性的义务。以独立的持续性不作为义务形式出现的还有借用合同和借款合同，在这两种情形中，出借人和贷款人都有义务在借出期间内允许相对方使用出借之物或出借的款项。

其次，具有持续性特征的债务还包括连续的积极作为（fortgesetztes positives Verhalten）义务。例如，使用租赁的出租人有义务持续地使某物处于可使用的状态，用益租赁的出租人有义务持续地使某物处于可使用和可用益的状态。类似地，保管人有义务持续地提供保管服务。合伙人支持共同目的的义务也同样如此（《德国民法典》第705条）。在以上所有情形中，履行都是一个连续不断的过程，对于这样一种债务而言，它既不能使其消灭，也不能使其减少。

最后，反复的给付（wiederkehrende Leistungen）也具有持续性的特征。当然，这样的给付会间歇性地催生出个别的义务，这些个别义务作为特殊的一时性债务关系会因履行而消灭。但是作为整体义务，它的存在和作用力是不会因此受到影响的。因此，我们必须区分连续不断的债务关系和由此产生出的个别债务关系（Einzelschuldverhältnisse）。② 以下的定期支付义务均属于持续性债务关系的部分内容，例如定期支付租金、薪水、工资、报酬、红利或保险费等。作为从债务的利息债务同样具有持续性债务的性质，其背后是作为借款人主债务的本金债务，这一本金债务则具有一时性债务的性质。在附利息的借款中，

---

① 若不作为义务要消灭，则必须得有支付违约金即消灭该义务的约定，或者是存在法定的例外规则，例如《德国商法典》（HGB.）第75条第2款。

② 正因如此，在土地负担了反复给付的情形中，同样要区分作为整体的物上负担（Reallast）和从中产生出来的个别到期给付义务。这里就土地债务所得出的结论（参见Gierke，Deutsches Privatrecht 2，723 ff），对于人身性的债务关系也完全可以适用。

本金债务往往完全退居次要地位。① 尤其是所有的定期金债务（Rentenschuld）都属于具有这种内容的独立债务关系，无论是终身定期金（Leibrente）还是永久定期金（immerwährende Rente），也无论后者是可消除抑或是不可消除的。② 根据合同自由原则，典型内容是一时性给付义务的债务关系也可以被约定成具有反复个别给付内容的持续性给付义务。这种情形尤其出现在连续供给合同中。最具代表性的例子是拜仁州法规定的啤酒供应合同，根据该合同，啤酒供应商与酒馆老板约定，前者应在特定或不特定的时间给后者供应其所需的啤酒，而后者则只能从前者那里购买啤酒。③ 无论买受人是否被限定了购买对象，与之类似的合同是很常见的。通说将连续供应合同置于一般的买卖概念之下，其认为，在这种情况下，买卖的标的物虽然是不确定的，但客观上仍然是可以确定的，因此也同样适用下述情形中所适用的规则，即被买卖的是确定数量的标的物，只是应当分期供应。这种观点彻底误解了这类合同的真正本质。实际上，这类合同所产生出的是持续性的供应义务与持续性的购买义务，这些义务不会因为个别的给付而耗尽。即使将这类合同看成是买卖合同，而不是看成单纯的供应允诺和接收允诺，我们也必须认为这种买卖合同的构造为持续性的供应和接收义务，从中不断地催生出特定的个别给付义务。无论如何，这类合同同样属于持续性债务关系，像这样的合同应当类推适用其他持续性债务关系的处理方法。④

---

① 例如以证券化形式表现的基于公共债券的债权，以及较为常见的通过不动产来担保的附利息债权。

② 这一类定期金债务以及由此产生的个别到期定期金债务之间的关系与定期土地债务中的情况是一样的。对此参见 Gierke, Deutsches Privatrecht, Bd. 2 § 151, 165；对这个问题的论述参见该书 § 147, S. 694。

③ 根据《德国商法典施行法》（EG. Zum HGB.）第 18 条，《德国拜仁州法》（BayrAG.）第 13 条和第 14 条规定了这种合同（此前是在 1883 年 5 月 23 日颁布的法律中规定的）；对此亦可参见 Oertmann, Bayr. Landesprivatrecht § 49。这种合同已经因为其带有不作为义务而被打上了持续性债务关系的烙印。

④ 穆勒–厄茨巴赫（Müller–Erzbach）最早正确认识到了这一点，参见 Müller–Erzbach, DJZ. 9, 1158 ff。邓伯克（Dernburg）同意他的观点，参见 Dernburg, Bürg. Recht, Bd. 2 § 179 Ⅲ。对于这一观点的后果，下文还会论述到，参见《德国商法典》第 131 条第 6 项和第 133 条。

四、履　行

如上所述，所有持续性债务关系的共同特征是不因履行而消灭。但是《德国民法典》第 362 条第 1 款却毫无保留地规定：“所负担的给付向债权人履行的，债务关系消灭。”这是错误的一般化规定，因而需要加以限制。假如我们想把这一规则当成公理，那么若要将其适用于持续性债务关系，在逻辑上能够想到的就有下面两种途径。然而从实践上看，任何一种途径都是不可行的。

其中一种途径认为，在持续性债务中，只有最终完成履行的那一刻才构成履行。根据这种观点，在义务持续期间，所有根据合同所实施的行为都仅仅是为履行做准备。这些准备行为就好比出卖人为完成送交义务而购置或生产货物，或者是买受人为了完成支付价款义务而筹措现金并邮寄出去。根据这种观点，不作为义务只能通过不违反该义务而消灭，连续不断的作为义务只能通过债务人最后一次的履行行为而受清偿，反复的给付义务只能通过最后一次给付而受清偿。很显然，这种制度建构不仅和我们的生活观相悖，而且与真实的法相矛盾。正如在一时性债务中，所有发生在清偿时点之前的一切都属于真正债务内容以外的清偿准备行为（因为只有在清偿的那一刻债务才消灭），那么在持续性债务中，整个义务期间内的持续行为就恰好构成了债务的内容。如果谁负担了不作为义务，那么在他不作为的每一刻，他都在履行债务；在他违反不作为义务的每一刻，他都在不履行。如果他负担的是永久的不作为义务，那么他不是在去世的那一刻才完成履行，而是一辈子都在履行。对于连续的积极作为义务而言，结论也是相同的。只要债务人按照约定实施了行为，那么他就是持续地在履行。难道我们想否认，佣人从头到尾做家务的行为、劳动者由始至终所付出的劳动、合伙人为了合伙目的由开始到结束所进行的活动都不是在履行合同吗？反复的给付义务将通过间歇性的个别给付而受清偿，但作为整体的持续性义务仍不断需要新的履行。谁有义务定期支付到期的租金、薪水、工资、报酬、红利或保险费，他履行的就不仅是单个的一时性债务，同时他也履行了未发生变化的持续存在的义务，例如每隔一段时间支付使用物品或使用款项的对价、劳动者的工资、担保的价款等义务；再如基于某一特定目的持续支付费用的义务，等等。如果不这么认为的话，那么终身定期金债务在债权人死亡之前都不能被履行，永久定期金债务通常来说永远都不能被履行了。

如果说以上试图拯救"持续性债务同样也会因履行而消灭"这一教义的途径走不通的话，那么可以考虑的就只有第二条路了。我们只能将每一个持续不断的履行看成是部分履行（Teilerfüllung）。根据这种观点，持续性债务的关键就在于，在债权人的债权被满足的每个瞬间，债务就部分地消灭，直到最后因全部耗尽而彻底消灭。[①] 然而，即便是这样的观点也一样不可行，因为这将导致极不合理且自相矛盾的结果。

这种结果最明显地体现在持续性不作为义务的情形中。在这种情况下，我们该如何计算完成部分履行的期间呢？是按天、按小时还是按分钟计算？[②] 例如根据《德国民法典》第363条，在这样一个期间经过之后，债务人可以向债权人请求交付部分履行的凭证吗？然而实际的情况是，这一债务关系绝不会因为部分履行而部分消灭；相反，针对不作为义务的债权在彻底消灭之前一直都保持着相同的内容和范围。假如当事人为这一不作为义务设定了特定的终止时间，那么在经过这一时点之后，债务的范围自然会像任何一种附期限的权利一样缩减，例如像附期限的用益物权、附期限的亲权以及附期限的著作权和专利权一样，但这仅是时间经过的后果，而非连续的部分履行。只要不作为债务存在，它就是完全有效的。

在连续的积极作为义务中，情况也是一样。使用租赁的出租人和用益租赁

---

① 据此，持续性债权对于其被满足的那个美丽的死亡瞬间仍不会满足（借用索姆在《文化与当代》（Kultur der Gegenwart）这一刊物上发表的关于"民法"（Bürgerliches Recht）的论文的表述。相反，它是死于肺痨这种慢性病！雷曼（Lehmann）在《不作为义务》（L. Lehmann, Unterlassungspflicht, S. 207）一文中已经明确这么说了，为了拯救《民法典》第362条对于持续性债务关系的可适用性，"整个债务关系应当随着时间的经过因为持续的给付而渐渐死去"。

② 在厄茨巴赫尔（Eltzbacher）的《不作为之诉》（Eltzbacher, Die Unterlassungsklage, 1906, S. 84）一书中，他认为"在每一刻都有一部分给付到期，每个部分的给付都在不间断地到期"。这里涉及连续不断的到期，但这并非如他所说的那样，而是应当将其看成是在无穷小的时间段内不可计算的到期的总和。即便在数学上可以将时间段（Zeitraum）看作时间点（Zeitpunkte）的连续，但对于法学而言，这样的观点取消了期间（Frist）和期日（Termin）的区别，因而是站不住脚的。无论是在这里还是在其他任何情况下，我们都需要用法律生活中被承认且可计算的数值来计算时间，这些数字对于被法律所规范的生活关系而言是非常重要的。

的出租人在出租了物品或用益权之后，不是通过全部的部分履行而摆脱该义务，而是在租赁期间内（无论是在第一天还是在最后一天）均以相同的方式负担着债务。谁做出了连续不断的劳务（例如保管物品、管理财产、提供商业或家政服务），虽然他是通过一连串的个别行为在履行特定的给付义务，但是这些行为都不属于减少其未来工作量的部分履行。难道一个擦了桌子的女佣人可以向主人索要债务凭证吗？此外，我们根本难以将合伙人依约进行的活动拆解成能够使债务关系部分消灭的部分履行行为！

将个别的给付当作部分履行的观点符合反复的给付义务，这一点第一眼看上去似乎很合理，但事实却并非如此。这些个别的给付其实是在完全履行从持续性债务中产生的一时性债务，而对于总债务而言却只有一个统一的持续履行行为。在一年、半年、一个季度、一个月、一周或一天的开始或结束支付到期的租金、薪水、工资、报酬、红利或保险费等将会完成个别债务的履行，并使相应的个别债务消灭。就此可以要求债务凭证。当然，部分履行也是可能的，这样的话，它会使个别债务部分消灭。只不过，作为基础的持续性债务仍不受减损地继续存在。如果说它的寿命因为时间经过而减少了，那么这不是因为由其产生的个别债务关系被履行了，而是因为它被期间所限。直到消灭的那一刻，它的生命力都不会流失。

因此，出路是不存在的。持续性债务关系的关键在于持续履行，所以不会因为履行而消灭。①

五、请求权

持续性债务关系与请求权的关系也存在认识上的困难。这一点当然是极富争议的，而且没有被彻底解释清楚。

如今，学者们都同意，债权和请求权的含义并不相同，即债权是源头，请求权是支流，前者是“活生生的力量”，后者则是其生命力的表现。一个债权

① 施塔姆勒（Stammler）的论述已经开启了正确的方向，对此参见 Stammler, Das Recht der Schuldvernältnisse in seinen allgemeinen Lehren, 1897, S. 215 ff。然而他的论述却走得太远，因为他将“债务关系”和“债权”作为论述的起点。对此参见 Lehmann, Unterlassungspflicht, S. 208。

可以产生出许多请求权；如果某债权指向的是多个给付，那么它产生出的就是多个给付请求权；如果某债权指向的是单一的给付，那么它所产生的就是一个给付请求权或者是取代该请求权的损害赔偿请求权。另外，也可能存在没有请求权的债权。附生效期限或生效条件的债权是已经存在的债权，在未来或未来可能由其产生的请求权出现之前，它就可以被转让或质押。那么，持续性的债权是怎样的呢？它产生的是多个请求权（Mehrheit von Ansprüchen），还是根本不产生任何请求权，抑或是产生一个在个别请求权之外且超越这些个别请求权（Einzelansprüche）的整体请求权（Gesamtanspruch）？

显而易见，根据持续性债务的结构，必须肯定它所产生的是与个别请求权不同的整体请求权。① 如果说请求权就是“请求另一方作为或不作为的权利”（《德国民法典》第194条第1款），那么请求另一方持续地作为或不作为的权利也就必须被纳入请求权的概念之中。但是，这个统一的整体请求权与持续性债务存续期间内从中所产生的个别请求权的关系却是多种多样的。

针对持续不作为的债权所产生的是统一的整体不作为请求权。只有违反了不作为义务，才从中产生出个别的请求权。个别请求权不是被整体请求权所包含的部分请求权。因为假如是这样的话，那么它所涉及的也就应当是不作为的内容。但这种可能性是不存在的，因为之前的不作为是无法挽回的，而未来的不作为才是这一整体请求权的标的。相反，个别请求权是因为不履行整体请求权而从持续性债权中产生出来的、针对一时性给付的独立请求权。它指向的是以作为的方式消除违反义务的后果，例如通过赔偿由此产生的损失、支付与此相关的违约金或者是另一种形式的补偿。② 个别请求权有着特殊的法律命运：它本身是可转让的，可能在整体请求权消灭之前就因履行或其他的终止原因而消灭，特别是它也可能受消灭时效的限制；③ 当然，它同样有可能比整体请求

① 相同观点，参见 Langheineken，Anspruch und Einrede，S. 146 und 248；Lehmann，Unterlassungspflicht，S. 93 ff。

② 根据《德国商法典》第61条，除了损害赔偿，被代理人还可以请求违反第60条规定的不作为义务的商业辅助人将其所获得的利益归于自己，并且可以请求商业辅助人交出其所获得的报酬或者是将其报酬请求权让与给自己。类似的情形参见《德国商法典》第112、113、236条。在这些情形中，可供选择的请求权指向的是交出因违反不作为义务而获得的好处。

③ 例如参见《德国商法典》第61条第2款、第113条第3款以及第236条第3款关于违反竞业禁止义务短期消灭时效的规定。

权更晚消灭。[①] 在每个个别的请求权产生之前，针对持续不作为的整体请求权从一开始就存在了。当然，只有在有争议时，个别的请求权才会以确认之诉的形式得到承认，但是早在持续性债权的履行遭受危险之时，它就已经获得给付请求权的原动力。此时债权人就已经可以提起不作为之诉了，[②] 尤其是当违反不作为义务可能造成其他侵害之虞，不作为之诉的提起就更具正当性了。[③] 然而，它的正当性基础却不是像这样的引发个别请求权的个别侵害行为，而是因这样的侵害行为遭受了危险的整体请求权。在某些情况下，为了保护不作为债权，不作为之诉在侵害行为出现之前就已经可以被提起，只要债务人的行为已经表明，他将会违反自己的不作为义务。[④] 不作为之诉指向的是未来的不作为，所以是一种给付之诉；在持续性不作为债务的判决中，被告被判处的给付是以不间断的不作为来完成连续的债务履行。[⑤] 因此，不作为请求权是独立于所有

---

① 毫无疑问，在不作为义务因期间届满而消灭之后，此前因违反不作为义务而产生的个别请求权仍可被主张。

② 这里不讨论关于不作为之诉可诉范围的争议。因为正如实践和理论所揭示的，这一争议只涉及绝对权保护范围的扩张问题（尤其是参见雷曼和厄茨巴赫尔的上述著作）。这里讨论的仅仅是指向不作为的债权。而根据《德国民法典》第 241 条，从这类债权中总是能产生出债权人针对债务人的可诉的不作为请求权，这一点是不存在争议的。

③ 为了保护绝对权，《德国民法典》明确规定了不作为之诉的地方，要使该诉成立，都需要证明存在未来的受侵害之虞（例如参见该法第 12、862、1004 条以及第 1134 条）；其他法律只要求证明存在违反不作为义务的行为，因为在这些法律中，这一违反行为同时也意味着针对未来不作为的权利遭受了危险（例如《德国商法典》第 37 条和《德国反不正当竞争法》[GewO.] 第 1、13、14、16、21、24、25、27 条均如此规定）。关于产生于债权的不作为之诉的一般性规定是不存在的。《德国民法典》里只有保护出租人的不作为债权的不作为之诉，针对的是违反约定的使用行为，参见第 550 条（结合第 581 条），这属于特别规定。这一不作为之诉的前提是不符合约定的使用以及警告应当按约定使用而无果，从这一特别规定中不能得出一般性的结论。

④ 这一结论是从《德国民事诉讼法》（ZPO.）第 259 条结合《德国民法典》第 241 条所得出的。

⑤ 不作为之诉的强制执行被规定在《德国民事诉讼法》第 890 条。直接的强制履行是不会发生的，因为这只有通过剥夺被告的自由才能办得到。但是，可以通过施加惩罚措施来实现间接的强制履行。对于任何的违反行为，法院都可以事先在给付判决中处以金钱罚或责任罚，或者是事后施加这样的惩罚以作为威慑手段。此外，也可以判决债务人为其将来的违反行为所造成的损害承担担保责任。

个别请求权的统一的整体请求权，只要持续性债务关系存在，它就会一直存在。①

同样地，针对持续作为的债权所产生的也是指向连续履行的统一的整体请求权。如果这一整体请求权被不履行或者有瑕疵的作为所侵害，那么结果就是从中产生出个别的请求权，例如损害赔偿或者其他补偿。再一次地，这些个别的请求权一旦产生了，其存在就是独立的，它们可能先于或晚于整体请求权消灭。相反，即使债权人的适当履行请求最初所针对的是债务人的个别行为，它也是基于整体请求权所提出的对持续给付的主张。因为一旦持续性债务关系消灭，就不能再被请求履行了。例如，承租人要求出租人维持某物处于适于使用状态的请求权，再如雇主的劳务请求权，又如，合伙人要求其他合伙人作出符合约定的确认行为的请求权。所有这些请求权都可能在租赁、雇佣或合伙期限届满后而无法被主张；对此，债权人不能就自己的迟延主张行为采取补救措施，而是只能主张不履行的损害赔偿。相反，只要持续性债务关系还继续存在，他就仍有权提起诉讼要求对方履行。也就是说，债务人可能被判决履行其所负担的持续行为，或者同时还要履行义务群里的某个特定行为。② 这同样适用于产生雇佣合同的给付义务，尽管在这种情形下判决是无法被强制执行的。③ 根据一般规则，如果债权人基于其选择权一开始或者在判决无果之后主张不履行的损害赔偿请求权，而非履行请求权，那么他也就使得他的整体请求权在内容上

---

① 这一整体请求权的消灭时效会提前届满。《德国民法典》在第 194 条中规定该请求权也适用消灭时效，并且在第 198 条中规定此时的时效起算点为违反行为作出之时。尽管如此，雷曼（Lehmann, S. 322 ff.）还是对该请求权适用消灭时效的可能性表示怀疑。然而通说仍坚持这一点，对此参见 Planck[4] zu § 198 Bem. 2 以及那里所给出的证据。事实上，在这种情形中适用消灭时效也不是不可想象的，尽管在实践中往往不会涉及。然而，这一消灭时效的基础不可能是从某一次的违反行为作出时开始起算（Langheineken S. 256 就是这样认为的）；相反，无矛盾的解释是，它要求在整个消灭时效期间内（即在 30 年内），整体请求权都没有因为一次重复的违反行为而被主张。对此参见 Oertmann zu § 198 Bem. 2 aγ; Wendt, ArchZivPrax. 92, 97; Planck a. a. O。

② 强制执行依据是《德国民事诉讼法》第 888 条第 1 款，也有可能是《德国民事诉讼法》第 887 条。

③ 参见《德国民事诉讼法》第 888 条第 2 款。——《德国警察法》上的强制执行依据参见《德国海员法》（SeemO.）第 33 条、《德国工商业法》（GewO.）第 127d 条（涉及学徒时）以及其他仆役法（Gesindeordnungen）。

转化成了暂时的给付请求权。这种情况同样出现在债务人违约，债权人请求按照约定或法定的违约金进行赔偿的情形。[①] 如果在持续性债务关系终止后，损害赔偿请求权才因为债务人某个过早的终止行为而产生，那么这一损害赔偿请求权就是作为一个从已消灭的整体请求权中产生出来的代偿请求权（Surrogatanspruch）而出现的，其产生的时刻是整体请求权消灭的那一瞬间。[②]

最后，针对反复给付的债权也同样与统一的整体请求权相符。在这种情形中，针对到期给付的个别请求权当然很重要。因为作为在特定时点成熟的果实，这一债权从整体的债权中分离出来，成为独立的债权，它指向的是一个自成一体的一时性给付，因此从一开始就被赋予一个给付请求权。然而，这些个别的请求权所产生的是独立于整体请求权的存在，它们可以先于或晚于整体请求权而消灭，并且每个请求权都受其各自特殊的短期消灭时效的限制。[③] 只不过在这些个别请求权的背后存在总体的请求权，其所指向的是要通过定期反复的个别给付才能完成的持续履行义务。无论如何，当这一整体请求权存在争议时，它总是可以通过确认之诉被主张的，为的是以判决的形式确认其存在。当然，它也可以以给付请求权的形式出现，只要针对未来需履行的、后来才到期并形成的给付是可诉的。债权人可以同时提起针对到期个别给付的诉来主张这样一

① 例如，雇主根据《德国工商业法》第124b条和第133e条向违约的职工主张与损害证明无关的赔偿，数额为每违约1日，就赔偿当地普遍的每日工资，直到1周期满。通过主张这一债权，“合同的履行请求权以及其他的损害赔偿请求权均被排除”。换言之，直到期限届满（也可能是1周以上），雇主都还保有针对连续提供劳动的整体履行请求权，或者是保有因不履行而产生的损害赔偿请求权。当职工被赋予针对违约的雇主同样的权利时，那么通过行使就会被耗尽的履行请求权就只存在于报酬请求权之中。类似的规定可以在许多仆役法中找到；针对不履行的损害赔偿，其他仆役法规定的数额都是非常固定的。

② 例如，《德国民法典》第628条第2款就规定，当雇主因雇员的违约行为而通知合同终止时，他就享有“因废止雇佣关系而产生的损害赔偿”请求权，因为这一损害正是以丧失持续提供劳务的请求权为代价的。

③ 通常适用的是《德国民法典》第197条的4年消灭时效期间，在某些情况下适用《德国民法典》第196条两年的消灭时效期间（根据该条第4、7、13项的规定）。根据该法第224条的规定，在主请求权的消灭时效期间更早地届满时，从请求权的消灭时效期间可能会缩短。

种诉。[①] 此外，在某些受有侵害之虞的情况下，债务人可能不履行未来的给付,[②] 此时债权人还可以独立于个别请求权而提起该诉。显然，在这两种情形中被主张的数额都不是根据已经产生的个别请求权，因为个别请求权是否存在、数额多少以及范围如何都是不确定的。相反，被主张的是统一的整体请求权，该请求权涉及的是连续履行的债权，且这一债权是不能通过履行而消灭的。[③] 这正是债权人所要求的，为此，债务人会被判决负有履行未来才到期的反复给付的义务。[④] 只要持续性债权存在，整体请求权就会一直存在，但是会根据法定或约定的到期时间的变化或者个别给付数额的变化而发生内容上的变更。[⑤]

---

① 《德国民事诉讼法》第 258 条规定："在反复给付的情形，对于作出判决后到期的给付，也可以提起将来支付的诉讼。"这一规定的前提是，必须有一个给付是已经到期的。对此参见 Hellwig，Anspruch und Klagerecht，S. 371，System des Deutschen Zivilprozessrechts，Bd. 1（1912），S. 267，Seuffert zu § 258；类似的观点参见 Struckmann－Koch zu § 258 Bem. 1，Gaupp－Stein zu § 258。

② 《德国民事诉讼法》第 259 条，对此参见 Hellwig，Anspruch，S. 371。

③ 根据实证法，在《德国民事诉讼法》第 258 条规定的情形中，仅需一次违反行为即可主张整体请求权，而只要不履行个别请求权就构成违反（参见 Langheineken a. a. O.，S. 216）。在第 259 条规定的情形中，未来的履行遭受危险则是必要的条件。相反观点，参见 Hellwig，Anspruch，S. 376 ff. System S. 267。他不承认整体请求权，因为他是从一个错误的观点出发的，即个别的债权是部分的债权。当他努力将《德国民事诉讼法》第 258 条的含义解释成"反复提起相同的诉讼是多余的"，那么他或许正确描述了立法者的动机，但是就该条的内容而言，这一解释却是完全错误的。

④ 判决的内容不能被解释成朗海内肯（Langheineken）认为的那样"是针对再一次侵害的不作为命令"（Langheineken a. a. O.）。相反，它指向的是反复的积极行为，例如每月支付特定的价款、支付月租金直到租赁期届满、支付每季度 500 马克的定期金直到债权人去世、每半年支付一定数额的利息、每周送交特定数量的可替代物、每天支付 5 马克的工资等。也就是说，债务人在未来给付到期的那一刻之前已经被判决履行了，如果他到期不履行的话，就要进入强制执行程序。尽管如此，针对个别给付的判决仅仅是整体判决的后果。因此，每个针对到期给付的请求权始终都要受短期消灭时效的限制（《德国民法典》第 218 条第 2 款），但是只要它作为个别请求权产生了既判力，那么在 30 年后消灭时效才届满（《德国民法典》第 218 条第 1 款）。

⑤ 我们可以想想租金、薪水、工资、利息、定期金、保险费这一类金额的提高或降低，或者是想想到期时间的缩短或延长。尽管整体请求权有这些内容变更，它也始终都作为旧的请求权一直存在。如果债务人已经被判决以旧的数额并按此前的日期履行其反复的给付，而且该判决已产生既判力，那么《德国民事诉讼法》第 323 条就会赋予任何一方当事人这样的诉权，即根据现在的法律状况变更先前的判决。当然，在这一诉讼提起之前，旧判决仍是有效的。

随着持续性债权的消灭，整体请求权也随之消灭。[1] 当然，根据法律或合同的约定，它有可能转化为消除金（Ablösungssumme）或补偿金（Abfindungs-summe）。[2] 同样，它也有可能因债务人导致的债务关系废止或者因债务人的过错所引发的债务关系过早废止而转变成损害赔偿请求权。[3]

六、终　止

持续性债务关系的特殊性就在于其终止（Beendigung）的方式。

所有持续性债务关系的共同点在于，其通常的终止原因均为时间经过（Zeitablauf）。当履行义务的期限届满时，持续性债务关系本身即告消灭，无论该义务是否被履行。从这一刻开始，它就不再是可履行的了，它的所有力量都会被剥夺，仅仅还能产生一些遗留的效果。

持续性债务的存续期间（Zeitdauer）可以从一开始就确定下来。这一期间

---

① 这一请求权同样受到消灭时效的限制（这里不考虑根据《德国民法典》第 194 条第 2 款关于家庭法上抚养请求权的例外规定）。但是，如果在此期间个别给付不存在、没有被承认或者被起诉要求履行的话，那么这一消灭时效期间 30 年才届满。这一结论同样适用于已确定且已产生既判力的针对未来履行的整体请求权；《德国民法典》第 218 条第 2 款的规定仅仅涉及个别给付。

② 在可消除的永久定期金中，针对消除金的请求权就是如此。在这种情形中特别清楚的是，针对反复给付的整体请求权不是个别请求权的金额总和，因为它变形了。对此参见《德国民法典》第 1199、2001、2002 条适用于定期土地债务的规定。此外，针对终身定期金估价的请求权也是如此，因为它要根据可能的寿命来计算。此外，债权人有权向债务人主张后者在破产开始时所拥有的资金财产。对此参见 Jaeger zu KO. § 69 Bem. 1；RGZ Bd. 68 N. 83。除此之外，针对已消灭薪水的请求权也是如此，例如终身任职或长时间任职的公务员由于提前离职（例如因为铁路的国有化或行政区划的合并）而享有的请求权。

③ 例如，当雇员因雇主的违约行为而通知终止雇佣合同时，他持续的工资请求权就是如此（《德国民法典》第 628 条第 2 款）。再如，当破产管理人通知终止破产债务人此前订立的与家政、企业或营业有关的雇佣关系时也是如此［《德国破产法》（KO.）第 22 条第 2 款］。又如，当债务人将第三人或自己的死亡作为终身定期金的支付条件时，针对第三人或债务人自己寿命的终身定期金请求权亦是如此。对此参见 Sepp S. 98 ff.；Dernburg § 201 X；Enneccerus § 408 I 1 c；Planck zu § 759 Bem. 2 c；Oertmann Bem. 1。如果存在的是损害赔偿义务（根据《德国民法典》第 249 条，这是作为法定规则必须适用的），例如有义务继续支付薪水或工资直到雇佣关系通常结束的时间，或者是支付终身定期金直到可能的自然死亡原本会出现的时刻，那么这一替代请求权就会保持反复给付请求权的本质。

常常是以期限或截止日期的形式确定的。然而，确定的方式也可以是约定债务关系一直持续到未来某个不确定的事件出现之时，该事件是否发生、何时发生都是不确定的。尤其是，在一开始创设持续性债务关系时就可以将某一方的寿命设置为其存续期间。① 此外，持续性债务关系也可以一直持续到履行达到约定的目的或是特定的需要被满足时。② 当然，持续性债务关系还有可能是不定期的。如果是这样的话，那么它的存续期间就是不受限制的，但当然是可以受到限制的。

一开始为持续性债务关系所确定下来的特定期间经常会因法律的规定或合同的约定而被延长。在约定的期限届满之后，这样的延长也可以通过约定的延期或是基于特定地想要延期的事实行为来实现。③

而持续性债务关系存续期间的缩短则主要通过法律行为才有可能。缩短后，持续性债务关系在其生命尚未耗尽之前就消灭了。这一目标总是通过约定才能

---

① 终身定期金（它同样可以设立在第三人的寿命之上）、终身供养合同（Verpfründungsvertrag）以及养老份额合同（Altenteilsvertrag）在概念上就很符合这一情形。此外，即使是租赁合同也可以以承租人或出租人的寿命为其存续期间。如此一来，根据《德国民法典》第 567 条，它就有了终生的约束力。同样的结论也适用于保管合同和其他持续性合同。以雇主或雇员或者甚至是第三人的寿命为存续期间的雇佣合同也是有效的，只不过根据《德国民法典》第 624 条，该合同只有对雇主才能产生超过 5 年的约束力。相反，存续期间为某合伙人之寿命的合伙合同将会被当作不定期处理，对此参见《德国民法典》第 724 条及《德国商法典》第 134 条。

② 例如并不少见的是，在雇佣合同中，从该合同的特性或者雇佣的目的中可以得出当事人内心所希望的存续期间，对此参见《德国民法典》第 620 条第 2 款。《德国海员法》第 66 条规定了一次性的海员雇佣合同，对此参见《德国内河航运法》（BinnenSchG.）第 25 条第 2 款，《德国筏运法》（FlößG.）第 16 条第 2 款及第 21 条第 1 款。同样地，合伙合同也可以将终止时间设定为达到目的的那一刻，对此参见《德国民法典》第 726 条。在运输保险中，保险期间通常是根据旅行的期限而确定的，对此参见《德国商法典》第 823 条及以下、《德国保险合同法》第 129 条及以下；当然，保险期间也可以是固定的，对此参见《德国商法典》第 830 条、《德国保险合同法》第 139 条。属于这种情况的还有《德国出版法》（VerlG.）第 29 条第 1 款规定的出版合同的终止。极为常见的是，委托合同要一直到事务处理完毕时才终止。另可参见《德国民法典》第 604 条第 2 款规定的借用合同。

③ 《德国民法典》第 568 条规定了使用租赁和用益租赁的延长，《德国民法典》第 625 条规定了雇佣合同的延长，《德国民法典》第 724 条及《德国商法典》第 134 条则规定了合伙的延长。这些情形均为不定期延长。根据合同约定，被延长的期间经常是一个确定的期间（例如延长像之前那么长的期间，又如另外再确定一个期间）。根据法律规定的延长可以参见各仆役法，亦可参见《德国保险合同法》第 139 条。

实现，但大多数情况下都是一方对另一方发出单方意思表示即可。

这样一个单方的表示正是通知终止（Kündigung）①。在当今法上，对于持续性债务关系连续不断的约束力，这一产生于日耳曼法的通知终止制度构成了其不可或缺的制衡。因此，在持续性债务关系中，通知终止权不仅经常通过合同来约定，而且很多时候也会为法律所规定。并且，通知终止的自由在很大程度上受到强制规范的保护，这些强制规范不允许当事人另有约定以排除或限制通知终止权。②

真正的通知终止（eigentliche Kündigung）是为将来设置一个期间。通常，它是与法定或约定的通知终止期间相关联的，即在发出通知的日期与终止的日期之间至少需要经过一段时间，③ 并且通常只有在特定的终止日期才是被允许

① 德语中的“Kündigung”是从动词“künden”变化而来的名词，该动词又与另一个名词“Kunde”相关。“Kunde”在德语中是“消息”“知识”的意思，因此作为动词的“künden”就是“将消息告诉某人”的意思，即“告知”“通知”。所以，“Kündigung”的纯字面意思即为“通知”，之所以译成“通知终止”是为了揭示该制度“能够终止持续性债务关系”的这一本质。对此亦可参见《德国民法典》（第5版），陈卫佐译注，法律出版社2020年版，第113页，脚注7；第193页，脚注55。——译者注

② 例如参见《德国民法典》第247条、第567条、第624条、第671条第3款、第723条第3款；《德国商法典》第67—69条；《德国工商业法》第122条、第133aa条、第133ac条；亦可参见《德国民法典》第39条、第1202条第2款以及《德国民法典施行法》（EG）第117条第2款。

③ 法定通知终止期间的计算差别很大。在使用租赁和用益租赁中，通知终止期间的长短部分受到标的、部分受到租金支付间隔的影响，《德国民法典》规定的通知终止期间有半年（第595条）、一季度、半个月、一周、两天或一天（第565条）。在借款合同中，根据借款数额的不同，通知终止期间可以是3个月或1个月（在借款少于300马克时），对此参见《德国民法典》第609条（但是在该法第247条规定的情形中为6个月）。在雇佣合同中，通知终止期间因报酬支付间隔的不同而有所区别，有一天、一周、半个月或6个月，对此参见《德国民法典》第622条（但是在第622、623、624条规定的情形中，通知终止期间总是6周、两周或6个月）。此外，根据《德国商法典》第66条和第92条第2款、《德国工商业法》第133a条、《德国内河航运法》第20条第2款以及《德国普鲁士矿山法》（Preuß. Bergges.）第88条，在商业辅助人、代理商、工商业官员、内河航运船员以及矿业官员的情形中，通知终止期间为6个月；根据《德国工商业法》第122条和第134条、《德国内河航运法》第25条第1款以及《德国普鲁士矿山法》第81条，工商业劳动合同的通知终止期间为14天；根据不同的仆役法，仆役合同的通知终止期间是非常不同的。根据《德国商法典》第132条和第339条，6个月的通知终止期间适用于普通商事合伙、有限商事合伙与隐名合伙。根据《德国商法典》第422条第1款，仓储人的通知终

的。[①]在有效的通知终止所设置的终止日期经过后，债务关系才会因时间经过而消灭。绝大多数时候，这样一种附期限的通知终止（befristete Kündigung）尤其会出现在不定期的持续性债务关系中。在这种持续性债务关系中，每一方都可以任意地运用这一手段为债务关系的寿命设限。[②]在某些情况下（例如在定期的

止期间为1个月。在《德国保险合同法》第27条、第35条、第41条第2款、第70条第1款、第96条第2款以及第158条第2款规定的情形中，保险人的通知终止期间也是1个月。更长或更短的通知终止期间需要有合同约定；但是根据《德国商法典》第67条、《德国工商业法》第133aa条以及《德国普鲁士矿山法》第88a条（例外是接下来的两个条文），在商业辅助人和工商业官员的情形中，通知终止期间不能短于1个月。根据《德国工商业法》第122条、《德国海员法》第27条第2款、《德国内河航运法》第25条第1款以及《德国普鲁士矿山法》第81条第2款这些强制规范，此种父爱主义原则同样也适用于涉及工商业劳动者、船员和矿工的雇佣合同。在新的《瑞士债法典》（Schweiz. OR.）第347条第3款中，这一原则扩大到了所有雇佣合同。

① 例如，根据《德国民法典》第565、595条，在使用租赁和用益租赁中，通知终止只能在季度末、月末、周末或者年末才能行使。再如，根据《德国民法典》第621、622条，雇佣合同的通知终止只能在周末、月末或者季度末才能行使。又如，根据《德国商法典》第66条和第92条第1款、《德国工商业法》第133a款、《德国内河航运法》第20条第2款以及《普鲁士矿山法》第88条，商业辅助人、代理商和工商业官员等雇佣合同中，通知终止只能在季度末才能行使。所有的仆役法都有着非常不同的通知终止日期。根据《德国商法典》第132、339条，在商事合伙和隐名合伙中，通知终止日期为营业年末。根据《德国保险合同法》第96、113、114、158、165条，保险合同的通知终止日期经常是在保险期间的最后一天（不能比这一天更晚）。与之不同的约定是可能的。但是根据《德国商法典》第67条、《德国工商业法》第133aa条以及《德国普鲁士矿山法》第88a条（例外是每部法律接下去的那两个条文），在涉及商业辅助人及其类似雇员的情况下，当事人只能约定月末为通知终止的日期。在其他持续性债务关系中，例如在借款、保管等合同中，当事人经常会约定固定的通知终止日期。

② 例如根据《德国民法典》第564—567条以及第595条的规定，在使用租赁和用益租赁中即是如此。第609条是关于借款的规定。《德国民法典》第620—623条、《德国商法典》第66条和第92条第1款、《德国工商业法》第122条和第133a条、《德国内河航运法》第25条以及《德国普鲁士矿山法》第81、88条是关于雇佣合同的规定（若仆役合同中没有约定通知终止期间，则大多数情况下都适用法定的期间或当地普遍的期间）。《德国商法典》第132条、第161条第2款以及第339条第1款规定了商事合伙和隐名合伙的通知终止期间（相反，民事合伙只能约定通知终止期间；新的《瑞士债法典》第546条有与之相反的规定）。根据《德国拜仁州法》（BayrAG.）第13条，啤酒供应合同也是如此。在不定期的仓储合同中，仓储人要受法定通知终止期间的约束。根据海商法，不定期合同的通知终止应适用特殊规定，例如《德国商法典》第551条和《德国海员法》第28条第3款。

持续性债务关系中于更长的时间经过后或者是出现特殊情况时），也允许行使通知终止权，以便提前终止债务关系。① 此外，并不少见的情况是，它甚至在这样一种债务关系中也是必要的，即为了维持该债务关系在特定时间经过后的终止效力，以至于不行使通知终止权其存续期间就会被延长。②

除此之外，还存在一种不附期限的通知终止（unbefristete Kündigung），即“无终止期间的通知终止”（Kündigung ohne Kündigungsfrist）或“即时的通知终止”（Kündigung auf sofort）。③ 从术语的历史发展角度看，将其称作“通知终止”并非没有问题，④ 但通过它与真正通知终止的内在同质性，这一概念也就具有正当性了。因为跟真正的通知终止相同，不附期限的通知终止也能够使债务关系终止，并且没有影响到该债务关系此前的效力。只不过它的效力并不是在未来发生，而是立即发生，亦即使得债务关系立即消灭。也就是说，它能

① 例如根据《德国民法典》第567条，期限为30年的长期租赁合同中，任何一方都享有通知终止权。根据《德国民法典》第624条和《德国民法典施行法》第95条第2款，期限为5年的所有雇佣合同（包括仆役合同）中，雇员有通知终止权，雇主则要受到约束。当出现特殊情况时，《德国民法典》第570条规定的承租人享有附期限的通知终止权（官员的特权）；根据《德国民法典》第569、596条，使用承租人的继承人与承租人死亡时的使用出租人也享有附期限的通知终止权（在用益租赁的情况下仅仅是用益承租人的继承人享有该权利，而不包括用益出租人）；根据《德国民法典》第549、586条，使用承租人（而非用益承租人）被使用出租人拒绝转租时同样享有附期限的通知终止权。同样地，在《德国保险合同法》第27条（该条的规定被第142条和第143条修正）、第38条、第41条第2款、第70条第1款（对此参见第114、142、143条）、第96条、第113条以及第158条，保险人也享有这样的通知终止权。根据《德国商法典》第78条第1款和《德国工商业法》第127e条，换工作的学徒也享有附期限的通知终止权。在许多情形中，仆役法都会赋予雇员或雇主在雇佣合同到期前的附期限的通知终止权。

② 这种的通知终止权经常会在租赁合同、雇佣合同和合伙合同中被约定。针对这一情形，《德国商法典》第67条第3款、《德国工商业法》第133aa条第3款以及《德国普鲁士矿山法》第88a条第3款也有相应规定。不同的仆役法有着不同的法律规定，例如参见《德国普鲁士仆役法》第111条，《德国萨克森仆役法》第68条，《德国巴登仆役法》第4条，《德国不莱梅仆役法》第62、63条，《德国埃尔萨斯—洛林仆役法》第3条（针对地方仆役的规定）。亦可参见《瑞士债法典》第346条第2款，以及该法的第268、292条。

③ 这一名称是厄茨巴赫尔建议的，对此参见Eltzbacher，Großberliner Mietsverträge，1913，S. 40，60 ff。

④ 新的《瑞士债法典》并没有步《德国民法典》的后尘，在不涉及通知终止期间的地方，它都只规定了单方“废止”（Aufhebung）或“废弃”（Auflösung）合同，对此参见该法第261、265、293、294、352、354、527条。

够突然终结持续性债务关系的生命。根据法律规定，即时的通知终止在某些债务关系中总是被允许的。① 在其他的债务关系中，当事人可以基于重大事由随时行使即时的通知终止权，而无须考虑约定的存续期间或者约定或法定的通知终止期间。②

---

① 例如，根据法律规定，委托中的任何一方均享有即时的通知终止权，对此参见《德国民法典》第 671 条（委托人的“撤回”其实也是即时的通知终止）。在《德国民法典》第 623 条前半段和第 627 条所规定的雇佣合同中，任何一方同样享有该权利。根据《德国民法典》第 723、724 条，在不定期的民事合伙中，任何一个合伙人均享有该权利。根据《德国商法典》第 355 条第 3 款，在交互计算合同（Kontokurrentvertrag）中，任何一方均享有该权利。根据《德国商法典》第 77 条第 2 款和《德国工商业法》第 727b 条第 1 款，在学徒合同的试用期中，任何一方均享有该权利。同样的情况还出现在不定期的借用合同和保管合同中，但如果是定期合同，则总是只有出借人或者保管人（除了仓储人之外）可以不附期限地行使通知终止权，对此参见《德国民法典》第 604 条第 2 款、第 695 条和第 696 条。根据《德国民法典》第 649 条，在所有的承揽合同中，定做人都可以任意地行使不附期限的通知终止权。根据《德国保险合同法》第 165 条，人寿保险合同中的保险人也享有同样的权利（然而只有在保险期间经过之后）。不附期限的通知终止也可以由合同约定赋予某一方或任何一方，尤其是对于试用期而言。除了在学徒合同中会出现试用期，在其他的雇佣合同里也同样会出现试用期；只要父爱主义原则仍然适用，那么应当赋予合同双方同等的权利。《瑞士债法典》第 350 条规定，在约定的试用期有疑义时，适用两个月的试用期，在帮工关系和雇员关系中适用两周的试用期。如果没有关于通知终止期间的约定，则在这些情况下也需遵循 7 天或 3 天的通知终止期间。

② 根据强制法的规定，在所有的雇佣合同里均是如此，对此参见《德国民法典》第 626 条。在不同类型的雇佣合同中，特别法着重将“立即解雇”和“立即辞职”规定为重大事由。这一部分被示例性地规定在《德国商法典》第 71、72 条（结合第 77 条第 3、4 款）、《德国工商业法》第 133c、133d 条以及《德国普鲁士矿山法》第 89、90 条；还有一部分则是以一般性规范的形式被规定在《德国工商业法》第 123、124 条（第 124a 条对此加以保留），《德国普鲁士矿山法》第 82、83a 条，《德国海员法》第 70、74、75 条以及其他仆役法中。根据《德国民法典》第 723 条和《德国商法典》第 339 条第 1 款，在民事合伙和隐名合伙中，情况也是一样。此外，根据《德国民法典》第 696 条，保管人也享有基于重大事由的不附期限的通知终止权。另外，根据《德国民法典》第 671 条，放弃了任意通知终止权的受托人在出现重大事由时也应享有随时的通知终止权。在使用租赁中，承租人只有在《德国民法典》第 542、544 条（均为强制规范）规定的重大事由出现时才享有不附期限的通知终止权，出租人则只有在《德国民法典》第 553 条规定的重大原因出现时才享有不附期限的通知终止权。同样地，出借人只有在《德国民法典》第 605 条规定的重大事由出现时；承揽人只有在《德国民法典》第 643 条规定的情形出现时；出版商只有在《德国出版法》第 18 条规定的情形出现时；作者只有在《德国出版法》第 45 条规定的情形出现时；保险人只有在《德国保险合同法》第 24、39 条（结合第 175 条）规定的情形出

随着债务关系的终止，通知终止同时还导致那些由于持续性债务关系终止而产生的一次性债权的到期。如果在某些债务关系中，法律只规定了通知终止的这种效果，那么根据通知终止的本质，它首先是限制债务关系存续期间的手段，债权到期仅仅是期间设置的后果而已。①

通知终止这一法律制度是持续性合同之债（dauernde Schuldverträge）②的标志性特征。在某些具有持续约束力的人法和物权法关系中也会看到通知终止的身影，③但在债法里，该制度只会出现在持续性债务关系中。④即使法律并没有为某些持续性合同之债规定通知终止权，⑤当事人也是可以在合同中对此加以约

现时，投保人只有在《德国保险合同法》第70条第2、3款，第96、113、158条，《德国商法典》第899条第3、4款（结合第900条）规定的情形出现时；才享有该权利。航运法上的雇佣合同适用特别规定，即便没有重大事由，雇员也可以立即辞职。因此，提前辞职的正当化理由仅仅对赔偿问题有意义，对此参见《德国商法典》第545条结合第546、552条，《德国海员法》第72条，《德国内河航运法》第20条第6款和第25条第4款以及《德国筏运法》第16条第4款和第21条第3款。

① 尽管有《德国民法典》第609条的规定，在借款合同中情况就是如此。同样地，尽管有第1193条关于的规定，情况也是如此。这与定期土地债务并没有什么不同，在这一债务中，第1202条明确规定定期金的到期是通知终止期间届满的后果。有时，《德国民法典》会在特殊规定中写道“债权的到期取决于通知终止”（参见《德国民法典》第119、284、296、1078、1283、1286条），那么这一结论同样适用，无论根据法律或约定该到期是作为通知终止的后果还是作为通知终止所导致的合同存续期间终止的后果。

② 德语的“dauernde Schuldverträge”也可译为“继续性合同”。但是“继续”在中文里是一个动词，“继续性”严格来说并不是一个纯粹的汉语词，而是一个直接使用日语汉字的译法。在日语中，“继续”即表示“持续的”，所以“继续性合同”在日语中是不拗口的，而该日语词翻译为不拗口的中文应当是“持续性合同”。因此，本文不采“继续性合同”的译法，而是译作“持续性合同之债”。——译者注

③ 例如一方面，章程中可以规定退社取决于及时行使通知终止权（参见《德国民法典》第39条第2款）；在已登记合作社中，退社与通知终止也是相挂钩的［参见《德国合作社法》（GenGes.）第65条］。另一方面，通知终止也可能出现在具有独立性的物权性债务中，对此参见《德国民法典》第1193、1202条。

④ 下文还会提到承揽合同中表面上的例外。《德国证券交易所法》（Börsenges.）第62条提到的在商品期货交易中的“通知”（Kündigung）是指在规定期限内单方宣布交割日期，而非法律意义上的“通知终止”；它同样被称为期货的“买入开仓”。对此参见Nußbaum, Komm. S. 243。

⑤ 对此请注意，在《德国民法典》中，通知终止有时会隐藏在其他名称之后。例如躲在委托的“撤回”之后，参见《德国民法典》第671条。同样地，“要求返还”出借之物和寄存之物（《德国民法典》第604条第3款和第695条）以及“请求返还”（《德国民法典》第696条）也是如此，它们同时包含了通知终止和合同关系因通知终止消灭之后所产生的返还义务。

定的。[1]

通知终止与解除（Rücktritt）[2] 存在本质上的区别。因为通知终止仅仅向未来废止合同，而解除则同样向过去废止了合同，因而使其失去已经产生的效力。《民法典》将此前多方摇摆的概念“解除”固定了下来，并将这一根据合同或法律而产生的解除权塑造成一个特殊的法律制度。因此这样一来，通知终止与解除的区别也就清楚了，尤其是不附期限的通知终止获得了独立，而此前它经常被称为“解除”。[3] 不附期限的通知终止同样位于持续性合同之债的体系之中，它在其中所扮演的角色在很大程度上类似于解除在一时性合同之债中所扮演的角色。

尽管如此，除了通知终止之外，持续性合同之债也并不排斥为合同约定所保留或是为法律所规定的解除权。在这类债务关系中，解除权的行使空间主要是在持续性给付尚未开始之时。在借款、借用、保管等要物合同中，这样的解除权当然是不存在的，因为直到物被交付之后持续性给付才开始；在物被交付之前只存在一个指向一时性给付的预约合同（Vorvertrag），偶尔才会出现解除权的行使。[4] 在使用租赁、用益租赁、合伙合同、雇佣合同以及其他持续性合同之债中，情况就有所不同了。这些合同都包含一时性的给付义务，在履行了

---

① 《瑞士债法典》针对不定期的“集体劳动合同”（Gesamtarbeitsvertrag）同样规定了法定的通知终止权（根据该法第 322 条第 3 款，在 1 年经过之后的任何时候都可以延长 6 个月）。在特殊情况下，终身供养合同也是如此（根据该法第 527 条，可延长半年）。在德国，“劳动团体协约”（Tarifvertrag）里也经常会出现约定的通知终止权，终身供养合同亦同。约定的通知终止权还会出现在卡特尔和辛迪加的情形中，即使是在终身定期金合同里也可以约定通知终止权。此外还要简要提及，在国际条约（例如贸易协定）中，通知终止条款也是较为常见的。

② 德语中的“Rücktritt”是从动词“zurücktreten”变化而来的名词，后者又是由“zurück”（往后）和“treten”（走向、踩、跨）组合而成的，字面意思为“往后退”。因此“Rücktritt”的含义即为“回退”，意译则为“解除”。需要说明的是，德国民法上“解除”仅指狭义的解除，比我国《民法典》中的“解除”含义范围要小，我国语境下的“解除”是德国语境下“（狭义）解除”与“通知（终止）”的上位概念。——译者注

③ 例如学徒培训合同（Lehrvertrag）就是如此，在试用期到期之后，法律所允许的单方废止表示在《德国商法典》第 77 条中被称为“不附期限的通知终止”，在《德国工商业法》第 127b 条中却仍被称为“解除”。

④ 根据《德国民法典》第 610 条，这样的解除权同样隐藏在“撤回”借款允诺之中。

该义务之后才开始履行持续性债务。这些合同适合在保留解除权的情况下订立，直到需要产生的持续状态实际出现之前，其中一方或任何一方有权基于特定事由或在支付解约定金（Reugeld）之后行使该权利。在以下情形中也可能会出现法定的解除权：例如，当承租人在租赁标的被交付之前进入破产程序时，出租人享有解除权；① 再如，当海员超过 24 小时仍未就职时，船长享有合同解除权。② 然而，大多数仆役法特别追求的体系与一般的雇佣合同法所有不同。它们仅仅承认通知终止是终止仆役合同（Gesindevertrag）的手段（例如在提前解雇或提前辞职的情况下），并且赋予双方基于特定事由的解除权，而非不附期限的通知终止权。③ 此外，根据合同自由原则，只要不违反强制规范，当事人也可以约定在持续性债务关系的履行期间行使解除权。④ 这种类型的法定解除权也规定得很分散。例如，当被保险人违反保险合同中约定的告知义务时，保险人享解除权；⑤ 再如，特别是在出版合同中，出版商或者作者基于对方的不履

① 参见《德国破产法》第 20 条。相反，更为正确的观点是，当出租人拒绝向租赁人交付租赁物时，后者不享有除了《德国民法典》第 542 条规定的不附期限的通知终止权以外的因为相对方不履行而产生解除权。不伦瑞克高等地方法院（OLG. Braunschweig）有着不同观点，对此参见 Seuffert Bd. 61 Nr，130。

② 参见《德国海员法》第 32 条第 2 款。

③ 这些事由部分地与通知终止事由重合，但绝非完全一致。各种各样的解除后果为法律所特别规定。只有较少的仆役法追随了共同民法，将就职前的单方拒绝规定为不附期限的通知终止，例如《德国拜仁仆役法》第 23 条、《德国梅克伦堡仆役法》第 34 条以及《德国埃尔萨斯—洛林仆役法》第 4 条。这种特别法与以下现象相关，即根据仆役合同，不仅雇员有义务去就职，而且雇主也有义务通过将雇员领进门的形式以接受该雇员（这一点与其他雇佣合同适用的规则有所不同）。对此参见《德国普鲁士仆役法》第 45 条和《德国萨克森仆役法》第 20 条。

④ 也可以就持续性债务关系的不履行或瑕疵履行约定解除权，对此参见《民法典》第 357、358 条。例如，在有利于债权人的终身定期金合同中也可能如此，终身供养合同和养老份额合同亦同。

⑤ 参见《德国保险合同法》第 16—21 条、关于人身保险特殊规定的第 161—163 条以及《德国商法典》第 808—811 条关于海上保险的特殊规定。根据《德国商法典》第 808 条，在海上保险中，只有在该法第 899 条规定的情形中，被保险人才会因保险人无支付能力而享有解除权。

行或瑕疵履行也同样享有解除权。①

但是从一般意义上看，针对另一方因给付迟延或可归责的给付不能而导致的不履行，《民法典》为双务合同当事人所规定的法定解除权（第 325、326 条）对持续性债务关系是没有适用空间的。相反，当法律规定了不附期限的通知终止权时，持续性债务关系会通过通知终止而消灭。② 如果法律没有规定通知终止权，那么在这些情形中就不存在通知终止权。③ 根据诚实信用原则，在持续性合同之债中，当一方实施了违反合同约定的行为，且此时不可期待另一方仍会严守合同，那么假如法律没有可以直接适用的规则，则可供后者行使的就不是解除权，而是应类推适用不附期限的通知终止权。④ 尤其是在连续供给合同中，情况也是如此。如果将这类合同认定成持续性合同之债，那么可以得出的结论就是：当个别的供应违反合同约定时，考虑到整个合同，当事人是不

① 参见《德国出版法》第 30—32 条。此外，作者在《德国出版法》第 35 条规定的情形中还享有各种各样的解除权。根据该法第 36 条，作者在出版商破产时也享有解除权。不过，该法第 38 条纠正了这些解除权所造成的不利。根据该条的规定，如果作品已经全部或部分交付，那么合同是否部分得到维持要取决于具体情况。在有疑义时，尤其是当合同涉及出版商已无法获得的样稿、作品的早期部分或者早期版本时，合同就应部分得到维持。这一结论同样适用于约定的解除权。也就是说，根据约定的解除权，解除的效力要限制在面向未来，因此在这种情形下，解除就类似于通知终止。

② 例如，若承租人逾期交纳租金，出租人在《德国民法典》第 554 条规定的通知终止权之外不再享有第 326 条规定的解除权。若出租人并未提供物的使用或者提供的使用不符合约定，那么承租人也不能主张第 325 条或第 326 条规定的解除权，而只能主张第 542 条规定的通知终止权；同样地，承租人同样不享有在仿照买卖法所形成的物的瑕疵担保规则（《德国民法典》第 537—540 条）基础上所产生的解约权（Wandlungsrecht）。在雇佣合同和合伙合同中，情况并无不同。对于合伙合同，RGZ. Bd. 81 Nr. 71 给出了一个正确的理由，即只要合同开始履行或即将开始履行，第 325 条或第 326 条规定的解除权就不能再被行使；在 Bd. 75 Nr. 67 这个案件中，帝国法院已经持这一观点。

③ 例如，如果没有特别约定，那么终身定期金合同中的债权人就不享有通知终止权。对此参见 Sepp, Der Leibrentenvertrag, 1905, S. 87 ff., Oertmann zu § 759 ff. Vorbem. 5 b α und zu § 170 Bem. 2, Enneccerus § 408 Anm. 5；类似的观点参见 Eccius 在 Gruchot 45, 28 发表的文章，Planck Vorbem. Ⅱ 5。不同的观点，参见《德国普鲁士一般邦法》第 1 编第 11 章第 647、648 条（ALR Ⅰ, 11 § 647-648），相反观点亦可参见《法国民法典》第 1978 条。RGZ. Bd. 79 Nr. 75 中的观点是值得怀疑的。

④ 正是在这个意义上，RGZ. Bd. 78 Nr. 83 S. 389 才会因为长期供应鲜花合同的特殊性而在一般意义上赋予此类合同不附期限的通知终止权。

能行使解除权的。当然，这样的行为也有可能违反持续的义务。但即便是在这种场合下，解除权也不产生。因为这会使整个合同在过去的存续成为问题，而在这段时间里履行或许是适当的。但是在某些情况下，如果违反合同的行为（例如反复的瑕疵供给）破坏了另一方对未来适当履行的合理信赖，那么非违约方行使不附期限的通知终止权对整个合同加以单方废止就是正当的。①

当然，除了具有法律行为性质的合意以及合同一方的单方意思表示外，还有其他的终止原因可以使持续性债务关系提前结束。例如，债务关系一般的消灭事由“嗣后不能”（nachträgliche Unmöglichkeit）也会使持续性债务关系终止。② 再如，当合同约定的解除条件成就时，持续性债务关系亦会提前终止。③根据法律规定，有些持续性债务关系还会在合同当事人死亡时终止，④ 合伙关系会在关于某合伙人的破产程序开始时终止。⑤ 在商事合伙中，商事合伙的破

① 参见 Müller-Erzbach，DJZ. 9，S. 1163；Dernburg，Bürg. Recht Bd. 2 § 179 Ⅲ。相反，帝国法院却赋予了第 326 条规定的解除权。这一观点与施陶布（Staub）所谓的“积极违反合同”相近，只是在概念上是自相矛盾的，对将来的判决并没有什么用。对此参见 ZS. Bd. 56 Nr. 42，Bd. 57 Nr. 25，Bd. 61 Nr. 32，Bd. 63 Nr. 72；SeuffA. Bd. 61 Nr. 125。与此不同但同样也抹杀了一时性债务关系与持续性债务关系之区别的解决方案，参见 Dernburg，DJZ. 8，1 ff.（这是他以前的观点）；Kipp ebd. S. 258 ff.；H. Lehmann，ArchZivPrax. 96，60 ff.，bes. 95 ff.；Oertmann，Bayr. LPR. S. 198 ff.；Siber，JheringsJ. 50，180 ff。

② 若不考虑《德国民法典》第 325 条规定的解除权，则该法第 323—325 条也可以适用于持续性合同之债。特殊的情况有：民事合伙中的合伙目的不能实现（参见《德国民法典》第 726 条）；租赁物意外灭失（RGZ. Bd. 62 Nr. 56）；出借之物和寄存之物的意外灭失亦同；海员雇佣合同中的船舶灭失（参见《德国海员法》第 69 条）；出版合同中作品的灭失亦同（参见《德国出版法》第 33 条）。

③ 这种情况当然要与以下情形相区分，即债务关系的正常寿命取决于未来某个事件的出现。若债务关系的存续期间取决于未来的事件，那么也应当允许约定非常长的期间，例如在终身土地定期金合同中即是如此。

④ 例如在有疑义时，委托关系因受托人的死亡而终止，在特殊情况下同样因委托人的死亡而终止，对此参见《德国民法典》第 672、673 条。再如，雇佣关系因雇员的死亡而终止。又如，合伙关系因合伙人的死亡而终止，对此参见《德国民法典》第 727 条和《德国商法典》第 131 条第 4 项（但是根据《德国商法典》第 339 条第 2 款，隐名合伙人的死亡不会导致合伙关系终止）。同样地，作者的死亡也会导致出版合同的终止，对此参见《德国出版法》第 34 条（对该规则有一些修正）。当然，当事人也可以将死亡约定为合同提前废弃的事由。但这一点要与死亡是债务关系通常的终止情形相区分。

⑤ 参见《德国民法典》第 728 条和《德国商法典》第 131 条第 5 项。

产程序开始也会使合伙关系终止。[1] 但与基于重大事由而产生的不附期限的通知终止不同，商事合伙只有在合伙人申请且法院判决的情况下才会终止。[2] 在每一种合伙关系中，合伙人之债权人的通知终止也同样是合伙的终止原因。[3] 无论如何，在这些情形中适用的都是特别的终止原因。通常的终止原因只有时间经过。

七、具体情形

至此所得出的结论是，持续性债务关系的范围是非常广泛的。但是，应当如何准确界定这样一种债务关系呢？“持续”这一概念的相对性不是会使任何的概念区分都失败吗？毕竟连最简单的一时性给付（例如支付价款、交付物品、送交和接收货物等）在某些情况下都要比持续性给付所需的时间更长。另一方面，所有人的作为或不作为，无论所需的时间或长或短，都具有一时性的特征！

尽管如此，法律规定确实区分了“期日”和“期间”，还区分了“时间点”和“时间段”，这两对概念的区分在关于时间的规定里是非常显眼的（《德国民法典》第186—193条）。这一点与生活观念相符。因此，从这些法律规定出发，要探究的首先就是：给付究竟需要在一个时间点还是在一个时间段内被履行。

具体合同之债的类型是根据其所服务的目的而确定的。因此，根据履行类型的不同，可以将其分别归入一时性债务关系或持续性债务关系。即使在合同自由的框架下，某个具体的合同严重偏离了典型合同的特征，以至于某些关于典型合同的规定对其不再能适用，抑或是双方明确排除其适用，以上分类标准仍不受影响。

要准确判断哪些类型的合同之债属于持续性合同，哪些又不属于，这可能需要写一本书。以下仅仅给出一个简短的概览，并且就若干疑问进行探讨。

使用租赁和用益租赁是持续性合同之债的主要类型。但是，使用租赁也同样会出现在为了散心而租一匹马、为了看演出而租一支观剧望远镜、为了看节

---

① 参见《德国商法典》第131条第3项（结合第141条）。

② 参见《德国商法典》第131条第6项和第133条。

③ 参见《德国民法典》第725条和《德国商法典》第135条。在民事合伙与商事合伙中，终止的前提是不同的，在前者是不附终止期限的，在后者则要附终止期限。

日游行而在看台上租一个座位、为了开音乐会或者摆宴席而租一个大厅等这样一些情形。在这些情形中，出租人的给付仅仅是为承租人提供某物一时性的使用，而承租人的对待给付则是支付一次性的租金。尽管如此，这种合同仍然是持续性合同之债，因为无论持续的时间是如何之短，在此期间内，出租人都要提供物的使用，承租人则不能作出违反合同约定的行为。当然，法律关于使用租赁的规定只有一小部分能够对此适用。

类似地，雇佣合同也是持续性合同之债。《德国民法典》通过特殊的规定将其称为“持续性雇佣关系”来凸显这一点（参见第617、627、629、630条）。这甚至是法律唯一一次提到“持续性”债务关系的。只不过根据生活观念，这里的“持续性”指的持续时间要更长一些。因为日付或周付的更短的定期或不定期雇佣合同当然也构成持续性债务关系。同样地，为了具体目的而支付一次性报酬而就极短的期间内提供劳务的允诺也构成持续性债务关系，无论这样的雇佣合同是如何偏离典型的雇佣合同。

然而，有困难的是如何区分雇佣合同和承揽合同。原则上，承揽合同是一时性合同之债。因为它指向的是以完成工作来交换报酬，亦即不是指向活动，不是指向劳动或劳务的给付，而是指向通过这些行为所完成的成果（《德国民法典》第631条）。因而，由此产生的债务关系着眼于特定时间点的履行，并且会因履行而消灭。① 出现瑕疵履行或不履行的情形时，其法律后果是适用以买卖合同为原型的规定，只有在个别的方面才适用劳动合同的相关规定。② 只有当承揽合同是劳动合同时，它才能产生持续到履行时的准备性债务关系（vorbereitendes Schuldverhältnis）。因为这样的合同使得承揽人有义务为了完成工作而付出劳动，除了定做人必要的协助之外，这一义务被补入债务内容之中。在此基础上订立的承揽合同才可能有除了解除之外的“通知终止”，后者仅仅是使

① 随着工作的验收或者根据工作的性质无须验收时，债务关系在完成工作以及支付到期报酬的那一刻消灭，对此参见《德国民法典》第640、641、646条。如果是部分履行，那么债务关系就是部分消灭，对此参见《德国民法典》第640、646条。

② 参见《德国民法典》第633—639条、第646、651条。在这种情况下需要特别考虑的就是，定做人享有解约权（不同于承租人）和解除权（类似于买受人）。除此之外，《德国民法典》第325、326条（特别是对承揽人有利的规定）也是可适用的。即使履行前原则上是由承揽人承担风险，对承揽合同也应像对一时性合同之债和买卖合同那样来处理，对此参见《德国民法典》第664条。

合同向未来失效，并且不影响合同成立以来的存续状态。[①] 至少在某些承揽人对未完成无过错的情形中，这一点也同样适用，他可以就已付出的劳动（除了垫付的费用之外）请求约定的报酬。[②] 这一构成承揽合同的持续性债务关系在各种类型的承揽合同中扮演着不同的角色。在承揽供给合同中，这一持续性债务关系完全退居幕后。[③] 在其余的承揽合同中，这一持续性债务关系对于承揽物的生产或变更而言是极具意义的，例如建设工程合同。经常需要注意的是涉及不需要验收的工作时，特别是在根本不存在有体的工作成果，而只存在无体的劳动成果时。因此，这一类承揽合同恰恰在很多方面像极了雇佣合同。[④] 这一点尤其要适用于只有债务人亲自给付才能完成的承揽合同，无论是涉及较低层次的劳务（例如理发师、小时工、抄写员）或者是高层次的劳务（例如补课、教育、医疗或律师服务）。该结论同样适用于内容为事务处理的承揽合同，据此，商法上关于行纪和承揽运输的特别规定也属于其中。[⑤] 同样地，在所有的运输合同中，为了达到约定的结果所需的劳动给付作为符合约定的需要履行的劳务给付也适用这一结论，商法、海商法、内河航运法上关于货运合同的有些特殊规定就是这样表述的。

在其他需要付出劳动的合同中，委托在概念上始终都是持续性合同之债，无论在某些具体情形中，需要处理的事务在多么短的时间内就能完成。

保管合同也同样如此。特别是在涉及银行保险箱业务或大型储藏柜业务的

---

① 根据法律规定，承揽人只有在定做人逾期不履行协助义务的情况下才享有通知终止权，定做人则享有任意的通知终止权。通知终止会废止合同，但是对于已履行的部分，承揽人始终都有权请求约定的报酬；在定做人无重大事由通知终止的情形中，承揽人还享有对已付出劳动的报酬请求权，对此参见《德国民法典》第643、645、649、650条。

② 参见《德国民法典》第645条。据此，承揽人承担风险的原则自然在很大程度上被改变了。

③ 正因为考虑到这些关键点，所以根据《德国民法典》第651条，对于这类合同要原封不动地适用买卖合同法的规定。

④ 因此，在这个方面，理论界和实务界无休止的争议主要集中在如何区分承揽合同和雇佣合同。一个并不少见的明显倾向是在有疑义时认定为雇佣合同。这一倾向的理由在于，适用于承揽合同的现行法并不将承揽人所负担的劳动义务评价为持续性的。

⑤ 因此，我们不能像有些人那样将行纪行为（Kommissionsgeschäft）和承揽运输行为（Speditionsgeschäft）说成是雇佣合同，它们应该是承揽合同。相反，《德国商法典》已明确将与代理商订立的合同规定为雇佣合同。

有偿且作为营业的保管中，持续性合同之债的特征被急剧放大。这一点同样适用于特殊的保管合同，特别是存款业务。①

出版合同始终都是持续性合同之债。对于双方而言，它会产生定期或不定期的持续不作为义务；同时，它还一定会给出版商施加持续作为的义务。在这个持续性债务关系中，随着时间的推移，有时还会产生出一时性的给付义务。

合伙合同永远都是持续性合同之债，这无须赘言。在合伙合同中，极少会出现类似于一时性合同之债的情形。

属于持续性合同之债的还有借用。在借用合同中，即便是持续的义务仅仅是不作为，也不能改变它是持续性合同之债的概念本质。出借人的义务仅仅是允许借用人使用某物，而不是像出租人一样提供某物的使用。也就是说，在借用合同关系因时间经过而终止前或者被通知终止前，出借人都不可以阻碍借用人使用该物或者要求借用人返还该物。而借用人的义务仅仅是不得作出违反合同约定的使用行为。②

和借用一样，借款也是持续性合同之债。我们不能将借款合同的主要内容看成是债务人有还款的义务，因为这一义务要到合同关系终止时才产生。③ 一收到钱马上就要还的借款是没有意义的。相反，这类合同的核心在于，贷款人在合同关系因时间经过而终止或被通知终止前都有义务允许借款人使用。只不过此时的使用对象不是借用合同中某个具体的物，而是某一笔款项。因此，债权人直到允许他人使用的义务消灭之前都有义务不向借款人要求返还该款项。④ 就这一符合约定的不作为请求权，债务人不仅可以通过确认之诉的手段来提起，而且可以在债权人有提前要求还款之虞时通过不作为之诉的形式提起。对于债务人，债权人永远都不享有法定的提前还款权。⑤ 在不附利息的借款中，借款

---

① 考虑到这一点，是否以及在多大程度上将存款合同看作借款合同是没有区别的，因为即使是借款合同也同样是持续性合同之债。

② 在物的性质较为特殊的情况下有可能还会涉及作为义务，例如喂养动物。

③ 在定期清偿借款的合同中，定期的部分清偿会导致连续的部分终止。

④ 《法国民法典》第 1899 条准确地规定了“贷与人的义务”（obligations du prêteur）：“在约定期限届满前，贷与人不得请求返还借用物。”对于不定期的借贷适用该法第 1900 条和第 1901 条。

⑤ 即使债务人不按时支付利息，债权人也不能要求债务人提前还款。但是对于特定情形，债权人始终都可以保留附期限或不附期限甚至是任意的通知终止权。

人在借款期间没有任何义务。[1] 在附利息的借款中，债务人有反复给付的义务，此外还有不得提前还款的义务。因此，借款是彻彻底底的持续性合同之债，只能因时间经过或通知终止而消灭。若当事人约定对通知终止权加以限制，那么借款合同的持续性本质就会被加强。若债权人完全放弃通知终止权，那么附利息的借款就会接近于永久定期金债务。[2]

保证是具有从属性的持续性合同之债。因为通过保证合同所成立的原责任关系永远都会存续一段时间，即便从中产生的可能是一时性的给付义务。保证会因主债务的消灭或履行而终止。此外，它也有可能因时间经过而提前消灭。[3]

独立的担保物权合同也始终都是持续性合同之债。因为在这类合同中所产生的也是对于定期或不定期的责任关系而言的给付义务。

保险合同是持续性合同之债，这一点仅仅从被保险人有连续缴纳保险费这一反复给付义务中就可以得出。然而，即便是只需缴纳一次保险费的保险也同样是持续性合同之债。因为保险人的给付总是具有持续的性质，它表现为分担特定期间或不特定期间内所发生的风险。分担风险对于保险人而言意味着持续的责任，对于被保险人来说则意味着持续的保障。这一持续保障的代价就是被

---

① 债务人同样也没有提前还款从而提前终止借款合同的义务，对此参见《德国民法典》第 609 条第 3 款。根据《德国民法典》在其他条文中的用语习惯，该款中的“没有通知终止”（ohne Kündigung）这一表述是不够精确的，因为它只能表示“没有附期限的通知终止”（ohne befristete Kündigung）；即时的通知终止是被包含在要求还款的表示之中的。

② 尽管如此，这一债务不能转变成定期金债务，正如《法国民法典》第 1908 条规定的那样。因此，没有返还请求权的借款合同是可能的！对于“借款的本质不在于还款义务”这一结论而言，这是一个新证据。同样地，在没有固定法定期间的情况下，永久排除债务人的通知终止权也是不被允许的。

③ 关于定期保证合同因期间经过而终止，参见《德国民法典》第 777 条。在不定期保证合同中，保证人可以为自己保留通知终止权。但是保证人不享有法定的通知终止权，取而代之的是，在特殊情况下他享有第 775 条规定的免除请求权（Befreiungsanspruch）。尽管如此，在不受时间限制的对于未来债务的保证中，特别是在信用保证的情形中，如今的规则和共同法时期的相同，都是承认在合理期间经过后，当事人是想要有通知终止权的（ROHG. 9，184；11，4；19，111）；参见 Dernburg § 290 Ⅳ，Cosack § 158 Ⅳ 5，Enneccerus § 415 Ⅲ 1，Oertmann zu § 776 Bem. 1 b；类似的观点，参见 Eccius bei Gruchot 46，55 ff。除此之外，保证人基于重大事由的通知终止权也是不能被剥夺的，参见 Enneccerus § 415 Ⅲ 2，Oertmann a. a. O。对于使用租赁的保证人，参见 Mittelstein，Miete S. 121。新的《瑞士债法典》第 504 条承认保证人在不定期的官员保证和雇佣保证中享有法定的通知终止权。

保险人所缴纳的保险费。因此，在保险期间内存在的有效保险关系是持续性债务关系。这一持续性债务关系独立于保险事故的发生，若不考虑人寿保险，那么保险事故即便永远都不发生也不会影响保险合同的这一性质。即使保险合同在终止时没有发生过保险事故，它在存续期间内也完成了自己的使命，保险费同样没有白付。假如在此期间内发生了保险事故，那么就从中产生了赔偿义务，无论保险合同是否因此而消灭抑或仍然存续。通常而言，这一赔偿义务指向的是一时性的给付（多数情况下是支付保险金），但也有可能是产生持续给付的义务，特别是反复支付定期金的义务。

正如我们已经多次看到的，终身定期金合同显然也具有持续性合同之债的特征。尽管有时定期金债权人的权利被看成是附生效条件的债权总和，① 但是在理论和实践中已经有越来越多的人认为，定期金债权是与从中产生出来的个别债权相区别的统一债权。② 因此，终身定期金合同的内容创设了持续性债务关系这一点得到了承认。

与持续性合同之债相近的还有尚未被《德国民法典》规定的终身供养合同，以及在州法中被规定的养老份额合同。

被《德国民法典》所忽视的连续供给合同具有持续性合同之债的特征，这一点上文已经证明过了。

竞业禁止合同属于持续性合同之债，这是毫无疑义的。在《德国商法典》和《德国反不正当竞争法》中均有关于此类合同的规定，其性质受到完全的肯定。据此，这类合同在雇主和雇员之间的期限、内容和效果都受到严格限制。

在《德国商法典》中，交互计算合同同样是持续性合同之债。

有些典型的持续性合同之债是从生活中产生的，尚未被法律所规定。这主要有劳动团体协约，该协约是雇主与劳动者或劳动者团体协商的关于未来应如

---

① Planck zu BGB. § 759 Vorbem. Ⅱ 4 以及 Cosack § 759 即持此观点。

② 尤其是参见 RGZ. Bd. 67 Nr. 57 S. 210 ff.；Bd. 68 Nr. 83 S. 342 ff.；Bd. 80 Nr. 48 S. 209。相同观点，参见 Endemann § 189，2 Crome § 250 Oertmann zu § 759 Vorbem. 5。同样地，Eccius bei Gruchot 45，20 以及 Sepp，Leibrentenvertrag S. 37 ff. 也没有认识到个别请求权的独立性。亦参见 Enneccerus § 408 Ⅱ 1，在Ⅱ 3 这一节，恩内克策鲁斯（Enneccerus）错误地论述道，作为统一权利的终身定期金不是债权，而仅仅是针对取得债权的期待权。根据这种观点，在终身定期金买卖中，当通过接受的允诺来订购定期金时，就意味着所负担的对待给付（对于出资而言）已被履行；对此参见 RGZ. 67 S. 211，80 S. 209。

何签订劳动合同的规范性条款。此外还有卡特尔协议，通过该协议，各企业均有义务彼此遵循约定好的营业限制。

然而，合同之债绝非持续性债务关系的唯一来源。例如，没有在《德国民法典》债法编里规定的非合同关系的共同体也可以产生持续性债务关系。① 再如，对于被侵权人而言，侵权行为同样可以产生持续性的金钱债权。② 特别是那些作为人法关系或物权法关系后果的非独立性债务关系绝大多数时候都具有持续性的本质。例如，在团体和社团中，成员之间就成立了人法关系。根据法律或章程的规定，在社团存续期间内，有些成员需要持续地履行不作为义务、连续地作出某种行为或是反复的给付，这些义务经常会以债法的形式出现，并且很大程度上受到特别法的影响。③ 持续性债务关系也同样植根于家庭法之中，其中尤其特殊的是通过婚姻或亲属关系而产生的抚养义务。④ 同样地，继承法里也可以产生出非独立的持续性债务关系。⑤ 在物权法领域，我们能够想到的只有用益物权人和所有权人之间的法定债务关系，以及基于质物占有所产生的债务关系。⑥ 而最重要的是，从物上负担和土地担保物权基础上产生的物权性债务是对身份性持续债务的模仿，这种债务在概念上与抵押交织在一起。⑦ 最后再简单地提示一下，从公法关系中也能产生财产法上的义务。根据持续性债

① 参见《德国民法典》第 743、744、745、748 条。

② 在侵害身体和造成死亡的情形中，对此参见《德国民法典》第 843—845 条。

③ 例如社团成员对于社团财产标的的共同使用和收益的债权，或者是要求社团定期分配盈余的债权［对于股票的分红权、《德国有限责任公司法》（GmbHG.）第 29 条以及《德国合作社法》第 19 条规定的盈余分配权］。成员也有持续缴纳出资的义务（《德国民法典》第 58 条第 2 项）；在某些股份有限公司里，成员除了根据股份公司法规定的一次性缴纳资金即消灭的出资债务，还有根据章程规定的“不是以金钱为内容的反复给付义务”（《德国商法典》第 212 条）。

④ 尤其是参见《德国民法典》第 1360、1361 条，第 1578—1583 条，第 1601—1615 条，第 1739、1765、1766 条。关于更具独立性因而更像是植根于债法的非婚生父亲的抚养义务，参见第 1708—1716 条。需要强调的是，监护人的指定同时也可以在监护人和被监护人之间创设持续性的债务关系。

⑤ 例如在继承人共同体存续期间（《德国民法典》第 2038 条）或者遗嘱执行期间（《德国民法典》第 2216、2218、2226 条）。

⑥ 参见 Gierke, Deutsches Privatrecht 2, S. 680 ff., 983 ff。

⑦ 参见 Gierke, Deutsches Privatrecht 2, S. 712, 852 ff., 872 ff., 878 ff。

务关系的类型，这些义务会产生出适用私法或类推适用私法的相应债权。①

八、功　能

浏览完我们法律中所出现的持续性债务，可以得出的结论是，持续性债务关系绝非一种例外现象；相反，它是债法中非常重要的一项制度，而且占据了债法很大一部分的内容。同时我们还知道了，它在法律生活中发挥着诸多不同的功能。有些持续性债务关系的任务只是为履行一时性债务关系做准备、保障一时性债务的履行或者是贯彻一时性债务关系的履行。② 另一些则足够灵活，以致同样可以为特定目的服务。在生活中，这样的目的会被评价为“一时性的”。③

总体而言，持续性债务关系有着一时性债务关系所不具备的独特功能。通过持续性债务关系，债法不仅能够成为财产支配的媒介，而且能够直接实现对财产的支配。人们习惯于将债权和物权的区别界定为，前者的任务仅仅在于推迟对财产的实质支配力，并且将合同之债当作是财产交换的工具。当然，对于买卖和互易而言，这种观点是有道理的。但是持续性合同之债却能使产生出来的连续支配关系延展开来，并且维持其效力。也就是说，在这里，债权超越了一时性债务关系领域所受的限制，从自身之中创造并确保了持续的支配力。因此，持续性合同之债也就搭起了债法通往物权法的桥梁。它同样能够通往人法。因此，反过来说也是没有障碍的，亦即从物权法和人法上的约束中产生出来的连续不断的义务也可以作为持续性债务关系被纳入债法之中。

涉及物权法的持续性债务关系有占有权、对某物的使用权或用益权。根据《德国民法典》，这些关系从来都不是物权。但是毫无疑问，它们产生出了对物

---

① 例如根据《德国公务员法》，公务员对于薪水或者抚恤金的债权，还有可能是对持续使用某物（例如公务住房）的债权；或者是根据《德国社会保险法》，公务员对定期金或其他持续性给付的债权。此外，还有对持续产生的公法费用或税款的债权。

② 例如承揽合同中的安装义务，再如为一次性的债务提供保证或担保的行为，又如为了履行损害赔偿义务而产生的反复给付义务（比如支付迟延违约金、支付定期金、继续支付工资和费用），抑或是由于出现保险事故而支付保险金。

③ 例如短期的使用租赁、借用或保管，不附利息的短期借款，实施单一行为的委托，以及短期的雇佣关系等。

的支配权，这是另一方无论如何都不能否认的。具有这些内容的有偿合同的目的不在于财产交换，而在于对财产享益的分配。也就是说，持续性的债权对于物的支配拥有限制物权的内容。但是它之所以不是物权，是因为它不具有完全对抗第三人的效力。就因为这一点，《德国民法典》不遗余力地为其设置与物权之间的界限，因而在债法上，它并没有完全丧失对抗第三人的支配力（这一点与罗马法有所不同)。据此，债权人的占有也是受占有保护的。除此之外，当物是动产时，对动产的占有也会产生物权化的支配力。在土地使用租赁和土地用益租赁中，占有土地会赋予租赁人持续的债权，该权利指向的是对于土地所有人的继承人而言具有物权效力的有偿使用。但遗憾的是，《德国民法典》不允许将使用租赁关系和用益租赁关系登记到土地登记簿里。[①] 相反，只要持续性债权具有法律所允许的内容，例如地上权、用益权、限制的人役权、居住权、地役权或者是物上负担，那么它是有可能通过在土地登记簿里登记而转化为相同内容的物权的。根据抵押权的内容，针对支付利息的持续性债权同时也可以转化为具有物权性质的债务，以土地债务或定期土地债务形式出现的持续支付利息或定期金的义务可以形成完全具有独立性的物权性债务。另外，经过背书的有价证券，尤其是记名证券上所记载的持续性债权可以在不改变内容的情况下成为动产，因而成为动产物权的客体。对此，请读者想一想在生活中扮演重要角色的债券以及其他用于融资的有价证券也可以是财产的组成部分。它们会被彻底地当成有体的财产标的，并且恰恰只能通过将持续性债权证券化的形式来获得其价值，这一持续性债权指向的主要是持续获得来自投资的收益。

当持续性债务关系指向债务人亲自的作为或不作为时，它就涉及了人法。当它触及并约束人身时，它就将人法的因素纳入了自身之中。属于其中的主要有雇佣合同和合伙合同，它们从一开始就具有从债法向人法转变的倾向。它们的功能不像往常说的那样是财产交换。相反，它们是社会组织的工具。雇佣合

① 根据《德国普鲁士一般邦法》，《奥地利民法典》第1095条，《德国萨克森土地登记簿法》（Sachs. Gb.）第1224条，《苏黎世土地登记簿法》（Zürich. Gb.）第1512、1513条以及其他瑞士各州的法律，这是有可能的。根据新的《瑞士债法典》第260、282条，如果有约定，那么使用租赁和用益租赁关系在土地登记簿中预告登记之后就可以使任何一个所有权人都有义务在不同程度上允许承租人适用该物。《德国民法典》不允许这样的预告登记，这里规定的预告登记仅仅是为了防止将来的一时性债权改变这一物权状态。

同不是罗马法上的劳务租赁（locatio conductio operarum），我们的合伙也不是罗马法上的合伙（societas）。如今的雇佣法，尤其是商法、工商业法、航运法、采矿法、仆役法等特别雇佣法在法律上所表达的观念是，换取报酬的劳动不是商品，而是自由人格不可分割的产物。因此，在这种情况下，合同之债所具有的力量超越了纯粹的债法关系，而产生了雇主和雇员之间的人法关系，这种关系只有在看到雇员的薪水具有人法属性时才能被彻底理解。① 如今的合伙合同以及数量呈增长趋势的商事合伙合同产生的是持续的共同体关系，这种关系充分表现出了人法上的团结之力；虽然它是作为合同之债站在债法的地基上，但是通过它所成立的合伙关系在整体效力上已经离开了这片土地，为的是在人法中寻找其真正的故乡。②

我们的论述到此为止，以上内容足以说明，持续性债务关系的特殊结构与其在法律生活中所要发挥的特殊功能是相吻合的。

但是最后，我们仍要追问，在当今债法领域的学术研究中，为什么持续性债务关系没有得到其本应获得的特别关注呢？这一点要归咎于罗马法传统。我们的法律思维一直都还受到罗马债法观这一强大观念的束缚。尽管罗马法对持续性债务关系并不陌生，但是跟从日耳曼法根源生长出来的以持续履行为特征的债法制度相比，它在完整性、约束力和有效性方面是多么的逊色啊！因此在罗马法上，将持续性债务关系提升到一时性交易关系水平之上的痕迹是微乎其微的。相反，就持续性债务关系而言，我们在现行法上所看到的全部特征都来源于日耳曼法。若想彻底领会并全面理解当今德意志的债法，就必须在这一点上以及在许多其他方面用日耳曼法的思维来补充罗马法的思维过程。

（初审：赵超凡；校对：段浩飞）

---

① 我已经在我关于雇佣合同根源的论文中作了详细论述，对此参见 Festschrift für Brunner, 1914, S. 37 ff。特别需要指出的是，建立在债法基础上的雇佣关系与公法上的公务员关系是多么的接近啊！二者从诞生之初就首先具有人法的性质，然后才具有债法的性质。

② 需要再次指出的是，合伙关系是多么像社团关系或者团体关系，以至于完全可以将其看作人法上的制度，债务关系是后来才表现出来的结果。

门际之狼：对冲基金激进主义对公司治理的影响*

［美］约翰·科菲、［美］达利乌斯·帕里亚　著**
薛前强　李梦蝶　译***

摘　要：对冲基金激进主义是公司治理领域的最新趋势，也是投资领域的重大变化。虽然对于其流行背后的驱动力有着多方解释，但对冲基金激进主义增加的一个主要原因似乎源于一种新型基金发展策略：即形成对冲基金“狼群”。“狼群策略”能够有效地使对冲基金规避老式的公司防御手段，并以看似低风险的方式获得高利润。对冲基金激进主义对公司治理的影响通常集中在增加杠杆、增加股东派息以及减少研究开发（R&D）中的长期投资三个方面，即对冲基金激进主义的增长可能开始迫使公司董事会和管理层放弃长期投资（尤其是研发），转而支持以红利和股票回购的形式向股东支付最大化收益的短期政策。这在一定程度上

* 本文翻译工作获得中央民族大学2024年度“青年教师铸牢中华民族共同体意识研究专项”项目“铸牢背景下民族地区共同富裕民商事法律制度完善研究”（20245ZLQN25）；司法部2021年度法治建设与法学理论研究部级科研项目“后疫情时代公司法应急治理法律问题研究”（21SFB4050）；2024年度中国青少年研究会研究课题立项课题“算法时代青少年数字权益的保障与发展研究”（2024A03）；中央民族大学2024年度“研究生课程建设与教学改革”项目“‘道中年’内容融入研究生经济法课程建设研究”（GRSCP202418）；中央民族大学2024年度“学术团队引领计划”项目的支持。

** 约翰·科菲（John Coffee）教授，美国哥伦比亚大学法学院阿道夫·伯利法学教授，公司治理中心主任。

达利乌斯·帕里亚（Darius Palia）教授，罗格斯商学院托马斯·雷尼银行业主席，美国哥伦比亚大学法学院合同与经济组织中心高级研究员。

*** 薛前强，法学博士，中央民族大学法学院讲师，硕士生导师。

李梦蝶，中央民族大学法学院硕士，现任职山西转型综合改革示范区管理委员会。

证成了提高透明度和减少此类活动的税收补贴的合理性。

关键词：对冲基金激进主义；狼群策略；短期主义；股利分配

一、引　言

近期，对冲基金激进主义的热度以近乎夸张的方式持续攀升。大多数人将其视为投资领域的重大变化，对其鲜有质疑。但是，持前论者对该主义的看法各有不同。一些人将激进的对冲基金视为那些分散和多元化股东的天生利器，这类股东不太可能为自己的利益而采取集体行动。① 关于激进型对冲基金的一个关键事实是：其通常持有所投资公司的重大股份，且并不具备多元化特征。② 鉴于其持股多而集中，因此其较少受到"理性冷漠"的影响，而这种"理性冷漠"一般是多元化投资者，甚至是指数型投资者（如养老金和共同基金）的特点。因此，有论者认为对冲基金激进主义可以弥合所有权和控制权的分离，使管理层承担责任。

然而，其他人认为激进型对冲基金的利益与其他股东的利益之间存在重大差异。希拉里·克林顿（Hillary Clinton）批评激进型对冲基金主义是"目标促成后立即支付的肇事逃逸激进分子"，这种过度短期的取向有其自身的学术支持

---

① 有关此观点的主要陈述，参见 Ronald J. Gilson & Jeffrey N. Gordon，"The Agency Costs of Agency Capitalism：Activist Investors and the Revaluation of Governance Rights"，113 *Columbia Law Review* 863，916（2013）（主张中介是经济中介和风险承担的有力工具）；另见 Lucian A. Bebchuk，"The Case for Increasing Shareholder Power"，118 *Harvard Law Review* 833，13（2005）（主张股东应当被授予更多权利来作出重要的决定，例如修改公司章程）。

② 首先，有必要承认对于"对冲基金"一词没有普遍接受的定义。许多注释家在他们文章或备忘录的开头就作出此判断并提出一个可行的定义。Linda Chatman Thomsen et al，"Hedge Funds：An Enforcement Perspective"，39 *Rutgers Law Journals* 541，543（2008）. 对冲基金通常有四个特征，不管怎样，大多数注释家似乎相信他们"见到时就知道了"。这 4 个关键特征是：它们是集合的、私人组织的投资工具；它们由专业的投资经理管理和对基金进行重大投资，这些经理的薪资以绩效为基础；它们迎合了少数资深的投资者，并且通常不易在零售投资市场上获得；它们大多数在证券监管和注册要求之外运作。Richard Lee & Jason D. Schloetzer，"The Activism of Carl Icahn and Bill Ackman" 2（*Geo. McDonough Sch. Bus. Research Paper*，No. 2442317，May 2014）. 由于对冲基金在很大程度上不受监管，因此不受那些适用于大多数养老基金和共同基金的多元化要求的约束。

历史。[①] 从这个角度来看，激进型基金的崛起意味着债权人、雇员和其他公司利益相关者将被迫向股东转移财富。

本文讨论了两方之间的辩论，其中一方将对冲基金视为股东的天然领导者，另一方将其视为短期利益掠夺者，意图快速突袭以提高股价，然后在需要进行长期投入之前甩手退出。笔者对这两种极端的特征都不能苟同，故提出一个不同的问题：为什么此时的对冲基金变得激进主义？当机构持股的整体水平轻微下降之时，是什么导致此时的激进主义成为过去 10 年之顶峰？对此，笔者从两方面解释激进主义论调的激增现象。首先，激进主义的成本下降，部分是因为美国证券交易委员会（SEC）规则的改变；部分则是因为公司治理规则的变化（如交错董事会的急剧减少）；部分还因为代理顾问的权利新增（这既是法律规则的产物，也是一些机构投资者事实上已经有效地将他们的投票代理权外包给这些顾问的产物）。其次，激进的对冲基金最近开创了一种新的策略——“狼群”（the wolf pack）策略。该策略能够有效地使他们规避老式的公司防御手段

① 参见 Iman Anabtawi，“Some Skepticism about Increasing Shareholder Power”，53 *UCLA Law Review* 561，598（2006）（主张主要决策权应归属于董事会，因为股东可能会牺牲其他股东的利益来追求私人目标）；Iman Anabtawi & Lynn Stout，“Fiduciary Duties for Activist Shareholders”，60 *The Stanford Law Review* 1255，1258（2008）（认为股东激进主义对公司有益的假设正变得越来越不准确）；Marcel Kahan & Edward B. Rock，“Hedge Funds in Corporate Governance and Corporate Control”，155 *University of Pennsylvania Law Review* 1021，1083（2007）（将对冲基金视为“典型的短期投资者”）；William W. Bratton & Michael L. Wachter，“The Case Against Shareholder Empowerment”，158 *University of Pennsylvania Law Review* 653，657-58（2010）（主张金融危机支持了从股东手中夺走权利的论点）；Justin Fox & Jay W. Lorsch，“What Good Are Share holders?”，*Harvard Business Review*（July-August，2012）。还有一些人认为，“激进主义”对冲基金（或至少那些投资组合周转率高的基金）系统性地偏向于短期投资并且因此一直低估长期投资的价值。参见 Brian J. Bushee，“The Influence of Institutional Investors on Myopic R&D Investment Behavior”，73 *The Accounting Review* 315，330（1998）（提供证据表明机构投资者更愿意削减研发支出以提高短期收益。与此类似的观点，参见 Lynn A. Stout，“The Mythical Benefits of ShareholderControl”，93 *Virginia Law Review* 789，790（2007）（主张股东应有权罢免董事）；Lynne L. Dallas，“Short-Termism, the Financial Crisis, and Corporate Governance”，37 *Journal of Corporation Law* 265，269（2011）（讨论短期思维的危害）。

（最明显的如“毒丸计划”），并以看似低风险的方式获得高利润。[①] 毫不意外地，此类基金的数量以及其管理的资产也相应地飙升。如果成本下降并且收益上升，对冲基金激进主义将会激增便是可预测的，事实也恰恰如此。

其他人也存在关于对冲基金激进主义的批判，但批评对象主要是激进主义中一种实质等同于“炒高再抛售”（pump and dump）的计划，根据该计划，对冲基金会在目标股票价格造成短期飙升后撇下其他股东独自退出，从长远来看，此举会导致长期内剩余股东盈利能力有所下降。[②] 笔者既不主张，亦不赞成这种市场操纵的做法。相反，笔者担心对冲基金激进主义与涉及目标公司三个关键变化的模式有关：①增加杠杆；②增加股东派息（通过红利或者股票回购）；③减少研究开发（R&D）中的长期投资。对冲基金的主要支持者，哈佛大学卢西安·贝布丘克（Lucian Bebchuk）教授将这种模式命名为“投资限制干预”（investment-limiting interventions）。[③] 他认可这种模式的普遍存在，但是批评我们未能认识到对冲基金的“投资限制干预”“将目标推向最佳投资水平”，因为“经理人有过度投资的倾向……”。笔者认为，先前关于“管理层通常从事低效的公司帝国建设”这一假设如今已经过时，并且忽略了高管薪酬重大变化的影响。“管理层系统性偏向于低效扩张和投资经营”这一论断是否准确成为关键性问题，因为激进主义者基于“投资限制干预”的规模开始质疑美国上市公司从事长期研究或开发的能力。新的激进主义是遏制对公司帝国建设的严重管理偏见的必要改革，还是仓促的过度反应——抑或是介于两者之间？

本文有三大基本目的：首先，试图理解并解释导致近期对冲基金激进主义爆发式增长的因素；其次，关注这种激进主义的影响，尤其是它是否会缩短投

---

① “狼群”一词首先在被 Third Point LLC v. Ruprecht，Third Point LLC v. Ruprecht，No. 9469-VCP，2014 WL 1922029，at ＊1（Del. Ch. 2014）中被 Delaware 法院认可，由于“狼群”的威胁，法院支持实用新型毒丸。

② 这些索赔经常来自著名的 Wachtell，Lipton，Rosen & Katz. 律师事务所。参见 Martin Lipton & Steven A. Rosenblum，“Do Activist Funds Really Create Long Term Value?”，*Harvard Law School Forum on Cprporate Governance Financial Regulation*，（July. 22，2014）。有关他们观点的早期和更全面的陈述，参见 Martin Lipton & Steven A. Rosenblum，“A New System of Corporate Governance：The Quinquenial Election of Directors”，58 *The University of Chicago Law Review* 187，189（1991）（认为公司治理应该创造一个健康的经济）。

③ Lucian A. Bebchuk et al，“The Long-Term Effects of Hedge FundActivism”，115 *Columbia Law Review* 1085，11389（2015）.

资期限或阻碍研发投资；最后，调查可能的法律干预措施，并根据笔者所提出的对限制最少的代替方案中的偏好标准来对其进行评估。尽管他人已对此进行了较为漫长的调查研究，但对冲基金激进主义的格局正迅速发生变化，因此笔者对几十年前研究对冲基金激进主义的实证论文的相关性保持质疑。笔者还怀疑这种激进主义最近的成功可能助长了当前的“对冲基金泡沫”——在这种泡沫之下，越来越多的基金正在寻求减少（或至少保持不变）过度投资公司的数量（即据称对研发或其他长期项目进行过度投资）。本文特别关注可能推动此场泡沫形成的背后的市场力量和法律力量。

本文认为，对冲基金激进主义增加的一个主要原因似乎源于一种新型基金发展策略：即形成对冲基金“狼群”，采取集体行动且合法地规避形成联邦证券法中的“集团”。当然，这一新策略解释了本文题目的用意。对冲基金已然了解到这一点，如果它们可以在狼群领导者提交附表 13D 宣布其提议干预之前获得目标公司的股票，那么已经获得该股票的人将获得显著受益。此外，正如稍后所解释的那样，这种策略允许激进主义者获得大量股份并在不触发目标毒丸计划的情况下进行谈判/博弈。

当然，新战术不一定就是坏的，甚至可能会提高效率。所有研究都发现，通常看来，激进主义运动会为股东带来短期收益，但是对长期收益方面的证据显然更加复杂。在这里，需要在一开始就说明的一点是，需对这些研究及其可依赖性保持谨慎。即使所有研究都在较长时期内显示出增长了长期收益，但它们仍然无法解决关键的策略问题，因为它们还将受到以下几个方面的限制：

（1）对冲基金激进主义的回报分布表现出很大的差异，很大一部分公司经历了异常的股价损失。因此，存在建议个别公司抵制激进主义的提议，即使此类提议平均提高了股东价值。（2）对冲基金激进主义的支持者所依赖的积极的异常股票回报并不一定表明效率的真正收益，[①] 可能仅表明市场已经基于目标公司更高的预期而溢价收购。这种差异十分重要，因为如果没有收购结果，这

---

① 即使是对冲基金激进主义的主要倡导者也软化了他们对因果关系的主张。在最近对他们论文的修订中，Bebchuk、Bray 和 Jiang 教授现在承认“因果关系问题包括治理和财务是出了名的难以绝对自信地解决”。相反，笔者认为，在这种情况下，因果关系很难以任何合理的信心加以解决。Bebchuk 等进一步承认，他们无法确定“改进在多大程度上是由于激进分子的干预”。尽管我们认为他们在很大程度上否定了“炒高再抛售”理论，即一旦激进人士离开公司，股票就会自动下跌，但他们并没有令人信服地宣称，激进人士的干预会改善目标公司的经营业绩。

种暂时的增长不仅在之后会被侵蚀，而且无论如何它都不会表现出真正的效率增益。①（3）这些研究忽略了（或仅仅没有充分关注）这样一种可能性，即对冲基金激进主义创造的任何股东财富可能仅反映来自债券持有人、雇员或其他索取权人的财富转移。（4）最重要的是，对冲基金激进主义对美国公司（和长期投资）的影响无法通过仅关注那些经历对冲基金“参与”的公司在干预后的表现来充分衡量。这种狭隘的视野忽视了①这种激进主义对更多公司的威慑影响，这些公司没有经历过这种干预，但会增加杠杆和股息或减少长期投资，他们会担心这种激进主义干预的风险会越来越大，以及②干预后业绩的改善很可能不是由对冲基金的干预引起（甚至可能受到阻碍）。为了检验后一个因果关系，最近的一项重要研究构建了一个实验对照组，与对冲基金所针对的表现不佳的公司相匹配，并发现其他表现不佳的公司的对照组实际比对冲基金的目标做得更好。这提出了一个明显的可能性——即对冲基金参与的影响不是为了改善目标公司，而是阻碍它们自然回归均值。

最后还存在两种可能性：（1）激进主义对非目标公司有不利的威慑作用，因为它们不再投资于研发或其他长期投资，而是简单地增加股东支出，以及（2）对目标公司进行干预后所产生的改进无法证明二者间的因果关系，因为这排除了从显示高回报的数据到应该促进对冲基金激进主义的政策结论的简单跳跃。然而，大多数法学家完全忽略了这种飞跃的危险，他们只关注目标公司的股价走势。尽管如此，笔者主要关注的不是方法论，而是对冲基金激进主义的增长可能开始迫使公司董事会和管理层放弃长期投资（尤其是研发），转而支持以红利和股票回购的形式向股东支付最大化收益的短期政策。即使产生了私人收益，但这仍将代表一种严重的外部性。笔者并不认为该证据就证明禁止对冲基金激进主义是合理的，但笔者确实认为这可能证明提高透明度和减少此类活动的税收补贴是合理的。考虑到这些担忧，笔者在文章第二部分开始分析那

① 一些经济学家认为，投标人支付的收购溢价反映了其更有效地管理目标公司资产的能力（从而证明其愿意以高于市场的价格购买目标公司资产）。但至少有两个重要原因说明了为什么收购中投标人支付的溢价不一定反映出投标人更高的效率：（1）投标人可能通过增加市场份额获得市场权利，这将导致寡头垄断定价和社会福利损失；（2）根据经验，投标人经常多付（在这种情况下，溢价只是投标人股东向目标股东的财富转移）。概述性内容，参见 Bernard S. Black，“Bidder Overpayment in Takeovers”，41 *Stanford Law Review* 597（1989）（讨论多付的原因和后果）。

些促使对冲基金更加激进的因素。然后，在第三部分，所探讨的证据表明，随着公司股东倾向于逐渐变为更多的“临时”持有人，其投资期限也会加以缩短。越来越多的证据表明，对冲基金与目标公司的合作会导致这些公司在随后几年的研发投资急剧减少。笔者关注之处不限于激进主义的直接目标，还包括对冲基金激进主义的普遍威慑作用。它是否会降低管理者代理成本或阻止长期投资？或者两者兼而有之？在第四部分，笔者调查了最近的研究以达成以下几个方面的评估：（1）谁是对冲基金激进主义的目标；（2）对冲基金激进主义的股价回报及其分配；（3）财富转移对积极的股价回归激进主义的解释程度；（4）对冲基金所持股东司经营业绩变化的干预后证据；（5）对冲基金激进分子的持有期限和退出策略。在第五部分，我们评估了一些政策选择，寻找实现政策目标的最不激烈的方法。我们在前面章节中关于因果关系尚未充分确立的前提下对以下两个方面进行了研究：①应考虑哪些政策选择可以在不排除对冲基金干预的情况下保护股东和其他支持者；以及②目标公司可以合理采用何种形式的私人命令来调整这些公司斗争中的优势平衡（以及法院应如何应对这些努力）。最后，第六部分提供了一个简短的结论，从实证和治理两方面调查了股东所有权结构如何变化和最近出现的短期股东现象如何使公司治理复杂化。

二、变化的环境：对冲基金激进主义因何兴起？

曾几何时，机构投资者普遍遵循着“华尔街规则”（Wall Street Rule）：在对管理层不满意的情况下，他们会出售自己的股票，而不是试图干预或挑战管理层。这种被动的行为可能是股东分散（这使得激进主义代价高昂）和利益冲突（大型银行，包括商业和投资银行都不想疏远企业客户）所导致的结果。然而，随着机构所有权的增长，这种行为也相应发生了变化。对冲基金①尤其如此，与共同基金不同，对冲基金通常持有数量有限公司的集中区块（而不是广泛多元化的投资组合）。从成本/收益的角度来看，所有权集中使股东激进主义

① 一些评论员将“激进”对冲基金进行代理权斗争的出现追溯到 2005 年。参见 Thomas W. Briggs, “Corporate Governance and the New Hedge Fund Activism: An Empirical Analysis”, 32 *Journal of Corporation Law* 681, 685 (2007)（注意到代理权斗争的出现）。本文没有声称它们何时首次出现，但它们至少在 2005 年开始受到媒体的广泛关注。

变得理性，因为更大的持股意味着更大的回报，这也可以证明激进主义的成本是合理的。

对冲基金开展的激进活动类型从对公司治理的适度干预［例如，提议将首席执行官（CEO）和董事会职位分离］变成采取更具侵入性的干预措施（例如，试图出售公司、解雇 CEO 或分拆部门）。正如所看到的那样，干预措施越具有侵入性，股市的积极反应可能就越大。最近的一项调查统计了 2010—2014 年初之间的 1115 次激进主义运动，发现此类活动的频率猛增，仅 2014 年激进主义对冲基金就发起了创纪录的 347 次运动。这种不断上升的干预率显然与早期形成鲜明对比，例如，2005—2006 年连续 20 个月内只能识别出 52 个激进主义运动。这相当于从那个时期至今，激进主义运动的增长率高于 1000%，这种情况再次增加了泡沫的可能性——即更多的对冲基金正寻求着更少的激进干预的合法机会。

从历史上看，由于在较大市值的公司中集结大量股份的成本过高，对冲基金激进主义通常专注于市值较小的公司，但这一点已经发生改变。在 2013 年，几乎 1/3 的激进活动聚焦于市值超过 20 亿美元的公司，这可以说是史无前例的。如果将 100 亿美元作为“大盘”股票的分界线，将发现在 2010 年只有 17 家此类公司成为激进分子的投资目标，但随后从 2011 年到 2013 年，此类激进活动的数量分别增加到 21、23、42 家。事实上，这类基金活动自从 2010 以来就呈现倍量增长趋势。最终，在 2014 年，潘兴广场资本管理有限公司（Pershing Square Capital Management L. P.）与战略投标人一起向艾尔建公司（Allergan, Inc.）提出了超过 600 亿美元的联合收购要约。同时，特瑞安基金管理（Trian Fund management）在杜邦公司（Dupont, Inc.）进行的代理权征集活动中以微弱失败告终。杜邦公司是美国历史最悠久、规模最大和最具标志性的公司之一，但更重要的是，其业绩一直超过所有相关公司业绩基准。简而言之，这证明了无论公司的规模或盈利能力如何，今天似乎很少有公司不受对冲基金激进主义的影响。从表面来看，如果市场认为拆分一家公司将给股东带来收益，激进基金将聚集起来攻击那些拥有长期盈利的公司。

虽然只有少量对冲基金从事激进主义运动和代理权斗争，但他们最近小有成就。在一年间，激进对冲基金似乎就获得了 13%的回报率，这是把所有对冲基金作为一个整体而得出的5.8%回报率的两倍多。① 同样重要的是，激进对冲基金管理的资产也在飙升，从2002年的230亿美元增长到2011年初的1660亿美元，增长了7倍多，仅前十大激进型对冲基金在2013年就吸引了300亿美元的新投资。

对冲基金在2013年发起了大部分投票代理权角逐，占针对罗素3000（Russell 3000）公司进行的35场角逐中的24场。尽管总是比其他投资者更活跃，但随着对冲基金在所有代理竞争中所占比例的稳步上升，其领先地位也不断上升。更重要的是，在2013年发起的21场角逐中，它们赢得了19场的部分或全部胜利。在2014年，“激进主义者在美国董事会席位争夺战中的获胜率达到了创纪录的73%，高于2012年的52%。更令人震惊的是，一旦激进主义者赢得了董事会席位，在此后的18个月内就有44%的公司在内部更换了CEO。

可以肯定的是，股东和管理层之间接触的加强已经成为主流趋势。Ernst和Young的一份报告发现，2014年标准普尔500指数公司（S&P 500）中有一半披露了与投资者的接触，而在2012年这一比例还仅为23%，并且这些接触通常发生在机构投资者和董事会成员之间，管理层却并不在场。然而，即使有更多的股东希望与管理层进行接触，对冲基金激进主义在性质上也仍有所不同。正如其他人所强调的那样，传统的机构投资者（基本上是养老基金和共同基金）长期以来在其激进主义方面基本上是“防御性的”（例如，通过寻求抵制管理举措），而对冲基金则是“进攻性的”，其故意寻找表现不佳的目标进行投资，以追求积极主动的议程并改变目标的商业模式。②

首先，需要关注是什么因素影响了激进主义的频率增加和成功。虽然本文并不认为这些因素在本质上是完全合法的。事实上，许多对冲基金已经转向主动策略的一个原因可能是它们认识到它们无法始终跑赢市场（至少在缺乏“内

① 参见Michelle Celarier，“Activist Investors Set Bolder Course in 2014”，New York Post（Jan. 14，2015，5：58 AM）。（另请注意，同期S&P指数仅上涨8%）。另一项研究发现，激进对冲基金在2014年上半年获得了6.5%的回报，从而使对冲基金作为一个整体的3.1%的回报率翻了一番多。

② Brian Cheffins & John Armour，“The Past，Present and Future of Shareholder Activism by Hedge Funds”，37 *Journal of Corporation Law* 51，55（2011）. 正如他们所说，“防御性”活动人士采取行动保护现有投资，而“进攻性”活动人士则寻求一个目标，以适应他们的激进主义议程。

部”信息的情况下不能)。而通过投资行业落后者并对其进行改善，它们克服了即使是最好的选股者也无法定期击败有效市场的问题。不过，法律因素和其他现实变化有助于解释这种转变的时机，以下所列因素的作用很突出，但并非详尽无遗。

(一) 交错董事会的衰落

如果激进对冲基金面临着交错的董事会，并且在下年度选举中只能选出1/3的董事，那么其威胁出售公司或解雇CEO就是一种空话。虽然交错董事会曾经很受欢迎，但马上会变得十分稀有。在2000年，标准普尔500指数公司中有300家公司采用交错董事会，而截至2013年底，只有60家这样做。① 这一减少直接归因于由哈佛大学法学院Lucian Bebchunk教授领导的哈佛大学法学院股东权利项目运动，这项运动已成功发起多项股东决议来呼吁董事会取消交错董事会。② 但交错董事会的消失可能更多地归功于代理顾问（尤其是机构股东服务集团ISS）的影响力不断扩大，其经常支持寻求对董事会销密的提议，并可能反对保留交错董事席位公司的董事会提名人。随着交错董事会的减少，公司管理层不仅会面临更大的压力，并且面临可能会罢免整个董事会的代理权争夺战的来临。在2012—2013年，为获得完全或多数控制权而进行的代理活动的比例较前几年大幅度增加，上升到所有代理活动的42%。③ 因此，交错董事会面临着越发真实与壮大的被驱逐的威胁。

---

① David Benoit, “Clash Over Darden Board Will Be Measure of Activist Clout”, *The Wall Street Journal* (May 23, 2004, 7: 55 PM).

② Steven Davidoff Solomon, “The Case Against Staggered Boards”, *The New York Times Blogs: Dealbook* (Mar. 20, 2012, 12: 43 PM). 总体而言，股东权益项目取得了非凡的成功。仅在2012年的代理季，股东权益项目就成功地消灭了标准普尔500指数中1/3的交错董事会。参见Brandon Gold, “Agents Unchained: The Determinant of Takeover Defenses in IPO Firms”, *Social Science Research Network*, 2013。虽然董事会不需要对这些股东决议作出肯定的回应，但如果他们不这样做，他们可能会引起机构股东服务集团（ISS）（或其他代理顾问）的不满。

③ 自2008年以来的520起代理权争夺战中，只有约20%试图取代整个董事会（根据FactSet Shark Watch编制的数据）。

（二）代理顾问的增强功能

比交错董事会的衰落更重要的是代理顾问的兴起。20 世纪 80 年代初，美国劳工部对《雇员退休收入保障法案》（ERISA）作出解释，该法案似乎要求谨慎的受托人对其在投资组合公司中持有的股份进行投票。① 在其看来，如果受托人未能对股票进行投票，则意味着受托人浪费了投资组合资产、违反了注意义务。在 2003 年，SEC 采取了类似的立场。SEC 采用了至少由注册投资顾问宣读共同基金的规则，要求他们都“为客户的最佳利益”投票，并每年披露他们实际上如何进行了投票。今年，由于主流对其规则授予代理顾问过多的权利进行批评，SEC 建议投资顾问不需要对每个问题都进行投票，但它仍然坚持认为代理顾问有义务在董事选举中投票。②

由于许多共同基金通过尽量减少间接成本来进行竞争，因此它们的内部员工很少，所以这些基金发现将投票决策外包给第三方更为方便。代理顾问便是为填补这个角色而开发的。虽然机构投资者对机构股东服务集团建议的依赖程度各不相同，但许多机构似乎完全推迟了。2014 年的一项研究发现，超过 25%的共同基金投票几乎完全符合机构股东服务集团的建议。③ 虽然其他基金对机构股东服务集团建议依赖较少并进行独立投票，但商业圆桌会议调查发现，其成员公司 40%的股份基本上由遵循机构股东服务集团投票建议的机构持有。

机构股东服务集团和 Glass Lewis 都公布了他们的投票政策，两者都强烈支持股东激进主义，反对收购防御并寻求最大化股东权利。两者都根据与机构投资者的互动（和投票）来确定他们的投票政策，因此代理顾问和他们的客户之

① Employee Benefits Security Administration § 2509. 94-2 (2016). 美国劳工部于 1994 年将这些政策编纂成文，此前在早期的咨询信中非正式地宣布了这些政策。专家们对劳工部和 SEC 的规则究竟要求什么，专家们意见不一，但它们对机构投资者的影响似乎是显而易见的。

② Division of Investment Management, Division of Corporation Finance, Securities and Exchange Commission, “Proxy Voting: Proxy Voting Responsibilities of Investment Advisers and Availability of Exemptions from the Proxy Rules for Proxy Advisory Firms”, *Staff Legal Bulletins*, (June 30, 2014) .

③ 参见 Peter Iliev & Michelle Lowry, “Are Mutual Funds Active Voters?”, *Social Science Research Network* (Oct. 1, 2014)（发现超过 25%的共同基金“几乎完全依赖 ISS 建议”）。

间可以说是相互影响的。虽然机构股东服务集团推荐在有争议的代理投票中产生的影响有所不同，但它显然意义重大并且能够轻易区分胜负。大多数上市公司为了遵守机构股东服务集团的指导方针，要么赎回了他们的毒丸，要么采用了符合机构股东服务集团指导方针的毒丸（因此有效期为一年或更短），这便可以看出机构股东服务集团影响之大。①

正如后文所述，许多机构投资者对机构股东服务集团的过于遵从是否适当仍有所争议，但没有任何保守的挑战者对机构股东服务集团和 Glass Lewis 的激进主义立场能够获得任何重要的市场份额有所质疑。这可能也反映了他们客户对他们领导能力的满意。尽管如此，一些事件研究发现，当机构按照机构股东服务集团的建议进行投票时，结果（至少在某些情况下）实际上是降低了股票价值。②

（三）SEC 规则

曾经，SEC 的代理规则影响范围很广，甚至可能监管过度。由于这些规则将“征求”一词定义为包括“在合理计算会导致代理的采购、扣留或撤销的情况下”③ 进行的任何通信，公司可以认为股东（或其代理人）的“几乎任何陈述意见”都相当于代理征集，即使该声明的制作者实际上并未寻求代理。④ 因此，发行人（或 SEC）可以起诉此类声明或意见的制作者，并以未能提交委托书为由禁止其进一步征求意见。由于 SEC 的规则要求提议者在将其陈述邮寄给股东之前要向 SEC 提交初步委托书以供其审查，这显然对股东的言论和异议产生了令人不寒而栗的影响。几十年来，这一规则意味着言论的延迟和抑制，并

---

① ISS 的政策是要求股东对任何持续时间超过 12 个月的毒丸计划进行投票。也就是说，董事会必须在该期限内将毒丸交给股东投票，否则将面临 ISS 的反对。

② 最近的一项研究发现，由于上市公司为回应代理咨询公司的评论而改变某些补偿计划的结果，对股价产生了统计上的负面影响。参见 David F. Lareker et al.,“Outsourcing Shareholder Voting to Proxy Advisory Firms”, 58 *The Journal of Law and Economics* 173 (2015)。

③ 参见 Securities Exchange Act of 1934 § 17 C. F. R. § 240. 14a-1 (2015)（为代理规则的目的，以这种方式定义术语“征求”和“征集”）。

④ SEC 在 1992 年的一份新闻稿中承认，“征集”一词很宽泛，股东的“几乎任何观点陈述”都可以作为代理征集受到质疑。参见 Regulation of Communications Among Shareholders, Exchange Act Release No. 31326, WL 301258 at 8 (Oct. 16, 1992)。

给反对者带来了很高成本，因为它们需要支付打印和邮寄冗长文件的大量费用。此外，这些规则使SEC成为代理竞争者声明的事实审查员。SEC可以有效认定陈述不公平或未经证实，并据此禁止它们，而提议者只有在征求十名或更少的股东时才能避免这些规则。

1992年，SEC对越来越多的批评作出回应，决定放松管制，放弃其以前作为代理审查员的角色。这一决定大大减少了言论延迟的情况，并且新规则还允许“更自由”的言论。例如，规则14a-2（b）（3）允许代理顾问在不作为代理参赛者代理人的情况下向股东分发“代理投票建议”。[①] 类似地，规则14a-2（b）（1）广泛允许构成代理请求的陈述，只要律师不寻求代理授权。实际上，这使得机构投资者（和对冲基金）可以以不受约束的方式相互交流。故而如今他们可以在不准备委托书的情况下公开反对管理层的提名人（但不能为自己的候选人寻求代理权）。

1992年的改革还批准了“短板规则”（short slate）——即在代理竞争中，反对者只寻求选举董事会的少数席位。[②] 这一点很重要，因为在没有收购要约的情况下，股东将不愿意将控制权移交给一个没有向他们提供任何控制权的反对集团，这也是可以理解的。相反，根据短板规则，反对派可以在董事会中寻求少数派代表以推动特定议程（例如，分拆部门、更高的股息支付、股票回购等）。该规则鼓励想将公司挂牌出售但自己却不获得控制权的对冲基金寻求董事会代表。[③] 因为对冲基金通常不是战略投标人，而且传统上不希望获得控制权（这会带来一些风险责任），所以这条规则便很好地满足了他们的需要。

SEC放松管制的下一个重要步骤是在1999年通过了规则14a-12。只要没有向股东提供代理投票卡，规则14a-12就允许在任何代理声明已提交之前与其

---

① 17 C. F. R. § 240. 14a-2（b）（3）。该规则还有其他先决条件，包括代理顾问向建议的接收者披露其与发行人或代理争议方的“任何重要关系”。

② 17 C. F. R. § 240. 14a-4（d）（在代理可以授予权限时进行寻址）。最初，因为战略竞标者想要控制，这并没有被使用。然而，“短期”规则非常适合对冲基金的需求，对冲基金通常宁愿扮演拍卖师的角色，也不愿扮演收购者的角色。因此，目前由对冲基金发起的大多数代理竞争都是针对董事会的少数人。

③ 短名单规则的目标也是通过少数派代表鼓励“建设性参与”——而不是激进者和发行人之间的对抗性战斗。参见 Ronald J. Gilson et al.，“How the Proxy Rules Discourage Constructive Engagement：Regulatory Barriers to Electing a Minority of Directors”，17 *Journal of Corporation Law* 29，33（1991）（主张采用简明规则）。

他股东进行几乎无限制的交流。实际上，如果使用的所有书面材料都及时提交给 SEC 并包含某些规定的说明，则选举竞赛也可以在提交委托书之前进行。口头交流则完全解除管制（受反欺诈规则的约束），不需要以任何形式向 SEC 提交。

在实践中，规则 14a-12 消除了在若干情况下对代理声明的需要。首先，如果反对者发现它无法获得多数支持，它可以放弃其竞选活动，并且永远不提交代理声明。其次，面对可能的损失，目标公司可能决定与反对者达成和解，并自愿将反对者的一些提名人列入其董事会，从而再次了消除反对者提交正式委托书的需要。2000 年以后，这个规则的广泛庇护使反对者能够分发有时长达数百页的冗长文件，而无须提交任何事先的委托陈述。

尽管反对者向所有股东邮寄委托书的成本很高，但实际上他们并不需要邮寄给全部股东。长期以来，SEC 一直允许他们只向他们将要征求投票的股东邮寄委托书。[①] 因此，他们可以直接邮寄给法人股东，而忽略持有少量股份的散户股东。2005 年，SEC 通过取消任何邮寄委托书的要求，进一步降低了反对派的成本。[②] 取而代之的是，与 SEC 早先采用的公开发行环境中注册声明的“访问平等交付”（access-equals-delivery）模式一致，代理参赛者只需通过电子邮件向股东发送简短通知，说明其代理材料可在公司网站或 SEC 在线获取即可。因此，代理声明依然会被提交，但不会邮寄，这为代理参赛者节省了大量成本，且如果比赛完全进行投票，参赛者仍然可以提交和寻求代理授权。总之，放松管制大大降低了代理权竞争的成本，从而鼓励了对冲基金的激进主义。

（四）经纪人投票

从历史上看，至少在例行事务上，经纪人被允许以他们的“行号代名”持

---

① 参见 Internet Availability at Proxy Materials, Exchange Act Release No. 8591, 72 Fed. Reg. 4148, 4158 (Jan. 29, 2007)（注意到反对者只能通过招揽“拥有大量财产的人”来节省开支）。

② 相反，代理参赛者可以简单地通过电子邮件发送代理材料的互联网可用性通知，并将其留给股东在持不同政见者的网站上查找其代理声明。反对者将不得不将其委托书邮寄或以其他方式发送给提出请求的股东，但此类请求很少。这一政策变化是在 SEC2005 年早些时候作出的类似决定之后作出的，该决定将交易的分配转变为“通知等于访问”的模式。Securities Offering Reform, Exchange Act Release No. 8591, 70 Fed. Reg. 44722, 44782-86.

有的股票为他们的客户投票。[①] 实际上，这对董事会席位的有争议选举并没有显著影响——因为这种选举不被认为是日常事务，所以经纪人无权投票。然而，这确实意味着在对股东提案或公司治理问题进行投票时，经纪人通常会投票支持零售股东持有的股份，以支持管理层的立场。而法人股东仍将对自己的股份进行投票，以遵守美国劳工部和 SEC 的投票政策。随后，在 2010 年，纽约证券交易所和《多德—弗兰克法案》（*Dodd Frank Act*）都采取了独立行动，它们通过在大多数情况下禁止经纪人在没有股东指示的情况下以他们的名义持有的股份投票来改变这一局面。[②]

净影响是散户股东持有的股份被投票的可能性较小，因为他们倾向于被动，从而使法人股东的投票偏好具有更大的相对权重。但在对股东提案的投票中，管理层失去了以前基于经纪人投票给被动散户股东的股份进行管理的固有优势。更重要的是，如果公司章程要求董事在没有竞争的选举中如果不能获得多数选票就应提交辞呈——这种“多数投票”的规定现在很普遍——那么就不能再依靠经纪人投票来提供这种多数。因此，这种做法实际上增加了反对派在“保留投票”活动中推翻现任者的机会。其结果是，对冲基金可以威胁将发起“拒绝投票”的活动，以此向董事会施压，要求增加对股东的派息，即使他们没有选择自己的候选人竞选董事会成员。这是低成本的压力。

（五）“狼群”策略

“狼群”一词经常被包括法院在内等主体使用，但却很少对其进行定义。如本文所用，它指的是一个松散的激进投资者网络，它们以协同方式行事，但

---

① 有关旧规则，参见 NYSE LISTED CO. MANUAL § 402.06，Rule 452（N. Y. S. E. List. Co. Man.），2003WL 23737133（允许经纪人在不受指导的、酌情决定的事项基础上以他们的名义持有的股份投票选举）。纽约证券交易所甚至在 2008 年金融危机之前就投票决定改变这种做法，但不得不等待 SEC 批准其规则变更。批准于 2009 年，对 2010 年 1 月 1 日之后发生的股东会议有效。参见 Marcel Kahan & Edward Rock，“Embattled CEOs”，88 *Texas Law Review* 987，1015-18（2010）（讨论经纪商对纽约证券交易所决定例行公事的自由裁量投票）。

② 《多德—弗兰克法案》第 957 条修订了 1934 年《证券交易法》第 6（b）条，允许经纪人就董事选举和 SEC 确定的“任何其他重大事项”进行自由裁量投票。Dodd-Frank Wall Street Reform and Consumer Protection Act，Pub. L. No. 111-203，§ 957，124 Stat. 1376（2010）.

故意避免形成1934年《证券交易法》(*Securities Exchange Act*)第13(d)(3)条所规定的“集团”。该条款规定,“当两个或两个以上的人以获取、持有或处置的目的作为一个团体时,就本款而言,此类财团或集团应被视为‘人’”。①因此,如果三个“人”各获得目标公司2%的股份,并且他们的关系使他们成为“集团”,他们的份额就应当根据第13(d)条的规定汇总到一起。第13(d)条将他们视为一个“人”,故而其必须在集团成立后的10天内提交附表13D,因为他们的共同股份超过了5%的实益所有权门槛。

为什么就第13(d)条而言,不成立“集团”很重要?本文可以给出多种原因。首先,目标公司可能会起诉第13(d)条“集团”的所有成员,目标公司将在其附表13D中声称该“集团”涉嫌披露违规。而避免加入“集团”可以保护那些个人持有目标股票不到5%的激进投资者,因为目标公司通常不知道他们的存在。除非这些投资者宣称自己是一个集团的一员,否则只要他们个人的所有权水平保持在5%以下,那么他们对目标公司来说基本上是隐形的。尽管第13(d)条所致的诉讼不太可能导致重大的民事责任,但辩护成本可能很高,而“狼群”领导者以外的对冲基金可以选择通过不加入“集团”来避免这一成本。

其次,更重要的是,避免形成“集团”可以延迟必须提交附表13D的时间。组织激进主义运动的个别对冲基金可以悄悄以一个不会反映该公司初期运动的价格购买目标公司5%股票,这一运动或许会被市场解读为可能发生收购或控制权竞争的信号。然后,它可以在收购方必须提交附表13D之前超过5%之后,在第13d(1)条规定给出的10天窗口期内购买甚至更多的股票。虽然在这10天的法定窗口期内获得的股票可能更昂贵(因为会检测到主动购买并可能提醒套利者),但价格仍将低于提交附表13D时上涨的水平。通过这种方式,组织该活动的对冲基金激进主义者通常会在其附表13D提交时持有6%—10%的股票头寸。部分(但不是大多数)股票将在10天的法定窗口期内获得,然后在投资者超过5%门槛后就必须提交附表13D。一般来说,典型的激进主义者不会超过10%的门槛,可能是因为届时它将受到《证券交易法》第16(b)条的约

① 15 U.S.C. § 78m(d)(3)(2012). 关于对冲基金认为只要不明确同意合作,它们就认为自己几乎没有被视为一个集团的风险的结论,(“对冲基金……对公司采取‘狼群’战术,不会因为害怕以某种方式神奇地成为一个群体而感到恐惧,仅仅因为他们一起狩猎并寻找相同的猎物。”稍后,我们将评估改变这种态度的前景。

束，这可能会迫使其将收购超过10%的股份的任何“短期摆动”（short swing）利润交给公司。①

最后，成为“集团”存在着成本，如果总共拥有15%股票的6个对冲基金将被视为一个“集团”，那么在某些情况下，他们可能会被要求在出售超过10%的股票时放弃利润。在第16（b）条规定的6个月期限届满之前，此类股份也将缺乏流动性。

“集团”组建的第三个问题涉及目标对提交附表13D的反应。目标公司可能会采取“毒丸”或更为正式的“股东权利计划”作为回应，这将有效地阻止“集团”获得更多目标公司的股份。由于代理顾问反对毒丸计划，今天的大多数上市公司都没有“常设的”毒丸计划，而是仅在针对特定的、感知到的控制挑战时才采用。② 让我们假设“狼群”领导者悄悄地购买了5.1%的股份，然后在它提交之前的10天窗口内又匆忙购买了3.9%的股份，总共9%。与此同时，6—10个对冲基金盟友在同一个10天的窗口期内——他们都否认组建“集团”——又购买了12%—15%的股份。如果我们将其他基金的份额加到“狼群”领头狼的9%中，这将产生总计21%—24%的收益。如果领导的对冲基金和它的盟友被视为一个“集团”，将会产生两个后果。首先，他们将不得不更早提交附表13D，即使在集团成立之时该集团的初始持股就已经超过5%。这种较早的申请会使申请后获得额外股份的成本更高。因此，与此假设中的24%股权相比，同一集团最终持有的总金额可能要低得多。

其次，目标公司对附表13D提交的回应通常是采取毒丸措施，来禁止集团任何成员进一步收购股票。具体来说，毒丸可能将上限设置为10%，正如最近

---

① 1934年《证券交易法》第16（b）条授权任何股东提起诉讼，要求在报告公司股票的6个月内，根据买卖或买卖和购买，为公司追回“空头”利润以及律师费。15U. S. C. § 78p（b）（2011）. 虽然第16（a）条要求“集团”披露其实益拥有权，但规则第16a-1（a）（4）条允许集团各成员否认对集团其他成员的股本证券的实益拥有权。17C. F. R. § 240. 16a-1（a）（4）（2011）.

② 就在2005年，35%的上市公司仍然采取毒丸措施。Victor I. Lewkow & Sarah G. ten Siethoff，“The Embattled Poison Pill”，*INSIGHTS*，April 2005，at 13T. 这个数字此后显著下降，可能是因为ISS和其他代理顾问反对毒丸，以及公司一旦成为公司控制权竞争的主体就可以采用毒丸的事实。最近的一项调查发现，约有471家公司拥有“传统”毒丸，另有25家公司拥有“两级”毒丸，这降低了“激进”投资者的门槛。Ronald Orol，“Five Development to Watch As Activisim Gains Steam”，*The Deal*（Jan. 9，2015）（数据引用自FactSet）。

的一个案例所支持的那样。① 但是如果没有成立集团，那么附表 13D 文件中采用的这种毒丸所施加的唯一限制将是禁止“狼群”领导者和其他个人股东持股超过 10%。虽然毒丸可能声称这也适用于那些与“狼群”首领协同行动的人，但实际上目标公司仍然不知道他们的身份，并且这些盟友中的每一个都会小心地与“狼群”首领保持距离。最重要的是，“狼群”技术使激进主义者能够在很大程度上越过毒丸并在投标人知道它们的存在之前建立更大的股票头寸。从经验上讲，最重要的是要明白，围绕着“狼群”形成的大部分股票价格上涨和大部分高交易量发生在附表 13D 提交之前，在第 13（d）条允许的 10 天窗口期内。图 1 显示了这种关系：

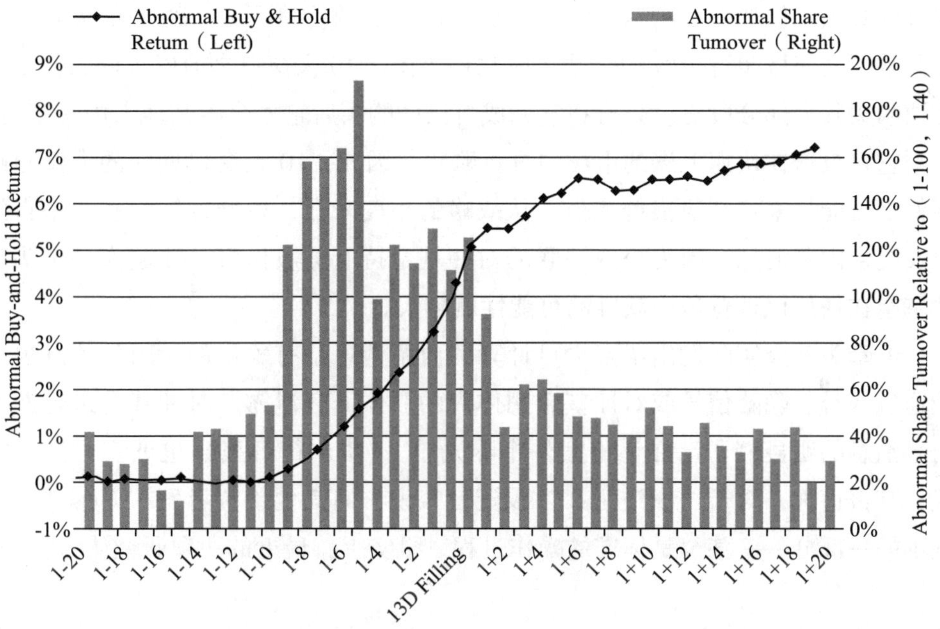

图 1

在 13D 附表提交后，该股价仍可能进一步升值，但不会像提交前一段时间的速度一样那么夸张。由于异常交易量在附表 13D 提交后的每两天都会急剧下

① 在 2014 年苏富比董事会的代理竞争中，苏富比采用了一种毒丸，对“激进”投资者的上限为 10%，但对“被动”投资者只有 20%。“激进”投资者是那些提交附表 13D 的人，“被动”投资者是那些提交附表 13G 的人。Third Point LLC v. Ruprecht, No. 9469-VCP, 2014 WL 1922029, at ＊20（Del. Ch. May 2, 2014）.

降，这表明许多其他机构投资者已经在这个窗口期内买入而不是之后买入。事实上，另一项最近的研究发现，提交附表 13D 的人的大部分购买“集中在他们越过门槛的当天以及第二天”。如果是这样，这意味着图 1 中在 13D 文件提交前的最后 8 天内明显出现的高交易量是其他人造成的，他们最有可能已经被提交 13D 文件的人提醒。推论似乎很明显：在提交附表 13D 之前的窗口期内，“狼群”形成和交易的特征似乎是内幕消息和知情交易。

这种模式不应该让我们感到惊讶。因为附表 13D 备案通常都会推动市场上涨，所以那些获悉初期附表 13D 备案的人如果迅速采取行动，将面临几乎无风险的盈利交易机会。尽管组织狼群的领先对冲基金通常在其跨越 5%后的 10 天窗口内买入，但如图 1 所示，它可以更早以更低的价格买入。由于牵头对冲基金通常不会获得超过 10%的头寸，因此它会在这 10 天窗口之前以较低的价格理性地购买其大部分股份。只有在它完成自己的购买后它才会给其他人内幕消息，否则它将被迫在快速上涨的市场中进行购买。因此，10 天窗口期间的大部分购买似乎可能是来自其他狼群成员。从战略的角度来看，狼群首领的利益来自给盟友提供内幕消息，因为松散关联的对冲基金持有的股份百分比越大，牵头对冲基金在任何代理竞争中获胜的可能性就越大。

但牵头基金实际发出了多少可计算的内幕消息是有争议的，因为信息也可能通过八卦、隐蔽信号或对冲基金团体内的肢体语言泄露。对冲基金进行此类内幕消息的明显例子已在诉讼案件中曝光。① 《华尔街日报》也证实了这一模式，其报道称，对于“激进主义”投资者来说，向其他投资者发布内幕消息是剧本的一部分——甚至是标准的操作过程。事实上，最近的一项研究认为，“狼

① 参见 CSX Corp. v. Children's Inv. Fund Mgmt.，(UK)，LLP，562 F. Supp. 2d 511，525 (S. D. N. Y. 2008).（注意到被告对冲基金就目标与其他对冲基金联系以发展盟友）。经验数据还指出，在 10 天窗口内，内幕消息大额购买。最近的一项研究发现，40%的对冲基金激进主义者“利用了 10 天窗口的很大一部分”。如果只有 40%的对冲基金激进人士在这个窗口期内买入，这表明其他没有提交附表 13D 的狼群成员在这 10 天的窗口期内做了大部分的买入。这项研究进一步发现，在某种程度上，狼群领导者主要在 10 天窗口期内、超过 5%门槛的当天和第 2 天购买。如图 1 所示，异常交易高峰在几天后达到顶峰，暗示狼群中的其他人对此负责。

群”策略成功的关键是小型激进投资者中主要激进分子的巧妙协调和招募。① 在提交附表 13D 之前，“狼群”通过组建一个足够大的激进主义者团队来确保成功（或至少使其极有可能），而主要投资者也将自身风险降至最低。

狼群首领向其盟友透露它发起激进活动意图的情况似乎类似于内幕交易，但两者在法律上却并不等同。因为虽然狼群首领透露的信息可能是重要和非公开的，但却并不违反受托人义务或其他义务。② 事实上，联盟的成立符合主要对冲基金自己投资者的利益。简而言之，这些信息没有被盗用，而只是为了获得对目标公司的影响力而自由流通。根据现行法律，只有当狼群首领计划对目标公司进行要约收购时，这种提示才是非法的。规则 14e-3 规定，一旦投标人采取了“实质性步骤”以提出要约，投标人或其他人提供与即将到来的要约有关的信息是非法的。③ 而在竞标者和对冲基金联合投标的这种非典型背景下，尚未出现内幕交易问题。

狼群是一个松散的组织，有些成员可能会在代理竞赛开始或投票之前就退出。大多数股东似乎并不会长期持有。事实上，一项著名的研究将对冲基金从第一个附表 13D 提交到投资者退出的中位数期限设置为 369 天，但最近的一项研究将中位数期限缩短到 266 天。这说明无论何种方式，激进者都只专注于短期干预。事实上，如果代理权竞争仅仅是公司治理问题，对股价的影响不大，那么在 10 天窗口期购买的人可能没有动力在附表 13D 提交后的任何延长期内继续担任股东。或者，如果附表 13D 揭露狼群领导者正在寻求出售公司、剥离重要资产或以其他方式引发公司控制权竞争，那么狼群的其他成员可能会因为感觉到未来的收购溢价而继续持有他们的股票，以获得可能的套利者利润。无论

---

① 概述性内容，参见 Alon Brav et al.，*Wolf Pack Activism*，Robert H. Smith School，Research Paper No. RHS2529230，在他们看来，牵头激进分子不会获得目标公司的大量股份，除非它知道它得到了相当多的“狼群”激进分子的支持。

② 概述性内容，参见 Dirks v. SEC，463 U. S. 646（1983）（违反某些类似信托的义务是被告违反内部传统禁令之前的必要条件）United States v. O'Hagan，521 U. S. 642（1997）（允许对信息来源而不是贸易伙伴承担必要的义务）。

③ 参见 17 C. F. R. § 240. 14e-3（a）（1980）（“如果任何人已采取一项或多项实质性步骤开始要约收购……则该行为或做法应构成欺诈、欺骗或操纵行为或做法……”）。什么构成“实质性步骤”将取决于事实和情况，但诸如为此目的安排融资或聘请投资银行家等步骤似乎就足够了。

如何，一项领先的研究发现，股票价格对附表13D的提交平均有7%的积极异常反应，这似乎足以吸引在提交之前就对此有了解的对冲基金，特别是当他们知道他们甚至不必面对交易此类信息的潜在法律责任。

狼群可以成长到多么庞大？很难获得准确的信息，因为就连狼群首领和目标公司都不一定知道有多少沉默的盟友加入了它，但代理律师可以估计。在2014年苏富比（Sotheby）董事会代理权争夺战中，反对者公开呼吁解雇苏富比CEO，领先的对冲基金 Third Point LL. C 获得了苏富比9.62%的股份，但苏富比的专家证人（麦肯齐合伙公司即 Mackenzie Partners，Inc. 的CEO，一位著名代理律师）在特拉华州衡平法院的诉讼中做证说，根据他的估计，苏富比32.86%的股票在投票时由包括 Third Point 在内的对冲基金持有。这绝不是创纪录的水平，据报道，大多数股票都被反对派收购。

无论如何，因为像苏富比这样的艺术品拍卖行属于技术含量低的公司，通常对对冲基金没有吸引力，所以苏富比的竞争恰恰很好地说明了狼群的形成，这也正如特拉华州副州长在支持苏富比使用毒药丸时明确指出的那样。为了正确看待这种所有权水平，需要认识到，在大多数代理权竞争中，一定比例的股份（可能是15%—20%）不会投票。如果狼群可以聚集目标公司1/3的流通股，那么它只需要再赢得剩余的7%—10%的选票即可获得事实上的多数票。而其余股份通常主要由机构投资者持有，他们可能不是激进主义者，但确实倾向于遵循其代理顾问的投票建议。因此，牵头对冲基金也可以期待获得狼群之外股东的支持。尽管机构股东服务集团和 Glass Lewis 的建议并不完全支持反对者，但他们也大都倾向于支持反对者的。而当他们这样做时，反对者通常会取得胜利。这些事实可以解释为什么反对者在去年的代理权竞争中获得了接近80%的成功率。在苏富比拍卖行董事会面对这种前景并意识到投票结果将会反对自己的情况下，它选择了和解，并给了 Third Point 在苏富比董事会寻求的席位。在未来的许多案例中，这种模式也有类似的表现。

（六）“集团”的概念缩小

上述“狼群”策略的核心体现了这样一个事实——在志同道合的激进投资者的协同行动下，即使他们之间有所讨论，如果没有更多信息的产生，也不会构成第 13（d）条所指的群体。[①] 从法规的表面含义来看，这一结果并不明显，SEC 的规则则更为进步，其承认必须披露的“集团”可以出于有表决权的股份以及购买、持有或处置股份的目的而成立。[②] 不过，最近司法解释对集团概念的认定一直很保守。例如，在 Hallwood Realty Partners，L. P. v. Gotham Partners，L. P. [③] 案中，第二巡回法院裁定，两名附表 13D 申报者和一名附表 13G 申报者不构成“集团，即使其中一个是著名的掠夺者并且三人互相讨论了如何提高目标公司的价值。”在后来的南区案件中，即使是投资者提议的联合董名单也不足以使他们成为一个“集团”[④]。

相比之下，早期的案例对集团的定义则更为宽松。因此，在 GAF Corp v. Milstein 案[⑤]和 Wellman v. Dickinson 案[⑥]中，第二巡回法院发现其为第 13（d）（3）条规定的目的成立了一个集团。在 GAF Corp 案中，该集团是一个集合其持股的家族，第二巡回法院确定的认定标准是这种行为威胁到了“公司结构的稳定性”。同样，在 Wellman v. Dickinson 案中，第二巡回法院发现，一家公司一名被解雇的 CEO 和一些朋友组成了一个出售“集团”，他们“达成共识，一致行动以处置其股份。”又是什么使该协会成为“集团”？第二巡回法院认定的关键事实可能是，被告“因希望从 Becton 公司（目标公司）控制权的转变中获利而联系在一起”。但如果这是判例的话，它的适用范围便过广，因为许多对冲基金都参加了代理控制权竞争，希望公司收购方能够实现并提出合并提议或投标提供控制权。在这些判例下，许多松散的投资者协会都可能被视为“集团”。

Hallwood Realty 案、GAF Corp 案和 Wellman 案的区别似乎在于，Hallwood

---

① 几乎所有评注法学派都同意，对冲基金的协同行动和沟通并不能使它们成为一个集团。

② 参见 17 C. F. R. § 240. 13d-4（b）（1）（1988）[在第 13（d）（3）条的法定条款中增加“表决权”，该节仅指“收购、持有和处置”股本证券]。根据第 13（d）（3）条法定语言的扩展，“投票小组”今天也必须提交附表 13D。

③ Hallwood Realty Partners，L. P. v. Gotham Partners，L. P.，286 F. 3d 613，615（2d Cir. 2002）.

④ meVC Draper Fisher Juvetson Fund I，Inc. v. Millenium Partners，L. P.，260 F. Supp. 2d 616，631-33（S. D. N. Y. 2003）.

⑤ GAF Corp. v. Milstein，453 F. 2d 709，712（2d Cir. 1971）.

⑥ Wellman v. Dickinson，682 F. 2d 355，363（2d Cir. 1982）.

Realty 案的每个机构投资者都“根据尽职调查和知识渊博的投资者对 Hallwood 单位被低估的共识作出了购买单位的独立决定”。该判例非常重视细节。显然，如果成熟的各方独立达成相同的投资策略，即使他们彼此积极讨论他们对公司的投资策略，也不会产生任何集团。

必须在决策的背景下理解它们。Hallwood Realty 案不涉及代理权竞争。因此，它对独立决策的关注更有意义。相反，当涉及代理竞争时，是否集体行动就成为关键问题，而当目标是聚集多数投票时，独立决策就不那么重要了。因为人多力量大，所以即使是经验丰富的投资者也知道他们需要盟友，而独立投票的决定几乎没有影响。可以说，Hallwood Realty 案的判例应该仅限于其背景，投资者之间正在进行的讨论应该在代理竞争背景下发挥更大作用，以确定一个“集团”是否存在。本文认为在努力说服或诱使他人以特定方式投票的过程中，有意识的并行性在逻辑上可以被视为表明那些意见征求方存在一个“投票”集团。但现行法律并非如此规定。

如果一个“集团”形成了却没有报告，那么对此情况就不存在任何有意义的补救措施，这甚至掩盖了“集团”作为“狼群”领导者攻击性行为的原因的形式主义定义。假设两个对冲基金组成了一个“集团”，并在其成立时持有目标公司 5.1%的股份。虽然他们需要在 10 天内提交附表 13D，但他们却没有。相反，在 10 天到期后，他们每人最多买入略低于 5%的股份，故而总共持有略低于 10%的股份。虽然发行人可能会起诉要求更正披露，但这种补救措施显然为时已晚。根据现行判例法，发行人没有现实机会获得一项禁令来“对冲”（即禁止投票权）违反《威廉姆斯法案》（*Williams Act*）获得的股票。[①] 一旦发现违规行为，他们将被迫披露其非法获得的股份。这种无痛的治疗方法几乎不能起到威慑作用。与此同时，一些股东将以低于及时披露的现行价格的折扣价将股份出售给“集团”成员，投票的选民也将发生不可撤销的变化。

---

① 在 CSX Corp. v. Children's Inv. Fund Mgmt.（UK）LLP，562 F. Supp. 2d 511，567-71（S. D. N. Y. 2008）中，地区法院认定，两家对冲基金组成了一个“集团”，这两家对冲基金违反了第 13（d）条，收购了该目标公司 8%以上的股票，但仍然得出结论，根据判例法，它无权下令对违反《威廉姆斯法案》购买的股票进行对冲，因为一旦作出纠正性披露，“不可弥补的损害”就无法消除。同上。尽管法院表示，它本来会批准这样的禁令来阻止未来的违规行为，但它发现，Treadway Co. v. Care Corp.，638 F. 2d 357，380（2d Cir. 1980）禁止了该禁令，在这种情况下，“集团”成员获得了 31%的区块，但仍然逃脱了对冲。

（七）代理参与

传统上，想要挑战管理层的反对股东必须进行代理竞选，以选举他们自己的公司董事会候选人。尽管对冲基金会发起代理权竞赛，但这是一项代价高昂的提议，其成本使大多数股东，尤其是法人股东望而却步。虽然他们可能希望改变公司政策，但他们自己不想控制（或冒着被视为控制的风险）目标公司。[①]《多德—弗兰克法案》试图通过授权一种新的“代理参与”（proxy access）系统来赋予机构投资者权利。在该系统下，在规定期限内持有公司规定百分比股份的股东可以将他们自己的被提名人添加到公司自己的代理声明中，从而寻求以低成本来选举少数董事会成员。[②] 为了响应这一新权利，SEC 于 2011 年通过了规则 14a-11，该规则将允许股东向公司董事会提名最多 3 名董事。[③] 但这条规则在 2011 年受到商业圆桌会议的挑战，并迅速被华盛顿巡回上诉法院驳回。理由是 SEC 在采用该规则时没有进行充分的成本/收益分析。[④]

然而，那场失败并没有结束事态。机构投资者和代理顾问开始向公司施压，要求公司修改自己的章程，允许一定比例的股东通过公司自己的代理声明提名少数董事。特别是，他们的目标是实现一种“通用代理”——即将公司提名人和任何反对者并列在一起的代理卡。不出所料，公司拒绝了，SEC 也曾一度与他们站在一边，允许管理层使用将股东代理权提案排除在其代理

---

① 对于那些获得大量股份并期望从公司政策变化中获利的人来说，代理竞争的成本可能是有意义的，但对于那些不希望超过其投资组合中公司股票的低百分比（可能在 1%—5%）的指数化机构投资者来说，则不那么有意义。此外，如果投资者被视为持有“控制权”，则根据 1934 年《证券交易法》第 20（a）条，投资者将承担潜在的“控制人”责任。参见 15 U.S.C § 78t（a）（2011）（确定控制人的责任）。避免这种描述传统上是机构投资者的共识。

② 参见 Dodd-Frank Wall Street Reform and Consumer Protection Act, Pub. L. No. 111-203, § 971, 124 Stat. 1376, 1915 (2010)（根据 15 U.S.C. § 78n（a）（2）修订）（授权但不要求 SEC 采用规则，根据该规则，股东可以使用公司自己的委托书提名 1—3 名董事（取决于董事会的规模）。

③ 参见 Facilitating Shareholder Director Nominations, Exchange Act Release No. 9136, 75 Fed. Reg. 56, 668, 56, 773-93 (Sept. 16, 2010)（对联邦代理规则进行修改，以便在某些情况下允许直接股东提名董事）。

④ 参见 Bus. Roundtable Inc. v. SEC, 647 F.3d 1144, 1146 (D.C. Cir. 2011)（删除规则 14a-11）。这一有争议的决定引起了很多争论，但这些问题超出了本文的范围。

声明之外的策略。① 然后，在 2015 年初，SEC 主席 Mary Jo White 宣布，SEC 将重新考虑其代理权政策。② 同样重要的是，一些大公司，尤其是通用电气公司，同意达成妥协，即同意持有至少 3 年 3%股权的股东可以提名高达 25%的董事在年度会议上当选。③ 目前，这一程序得到越来越多人的拥护，并可能很快成为广泛接受的“最佳实践”。最后，在 2015 年年中，SEC 表示，它计划实施一项“普遍的”代理卡，其将在一张选票上列出所有董事候选人④这将大大简化反对者的任务，使之在股东和管理层自己的提名人面前享有同等地位。⑤

---

① 寻求更改或请求更改公司章程的股东通常必须依赖 SEC 的股东提案规则，规则 14a-8，17 C. F. R. § 240. 14a-8（2011）。但是，该规则允许公司排除“与公司自己的提案之一直接冲突”的提案。规则 14a-8（i）（9），17 C. F. R. § 240（2011）。利用这一豁免，一些公司提出了“代理访问”的弱替代品，然后忽略了反对股东提出的更强有力的建议。有一段时间，SEC 的工作人员通过向在其代理声明中就代理访问提出“冲突”建议的公司授予“不采取行动”信函来允许这种技术。2014 年底，向 Whole Foods Markets 发出的这样一封“不采取行动”的信引发了主要机构投资者的热烈反应，并最终促使 SEC 重新审视这一政策。参见 Andrew Ackerman & Joann S. Lublin，“Whole Foods Dispute Prompts SEC Review of Corporate Ballots”，*The Wall Street Journal*（Jan. 19，2015，5：49 PM）（讨论 SEC 审查该政策的决定）。

② 参见 Andrew Ackerman，“SEC Shift on ‘Conflicting’ Shareholder Proposals Sparked by Abuse Concerns”，*The Wall Street Journal*（Mar. 19，2015，5：49 PM）讨论员工在股东提案确实与管理层提案发生冲突时进行审查的决定）。SEC 主席 Mary Jo White 最近支持并解释了 SEC 的政策转变。参见 Mary Jo White，Chairman，SEC，“A Few Observations on Shareholders-in 2015”，*Remarks At Tulane University Law School 27th Annual Corporate Law Institut*（March 19，2015）（讨论政策变化）。

③ 通用电气版本的代理访问，根据该版本，持有至少 3%至少 3 年的个人或团体可以提名董事会中最多 25%的席位进行选举，所有这些都在 2015 年也已被 Citigroup 和美国银行采用。Gretchen Morgenson，“At U. S. Companies，Time to coax the Directors Into Talking”，*The New York Times* ，March 28，2015，at D1.

④ 参见 Andrew Ackerman & David Benoit，“SEC Chief Tilts Again to Activists”，*The Wall Street Journal*，28 June 2005，at C1.（描述“普遍”投票提案）。

⑤ 通用代理卡的另一个优点是，它将允许股东挑选所有候选人。今天，当竞争对手的选票由代理候选人分发时，股东必须作出非此即彼的选择。例如，如果管理层为一个 10 人董事会提名 10 名董事，而反对者提名 4 名被提名人的“短名单”，反对者也将在其选票上列出它最不反对的 6 名管理层提名人，以便选出 10 名董事。因此，由于反对者将省略 4 名现任者的名字（有利于其 4 名被提名人），因此假设的股东不可能投票支持反对者的一些被提名人和一个或多个被遗漏的管理层提名人。这样一个假设的股东可能希望投票给两名反对者和 8 名现任董事，但在现行制度下，股东不能这样做，因为它必须签署并提交两张替代选票中的一张。在一张“通用”代理卡上，股东可以根据股东的意愿进行挑选。

这对对冲基金激进主义又意味着什么？很少有激进的对冲基金持有股票近3年（因为他们的商业模式是在决定干预策略后才购买目标股票）。因此，他们将需要吸纳传统机构投资者，这些机构投资者基本上是指数化的，并在大多数公司持有投资多年。通过与养老基金和共同基金的合作，对冲基金似乎即将以大幅降低的成本对目标董事会的组成产生越来越大的影响。然而，与此同时，他们将需要向传统的多元化机构投资者推销他们的提案，这可能会对一些激进分子产生温和的影响。

总之，激进型对冲基金拥有的杠杆率在不久的将来可能会进一步增加。

（八）策略：双方的比赛计划

理论上，激进主义和代理权的斗争是关于反对者试图说服股东他们比现任管理团队有更好的商业计划。然而，这种解释并不完全与数据相符。一项著名的研究发现，反对者赢得董事会席位的代理竞争和他们输掉的竞争在异常回报方面没有什么不同。[①] 实际上，结果是无关紧要的。那么市场为什么欢迎这样的竞争呢？在前面的研究中，作者概括说，这些收益不是源于胜利者的身份，而是源于现任管理层实施反对者所寻求的具体变革的可预测趋势。这些变革常涉及“流动性事件”——特别股息、股票回购、资产剥离等。

一些研究发现，当现任管理层获胜时，代理竞争中的平均异常回报率较高[②]，并且至少有一项研究发现，在反对者赢得席位的代理选举之后，正常回报率为负。[③] 这又是为什么？与激进者们所要求的相同，股东们可能希望通过分红或股票回购来增加派息，但当现任管理层来监督这一过程时，他们会感到更舒服。因为股东不信任业余人士（或至少是新来者）来经营他们的业务。当

---

① 参见 J. Harold Mulherin & Annette B. Poulsen，“Proxy Contests and Corporate Change：Change Implications for Shareholder Wealth”，47 *The Journal of Financial Economics* 279，300-302（1998）（讨论研究结果）。

② 参见 Cindy R. Alexander et al.，“Interim News and the Role of Proxy Voting Advice”，23 *The Review of Financial Studies* 4419，4435（2010）（报告关键事件日期前后的平均累积异常回报）。

③ 参见 David Ikenberry & Josef Lakonishok，“Corporate Governance Through the Proxy Contest：Evidenceand Implications”，66 *The Journal of Business Research* 405，427（1993）（讨论研究结果）。

然，这种增加的支出可能会损害债券持有人和其他债权人的利益，但股东并不为此担忧。最重要的是，这些结果与以下观点一致：即这种激进活动的收益要么来自①预期营业额溢价，或②将财富从债券持有人和债权人转移的流动性事件。

三、问题的框架：对冲基金是否导致公司经理投资短视？

对冲基金激进主义最常引起关注的一个问题是，它将导致“短期主义”（short-termism）——一个很少有明确定义且可能取决于旁观者视野的术语。本文将使用这个术语来表示以比传统机构投资者更高的贴现率贴现未来收益的趋势。与这一趋势相一致，“短期”投资者通常倾向于通过股息和/或股票回购增加股东分配，大多数是通过提高杠杆率来实现，这反过来又需要减少长期投资（特别是研发）。这种说法常被企业游说团体所吹捧，且招致了许多学者的蔑视。① 其他人虽然承认“短期主义”与机构激进主义有关，但认为它至少在经济上是可取的。然而，本文认为，这一说法值得进行更仔细地推敲，应认识到投资者并非都拥有相同的投资期限。

为什么激进型对冲基金可能更倾向于短期，这要从对冲基金经理的标准薪酬结构说起。在典型的公式下，对冲基金经理每年收取2%的资产管理费加20%的绩效费。作为对这些慷慨费用的回报，对冲基金投资者期望能迅速获得优于市场表现的回报，但作为一个被动的选股者，要持续的超越市场是很难的。在对冲基金的激烈竞争中，对冲基金经理知道这一点，也知道他们的投资者可能会把投资转向最近的赢家，因此他们需要找到一种不需要他们作为选股者实现不可能的业务策略。一些人发现激进主义的策略并不需要超越有效市场。反而，这些对冲基金经理变得积极主动，专注于表现不佳的公司，这些公司比真正被低估的公司更容易识别。即使采用这种修改后的方法，对冲基金经理仍然受到短期时间限制，因为如果他们作为激进主义者仍不能获得高于市场的回报，他们的投资者可能会再次转向其他采取相同策略的经理。总而言之，对冲基金的投资者可以定期撤回他们的资金，它们可能是分散投资的，并且可能将他们的

---

① 参见 Mark J. Roe, *Strong Managers, Weak Owners: The Political Roots of American Corporate Finance*, Princeton University Press, 1994, pp. 242-243.（声称“短期主义”只是“辩论者的武器”，没有任何合法性）。

大部分财富投入低风险投资中。因此，他们可以承受风险，相应地，他们也期望对冲基金为了追求短期收益而承担风险。为了短期投资，这些投资者没有理由反对他们代理人的短期关注。

更一般地说，一些经验证据有力地表明，公司股东的构成决定了其投资期限，公司内部的“短期主义”与部分“激进”对冲基金和某些其他机构投资者的高持股水平之间存在很强的相关性。① 在可追溯到 1998 年的研究中，沃顿商学院教授 Brian Bushee 发现，“流动性机构的主要所有权——投资组合周转率高并使用动量交易策略……显著增加管理者削减研发以管理的可能性收益”。在后来的一项研究中，他得出的结论是“暂时的高所有权机构与近期收益成分的高配和长期收益成分的低配相关联”。② 典型的“临时投资者”可能是对冲基金。从这个角度来看，对冲基金的“狼群”在一家公司收购的股票越多，该公司在研发方面的长期投资减持的可能性就越大，减少这些投资的压力也就越大。其他研究也一致认为，高比例的短期投资者会导致监管不力，③ 以牺牲长期收益为代价地对短期收益的强烈偏好④。

---

① 参见 Brian Bushee, “The Influence of Institutional Investors on Myopic R&D Investment Behavior”, 73 *Accounts of Chemical Research Journal* 305, 330 (1998) (讨论机构投资者研究开发 (R&D) 和短期目标的影响)。

② Brian J. Bushee, “Do Institutional Investors Prefer Near-Term Earnings Over Long Run Value?”, 18 *Contemporary Accounting Research* 207, 213 (2010) . 参见 Kevin J. Laverty, “Economic ‘Short-Termism’: The Debate, the Unresolved Issues, and the Implications for Management Practice and Research”, 21 *Academy of Management Review* 825 (1996) (讨论短期主义造成的损害)。

③ 参见 Generally Yia Chen et al. , “Monitoring: Which Institutions Matter?”, 86 *The Journal of Financial Economics* 279 (2007) (认为具有长期视野的传统机构投资者专注于监控，而短期持有者则专注于交易); Jose-Miguel Gaspar et al. , “Shareholder Investment Horizons and the Market for Corporate Control”, 76 *The Journal of Financial Economics* 135 (2005); Francois Derrien et al, “Investor Horizons and Corporate Policies”, 48 *The Journal of Financial and Quantitative Analysis* 1755 (2013) (注意到更长的投资者视野会减弱股票错误定价的影响，并与更多的投资和更低的股东分红有关)。

④ 参见 Katherine Guthrie & Jan Sokolowsky, “Large Shareholders and the Pressure to ManageEarnings”, 16 *The Journal of Corporate Finance* 302 (2010) (认为公司夸大了大量外部大块持有的收益); Victor L. Bernard & Jacob K. Thomas, “Evidence That Stock Prices Do Not Fully Reflect The Implications of Current Earnings for Future Earnings”, 13 *The Journal of Accounting and Economics* 305 (1990). (声称当前收益和股价不能预测未来的收益)。

（一）激进主义影响研发支出的证据

最近，研究人员很关注对冲基金激进主义的目标公司，以了解这些目标公司在研发方面的投资在参与对冲基金之后是增加还是减少。共同点是，他们已经发现了其中一项的急剧下降。2015年的一项研究使用了2009年的目标公司样本，发现“幸存”的公司（即未被接管的公司）超过50%减少了对研发的投资（衡量占销售额的百分比）。①图2显示了2009—2013年的4年期间从17.34%减少到8.12%的过程。②

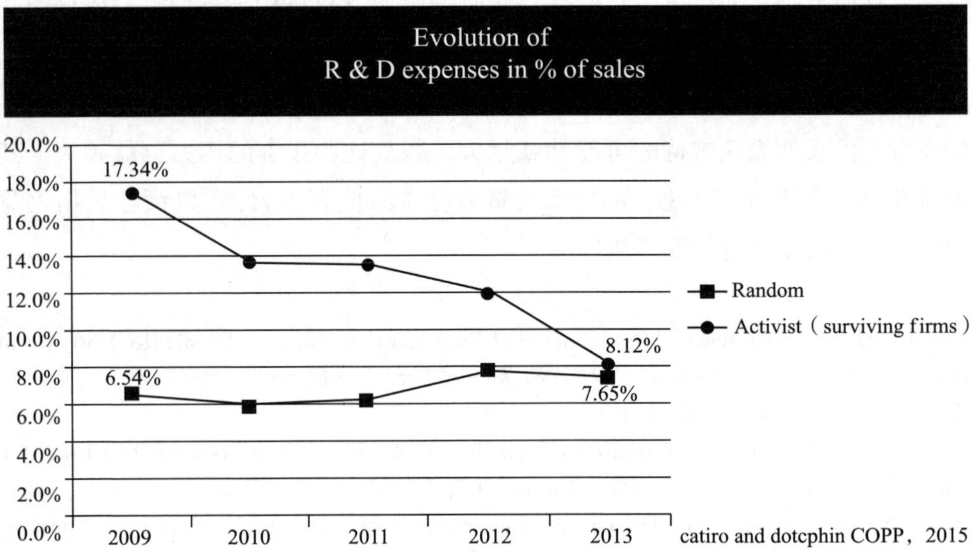

图2

这也不是因为随机对照组在同一时期内适度增加了研发支出（占销售额的

① 参见Yvon Allaire & Francois Dauphin，“Hedge Fund Activism：Preliminary Results and Some New Empirical Evidence”，*Institute for Governance of Private and Public Organization*（April 1，2015）（请注意，公司的样本取自FactSet开发的数据集，FactSet是一家关注股东活动家的咨询公司，研究人员随后消除了那些不是由对冲基金发起的激进主义运动）。

② 在最近的一项研究中，Allaire和Dauphin在没有将销售作为分母的情况下衡量了研发支出的下降。他们发现，在对冲基金参与后，支出在两年内大幅下降，然后在第3年，对于幸存的公司来说，支出会增加，他们指出，他们已经出售了他们在公司股权中的股份。与此同时，在这一时期，“随机抽样企业的研发支出中位数确实增加了20%以上”。

百分比)，从而导致市场范围内研发活动普遍下降的结果。此外，由于这项研究只能涵盖未被收购公司的研发投资，故而研发投资的实际下降可能更大，因为被收购公司可能会进一步削减其研发预算。然而，对冲基金激进主义的支持者提出了反驳。尽管研究承认，随着对冲基金的介入，研发投资大幅下降，[①] 但最新的一项研究报告称，对冲基金瞄准的公司此后提交的专利申请数量比对照组的公司要多。他们认为，这表明了“创新产出”的增加。

本文认为，在对冲基金的指导下，“创新投入”的减少能够产生更大的“创新产出”这一观点可以说是违反直觉的。尽管激进分子可能会强制取消边际或长期研究项目，从而增加短期利润，但总“创新产出”可能会在大幅削减的情况下增加的说法不太可信，是否有更大产出完全取决于专利和随后相对较短的时期内的专利引用计数。在这里，有足够的方法学上的问题围绕着这一方法，使人对如此强烈的结论产生怀疑，特别是在缺乏必要控制的情况下。在这一点上，即使在研发投资下降的情况下，从表面上接受创新产出可以增加的任何结论都似乎为时过早。相反，似乎可以得出这样的结论：研发支出在对冲基金的压力下大幅度下降，但目标公司可能会在对冲基金成立后增加其研发投资的盈利能力。[②]

尽管如此，即使可以证明激进分子瞄准的大多数公司研发投资的盈利能力此后都增加了，也并不能解决围绕研发支出减少的公共政策问题，原因有两点。首先，人们需要越过目标公司来考虑对冲基金激进主义研发支出在更广泛领域的总体威慑影响。每有一个被瞄准的公司，就有更多的公司可能会减少研发支出以避免成为目标。其次，区分研究的私人利益和公共利益是至关重要的。研发支出通常会产生正外部性。没有任何企业家能从创新或科学进步中获取所有

---

① 参见 Alon Brav et al., *Shareholder Power and Corporate Innovation: Evidence from Hedge Fund Activism*, Kelly School of Bus, Research Paper No. 2014-05, December 2014 (“与之前的调查结果一致，目标公司在干预后减少投资，我们发现研发支出在对冲基金行动主义之后的五年窗口内显著下降。”具体来说，他们发现“相对于匹配公司发生的变化”，干预后研发支出减少了 2058 万美元)。

② 这可能是管理人员试图通过提交更多专利申请来证明其价值和其研发计划合理性的结果。本文确实认识到，对冲基金的压力可能会导致目标公司削减或终止其最不成功或最长期的研究项目，从而带来短期收益，这当然是合理的。本文只质疑企业在大幅削减研究成果后，在创新方面是否能产生相同或更大的产出。

的收益或好处。如果制药公司 XYZ 发现了一种新型特效药或治疗方法，那么竞争对手也会随着时间的推移而获利。或者找到方法用稍微不同的产品或程序复制药物，或者为新产品寻找额外的应用或用途。一项发现导致另一项发现，一项研究突破可能会产生许多原始研究人员都无法预见的新产品或药物。因此，即使减少研发投资对单个公司来说是有意义的（因为它增加了公司的盈利能力），这种投资的减少也可能会涉及社会成本（因为新药和产品的引进减少）。

（二）实例探究

经济研究有其局限性，对对冲基金业务及其对长期投资的影响进行更深入的研究可以提供更多的见解。因此，本文将对最近的两项业务进行简要介绍。

1. 艾尔建（Allergan）收购战

2014 年，潘兴广场资本管理公司与瓦伦特制药国际（Valeant Pharmaceuticals International）合作，以超过 500 亿美元的交易寻求收购大型制药公司艾尔建（Allergan, Inc.）。潘兴广场创建了一个实体，即 PS 基金有限责任公司（PS Fund I, L. L. C.），一家特拉华州有限责任公司，以收购艾尔建和涉及艾尔建普通股的某些衍生品。2014 年 2 月 25 日，潘兴广场开始悄然买入艾尔建的股票，随后，随着其份额接近 5%，PS 基金有限责任公司协议于 2014 年 4 月 6 日进行了修订，将瓦伦特增加为成员。此后，在 2014 年 11 月 11 日左右迅速达到 5% 的水平，随后 PS 基金加快了购买步伐。

10 天后，在第 13（d）（1）条规定的 10 天期限结束时，潘兴广场和瓦伦特分别于 2014 年 4 月 21 日提交了一份附表 13D，披露 PS 基金收购了艾尔建 9. 7%的流通股（其中约 97%的资金由潘兴广场提供）。第 2 天，即 4 月 22 日，瓦伦特公开了其收购艾尔建的要约，收购总额超过 500 亿美元的现金和股票（随后增至 530 亿美元）。两个月后，即 2014 年 6 月 18 日，瓦伦特宣布了正式的收购要约。瓦伦特将潘兴广场描述为共同投标人，但潘兴广场没有向艾尔建的股东提供任何东西。潘兴广场显然不打算成为艾尔建股票的长期所有者（超过瓦伦特在未来合并中承诺持有瓦伦特股票的 1 年期限）。潘兴广场拥有两全其美的优势：事先了解收购要约，而无须承担后端合并的任何义务。

就目前而言，瓦伦特的动机尤其重要。作为一系列兼并和收购的产物，瓦伦特以其商业模式而闻名，在这种模式下，作为“系列收购者”，它购买具有既定产品的制药公司，并削减或停止其研发工作，以最大限度地提高其现有产品的现金流。① 根据《华尔街日报》关于瓦伦特的一份报告，“大型制药公司通常将其销售额的20%用于研发。”② 与此形成鲜明对比的是，2013年，瓦伦特仅将其57.7亿美元收入的2.7%用于研发。瓦伦特不愿意投资研发，而主要对艾尔建的一种产品进行估值：肉毒杆菌素，一种用途越来越广泛的药物，但在国际上主要被称为除皱药物。

瓦伦特的CEO并没有试图隐瞒他的计划，如果瓦伦特能够接管公司，他将削减研发部门和艾尔建的员工。具体来说，在2014年4月，当他宣布合并提案时，瓦伦特的CEO估计合并后公司的28000名员工中约有20%将失去工作。③ 瓦伦特同样估计，在与艾尔建合并后，“这将使合并后的公司研发支出减少69%”。简而言之，它将剥夺艾尔建与肉毒杆菌素无关的研发，但会寻求扩大该产品的用途。

艾尔建的下一步是可以预见的。面对股东对瓦伦特利润丰厚报价的支持，艾尔建的管理层决定，如果无法击败瓦伦特的战略，便只能效仿它。因此，在2014年7月，艾尔建宣布将裁员13%——虽然低于瓦伦特的20%目标，但仍然很可观。艾尔建同样宣布将研发支出投资减少至年销售额的13%左右，而其历史比率通常为16%—17%。这是常见的模式，艾尔建可能别无选择。尽管几乎没有公开披露支持潘兴广场和瓦伦特的“狼群”规模，但大型对冲基金保尔森公司在一份第13（f）条文件中披露，该公司2014年第二季度的某个时候“以9.48亿美元收购了560万股艾尔建股票”。④ 其他对冲基金很可能也加入了潘兴

---

① 参见 Steven Davidoff Solomon，“In Allergan Fight, A Focus on Clever Strategy Overshadows Goals”, *The New York Times*: *DealBook*, August 12, 2014, at B4.（描述瓦伦特并评估它是“串行收购者”的标准主张）。瓦伦特最近收购了Biovail和博士伦（Bausch & Lomb）。瓦伦特也因其涉嫌不关注安全问题而受到关注和批评。参见 Jesse Eisinger，“Valeant's Cost-Cutting Ethos May Yet Give Wall Street Indigestion”, *The New York Times*: *DealBook* (July 30, 2014)。

② Joseph Walker, “Botox Itself Aims Not to Age”, *The Wall Street Journal* (May 18, 2014).

③ Joseph Walker & Liz Hoffman, “Allergan to Lay Off 13% of Workforce, Cut Drug Research”, *The Wall Street Journal* (July 22, 2014).

④ Kelly Bit, “Paulson Wagers on Allergan Bid as Ackman Defends Tactics”, *Bloomberg Media* (Aug. 15, 2014). 这一披露并未表明John Paulson何时进行这项投资（特别是它是否在潘兴广场的之前提交附表13D文件）。本文不建议Paulson公司与两个投标人组成一个“集团”；本文的观点只是“狼群”的规模及其持有量通常比附表13D中披露的要大得多。

广场/瓦伦特团队，使投标人在任何代理竞争中都有可能取得潜在的胜利。最终，一家出价超过瓦伦特的公司胜出。但这只是增加了潘兴广场的利润，并表明这种联合投标的策略可能会再次被使用。

一些证据表明，制药行业已经痛苦地意识到对冲基金明显厌恶长期研发投资。金融时报 2014 年 7 月的一项调查指出了该行业的一个“基本趋势”：即制药和家用消费品公司正在剥离其非核心部门并“重新评估其投资组合”。① 最明显的例子是利洁时（Reckitt Benckiser）于 2014 年 7 月宣布决定剥离其制药业务，② 且该例并非孤立无援。就在 2014 年，强森公司（Johnson & Johnson）、礼来制药（Eli Lilly）、默克集团（Merck）和赛诺菲公司（Sanofi）都宣布出售或剥离重要的制药部门。

2. 杜邦（Dupont）代理权争夺战

2015 年，特瑞安基金几乎成功的选举其 4 名被提名人进入杜邦董事会，在这一过程中，艾尔建收购战中的许多因素也十分明显。③ 尽管杜邦的表现经常超过标准普尔 500 指数公司和其他企业的盈利指标，但特瑞安基金明显目标是将杜邦拆分成多个部分并“关闭杜邦的中央研究实验室”。④ 这符合对冲基金越来越青睐的“投资限制”活动的范式，但它针对的是一家具有悠久创新历史和非常成功研究的标志性公司。在特瑞安基金的压力下，杜邦同意剥离一个主要部门并重组其研发方法。特别是，它同意向股东返还 90 亿美元的资本。⑤

简而言之，与艾尔建一样，杜邦通过抢占特瑞安基金的策略幸存下来（至

---

① Scherazade Daneshku et al.，“Drugmakers Juggle Non-Core Assets”，*Financial Times*，July 29，2014，at 17.

② 参见 Andy Sherman，“Reciktt Poised to Spin Off Pharma Business”，*Financial Times*，July 29，2014，at 15.（描述该公司计划如何“剥离其海洛因业务”）。

③ 参见 Bill George，“Petlz's Attack on DuPont Threatens American's Research Edge”，*The New York Times*：*DealBook*，（Apr. 9，2015）. Nelson Peltz 是特瑞安基金的创始人兼 CEO。代理竞赛旨在选出 4 名特瑞安提名人，但减少研究投资的长期目标显而易见。

④ 作为回应，杜邦确实进行了重大的股票回购，并同意剥离一个制造氧化钛的大型化学部门（现称为科慕）。因此，即使在这种罕见的损失中，激进者们也实现了他们的许多目标，杜邦管理层将来可能会对长期资本投资更加谨慎。

⑤ 参见 Jonathan Laing，“The Peltz Principle：How Nelson Peltz Gets Results”，*Barron's*（July 4，2015）（描述 Peltz 如何与包括杜邦在内的公司互动）。杜邦声称，他们已经计划了这种增加的支出，但其规模可能仍然受到特瑞安压力的影响。

少有一段时间①），但结果是，无论管理层在代理权竞争中获胜还是失败，研发支出都会下降。这种反应是可以预见的（并且只会鼓励那些从其股票中获利的对冲基金更加积极，即使他们失去了投票权）。公司经理们很快就认识到对冲基金干预背后的共同策略，并试图抢夺其风头。即使没有成为目标，同一行业的其他公司也会害怕成为类似激进主义干预的对象，并且更有可能采取削减研究支出的措施来先发制人。

（三）更广泛的模式：从投资到消费

长期投资（尤其是研发投资）的减少趋势不能完全归因于对冲基金激进主义。从长远来看，对冲基金激进主义可能只是股东激进主义的先锋，而股东的偏好普遍可能会发生变化。可以说，股东可能希望公司管理层减少长期投资，转而增加股东派息。这可能反映了一种观点（暂不论正确与否），即管理层具有建立公司帝国的先天倾向，而这种倾向需要通过股东干预来控制。最新证据确实表明，股东可能已经转向了这个方向。罗斯福研究所 2015 年的一项研究总结道："在 20 世纪 60 年代，每额外赚取或借入 1 美元与约 40 美分的投资增加相关。而近年来，同样的 1 美元只与不到 10 美分的额外投资相关联。"② 这项研究进一步报告称，从 2009 年下半年到 2013 年，企业借款近 9000 亿美元，向股东支付了 7400 亿美元，而投资仅占 4000 亿美元。实际上，这意味着如今公司赚取或借入的大部分资金都流向了股东，而不是投资。

其他研究也描绘了类似的图景。标普资本 IQ（S&P Capital IQ）为《华尔街日报》所做的一项研究发现，"标普 500 指数中的公司在 2013 年的股息和回

---

① 2015 年底，杜邦同意与陶氏化学（Dow Chemical）合并，合并后的实体计划将自己拆分为 3 个部门。Leslie Picker & Michael de la Merced，"Dow and DuPont Merger Means Job Cuts and Federal Scrutiny"，*The New York Times*，12 December 2015，at B1. 从这个角度来看，Peltz 和他的激进者盟友是杜邦之战的长期赢家，但经济效率是否已经实现仍然存在疑问。参见 Steven Davidoff Solomon，"Deal Professor：Does a Deal Have the Right Chemistry or Is It Just Financial Engineering?"，*The New York Times*，December 16，2015，at B5。

② J. W. Mason，"The Disconnect Between Corporate Borrowing and Investment"，*The Roosevelt Institute Working Papers*，25 February，2015.

购支出大幅度增加，占经营现金流的中位数从 2003 年的 18%上升至 38%”①。同时，该研究还指出，“在同一个 10 年中，这些公司用于工厂和设备的支出从 2003 年运营现金流的 33%削减到 29%”。令人震惊的是，这项研究进一步发现：“在被激进主义者瞄准的标准普尔 500 指数公司中，支出削减幅度更大。在激进主义者购买其股票后的 5 年内，目标公司将资本支出从前一年经营现金流的 42%降至 29%。”这些目标公司“在第一年将股息和回购支出从前一年的 22%提高到经营现金流的 37%”。

这似乎是一个重大转变，即使对冲基金激进主义可能只是导致这种新的偏好从投资转向支付的因素之一。然而，激进主义的影响不仅仅局限于目标公司。尽管激进主义者只针对少数公司，但他们可能会影响大多数公司，因为大多数公司希望避免与激进分子有任何接触。唯一清楚的是，如果这种趋势继续下去，美国公司保留其资本或为长期投资或者扩张提供资金的能力将受到质疑。

这里的一个关键不确定因素是，大多数股东是否真的希望优先考虑分红而不是投资，有可能这只是专注于短期的激进公司的偏好。在这里，有一些证据能够表明股东之间存在冲突，特别是多元化的股东（例如养老基金和共同基金）与积极交易的对冲基金和其他“选股者”之间。在上述杜邦代理权争夺战中，杜邦最终能够获胜，是因为它得到了 3 大股东的支持：贝莱德集团（Black Rock，Inc.）、道富环球投资管理公司（State Street Global Advisors）和领航投资（the Vanguard Group），这 3 家公司总共持有其 16.7%的股份。如果它们投票支持激进分子，杜邦就一定会失败。

为什么这些多元化的投资者不同意对冲基金，而站在管理层一边？一些公司——特别是美国最大的资产管理公司贝莱德——直言不讳地表达了他们的观点，认为“激进主义”对冲基金策略过于短期导向。这种分歧的背后是一个基

---

① Vipal Monga et al.，“Firms Send Record Cash Back to Shareholders”，*The Wall Street Journal*，27 May 2015，at A1. 其他研究也同意这一观点。例如，《华尔街日报》的另一项研究发现，标准普尔 500 指数中的公司在 2014 年“支付了创纪录的 934 亿美元股息”，并在 2015 年第一季度回购了 1480 亿美元的股票。Maxwell Murphy & Mike Chemey，“CFO Journal：Bond-Funded Dividends，Buybacks Draw Skeptics”，*The Wall Street Journal*，16 June 2015，at B6. 高盛（Goldman Sachs）预测，全指数股票回购“今年将达到创纪录的 6000 亿美元，占公司总现金支出的 28%”。

本区别，多元化投资者（尤其是指数化投资者）可能会担心激进主义对其更广泛投资组合的影响。贝莱德集团同时投资了股票和债券，因此它可能担心股票的激进收益会被债券的损失所抵消。或者，它可能担心如果长期投资受冷，它所投资的经济板块的收益将停止增长。这些对投资组合损失可能超过目标股票收益的担忧却并不困扰激进主义者，因为他们通常不持有多元化的投资组合，并且一次只专注于单只股票。这是本文将再次讨论的一个重要分歧，因为它意味着，像“狼群”策略这样的策略虽然能暂时赋予对冲基金多数优势，但并不一定能表明所有股东（或长期多数股东）的偏好。

四、对冲基金激进主义证据的统计分析

关于对冲基金激进主义效应的学术研究发现了好坏参半的证据，一方面是它们在为股东、债券持有人和其他公司索赔者创造价值方面的效力；另一方面是它们对研发、杠杆和长期投资的影响。本文将在下文对这些证据进行综述，并指出许多研究在方法论上的重要缺陷。本文还注意到，所有这些研究大都产生于2007年启动的对冲基金干预措施结束之前。从那以后，对冲基金激进行为大幅加速，并改变了其目标，因此产生了这些研究可能无法捕捉到的影响。

（一）对冲基金激进主义以何者为目标?

尽管这些研究结果并不完全一致，但许多报告称，与企业对照样本相比，激进投资者的典型目标公司规模较小、利润较高、机构持股比例较高，并且具有更多的“价值”导向（即更高的账面市值率）。但这些目标公司不仅仅是“失败者”。事实上，Brav、Jiang、Partnoy 和 Thomas 发现，一家公司成为激进对冲基金目标的可能性与其资产回报率呈正相关。Khorana、Hoover、Shivdasani、Sigurdsson 和 Zhang 发现，自 2006 年以来，超过 1/3 的目标公司在成为目标之前实际上经历了股价表现超标，并且这一比例随着时间的推移而不断增长。[①] 一般来说，我们观察到目标公司通常比对照样本更有盈利能力，这表明

① 参见 Ajay Khorana et al.，“Rising Tide of Global Shareholder Activism”，*Citi Corporate and Investment Banking Report*，7 October，2013.

这些目标公司并不是像一些对冲基金激进主义的倡导者所声称的那样表现不佳的公司。实际上，一项研究发现，在公司的规模、账面市值和行业相匹配的情况下，激进型对冲基金的目标公司比对照样本的破产风险要低。

对冲基金激进主义支持者常见的一个论点是，这些干预是由公司经理与其分散的股东之间的代理问题引起的。[①] 在这种论点下，管理者利用自由现金流的方式是次优地投资于负净现值项目，而不是通过派息或股票回购将现金返还给股东。从这个角度来看，减少浪费的研发和资本支出计划可以最大限度地提高股东价值。同样，大幅度增加杠杆并迫使管理人员专注偿还这笔债务也是减少自由现金流问题的一种方法。如果管理机构的这种论点是有效的，并且公平地描述了激进主义的目标，那么人们将会发现，与非激进主义目标公司的对照样本相比，目标公司将有更高的资本支出、更高的浪费研发支出、更低的股息和股票回购，以及更低的杠杆。尽管一些研究支持这一论点，但大多数研究并没有报告与此自由现金流假设一致的实际变量变化的证据。例如，一些研究发现与对照样本相比，激进对冲基金投资者的目标公司杠杆率较低，而其他却研究发现二者相似或目标公司杠杆率更高。类似地，一项研究发现与对照样本相比，激进对冲基金投资者目标公司的股息支付较低，而另一项研究发现两者股息相似。

综上所述，尽管对目标公司的特征提出了许多概括，但证据始终只支持这样一个概括——激进主义的目标往往具有较低的托宾 Q 和“价值”取向。然而，这些特征本身并不能证明管理绩效不佳或代理成本高。

（二）对冲基金激进主义是否创造价值？

为便于阐述，在本部分中，根据测量期是短期（几天）还是长期（几年）将证据细分为两部分。

1. 股票回报的短期事件研究

许多研究调查了当目标公司向 SEC 提交附表 13D 文件时，其股价会发生什么变化。研究还考察了目标公司在事件日期（称为“事件窗口”）之前和之后

---

① 参见 Michael C. Jensen，“Agency Costs of Free Cash Flow，Corporate Finance，and Takeovers”，76 *The American Economic Review* 323-324（1986）（将自由现金流问题描述为经理和股东之间的利益冲突）。

的几天内是否赚取了异常回报——通常定义为实际回报减去调整后的市场波动的回报。大多数研究发现，激进型对冲基金的目标公司在事件窗口中平均获得正的异常回报，尽管这些研究在事件窗口的定义和所获得的异常回报的经济规模上存在差异。

上述结果涉及两个解释方面的问题。首先，尽管事件发生日附近的平均股票收益表现通常为正，但目标公司获得的异常收益分布存在显著差异。在上述研究中，实际上有相当一部分公司获得了负的异常回报。这一发现意味着激进主义者和公司之间的目标存在重大冲突。激进主义者通常同时分散投资于多个公司，所以即使只有他们的一些目标公司获得了可观的回报表现，总体上也会表现卓越的基金业绩。而公司却没有这种多元化投资习惯，因为它们只投资于自己。因此，出现负回报的可能性，可能会合理地导致董事会拒绝一组对冲基金青睐的策略，特别是当上行回报可能只是适度的情况下。

在对冲基金的激进干预造成的金融灾难中，最著名例子可能是潘兴广场和沃纳多房产公司联合收购彭尼百货超过26%的股票。大部分股票是在第13（d）条规定的10天窗口内购买的，这两位激进分子获得了董事会代表，迫使彭尼百货现任CEO辞职，并宣布了新的营销理念。尽管彭尼百货的股票一开始上涨，但客户纷纷逃离，在最初提交附表13D到Ackman最终从董事会辞职之间的这段时间里，彭尼百货的股价下跌了约59.5%。①

除了回报分配（以及在没有相关经验的情况下经营一家运营公司所固有的风险）之外，关于对冲基金激进主义大部分数据的第二个问题是缺乏有关所观察到的股价上涨原因的证据。如果正的异常股票回报可归因于激进投资者采取的减少管理层代理问题的行动，这些行动应该留下痕迹。也就是说，至少应该存在关于资本结构改变、高管薪酬减少、股息支付或投资改变的证据。然而，大多数研究发现正的异常回报在统计上与激进主义者干预后发生的实际变量变化之间并没有显著相关性。

2. 长期股票回报研究

2015年发表的两项研究十分值得关注。首先，Bebchuk、Brav和Jiang发

---

① 有关潘兴广场失败（和hubris）的详细回顾，参见James Surowiecki，“When Shareholder Activism Goes Too Far”，*Think Advisor*（Aug. 15，2013）。在同一时期，股市飙升，从而放大了损失。

现，在附表13D提交后的3年和5年内，买入并持有股票的回报平均为正。在这样做时，他们控制了市场投资组合的回报，以及小规模、价值和动量投资组合的回报（通常称为股票回报的四因子模型）。其他研究中也发现了这种正向的平均长期异常回报。其次，当Bebchuk、Brav和Jiang检查申请日前后的3年和5年日历年回报时，他们发现这些回报在统计上与零没有显著差异。这表明激进投资者无法超越四因子股票回报模型的表现。

第二项由Becht、Franks、Grant和Wagner进行的研究则提供了截然不同的观点。该研究不仅报告了大额股份形成的公告影响（在美国发生在提交附表13D时），更是特别关注激进分子干预的结果。不出所料，他们发现成功的结果具有重要影响，[①] 但更令人惊讶的是，他们发现市场似乎只重视有限数量的成功结果。当公告是关于收购时，产生的平均异常回报为9.7%。同样地，重组公告产生了5.6%的异常回报；然而，董事会组成的变化只产生了4.5%的平均异常回报。最后，支付变化——无论是通过股息还是股票赎回——导致了-0.2%的负异常回报。基金投资者的成功在很大程度上取决于是否有一个成功的结果，在北美激进投资者干预的情况下，成功干预的价值加权年化回报为6.6%，而没有成功参与的价值加权年化回报为-1.2%。简而言之，尽管大多数北美的干预行为确实产生了成功的结果，但也存在明显的下行风险。除非激进主义者追求的是收购或重组，否则即使是成功的激进主义干预，似乎也只能为股东带来有限的价值。在所有这些研究中，只关注平均异常回报可能会错过很多重要信息。很大一部分目标公司在长期内获得了负异常回报——这似乎是对冲基金干预的结果。事实上，一项研究发现，有一小部分目标公司（52%）在申请期前一个月到一年后异常回报的异常回报为负，另一项研究证实了这一发现，即很大一部分目标公司获得了负的异常回报。

即使人们接受Bebchuk教授和他同事的发现，即公司估值随着对冲基金激进主义的出现而上升，它仍然面临一个严重的问题——是不是对冲基金导致了这些变化。一种可能性是，表现不佳的公司自然会随着时间的推移回归均值。为了调查这种可能性，一组研究人员创建了一个与对冲基金激进主义的目标公司非常相似的匹配样本，并在同一时期对其进行跟踪。他们发现“控制组公司

---

① 在宣布成功结果后，所有参与国家的平均异常回报率为6.4%，北美为6.0%。

的价值增长超过了目标组公司的价值增长”。他们得出结论：“在激进对冲基金干预后的几年里，与控制组公司相比，对冲基金目标公司的价值显著恶化。”简而言之，这一发现对对冲基金激励落后者提高业绩的理论具有极大的颠覆性；事实上，可能正好相反。

（三）激进主义的收益来源为何？

在本部分中，笔者调查了有关股东从激进主义中获得收益来源的证据。这些收益在多大程度上是财富转移的结果？

1. 经营业绩的改善

关于目标公司的经营业绩是否因激进对冲基金干预而有所改善的证据再次存在分歧，大多数研究发现并没有改善。经营业绩被定义为公司的资产回报率（ROA）、和/或营业利润、和/或营业利润率、和/或现金流。一些研究将附表13D提交的年份定义为“t年”，比较了目标公司在申请后几年与申请前几年或该申请年度的经营业绩差异。Brav、Jiang、Partnoy和Thomas进行了两种匹配。第一种是按年份将目标公司与行业、规模和动量类似的公司相匹配。有趣的是，目标公司的资产回报率和营业利润率在t-2年优于匹配公司，然后在提交年度有所下降。到了t+2年，目标公司的资产回报率和营业利润率再次以与t-2年类似的方式优于匹配公司。这表明激进对冲基金的目标是那些在t-2年和t+1年利润更高，但在t年短期表现不佳的公司。当公司与业绩相匹配时，也会出现类似的模式。Bebchuk、Brav和Jiang报告称，与干预年份（或前一年）相比，目标公司在干预后的5年内具有更高的资产回报率和托宾Q，但他们的数据似乎并没有明确支持他们的结论。此外，我们知道激进主义者选择公司并不是随机的。因此，他们需要控制多个变量（例如，机构持股水平、价值、动量等），使用匹配方法（例如倾向得分匹配或邻域匹配），然后使用一个回归不连续性估计方法来测试激进主义是否确实对公司绩效有积极影响。

相反，Klein和Zur发现与提交附表13D之前和之后一年测量的公司控制样本相比，没有证据表明激进对冲基金的目标公司具有更好的营业利润。然而，Clifford发现，与被动机构投资者所瞄准的公司相比，激进主义者所瞄准的公司确实经历了资产回报率的中位数增长，但他将这种差异归因于激进主义者所瞄准的公司倾向于减少资产（而不是改善现金流）。Boyson和Mooradian发现，激进投资者的公司在资产回报率方面的变化与控制公司相比显著的统计差异，对于现金流的变化，也得出了类似的不显著结果。尽管这些研究略有不同，但Klein 和 Zur，Clifford、Boyson 和 Mooradian 的研究均未发现目标公司的现金流有显著改善。

2. 提高预期收购溢价

Becht、Franks、Grant 和 Wagner 的论文都强烈暗示，成功的收购似乎是激进投资活动中中推动异常长期回报的最重要结果。尽管在其研究中，重组也产生了正向的长期异常回报，这可能反映了收益的相同控制权溢价来源；也就是说，如果一个重要的部门被出售或分拆，它可能会产生一个活跃的拍卖，通过获得寻求控制权的公司为该部门支付的最高溢价，从而使股东受益。即使是在附表 13D 中出现短期异常回报的情况下，最简单的解释也可能是，激进公司被认为是在推动目标“公司”，并提高其预期的收购溢价。也有学者报告说，这是激进公司获得更高价值的常见方式。他们发现，在激进主义运动之后，在提交日期后的 6 个月内表现出色的目标公司中有 7%以上在随后的 6 个月内被收购或出售。尽管 7%似乎是一个较低的比例，但这一收购频率是那些在激进活动后表现不佳的公司 3 倍。简而言之，市场能够感知谁可能成为收购目标并逐步抬高价格。

同样，Brav、Jiang、Partnoy 和 Thomas 发现当激进对冲基金声明目标是出售公司时，股票短期异常回报率最高（8. 54%）。Klein 和 Zur 发现，当对冲基金寻求出售该公司时，短期异常股票回报率为 13. 1%。Greenwood 和 Schoar 发现，最终被收购的目标有正向的异常回报，而目标保持独立的公司没有异常回报。当目标公司将自己出售给另一家公司时，Clifford 发现会产生正向的异常回报。总而言之，这些证据表明，在短期和长期研究中，预期收购溢价的变化比公司的经营改善更能解释大部分股价上涨的现象。

3. 财富转移

从定义上讲，目标公司的价值是其债务和股权价值的总和。上述研究中发现的较高的股票回报是否只是财富从债券持有人向股东的转移？Klein 和 Zur 表示这种情况可能确实存在。他们发现，申请日前 10 天和后 1 天的债券平均异常回报率为负数（-3. 9%）。此外，申请日后 1 年的债券平均异常回报率额外下降了-4. 5%。最后，研究发现股票异常回报率与债券异常回报率在短期和长期区间均呈负相关。这个结果清楚地确实存在从债券持有人向股东转移财富的现象。

也有可能存在从目标公司员工向股东进行财富转移的情况。这种转移可能来自减少员工承诺的养老金支付、降低工资或裁员。Brav、Jiang 和 Kim 发现目标公司的员工并未从对冲基金的激进行动中受益。① 虽然他们的生产力提高了，但他们的工资却停滞不前，工作时间也只有微不足道的变化。更明确的证据表明，在经历对冲基金介入的"幸存"公司中，员工总数有所下降。②

4. 减少管理机构问题

如果由于对冲基金激进投资者通过减少管理层代理问题导致了正向的异常股票回报，那么应该可以观察到一些实际变量的变化，包括公司治理的变化、过高管理薪酬的减少、优化资本结构等。然而，大多数证据表明，即使激进对冲基金在其附表 13D 文件中强调了这些变化，这些正向的异常回报在统计上与此类变化并没有显著相关性。

(四) 对冲基金激进主义的目标公司是否在公告后经历了实际指标的变化?

在本部分中，我们总结了各种研究中发现的证据，检验与非目标公司的对照样本相比，目标公司在提交附表 13D 后是否经历了实际变量的变化。总体而言，与对照样本相比，我们没有发现异常股票价格回报与实际变量变化之间存在正相关关系，也没有发现目标公司变量相对于对照样本公司的一致方向性变化的证据。

1. 风险比较

Klein 和 Zur 发现，与目标公司申报前的风险相比，申报后目标公司股票回报的特质波动性（或称风险）会有所上升。

2. 杠杆作用

一些研究发现，与附表 13D 提交之前相比，在附表 13D 提交之后公司的杠杆率会增加，但其他研究未发现杠杆在统计上有显著增加或减少。因此，尽管

---

① 参见 Alon Brav et al.，"The Real Effects of Hedge Fund Activism: Productivity", *Asset Allocation and Labor Outcomes*。

② Allaire 和 Dauphin 发现，这些幸存公司的员工人数绝对下降了 2.5%（而同期，他们对照组的员工人数飙升了约 15%）。显然，这低估了总的失业人数，因为在那些无法"生存"并被接管的公司中，下降幅度会更大。

关于杠杆的证据似乎好坏参半，但杠杆率的增加与对冲基金激进主义将财富从债券持有人转移到股东的解释是一致的。

3. 投资支出

Boyson 和 Mooradian 以及 Klein 和 Zur 都发现与对照样本相比，目标公司在附表 13D 申报前后的资本支出和研发支出没有统计上的变化。相反，在最近的一项研究中，Bebchuk、Brav 和 Jiang 集中研究了一个“投资限制”激进干预的子样本，在这些干预之后的两年内，子样本的杠杆率大幅度增加，向股东支付更高的股息，或减少了长期投资。为了识别这些情况，他们将激进干预归类为“投资限制”，如果它能够纳入以下 3 个子类别之中（每一个都涉及对规范的极端背离）（1）从基准年（t-1）到 t，t+1 或 t+2 年，研发和资本支出的增长在该年所有公司中排名最低的 5%之内；（2）从基准年（t-1）到随后 3 年（t，t+1，和 t+2）中任何 1 年的派息率（包括股息和股票回购）的增幅都在当年所有上市公司的派息增加的前 5%以内；（3）从基准年到以后 3 年中任何一年的杠杆增幅在该年度所有上市公司杠杆增幅前 5%的范围内。简而言之，这些子类别中的每 1 个都不仅涉及 1 家公司削减研究和资本支出，或增加对股东的杠杆或支付，而且还涉及这样做使其在那年成为所有上市公司的前（或后）5%的程度。

鉴于 Bebchuk、Brav 和 Jiang 的标准极为严格（他们实际上只关注更大目标的最核心部分），他们最重要和令人大开眼界的发现可能是所有激进主义干预中有 19%落入其中之一极端子类别，并且这些干预措施中约有 25%落入其中两个或多个子类别。如果它们的类别被适度扩大到包括所有上市公司的顶部（或底部）10%，人们不禁想知道还有多少对冲基金干预将被捕获。即使在他们高度选择性的基础上，结论似乎也不可避免：激进干预（或至少其中大量干预）与研发和长期投资的下降有关。因此，本文前述的艾尔建案例并不特殊。

这些干预措施可能会提高利润，但证据尚不明确。Bebchuk、Brav 和 Jiang 断言资产回报率和托宾 Q 与第 t 年到第 t+5 年的年度虚拟变量呈正相关，他们认为这表明所谓的“投资限制”提议实际上提高了利润。然而他们的数据出于多种原因并没有证明这一主张。首先，他们的结果中只有一小部分与资产回报率呈正相关。事实上，在托宾 Q 的情况下，系数通常是负系数，而正系数在统计上并不显著，这表明当激进对冲基金增加杠杆和股东支出并减少研发支出时，托宾 Q 值实际上是下降的。其次，本文前述表明激进主义者选择的公司不是随机的。同样，他们需要控制多个变量（例如，机构所有权水平、价值、动量等），使用匹配方法（例如倾向得分匹配或邻域匹配），然后使用回归不连续性估计方法来证明激进主义确实对公司业绩产生了积极影响。①

4. 公司发展

可以说，激进对冲基金主义者可以利用他们的管理和行业专业知识以及获得资本的渠道来加速目标公司的发展。激进主义者也可以出售资产并减缓目标公司的增长率。几乎没有证据支持对冲基金促进销售额或资产规模增长的论点。Boyson 和 Mooradian 发现目标公司销售额或资产规模的增长没有统计学上的变化，Klein 和 Zur 发现目标公司的资产规模减少。

5. 经济支出

Clifford、Klein 和 Zur 发现，与附表 13D 提交之前的时期相比，目标公司在附表 13D 提交后的支出水平没有统计上的变化。而与上述研究相反，Brav、Jiang、Parlnoy 和 Thomus 发现，与附表 13D 提交之前相比，目标公司在附表 13D 提交后的支出增加。

6. 现金水平

与附表 13D 提交之前相比，Clilford 发现目标公司在附表 13D 提交后的支出水平没有统计变化，但 Klein 和 Zur 发现目标公司的现金水平下降。

（五）初步评估

这些研究之间的一些不一致可能源于时间差异。更近期的研究（例如 Bebchuk 等人以及 Allaire 和 Dauphin）发现杠杆率增加、研发和长期投资中减少，而早期的研究则没有发现这一点。总体而言，有证据表明：（1）对附表 13D 的申请存在短期积极的股价反应；（2）不清楚是否有任何显著的长期股价积极反应（收购或重组后的情况除外）；（3）激进干预是否能改善经营绩效存在很大疑问。特别是，有理由怀疑激进型对冲基金在与目标公司的交往中带来了许多专业的组织知识或专业知识。Lilienfeld-Toal 和 Schnitzler 的发现表明了这一点，

① Bebchuk、Bray 和 Jiang 使用行业代码和年份仿真的高维固定效应作为控制。这种方法不能充分控制企业层面的影响。

即提交附表13D的目标公司中大股东的激进者身份（无论是对冲基金还是其他激进主义者）似乎并不会影响异常回报的金额。

激进主义对冲基金将谁当作目标的问题也产生了普遍一致的结果——那些具有低托宾Q和具有“价值”导向的公司。但几乎没有证据表明这些公司是行业的落后者。最后，即使本文使用严苛的标准来进行判断（如Bebchuk等所做的那样），激进干预也似乎是“投资限制”，因为它们增加了杠杆和股东回报，同时减少了研发和长期投资。

五、狼群策略对公司治理的影响

“狼群”的出现从根本上改变了公司治理以及股东激进主义的性质。本文数据从3个方面表明了这一点：（1）“狼群”获得的股权明显高于其他股东激进分子；（2）“狼群”参与产生的回报相对高于在披露前后的窗口期内进行的其他激进主义活动；（3）“狼群”至少实现其预期结果之一的可能性也远高于其他激进主义者的情况。

“狼群”策略的成功可能源于其逃避透明度和管理防御策略（例如毒丸）的能力，因为今天的“狼群”享有明显的自由，其能够：（1）延迟披露重大股份收购；（2）形成事实上的“集团”而没有任何披露；（3）与战略竞标者建立特别设计的合作关系，实质上是将即将到来的投标交给了对冲基金投资者（后者仍不接受参与投标的责任）。[①] 尽管如此，美国公司法和证券法是否应该促进和鼓励以这种方式寻求增加杠杆和减少研发的激进分子仍有待商榷。毫无疑问，与其他主要资本市场相比，如今在美国，可以更快地组建一支强大的激进对冲基金“狼群”，而且披露的信息更少。

这引起了三方面的担忧：首先，“狼群”可被用于实现“渐进式控制”（creeping control）收购，在此过程中，普通股东只能获得很少或没有控制权溢

---

① 一项决定质疑这种伙伴关系的合法性，但没有禁止这种伙伴关系。Allergan, Inc. v. Valeant Pharms. Int'l. Inc., No. SACV 14-1214, 2014 U. S. Dist. LEXIS 156227, at *56 (C. D. Cal. Nov. 4, 2014). 尽管围绕这些战略合作伙伴关系存在一些法律不确定性，但随着交易规划者寻求减少法律风险并设计对该案所用结构的改进，它们可以预见地会进一步发展。

价，因为他们在窗口期内就将股份出售给知情购买者。其次，激进分子并不总是需要有优越的策略；事实上，在嘈杂的激进主义可能会被市场解读为可能被收购或重组的信号的前提下，有些人可能发起一场激进运动只是为了搅浑水。最后，即使提议的改变有缺陷，那些在提交附表13D之前购买目标公司股票并提前退出的人也可能会获得可观的利润。这种与政策建议优点无关的相对无风险的利润引起了人们的担忧，因为它可能会鼓励考虑不周甚至是以搅浑水为目的的公司治理活动。

与第三个担忧相比，前两个担忧的重要性显得微不足道——对冲基金激进主义可能导致美国公司从投资转向支付，特别是可能会引发避免对研发投资的广泛和系统性转变。虽然研究各不相同，但研究都发现在激进主义参与后的几年中，目标公司的此类投资显著下降。当然，这种下降是否重要是有争议的，一些金融经济学家似乎将其视为管理层偏向于低效扩张和帝国建设被激进者的“投资限制”提案有效遏制的证据。然而，在本文看来，这是一种教条主义和过时立场，它忽略了公司治理的基本变化，尤其是忽略了高级管理人员薪酬从现金向股权的转变。曾经，管理层主要以现金形式获得报酬，这也激发了公司低效扩张的动力，因为薪酬委员会认为更大的公司规模（在比较基础上运作）可以证明更高的薪水是合理的。但是如今，高级管理人员主要通过股票期权和限制性股票授予来获得报酬。① 这种基于股权的薪酬激励管理层最大化公司的股票价格，而不仅是纯粹的扩大规模。事实上，这两者可能是负相关的，企业

---

① 有关20世纪80年代末和20世纪90年代这一转变的更详细历史，参见 John C. Coffee，“What Caused Enron?: A Capsule Social and Economic History of the 1990s”，89 *Cornell Law Review* 269，272-275（2003）（指出在1990—1999年，基于股权的CEO薪酬从总薪酬的5%上升到60%）。事实上，在2008年金融危机之后，国会显然已经到了鼓励许多金融机构过度冒险的地步。因此，《多德—弗兰克法案》第956条授权金融监管机构限制对所涵盖金融机构的激励性补偿。参见 John C. Coffee，“The Political Economy of Dodd-Frank: Why Financial Reform Tends to Be Frustrated and Systemic Risk Perpetuated”，97 *Cornell Law Review* 1019，1067-1072（2012）[认为这一措施最终失败的原因：（1）委托给造成损失的公司，以及（2）不需要延期，而只需要对那些被确定的公司进行处理]。然而，该行业已经反击，《多德—弗兰克法案》授权的规则尚未通过。参见 Victoria McGrave & Andrew Ackerman，“Workon Incentive-Pay Rules Revs Up”，*The Wall Street Journal*，16 February 2015，at CI；（报道联邦机构为阻挠这些法规的细节所做的努力，尽管有大型金融机构的反对）。最重要的是，与过去不同，今天的激励性薪酬使管理层和股东的偏好保持一致。

规模的扩大意味着股价的下降。

如果今天管理层的动机是将公司的股票价格最大化，那么通过突然和隐蔽的激进活动来限制管理层的自由裁量权并非最优解。此外，由于管理层通常比局外人掌握更多的信息，并且有强烈动机来最大化公司股票价格，人们不能再简单地认为管理层青睐的投资项目是对“帝国建设”的低效偏好。如果这在当时是合理的，那么现在已经时过境迁了。尽管如此，越是仔细审视这些激进主义运动，就越能看到激进主义分子在试图减少研发——不是用手术刀，而是用电锯。最后，即使 Bebchuk 教授和他的合著者关于激进分子提高了目标运营绩效的高质量主张是正确的,① 他们仍然忽视了此类活动对大多数未成为目标的公司的威慑影响。激进分子参与的威胁迫使这些公司削减长期投资并增加股东支出。Bebchuk 教授和他的合著者没有试图衡量激进主义对非目标公司的影响，但其他研究却发现了当代大部分公司从投资到支付的转变。鉴于非目标公司的数量远远超过了实际目标公司的数量，故而从逻辑上讲，后一种影响更为显著。

如果是这样，在不将管理层与股东责任隔离开的情况下，能做些什么呢?可能最好的解决方案是利用税法来鼓励股份的长期持有，并阻止“肇事逃逸”的激进分子。如果激进分子必须持有长期持有他们的股票,② 当前激进分子平均不到一年的持有期将会延长。

即使对于总统来说，修改税法也是很困难的。仅仅依靠一种影响尚未经过测试的武器也是不明智的。因此，本文建议先从不需要立法或只需要非常温和的立法修复的那些改革作为开端；然后转向私诉。本文认为以下选项（或它们的变体）既可行又相对容易实施。

---

① 尽管在他们的文章中有一些更广泛的陈述，但 Bebchuk 等人实际上以一种非常模棱两可和试探性地方式陈述了他们对这一点的批评性发现。他们用负面的术语来表达揭示了他们最相关的结论，写道：“总的来说，本部分对股票回报的分析并不支持激进主义干预使目标公司股东长期处境更糟的说法”。LucianA. Bebchuk, Alon Brav & Wei Jiang, “The Long-Term Effects of Hedge Fund Activism”, 115 *Columbia Law Review* 1085, 1130 (2015) . 这是一个非常谦虚的结论（笔者不一定对此提出异议）。笔者更关心股东（而不仅仅是目标公司）和美国经济。

② 这里的不确定性是，今天的对冲基金是否试图声称资本增值利率。许多人显然确实报告了普通收入，但即便如此，仍然至少会有边际影响。

（一）关闭第 13（d）节的窗口

在英国（和其他地方），激进分子在披露其收购超过 5%股份之前，没有同样的第 13（d）（1）条提供的 10 天窗口。[①] 其披露通常要求在两个工作日内完成。窗口越短，可操作的空间就越小。2010 年，《多德—弗兰克法案》授权 SEC 去缩短《威廉姆斯法案》所规定的 10 天窗口期，[②] 不出所料，Wachtell Lipton 律所立即向 SEC 请求行使这一权利。大量的学术论文对此发表意见，建议 SEC 不要这样做。它们给出的理由如下：

第一，由于对冲基金激进分子很少收购目标公司的全部甚至大部分股票，因此他们无法从自己的治理策略中获得所有收益，而必须与其他股东分享收益。也有人认为，关闭 10 天的窗口期，将剥夺对冲基金激进分子从他们的活动中获得足够利润的机会，从而激励他们实现股东价值最大化。

第二，在 10 天窗口期内，经验证据并未显示对冲基金激进主义者或其他任何人增持的显著趋势。相反，一项著名的研究报告称，提交附表 13D 的人在披露前积累的规模“在整个 14 年期间保持相对稳定”。事实上，在 10 天窗口期结束时提交附表 13D 的激进主义者获得的大部分股票“集中在他们越过门槛的当天以及第二天”。

第三，鉴于“低门槛毒丸在美国泛滥”（即门槛为 15%或更低的毒丸），缩短 10 天窗口将使激进者受到防御策略的影响，将他们的股份锁定在 10%—15%，可能会使得在如此低的基数下赢得代理权竞争变得更加困难。

第四，为了《威廉姆斯法案》报告而缩短的窗口期，对于非激进投资者来

---

① 受益所有权的披露必须在超过英国 3%所有权水平后的两个交易日内提交。参见 David Katz & Laura A. McIntosh, “Corporate Governance Update: Section 13（d）Reporting Requirements Need Updating”, *New York Law Journal*, 22 March 2014, at 4（声明必须在两个工作日内“提示”提交）。在澳大利亚、德国，要求范围在两个交易日和四个交易日之间。加拿大要求“及时披露”，并在所需披露后的一个工作日内限制额外的股票购买。尽管美国在要求披露实益拥有权方面领先于其他国家，但其他国家在当前要求的严格性方面已经超过了美国。

② 2010 年《多德—弗兰克法案》第 929R 条修订了《1934 年证券交易法》第 13（d）（1）条，授权将其 10 天窗口缩短至“委员会可以制定裁决的更短时间”。Securities Exchange Act of 1934, 15 U. S. C. § 78m（d）（1）（2012）.

说也是代价高昂的，并且他们的数量可能会远超对冲基金激进分子。

虽然这些论点都不能被忽略，但似乎都言过其实了。首先，虽然对冲基金确实无法从公司治理活动中获得所有收益，但相应地激进主义者也避免承担所有风险。相反，像大多数对冲基金一样，一个止于10%以下的对冲基金维持着至少一些具有一定程度多元化的投资组合。如果当前10天窗口下激进对冲基金的持股中位数仅为6.3%——正如这些学者发现的那样——并且如果主要激进投资者将其购买集中在超过5%门槛的当天和后1天，那么未能利用完整的10天期限就是一种自愿选择，表明激进主义者不想承担更大头寸的风险。简而言之，即使在当前宽松的10天窗口下，个别对冲基金激进人士也普遍保持在10%的水平以下。因此，限制他们的似乎是经济、法律和财务方面的因素，而与SEC报告的法定窗口期长度无关。① 即使是高风险的对冲基金，也可能被迫停止将其投资组合的全部或大部分风险都押在一笔交易上，从而押上一笔众所周知的赌注。

首先最重要的是，《威廉姆斯法案》及其法定窗口并没有对单个对冲基金激进分子可以获得的最大股份设定有效的法律上限；相反，是其他因素（法律和经济因素）在起作用。出于审慎的原因，对冲基金可能更愿意通过使用一种组织结构来分享收益，这种组织结构将许多基金联合成一个松散的组织（即“狼群”），并以此来获得目标公司25%或更多的股份。尽管牵头对冲基金不能完全获得其组织的交易中可获得的所有收益，但它降低了风险，并且可能会得到其他对冲基金的互惠待遇，这些对冲基金后来会反过来邀请它加入他们的“狼群”。②

其次，如果主要的对冲基金激进分子主要在他们超过5%门槛的当天和第2天买进（正如这些学者发现的那样），那么将10天的窗口缩短到两个工作日不会影响他们的任何重大交易。他们即使在两个工作日的窗口下也可以做同样的

① 如前所述，第16（b）条就是这样一个因素。对缺乏流动性的恐惧可能是另一回事。当然，本文承认，在10天的窗口期内，可以获得大量股份（例如在彭尼百货的战斗中获得的26.7%的股份）。

② 这是一个尚未探索的领域，本文没有得出任何确切的结论。但是，互惠规范是商业生活各个领域的特征。因此，在笔者接受Bebchuk和Jackson提出的论点之前，即激进主义的“对冲基金”因其增加股东价值的努力而没有得到充分的补偿，笔者想知道更多关于对冲基金界互惠的可能性。

事情。然而，更重要的是，这些学者宣布的披露前积累没有增加的发现是不完整的，他们只见树木却不见森林。尽管领先的对冲基金通常可能会在10%的位置上止损，但其余的“狼群”却不会。因为这些其他的和结盟的激进分子从不承认自己是一个“集团”，所以他们从不公开披露他们的持股。因此，报告发现，预先宣布的购买并没有增加对在附表13D中报告公司的关注，而忽略其余“狼群”。这类似于测量冰山的大小，却只检查了浮在水面上的那部分，而忽略了更大的部分。在苏富比的诉讼中，其余的“狼群”使苏富比的总所有权从9.6%上升到近33%。总之，只关注已经披露的所有权的实证研究，忽略了“狼群”的总股份，虽然这仍然是无法得知的，但却会在代理竞争中打破平衡。可以肯定的是，如果将10天的窗口缩短为两个工作日（即英国的做法），这些隐藏的盟友在现有的“群体性”定义下仍然不会被披露。不过，“狼群”领导者集合或向其他预期的盟友透露其计划的时间也会变少。因此，“狼群”可能会变得更小。

最后，虽然缩短10天窗口可能会影响一些非激进投资者，但这些投资者可以选择提交附表13G（在相当晚的时间提交），只要他们不试图寻求“改变或影响”控制。[①] 因此，非激进投资者几乎不必担心10天窗口的部分关闭。

总而言之，反对“关闭窗口”的论点只有在假设激进主义者是故事的主角并且他们为所有股东创造价值的情况下才有效。但这两种假设似乎都不合理，至少没有实质性的限制条件。关闭窗口会使激进主义降温的担忧听起来也并不令人信服。目前，激进人士正在收获着创纪录的回报；此类运动的数量正在加速增长，故而对其未来的担忧似乎为时过早。

即使是激进主义的所谓收益也是有争议的，因为激进主义者在附表13D文件提交之前通过非对称信息交易获得的收益是以出售股东为代价的。这种行为可能是合法的，但它代表了另一种财富转移。延迟10天的披露使激进分子能够在此期间内，从不对称的信息交易中获利，并且在此窗口期间的异常股票换手率表明这种情况正在发生。例如，其他人估计潘兴广场和沃纳多通过购买彭尼

① 根据SEC规则13d-1（b）（1），如果“该人在正常业务过程中购买了此类证券，而不是出于改变或影响发行人控制权的目的或效果，则有义务提交附表13D的人可以提交较短附表13G”。SEC Filing of Schedules Rule § 17 C. F. R. § 290. 13d-1（b）（1）（i）（1934）. 附表G只需在该人有义务提交申请的日历年结束后的45天内提交。

公司26.7%的股份（低于彭尼股票在披露其所有权时上涨的价格）而获得了2.3亿美元的收益。此外，许多证据表明，这种不对称交易不仅会损害卖家，还会损害其他投资者的利益——既会降低流动性，也会扩大买卖价差。① 关闭或缩短10天窗口是限制此类交易的最简单、最可行的方法（主要是由与最初想法无关的各方进行交易，即主要对冲基金的内幕消息泄露者）。通过缩短10天窗口，新规则将主要影响和抑制的不是牵头对冲基金的交易（其交易似乎在突破5%门槛后的第1天达到顶峰），而是其盟友和“狼群”中的内幕交易。这些可能是公共政策最想威慑的当事人。②

目前，SEC似乎已经放弃了缩短《威廉姆斯法案》10天窗口的初衷。③ 这可能是因为SEC已经被实施《多德—弗兰克法案》的任务压得喘不过气来，或者是因为它想避免引起争议。虽然它已经提出了各种妥协方案，但似乎都不太可能被采纳。④ 不过，虽然SEC不愿意采取行动，这并不意味着私诉无法实现相同的结果。下面，本文将提出所谓的“关窗”毒丸计划，并建议法院在某些情况下接受它。

（二）扩大内幕交易的定义

如果对冲基金向其潜在盟友透露其可能的附表13D和/或其代理权活动，允许其利用这种不对称信息，那么一个合乎逻辑的回应应该是通过法规或SEC规则来扩大内幕交易的定义。尽管如此，在各种可能的改革中，笔者认为这将是最糟糕的选择。根据笔者的判断，这将极大地扩大内幕交易禁令的范围。

---

① 概述性内容，参见 Kimberly D. Krawiec，“Fairness，Efficiency and Insider Trading: Deconstructing the Coin of the Realm in the Information Age”，95 *Northwestern University Law Review* 443，469-470（2001）（引用研究）。

② 这些沉默的盟友不仅仅是“狼群”的领导者，他们本质上是“搭便车者”，他们不需要为了鼓励有效的监控而接受有吸引力的回报。

③ 2013年秋天，SEC表示，它正在“从统一议程中撤回这一项目，因为它预计在未来12个月内不会考虑这个项目，但委员会可能会在未来的某个日期考虑该项目”。

④ 其中一项建议是，附表13D窗口的长度应留给目标公司的股东决定。当然，一旦股东选择合法化，有些人可能会争辩说，股东应该能够完全选择退出任何对慈善所有权的披露，或者指定一个漫长的（比如6个月）窗口，使披露毫无意义。尽管如此，如果默认规则是两个工作日（即英国规则），并且如果股东可以投票将这一期限延长至最多10天（当前期间），则净效应可能会阻却“狼群”的形成。

目前，内幕交易的认定一般都需要违反一定的义务。要么是内部人员违反了对股东的受信义务，要么是外部人挪用了属于另一个人的信息。取消这一要求极大地扩大了内幕交易禁令的范围。事实上，“内幕交易”这个词将变得不再恰当，因为法律实际上会禁止“外部交易”。仅仅使用重要的非公开信息就会成为犯罪行为。

尽管如此，仍然有一个重要方面可以安全地扩大内幕交易法。那就是规则14e-3所述的背景，该规则仅适用于要约收购，并且不需要证明信托违约。[①] 其不确定的影响范围在艾尔建诉讼中有所说明。[②] 尽管法院在艾尔建案中发现了“严重问题”——瓦伦特向潘兴广场透露了其对艾尔建的拟议竞标，[③] 但法院并未作出最终决定。交易策划者可能会试图通过修补投标人与对冲基金之间的关系，通过略微增加对冲基金在投标中的投资，使其更像是一个“联合发售人”，以此来作为对艾尔建案的回应。随着法律万花筒的每一次转折，交易策划者都试图绕过艾尔建案，从而在对冲基金/内幕消息是否应该豁免于14e-3规则的问题上制造新的模糊，要么将其视为（1）一个“联合发售人”与战略投标人，要么将其解释为（2）投标人尚未采取“实质性步骤”来发起要约收购。[④]

这些歧义可以而且应该通过修改后的规则或立法来解决。[⑤] 在政策层面上，

---

① 参见 SEC Rule § 17 C. F. R. § 240. 14e-3（2015）。在美国诉 O'Hagan［United States v. O'Hagan, 5221 U. S. 642, 643（1997）］一案中讨论并维持了缺乏证明违反信托义务的必要性。

② 参见 Allergan, Inc. v. Valeant Pharms. Int'l, Inc., No. SACV 14-1214, 2014 U. S. Dist. LEXIS 156227（C. D. Cal Nov. 4, 2014）。

③ 参见 Allergan, Inc. v. Valeant Pharms. Int'l, Inc., No. SACV 14-1214, 2014 U. S. Dist. LEXIS 156227（C. D. Cal Nov. 4, 2014）。

④ 规则14e-3适用，只有在投标人采取“实质性步骤”提出要约收购时，才禁止对重大信息进行交易。见 SEC Rule § 17 C. F. R. § 240. 14e-3（a）（2015）（概述“实质性步骤”规则）。

⑤ 立法可以简单地扩大第14（e）条，赋予SEC权利，以通过与使用有关所有形式的收购（合并以及要约收购或“逐渐控制”收购）的重大信息有关的规则。根据“证券交易法”第14（e）条扩大的SEC规则可能需要要求最终要约收购以授予SEC管辖权，但如果最终提出要约收购，则可能被表述为只需要在交易时向任何形式的收购迈出“实质性步骤”。

长期以来人们普遍认为并购的内幕交易特别诱人、普遍且不合理。[①] 但并购收购与要约收购之间的界限非常模糊，在规范上毫无意义。事实上，一旦收购提议被接受，将合并提议转变为友好收购要约通常对双方都有利，以加快过程，从而阻止可能的第三方收购。因此，规则 14e-3 应扩展涵盖范围，将有关投标的重大非公开信息的交易要约或任何其他形式的收购来对目标公司进行控制的情形囊括其中。[②]

这仍然没有解决投标人身份的问题。在这里，瓦伦特/潘兴广场联盟的事实表明，双方可以多么巧妙地试图利用现行法律的模糊性，让对冲基金对投标人进行一些投资。[③] 作为回应，最好的答案树立是一条明确的规则：对冲基金或其他投资者不应被视为“联合发售人”（因此不受内幕交易规则的约束），除非它完全参与制定要约收购并对其付款承担连带责任。这将阻止大多数对冲基金向战略投标人作出适度贡献，以换取对投标的提前了解——这种策略很难与为内幕消息而行贿区分开来。

（三）重新定义集团

在某种程度上，“狼群”是最能助长代理激进主义的策略，而它的可行性取决于牵头对冲基金向盟友披露的能力，它们无须沟通就能够披露其预期的附表 13D 申报和代理活动，这使得他们在实质上成为就第 13（d）（3）条而言的“集团”。而其他对冲基金一旦意识到狼群的行为将提振股价，就没有理由拒绝交易该股票。

但是，如果交易此类信息的行为被认为构成了证明接收人是第 13（d）条集团成员的强有力证据，该怎么办？使用主要激进分子给另一个激进分子的内幕消息（或信息礼物）作为一个集团形成的证据的结果将是必须在更早的阶段

① 在这种情况下，买方获利的可能性比根据未来收益的信息进行交易时要高得多（当市场可能已经将部分或全部预计收益纳入价格时）。

② 立法可以简单地授权 SEC 通过与基于重大非公开信息的任何形式的收购交易有关的规则，无论这些信息是通过受托人欺诈还是从任何人那里盗用的方式获得的。

③ 瓦伦特/潘兴广场竞购艾尔建的事实模式表明，如果对冲基金同意在竞价中进行一些（可能是适度的）投资，则主要竞标者可能会向其提示目标公司的身份（对冲基金可能会在竞价前购买目标公司的股票）。如果它是合法的，许多对冲基金会发现这是一笔非常有吸引力的交易。

披露“狼群”的存在，并且当每个额外的成员“加入”集团时，可能就需要修改披露。一些投资者不愿意加入“集团”（可能是因为害怕承担责任）。此外，目标公司为响应这一披露而采取的任何毒丸计划将限制所有“集团”成员，使他们持有被披露的股份。总之，“狼群”不太容易发展到苏富比案中达到的规模。因此，代理权之争将是一场势均力敌的较量。

该提议的问题在于，它在判例法中几乎没有得到支持。但这并不意味着SEC不能采用这样的规则，或者国会不能立法。与简单地缩短10天窗口不同，这种方法直接解决了将重要的非公开信息传递给少数人时所感知到的不公平，并将隐藏的盟友暴露出来。尽管如此，它绝不是一个“令人叫绝的作品”。“狼群”的领导者在自己超过5%的门槛之前仍然可以购买目标的股票，然后迅速提示其盟友，让盟友可以在附表13D文件披露他们的“集团”之前的任何时间进行大量购买。这一提议的影响可能只是在“狼群”被披露之前减少其规模和所有权，并促使目标公司采取更有效的防御措施。

（四）专注于代理顾问

在当年早些时候发布的第20号员工法律公告（Staff Legal Bulletin No. 20）中，SEC终于关注了一些机构投资者几乎完全听从机构股东服务集团的现象。但它仍然做得很少，基本上只要求一些额外的监督。

SEC还能采取哪些合理措施呢？笔者认为它还有很大的发挥空间。例如，SEC可以要求共同基金向其股东披露该基金已自动采纳了机构股东服务集团的投票建议，或者至少披露其遵循其代理顾问进行的所有投票的实际百分比。这可能会让一些共同基金感到尴尬，但它可能对持有较小投资组合的对冲基金几乎没有影响，因为二者在投票决定方面的行为非常不同，并且对冲基金通常可能超出SEC的管辖范围。① 但如果通过增加披露以外的方式来限制代理顾问，则可能会引发宪法问题，并且这些侵入性措施可能也不会影响太多代理竞争的结果。

不过，另一个合理的改革可能是要求代理顾问发布年度计分卡，显示其对

① 对冲基金通常不受《投资公司法案》的约束，其投资顾问可能不会在SEC注册。参见 Investment Company Act of 1940 § 15 U.S.C. § 80a-l-a-64 (2015)。

特定问题的投票建议。例如，在有争议的董事选举中，它有多少次建议投票给反对者？

（五）自治安排

尽管反对者（反对在《威廉姆斯法案》中规定缩短10天窗口期）倾向于将这个问题视为对当代公司治理的命运至关重要的一个问题，但笔者怀疑这样的改革（或本部分中提出的任何其他改革）是否会对公司治理产生决定性的影响。在以溢价收购目标公司的情况下（例如最近对艾尔建的收购），笔者预计这些改革不会改变可能的结果。只要有机会，股东们会就投票支持利润丰厚的收购，而目标公司的最大希望是只能是“白衣骑士（white knight）”（一种最终在艾尔建之战中奏效的防御策略）。

那么这些改革能达到什么目的呢？这些改革可能会降低“渐进式控制”收购的可能性，以及伪治理运动的动机，这些运动的基础与其说是拟议治理变革的价值，不如说是基于市场对收购前景增加的看法，它们希望“嘈杂”信号能够产生短期收益。但这些改革不会对真正的收购要约产生太大影响。它们可能会减少：（1）制造噪声的动机，（2）利用不对称信息进行交易的收益。然而，这些变化也只会产生边际影响。

自治安排的回应可能更为有效，但它们也存在风险。笔者认为有两个风险值得考虑。首先，害怕“狼群”的公司可能会采用“常设”毒丸，以阻止任何股东（“被动”股东可能除外）超过特定水平（15%或10%）。[①] 这种毒丸可以广泛地定义其覆盖范围，将任何与“狼群”领导者“一致行动”或“有意识协同”的公司都涵盖在内。鉴于本文目标是为毒丸定义比《威廉姆斯法案》下的判例法更广泛的“集团”，包括从提交该文件的一方收到附表13D文件的预先信息的人（或其代理人）。且这种药丸会产生相当大的不确定性，并对法院提出很高的要求。因此，笔者认为下面所述的方式更为可取。即如果收购方在购买超过规定门槛的股票之前未提交附表13D，则可以设计“关闭窗口”毒丸计

① 并购领域的领先专家Charles Nathan告诉笔者，这种毒药是由Latham & Watkins LLP律师事务所设计的。笔者的建议是，不要把重点放在不可言喻的概念上，比如“有意识的平行性”，而应更多地关注一个具体的行为，比如内幕消息。

划，只要收购方持有目标公司股票的5.1%，就会触发该计划。① 这意味着超过5.1%未经事先备案，收购方将面临重大损失。

这些更全面的毒丸虽然会阻碍狼群的形成，但也会受到法律挑战并可能激怒代理顾问（然后他们可能会建议机构保留对该公司董事的投票）。出于这个原因，在设计这种毒丸时可能要明智地作出一些妥协。例如，只要投标人在超过5%后立即向SEC提交申请，那么“关闭窗口”毒丸可以考虑通过允许投标人积累更高水平的股票（比如15%或20%）来对其进行补偿，毕竟这种毒丸计划拒绝投标人在《威廉姆斯法案》允许的10天窗口内延迟其附表13D的提交。或者，类似在苏富比的案例中，② 毒丸可能允许进行100%的出价。任何一种让步都应该引导特拉华州法院接受这样的药丸，因为这两种药丸都不是“排他性的”。③ 且确定目标的私人倡议既可以“关闭”当前的10天窗口，又可以使当前判例法对“集团”定义的不足之处变得无关紧要。简而言之，大多数可以通过监管实现的事情，也可以通过私人诉讼来实现。

曾经，学术界有一个明确的共识，即收购防御措施降低了股东价值，但今天，这种共识出现了裂痕。最近的一些研究发现一些防御措施可以增加部分公司的价值。④ 更具有讽刺意味的是，曾经被学术界所蔑视的交错董事会已经被最近的研究以新的眼光看待。通过使用托宾Q作为公司价值的代表，1978—

---

① 这种变体的目的是拒绝收购方《威廉姆斯法案》的10天窗口，因为在超过5%后立即提交附表13D的失败将触发药丸。我们被告知，这样的药丸是由Fried、Frank、Shriver & Jacobson LLP律师事务所起草的。笔者对这些药丸在特定情况下的有效性不发表任何意见，因为每个背景都需要根据其自身的事实进行分析。

② 参见Third Point LLC. v. Ruprecht, No. 9469-VCP, 2014 Del. Ch. Lexis 64, at *94 (Del. Ch. May 2, 2014)。苏富比使用了两层毒丸，但豁免了任何在特定时期内保持开放的100%出价（因此管理层有一些时间来寻找白骑士竞标者）。特拉华州法院大法官支持该药丸，作为对“威胁”的非排除性反应。

③ 根据当代特拉华州法律，防御性策略通常只有在“排除”时才会被禁止。参见Unitrin Inc. v. Am. Gen. Corp., 651 A. 2d 1361, 1387 (Del. 1995)（表明防御性劝诫在“胁迫性”或“排除性”时将受到禁止）。允许潜在收购方购买高达15%（在适当披露后）的毒丸不应被视为“排除”，因为收购方可以发起并赢得代理竞争，然后赎回药丸。事实上，这种药丸不如支持苏富比诉讼的药丸那么具有排他性。

④ 参见William C. Johnson et al., The bonding hypothesis of takeover defenses: Evidence from IPO firms, 117 Journal of Financial Economics 307-332 (2015) [testingefficiency of take-overdefenses（收购防御的测试效率）]。

2011年的一项研究发现，取消交错董事会会降低公司价值，而保留交错董事会会导致价值增加。该研究的作者推测交错董事会对一些公司来说可能是有益的，因为他们让股东有更长期的视野。这种关联对于研发支出高的公司来说影响力最大。最重要的是，严肃的学术研究现在认为交错董事会可以提供稳定性以及能够连续性提高股东价值。①

但可以肯定的是，现在挽救交错董事会可能已经太晚了。随着时间的推移，清除交错董事会的趋势已经势不可当。一般来说，抵制对冲基金激进主义会使公司与其代理顾问发生冲突。因此，公司面临着一个艰难的选择，要么保持低调，要么面对代理顾问。

六、结　语

不论是好是坏，两个主要的转变正在进行。首先，公司治理正在从“以董事会为中心”的体系转向“以股东为中心”的体系。② 其次，上市公司正面临越来越大的压力，它们需要举债并将收益用于向股东分红，而不是进行长期投资。这两种转变都不完全是对冲基金激进主义的产物，但激进主义的力量正在加速这两种转变。

这些转变不能简单地停止或禁止。笔者也不建议将激进分子冻结在原地，但认为确实需要更大的透明度来抑制对冲基金激进主义的过度行为。诸如“狼群”之类的战术使有些人通过推动更多杠杆和更高支出以及减少长期投资的议程来获得低风险的短期收益。在许多方面，激进对冲基金最近的崛起把我们带回20世纪80年代末，在那个时代，“破产”收购暂时占据主导地位。当时同样有对管理层被迫过度关注短期利益的担忧。而那个时代的“破产”收购和当代

---

① 另一项研究发现，令人震惊的投票会对股价产生负面影响，参见 David F. Larcker et al.,“The Market Reaction to Corporate Governance Regulation”, 101 *Journal of Financial Economics* 431, 442 (2011)。

② 也就是说，权利的天平正在远离董事会，向股东倾斜。作为副产品，这种转变将意味着董事会更加分裂，不同派系的股东选举自己的代表。2014年，激进分子在创纪录的107家公司中获得了董事会席位。参见 J. Travis Laster & John Zebenkiewicz,“The Rights and Duty of Blockholder Directors”, 70 *Columbia Business Law Review* 33 (2015)（讨论这种转变已经在特拉华州公司法中造成的压力——这显然是“以董事会为中心的”）。

激进的重组运动都是由实现“负协同效应”愿望推动的，即期望被拆分的目标公司的价值超过其完全重组后的价值。但各种力量减缓了那个时代的“破产”接管，其中司法方面接受了毒丸计划是最有效的方法。① 但是此时，激进分子已经通过“狼群”击败了这个障碍，这使得突然促成一个近乎控制的板块成为可能。

笔者承认，“狼群”策略只是一种手段，通过这种手段，一个更加“以股东为中心”的治理体系正在出现。与其他方式不同的是，它本质上使大多数短期股东获得了实际控制权，但平均而言，这些股东在上市后一年内就退出了。至少有时，这种临时的多数人对问题的看法将与大多数指数化（或至少大部分分散）的股东不同。这种策略可能会在宣布狼群出现时增加目标公司的价值，但长期收益（根据大多数研究）似乎仍取决于激进分子是否实现以下两种结果之一：收购或重组。如果没有实现收购或重组，仅仅是公司治理或支付方式的变化，

那么几乎不会产生影响，目标公司的预期收购溢价最终将被侵蚀。

虽然激进主义者很可能会从这些策略中受益，但他们的收益可能会付出相当大的代价。这些成本中最明显的是目标公司在未来几年内的研发支出将会减少。可以说，在大公司内进行研发可能更有效，因为基础研究的方向往往是不可预测的。② 因此，与产品线数量有限的小公司相比，大公司更有能力利用这

① 最重要的此类决定是派拉蒙诉时代公司，参见 Paramount Commcns. Inc v. Time, Inc., 571 A. 2d 1140 (Del. 1990)，这在当时似乎暗示，一个拿着毒丸的董事会可以对收购者“说不”。与此同时，大多数州通过了各种类型的反收购法规，这在不同程度上阻碍了敌意收购。收购融资在20世纪80年代末也枯竭，因为在政府起诉 Drexel Burnham 和联邦储备委员会收紧信贷之后，债券市场下跌。由于所有这些原因，20世纪80年代达到顶峰的收购运动在20世纪90年代有所减弱。

② 这是一个规模经济的论点，它受到一些必要的限制。在关于创新的文献中，“探索性”创新和“剥削性”创新之间有区别，前者涉及旨在开发与先前过程或产品有根本区别的流程或产品的研究，后者涉及建立在先前存在的做法基础上的研究。参见 James G. March, “Exploration and Exploitation in Organizational Learning”, 2 *Organization science* 71 (1991)。最近的一些研究表明，规模较小的公司更有可能从事“探索性”创新，可能是因为此类研究的回报较少。参见 Ufuk Akcigit & William R. Kerr, “Growth Through Heterogeneous Innovations, National Bureau of Economic Research”, *Working Paper*, 18 July 2018。但是，即使规模较小的公司更擅长这种特殊类型的研究，他们获得资金进行研究的能力也往往受到限制（如果他们有公众股东并且需要害怕吸引激进者，他们也可能被吓倒）。更大的公司可能能够将更多的营运资金用于研发，即使它不太可能进行“探索性”研发。

些机会。接下来的政策问题是，实现短期负协同效应的收益是否超过了减少研发投资的长期损失。笔者并不认为这个问题今天就可以得到决定性的回答，但它仍需要被提出。此外，收购收益和破产溢价不一定反映经济效率，也可能是其他因素的产物，例如收购方获得市场支配力或投标方多付。①

有些人会反驳说，笔者对更高透明度的偏好意味着笔者拒绝股东民主。事实并非如此。相反，笔者只是对一种新颖的股东民主形式表示怀疑，因为这种形式使临时多数人能够采取后果不可挽回的行动。新古典金融理论家可能提出不同股东的投资期限不同，或者可能断言套利会减轻任何此类差异，但越来越多的证据表明，拥有公司的股东的构成极大地影响了公司的投资期限，并且限制了套利。

临时多数股东的出现是公司治理中一个明显的新现象。传统上，大多数股东意味着公司的大多数长期股权持有人。直到最近，已经很少有股东通过购买股票的方式来竞争代理权。尽管收购要约人可能在要约收购之前购买了股票，但他们的购买受到《威廉姆斯法案》的披露规则和毒丸计划的限制。这种局面现在却已改变，因为今天的“狼群”可以有效地绕过《威廉姆斯法案》和目前起草的毒丸计划。结果就是，旧的平衡被突然出现 20%（或更大）的“区块”前景所破坏，该区块在短期内徘徊在拥有控制权的边缘。在最糟糕的情况下，如此短暂的任期多数类似于将公司的投票控制权授予其期权持有人，因为这两个选区都有低估长期结果的动机。②

激进主义的支持者实际上认为，即使多数人只维持短期利益，它也有权统治。尽管笔者承认除了股东民主之外似乎别无选择，但这并不意味着问责制需要成为日常程序（或者选举应该由反对者选择）。人们可以接受股东民主，但仍要争论适当的选举的时间框架和程序。类似地，美国总统只能由选民每四年更换一次。这不一定是最佳期限，但实际上没有人会将这一期限缩短到几周。因为任何这样的改变都会导致一场几乎持续不断地选举竞争，并大量转移总统的时间和有效权力。

---

① 收购溢价的一个常见解释是“投标人超额支付”。另一个是投标人正在获得市场支配力。两者都意味着，即使目标股东的收益很高，交易也可能不会提高效率。

② 笔者并不是说激进的对冲基金一定表现得像期权持有者。但很可能他们有较短的视野。

本文主张缓和公司治理中的突然转变是可取的。改变税法以要求更长的资本收益持有期也可能有助于实现这一目的，但提高透明度是一种替代和补充方法。提高透明度虽然不会排除股东激进主义，但会略微减缓其获得事实上的控制权（正如《威廉姆斯法案》最初的意图）。

最后，笔者认为必须注意到，在任何这种转变都会提高经济效率的前提下，加强股东权利的理由远远不够充分。一代法律学者太快地将公司治理最佳化等同于最大化股东权利。[①] 尽管如此，必须认识到一个基本的、有问题的权衡。即使有人认为管理层偏向于低效率的增长和扩张，人们仍然必须认识到管理层比外界（包括对冲基金）拥有更好的信息。信息不对称一直是公司治理的基本且不可避免的现实：管理者比股东了解更多。因此，抑制管理层的自由裁量权至少也将排除一些基于管理层高级知识所作出的有效投资。管理层的自身利益与其高级知识之间究竟如何平衡仍然是一个非常悬而未决的问题。在股东权利、公司杠杆、研发投资过度方面，本文并提出什么是最优解。尽管如此，笔者确实观察到强大的激励因素正在推动我们提高杠杆率以及减少长期投资。

随着时间的推移，笔者预测对冲基金激进主义会产生递减的回报。过多的激进分子最终将追逐过少的合法目标。[②] 但在此期间，因为主要和成功的公司（只有其中一些是对冲基金的目标）被打乱，笔者也看到了“对冲基金泡沫”的前景。笔者不赞成采取预防性改革来防止这种泡沫，但笔者确实认为提高透明度是最不激烈的改革。历史上，当证券市场出现必须解决的问题时，提高透明度一直是监管机构和国会采取的补救措施。这样的时刻似乎又要来临了。

（初审：尹鑫鹏；校对：高雯雯、马健淇）

---

① 简而言之，这就是为什么内幕交易是非法的，因为管理层确实拥有其他人无法获得的优越信息。

② 参见 Liz Hoffman, “Too Many Activists, Not Enough Targets”, *The Wall Street Journal*, 11 August 2015, at C1。或者，来自投资者的大量现金流入的对冲基金可能会越来越多地跟踪外国目标，而不是将其资本返还给投资者。因此，美国的经历可能会在全球重演。

《中财法律评论》稿件征集公告

《中财法律评论》是由中央财经大学法学院主办、当代中国出版社公开出的法学学术连续出版物，由全日制学生自主负责文章的编辑和审校。自 2008 年创办以来连续出版，至今已出版 17 卷，其品质的连续性在国内同类著作中名列前茅。作者群体除国内外主流法学院校的研究生，更有优秀中青年学者、法官等实务工作者。

《中财法律评论》坚持学术自由、自主、自律之原则，坚守学术初心，致力为作者开放“有品格的平台”，为读者输送“有价值的思想”。本书旨在打造一流的学生自办学术著作，不断提升自身的学术品格和学术影响力，现面向广大法学研究者和法律从业者征集稿件。

本书长年收稿，鼓励富有真知灼见的长文，不以任何形式向作者收取费用。所有投稿在形式上应当符合国家著作权规定、公认学术规范和本书编辑体例；在内容上应当选题新颖合理、论证充分有力、逻辑清晰明了、结构严谨周密、数据真实可靠，具有一定的学术创新性和必要的学术深度。

对实务的仔细研磨和对理论的深入剖析是法学研究走向精细化不可或缺的两面，应时代发展，对新兴领域的探索已成为法学研究的发展重点。为此，编辑委员会将根据收稿情况，设置“主题研讨”“学理新论”等主题版块。此外，欢迎来稿以对外文文献的充分阅读和认真研习为前提展开的“介绍性”研究，亦欢迎富有比较法基础和可行性的“启示性”研究，但反对不加甄别的“拿来主义”。

为提升学术品格及贯彻学术标准，公正、严谨地对待每一篇来稿，本书实行三审终审制。对所有符合基本学术规范、具有基本探讨价值的文章，无论录用与否，编辑委员会均会提出较为具体的书面审查意见和修改建议。作者可以对初审意见进行理性回应，若修改后达到“通过初审”要求，编辑委员会将对稿件进行复审。对于重要的或有争议的稿件，编辑委员会将在与编辑部之外的专门研究人员协商讨论后，以文章质量为依据决定是否录用。本书一贯坚持唯以文章学术质量论的用稿原则，请勿以任何方式影响审稿。

来稿请投递至本书知网采编服务平台：https：//zcfp. cbpt. cnki. net/，并附有作者姓名等身份信息。编辑部原则上将在收稿后一个月内针对您的来稿回复初审意见以及修改建议。作者应当在收到“修改后用稿”意见后，按照本书要求做必要的内容和格式修订，本书编辑部保留对来稿进行文字性和技术性修改的权利。在确定用稿后，本书将通过邮箱向作者发送用稿通知书扫描件，在正式出版后向作者寄送样刊 2 册。

投稿人向《中财法律评论》投稿，即视为已知悉并接受此稿件征集公告。